全国乡村特色产业发展报告

（2024）

农业农村部乡村产业发展司
（农产品加工指导司） 编

中国农业出版社
北　京

编写说明

习近平总书记强调，发展特色产业是实现乡村振兴的一条重要途径，要着力做好"土特产"文章，以产业振兴促进乡村全面振兴。中央1号文件明确提出，要鼓励各地因地制宜大力发展特色产业，支持打造乡土特色品牌。近年来，各地认真贯彻落实党中央、国务院决策部署，深入开发乡土资源，延伸产业链条，发展了一批地域特色鲜明、乡土气息浓厚的乡村特色产业，有力促进了乡村产业振兴，为乡村振兴提供了重要支撑，为农民增收与农村经济发展注入强大动力。

乡村特色产业品类多、链条长，为更好摸清底数、理清思路，支持各地特色产业发展，农业农村部乡村产业发展司（农产品加工指导司）开展了乡村特色产业发展分析研究工作，组织中国农业科学院农业信息研究所农业监测预警团队，集合农业农村部现代农业产业技术体系、农业农村部农产品市场分析预警团队、地方特色产业研究院所、行业协会以及部分高等农业院校约120名专家学者，聚焦部分特色产业，通过实地调研、数据搜集、资料整理、综合分析等，全面分析每个产业生产、加工、流通、市场等全链条情况，提出提质增效的主攻方向，形成《全国乡村特色产业发展报告（2024）》。

本报告有三大特点：**一是产业覆盖广。**突出展现特色产业的多样性与丰富性，选择谷子、高粱、糜子、大麦、燕麦、芝麻、枸杞、灵芝、人参、蚕桑、甘蔗、甜菜、苹果、葡萄、梨、香蕉、猕猴桃、芒果、菠萝、荔枝、龙眼、椰子、百香果、大樱桃、西瓜、甜瓜、马铃薯、辣椒、大蒜、香菇、黑木耳、蜂蜜、兔、梅花鹿、毛皮动物、小龙虾、大闸蟹、红茶、普洱茶、荞麦、咖啡等41个特色产业进行分析，涵盖了特色粮油作物、经济作物、水果、蔬菜、畜禽产品、水产品、饮品等多个细分行业，涉及领域广泛。**二是链条分析长。**突破传统视角，除有对特色农产品生产环节的分析，更突出了

1

对加工、流通、消费等产业链环节的分析，进一步强化了全链条思维和融合化思维，对特色产业发展进行全景式分析，深入揭示行业全产业链的发展概况。**三是形势研判深。**立足各类特色产业最新供需形势、产业发展态势以及国内外环境变化，对特色品种产业发展存在的问题进行深刻剖析，对未来发展趋势和前景做出科学预判，提出具有操作性和实践价值的政策建议，为特色产业的持续健康发展提供支撑。

本书编写过程中，中国农业科学院、中国热带农业科学院、中国农业大学、中国农学会、中国食用菌协会等单位的有关专家给予了大力支持，在此表示衷心感谢！需要说明的是，与粮棉油糖等大宗产业不同，国内对特色产业的研究还缺乏系统全面的历史数据和研究文献，部分报告中的部分数据由专家基于调研估算，个别观点有待实践检验，书稿难免出现疏漏或不准确之处，敬请广大读者谅解。我国特色产业种类繁多，本年度汇集出版的只是部分产业，今后将视情况扩大范围，不断更新完善。欢迎各界同仁不吝指教，加强交流探讨，共同推动我国乡村特色产业健康发展，助力乡村全面振兴。

本书编写组

2025 年 3 月

目录

编写说明

第一篇｜特色粮油作物 ·· 1

  谷子产业发展报告 ·· 3

  高粱产业发展报告 ·· 13

  糜子产业发展报告 ·· 20

  大麦产业发展报告 ·· 27

  燕麦产业发展报告 ·· 35

  芝麻产业发展报告 ·· 47

第二篇｜特色经济作物 ·· 55

  枸杞产业发展报告 ·· 57

  灵芝产业发展报告 ·· 66

  人参产业发展报告 ·· 74

  蚕桑产业发展报告 ·· 86

  甘蔗产业发展报告 ·· 97

  甜菜产业发展报告 ·· 105

第三篇｜特色水果 ·· 115

  苹果产业发展报告 ·· 117

  葡萄产业发展报告 ·· 131

  梨产业发展报告 ·· 140

  香蕉产业发展报告 ·· 149

  猕猴桃产业发展报告 ··· 156

  芒果产业发展报告 ·· 165

  菠萝产业发展报告 ·· 174

  荔枝产业发展报告 ·· 180

龙眼产业发展报告 186

椰子产业发展报告 200

百香果产业发展报告 206

大樱桃产业发展报告 214

西瓜产业发展报告 224

甜瓜产业发展报告 233

第四篇│特色蔬菜 243

马铃薯产业发展报告 245

辣椒产业发展报告 255

大蒜产业发展报告 273

香菇产业发展报告 283

黑木耳产业发展报告 293

第五篇│特色畜禽产品 303

蜂蜜产业发展报告 305

兔产业发展报告 316

梅花鹿产业发展报告 329

毛皮动物产业发展报告 338

第六篇│特色水产品 345

小龙虾产业发展报告 347

大闸蟹产业发展报告 359

第七篇│特色饮品 369

红茶产业发展报告 371

普洱茶产业发展报告 384

荞麦产业发展报告 396

咖啡产业发展报告 408

第一篇

特色粮油作物

谷子产业发展报告

谷子是起源于我国的特色作物，具有抗旱耐瘠、营养丰富、粮饲兼用等特性，在干旱和半干旱地区粮食安全中起到重要的作用。随着健康中国战略的不断深化，谷子在膳食结构调整、杂粮营养配伍等方面越发凸显其重要性。2023 年，我国谷子种植面积小幅下滑，平均单产提升明显，总产量呈增长趋势，谷子市场价格相对稳定。由于市场需求及加工工艺的提升，谷子产业链得到了有效延伸，加工产品不断丰富。在 2023 年"国际小米年"影响下，国内外举办了一系列的产业研讨、企业对接、实地观摩、学术论坛、新农民技术培训等活动，受到了各级媒体的广泛传播，大众对谷子的辨识度、接受度以及需求量得到了进一步加强。

一、谷子产业发展现状

（一）生产

1. 种植现状。据国家谷子高粱产业技术体系数据测算，2023 年谷子种植面积较 2022 年出现小幅下滑，但受其单产明显提升影响，总产量呈现增长趋势。2023 年，全国谷子种植面积约 1 200 万亩[①]，单产约 245 千克/亩，总产量约 294 万吨，与 2022 年相比，谷子播种面积减少 59.7 万亩，减少 4.7%；单产增加 37.2 千克/亩，增长 17.9%；总产量增加 12.3 万吨，增长 12.3%（图 1）。

2. 产区分布。谷子主要分布在内蒙古自治区、山西省、河北省、陕西省、辽宁省等北方省份，其中内蒙古自治区、山西省、河北省的谷子种植面积约占全国谷子种植面积的 70%。谷子是北方干旱半干旱区的重要粮食作物之一，在部分偏远山区，依旧是重要的主粮作物。随着近些年种植结构以及种植技术的提升，干旱、盐碱等边际土地谷子种植面积正逐步增加。为促进谷子产业高质量发展，2023 年农业农村部批准河北省谷子产业集群和山西省谷子产业集群建设，每个集群资助 2 亿元，重点支撑新型经营主体、社会化服务组织、加工、品牌建设等环节。

3. 主栽品种及配套技术。据国家谷子高粱产业技术体系产业经济研究室分析，全国主栽品种以晋谷 21、金苗 K1、张杂谷系列、冀谷系列、冀杂金苗系列等为主，其中张杂谷 13 每年推广 300 万亩左右，金苗 K1 每年推广 200 万亩左右，晋谷 21 每

---

① 亩为非法定计量单位，1 亩＝1/15 公顷，下同。——编者注

3

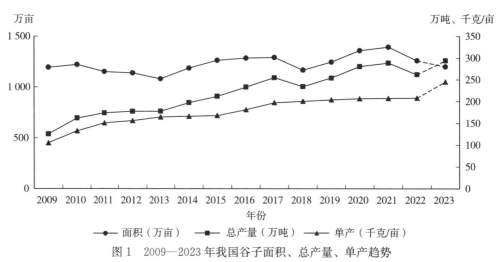

图 1　2009—2023 年我国谷子面积、总产量、单产趋势

数据来源：2009—2022 年来源于国家统计数据，2023 年来源于国家谷子高粱产业技术体系产业经济岗位调研。

年推广 100 万亩左右，冀杂金苗 3 号每年推广 60 万亩左右。

传统品种竞争优势逐年下降，山西红谷和黄金苗等不抗除草剂品种种植面积不断减少，晋谷 21 受种植习惯以及米质影响，种植面积并未受到太大冲击。蒙东地区的谷子主栽品种正逐步被金苗 K1、张杂谷 13、冀杂金苗 3 号等优质抗除草剂新品种替代，新品种种植占比逐年上升，膜下滴灌、全膜覆盖等配套技术因地制宜被使用。

（二）加工流通

1. 加工种类及技术创新。全国谷子加工依旧以初加工为主，加工转化率在 90％以上。当前谷子约 80％用于粥食，但初加工在传统意义上也有所改进，在国家谷子产业集群的支持下，2023 年大范围的加工企业对加工设备进行了改造升级，增加了低温处理技术，避免了高温加工对谷子营养成分的破坏，加工效率显著提升。深加工主要产品有小米馒头、面条、挂面、小米速食粥、小米蛋糕、面包、小米饼干、小米薯片、小米锅巴、小米醋、小米酒等，当前深加工设备及技术处于发展初期。

2. 加工企业分布。据不完全统计，截至 2023 年底全国谷子等杂粮深加工厂家数量为 630 余家，且主要集中在河北、山西、内蒙古以及东北地区，深加工企业总数占全国 80％左右，其中营养粉厂家 100 多家，食品类厂家 220 多家，保健及高附加值产品深加工企业则多分布在一线城市，数量相对较少。受产品自身特性影响，初加工及深加工产品均可直接采用真空包装等形式，大大降低了运输储存成本。

3. 市场集散地建设及流通模式。我国拥有河北藁城、蔚县、孟村，辽宁建平和山东冠县等五大谷子加工集散地，流通模式主要为"主产区＋集散地＋批发市场＋零售店"，该模式约占 55％，其他流通模式还包括"农户＋粮食收购商＋加工企业"（约占 15％）、"农户＋种植基地＋加工企业"（约占 10％）、"农户＋合作社＋加工企业"（约占 10％）、"种植大户（合作社）＋自主销售"（约占 5％）等。随着互联网的不断发展，谷子电商销售呈爆发式增长，直播带货形式作为新型销售方式获得了显著成效，电商＋抖音直播带货模式约占 5％。在淘宝天猫等销售平台上，可搜到沁州黄小米、延安小米、米脂小米、朝阳小米、蒙山小米等地方特色小米。截至 2023 年底，淘宝平台上销售小米的店铺数量达 5 100 家以上。

（三）消费

1. 产品功效。谷子富含蛋白质、脂肪、维生素、膳食纤维、微量元素等成分，富含人体必需的氨基酸等多种营养元素，是药食同源的主要作物，也是儿童、老人、产妇、病人等群体较佳食物。国家谷子高粱产业技术体系最新研究表明，小米膳食通过抑制糖异生、促进糖酵解、抑制炎症因子等多角度控制血糖的升高。

2. 产品消费流向。2023 年全国谷子总产量约 294 万吨，小米消费总量在 190 万吨左右，南方消费需求增加。2020 年以前，北方谷子市场销售量占比在 80％以上，但近年来，随着健康观念及大食物观影响，南方及沿海一线城市小米需求量逐年递增，且多以中高端价位小米需求为主，致使北方谷子市场销售量占比下降至 70％左右。国外的小米需求量也有所增加，如河北泥河湾农业发展有限公司小米出口量呈增长趋势。

3. 产品消费结构。2023 年我国谷子消费以小米粥为主，直接食用消费占比约80％，其中粥食占比 85％左右，小米焖饭及搭配米饭食用约占比 15％；深加工产品市场消费占比约 15％左右，其余约 5％的消费占比则用作种子、饲料及其他消费。

4. 消费群体。2023 年谷子的初加工产品消费群体依然呈现相对复杂多样，消费人群最多是老人，约占比 60％，主要原因是受其饮食习惯影响；随着现代生活节奏的加快，人们的消费习惯有所变化，成人对小米粥及小米焖饭的需求有所降低，成年人消费仅占比 10％左右；而青少年对小米的需求受口感等多因素影响，消费占比仅在 5％左右，更多以精深加工产品为消费主体；随着大食物观及健康饮食影响，家庭越发重视婴儿的营养搭配，婴儿的市场消费约占比 10％，且消费占比逐步提升；同时，小米因其特殊属性，孕妇、病患、伤者等特殊群体的消费占比一直较高，约占比 15％。

（四）进出口

我国谷子以出口为主，2023 年出口谷子 5 778.8 吨，较 2022 年增长 1 554.6 吨，增长 36.8％；出口额 644.5 万美元，较 2022 年增长 81.4 万美元，增长 14.5％。主要出口目的地是韩国 1 541.3 吨，日本 1 024.0 吨，德国 660.4 吨；以天津市（1 508.7 吨）、辽宁省（1 439.1 吨）、河北省（1 071.6 吨）、山东省（865.7 吨）和甘肃省（560.0 吨）等省（直辖市）出口为主。

（五）全产业链效益

1. 产业产值情况。2023 年全国谷子总产量约 294 万吨，平均谷子单价 5.5 元/千克，产值约 161.7 亿元；初加工谷子出米率平均约 65％，小米产量 191.1 万吨，平均小米价格 9.2 元/千克，产值约 175.8 亿元。2023 年谷子全产业链总产值约 337.5 亿元，较 2022 年增加 21.9 亿元，增长 6.9％。

2. 集散地价格变动。近年来，我国谷子市场价格整体呈现波动式起伏上升趋势，以河北省藁城区马庄小米加工集散地为例，2009—2023 年，谷子价格由 3.5 元/千克增长到

5.5元/千克，增长57.1%，除2014年价格异常外，整体呈现波动式上升趋势（图2）。

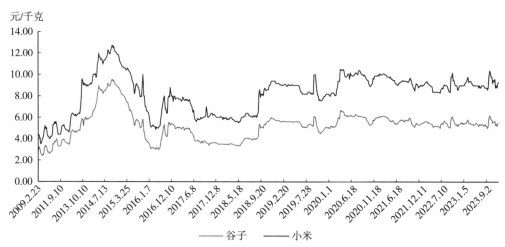

图2 2009—2023年河北藁城马庄集散地谷子和小米价格变化情况

数据来源：国家谷子高粱产业技术体系产业经济岗位收集数据。

3. 主产区田头市场价格变动。谷子价格多呈现季节性波动趋势，历年来一二季度谷子价格基本呈现相对稳定趋势，9月中上旬价格受新粮上市影响会显著提升，并在9月中下旬谷子大面积收获后价格回落，第四季度价格多受9月价格影响。

2023年，山西晋谷21全年高价位运行，9月新粮上市价格最高6.5元/千克，全年稳定在6~6.5元/千克，价格强势；金苗K1价格表现突出，终端需求旺盛，9月新粮上市价格最高6.2元/千克，年底依旧保持在5.5元/千克；冀谷系列价格9月涨势较为迅猛，最高价5.5元/千克，年底与年初价格趋同（图3）。

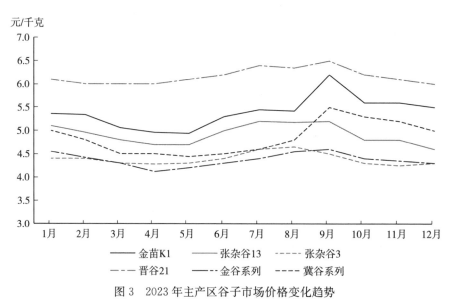

图3 2023年主产区谷子市场价格变化趋势

数据来源：国家谷子高粱产业技术体系产业信息平台。

4. 生产成本及收益。 谷子种植效益小幅上升，物质投入呈现减少趋势。2019—2023 年全国谷子种植效益由 832 元/亩增加至 936.7 元/亩，增长 12.6%；2023 年全国谷子生产总投入较 2022 年小幅降低，除种子费、有机肥费、机械费、人工费用小幅增加外，其余费用均有所减少，近年来人工费用价格一直相对较高，且呈现上升趋势（表1）。

表1　2019—2023 年谷子种植成本变化情况

单位：元/亩

年份	种子费	化肥费	有机肥费	农药费	机械费	地膜费	水电费	其他	物质费用	人工费用	投入
2019	22.12	97.08	123.24	17.9	130.05	51.35	36.62	53.03	531.39	384.11	915.5
2020	22.64	103.13	101.75	18.24	128.94	33.35	31.55	40.59	480.2	384.59	864.79
2021	23.44	105.48	76.48	21.05	122.67	22.98	25.15	42.32	439.53	374.07	813.6
2022	22.94	103.02	76.96	20.47	120.74	21.89	29.2	39.71	434.93	371.99	806.92
2023	23.44	100.64	78.11	18.65	122.35	18.98	26.78	39.88	428.83	372.66	801.49

数据来源：国家谷子高粱产业技术体系产业经济岗位收集数据。

（六）产业政策

1. 相关支持政策。 谷子作为中国北方重要的特色粮食作物，受到国家粮食安全战略的重点关注，2023 年，国家进一步明确保障粮食安全、加快发展特色粮食作物的方针，鼓励提高谷子等杂粮的种植面积，特别是在气候干旱、土地贫瘠的地区；2023 年乡村振兴战略继续推进，其中农业特色产业（包括谷子）被列为重点支持领域，政策鼓励通过现代化农业技术提升谷子的生产效率，并通过支持加工企业发展来增加谷子产业的附加值。山西省、河北省、内蒙古自治区等谷子主产区相关扶持政策实施较多。2023 年，山西省加大对谷子种植农户的补贴力度，鼓励新品种的培育和推广等一系列支持政策；河北省发布了《河北省特色农业发展规划》，将谷子作为重要作物列入规划；内蒙古加强对耐旱作物（包括谷子）的支持，鼓励农民在干旱、半干旱地区种植谷子，地方政府提供种植补贴，并设立保险机制，以保障农民收益，降低自然灾害带来的损失。

2. 相关发展规划。 国家在发展农业现代化和粮食安全战略中多次强调粮食安全，2023 年更是进一步明确了多样化粮食作物（如谷子）的重要性，鼓励地方政府在确保主粮安全的同时，推动特色粮食作物的产业化和品牌化；除了主要粮食作物，谷子等传统特色作物也被鼓励作为替代或补充品种，尤其是在北方干旱地区，旨在增强粮食供应的稳定性；谷子因其适应恶劣环境的特性，符合国家提出的"绿色农业"和"生态农业"发展要求，得到了更多政策扶持；国家乡村振兴战略继续推动农业产业结构优化，并将特色粮食作物作为重点发展方向之一。

各省为促进谷子高质量发展积极发布各类规划及相关实施方案，其中，河北省委、省政府高度重视谷子等特色产业发展，相继印发了《关于深入推进农业供给侧结构性改革加快发展农业特色产业的意见》《关于持续深化"四个农业"促进农业高质量发展行动方案（2021—2025年）》，谷子被列入了省政府确定的10大类27个特色优质农产品。2023年河北省农业农村厅支持谷子体系从杂粮杂豆体系中单独成立体系，每年资金338.5万元，印发《河北省粮油等主要作物大面积单产提升行动实施方案（2023—2030年）》，助力谷子产业提质增效。

3. 财政支持政策。 国家和地方政府通过直接财政补贴，鼓励农民扩大谷子种植面积，2023年部分地区进一步提高了种植补贴标准，特别是脱贫地区和生态脆弱区的补贴更为显著；从事谷子加工的企业可以享受农业税收优惠政策，减少增值税和所得税负担，促进农业企业的投资和发展；国家继续推进农业保险覆盖面，扩大谷子种植的保险范围，降低农民在自然灾害和市场波动中的风险，政府提供的保费补贴帮助减轻农民负担；2023年张家口市农科院联合人保财险张家口市分公司与河北巡天农业科技有限公司，积极探索谷子种植保险新模式，在蔚县开展了首个"张杂谷"商业性收入保险试点工作，保障农民不因价格波动而导致收益损失，增强农民对谷子种植的信心；河北省藁城区农业农村局专门出台了"小米贷"政策，大力支持小米加工企业、种植合作社、家庭农场等。

二、谷子产业发展存在的问题与挑战

（一）产业发展存在的主要问题

1. 种质资源收集、保护、创制能力有待提升。 种质资源的保护、创制和利用是育种的源头和基础，我国谷子种质资源丰富，但存在利用不足现象，种业创新发展需要对现有种质资源进行充分挖掘、利用；自然生态下的农业种质资源种类与数量显著减少，亟待加强珍稀、濒危、特有资源的有效收集和保护；从育种角度，有限的基础材料、种质资源分散在不同单位，高通量实用分子标记开发、全基因组选择、基因编辑、转基因等生物育种技术起步较晚，分地区专用性谷子品种选育数量有限，部分新品种推广应用示范能力相对较弱。

2. 谷子专用机械有待强化。 当前谷子生产已经基本实现了全程机械化作业，但谷子专用机械依旧处于研发试验阶段，当前投入生产中的机械多为其他作物生产机械的改造，专用性不足。虽然联合收割机收获损失率已不断下降，但依旧有较大的提升空间，播种机也存在适应性较差的特点，部分山区及小地块当前无法实现全程机械化生产。

3. 深加工能力有待进一步加强。 初加工产业不断实现了改造升级，深加工企业也不断涌现，但当前加工领域依旧存在产品转化能力弱、产品种类无法满足社会需求、新产品研发缓慢等问题。

4. 品牌维护和宣传不足。 各地小米品牌塑造成为一大趋势，而小米品牌核心之处不仅仅局限于品牌打造这一环节，后期品牌宣传及维护更是重中之重，当前谷子的品牌打造在维护及宣传环节依旧未得到重视，致使出现品牌越来越多，而知名品牌没有脱颖而出。

（二）产业发展面临的外部挑战

1. 生态环境脆弱。 谷子主要种植在干旱、半干旱区域，生态环境脆弱，加之丘陵小地块不利于现代农机装备应用，生产效率较低；黄土高原生态系统极易遭受破坏，水土流失较为严重，直接制约生产发展；各地灾害频发，严重影响谷子产量和品质，不利于产业可持续发展；北方谷子主产区的土地退化问题日益严重，过度耕作和水资源的不合理使用导致土壤贫瘠和水源减少，虽然谷子耐旱性强，但在长期的水资源紧张和土壤恶化的环境下，经济效益也未能充分发挥出优势，影响谷子的可持续生产能力。

2. 消费需求变化和市场竞争较弱。随着社会发展和城市化进程加快，消费者饮食结构逐步多样化和现代化，谷子有着高营养价值，但它在现代健康饮食潮流中仍未成为主流选择，特别是在年轻消费群体中，谷子面临来自进口杂粮、超级食品（如藜麦、燕麦）等新兴健康食品的竞争，消费者偏好发生变化，这使得谷子市场需求增速较慢；在国内，谷子作为传统粮食作物的知名度较高，但在国际市场上，谷子的认知度较低，未能有效开拓国际市场，国际市场对谷子产品的推广不足，消费者对于谷子的健康优势和文化价值了解不多，这在很大程度上限制了谷子产品的全球化发展。

三、谷子产业发展趋势与前景展望

（一）我国谷子产业发展趋势

1. 种植面积、单产呈上升趋势。受国家及省市级谷子相关扶持政策影响，2024年谷子种植面积预计有小幅度提升，其中内蒙古自治区、山西省、河北省三省份重视谷子产业发展，提出了谷子种植相关补贴政策，新型经营主体种植意愿显著提升，谷子种植面积呈现上升趋势；同时受新品种及配套技术影响，谷子单产有望实现新的突破，尤其新型生物肥料的推广应用取得了显著成效，助力谷子单产提升。

2. 优质高产新品种将进一步替代传统品种。近年来，适应性强、抗逆性好的优质谷子品种，如冀杂金苗3号、金苗K1等，逐渐得到推广，这些新品种不仅提高了谷子的产量，还提升了谷子的稳定性和品质，使其在北方干旱和半干旱地区广泛种植，未来种业公司和科研单位将继续针对不同生态区域研发优质谷子品种，推动品种更新换代，提高农户的种植收益。

3. 专用机械普及率将增加。随着农业机械化的普及，谷子的机械化程度不断提高。近年来，国家和地方政府逐步加大对农业机械设备的投入，特别是在耐旱作物和特色杂粮方面的推广力度有望增加，未来专门针对谷子播种、收割等环节的机械化设备研发和推广力度将进一步加强，专用型机械及适宜多种地形生产机械有望实现推广应用。

4. 产业链延伸与深加工产品更加多元化。随着乡村振兴和特色农业产业化的推动，谷子产业将逐步形成集种植、加工、销售于一体的全产业链条，未来将重点打造谷子全产业链发展模式，通过区域品牌建设、加工技术升级和市场营销创新，推动产业的集约化和规模化发展，提升产业竞争力和附加值；同时，随着加工技术的不断提升，谷子产业将从传统的原粮销售逐步向深加工方向延伸，谷子功能性食品、保健品、婴幼儿食品等高附加值产品的开发前景广阔。

5. 政策支持与绿色发展并行。 国家和地方政府有望继续出台支持谷子产业发展的相关政策，包括财政补贴、技术推广、金融支持等，推动产业的现代化和可持续发展，特别是在乡村振兴战略的推动下，谷子产业作为地方特色农业发展重点，将获得更多资源倾斜和政策扶持；同时随着全球对环境保护和可持续农业的重视，谷子产业也将逐步向绿色化方向发展，有机、绿色认证体系将进一步完善，增强小米在国内外市场的竞争力。

（二）我国谷子产业前景展望

1. "国际小米年"引领，产业前景广阔。 国际上将谷子等小粒旱地作物统称为"小米"（millet），为唤起社会各界对小米的认知，联合国粮农组织将 2023 年确定为"国际小米年"，旨在充分发掘小米的巨大潜力，使小米在农民增收、促进生物多样性、保护粮食安全和丰富营养等方面做出新贡献。国内外组织召开一系列高端论坛、产业研讨、产销对接等活动，加之国家谷子高粱产业技术体系对谷子科学普及与科技服务的广泛开展，各级媒体宣传力度进一步加强，人们对谷子营养健康、农耕文化认知水平逐步提高，有效促进了谷子生产与消费。随着"一带一路"倡议的推进，谷子作为中国传统杂粮产品在国际市场的知名度有所提升。中国谷子产品在亚洲和非洲市场逐步得到认可，出口潜力巨大。未来，伴随加工技术提升和产品多样化，谷子产品的国际竞争力将进一步增强，尤其是在健康杂粮市场和功能性食品领域，谷子出口规模有望逐年增加。

2. 高附加值产品持续增长。 随着消费者健康意识的提升，对高品质、绿色健康食品的需求增加，谷子在营养价值和健康功效方面的优势受到重视。未来，谷子加工将向多样化、高附加值方向发展，预计未来市场会继续拓展谷子深加工产品，如即食米粥、谷物饮品、谷物代餐、酒、醋等，满足不同年龄层消费者对便捷健康食品多样性的需求。

3. 品牌化推广和市场竞争力增强。 谷子产业的品牌化将成为重点发展方向，地方政府和企业将更加注重区域品牌的打造，推出一批具有地方特色和文化内涵的谷子品牌，增强谷子在国内外市场的知名度和影响力，通过品牌化建设，提升谷子产品的市场价值，推动从"杂粮"向"优质健康食品"的转变；随着电商平台、直播带货等新兴销售渠道的发展，谷子产业的市场推广方式也将更加现代化；未来，线上销售渠道将在推动谷子产品进入更广泛的市场中扮演重要角色，尤其是在健康饮食和有机食品的消费趋势下，谷子作为健康食品将被更多消费者接受。通过线上线下相结合的方式，谷子的市场覆盖面将进一步扩大。

4. 全产业链标准化生产体系逐步完善。 谷子产业链将逐步完善，涵盖品种培育、机械化种植、现代化加工、品牌销售等各环节，完善的产业链和标准化生产体系将推动谷子产业向现代农业模式转型。在主产区，现代化的谷子加工集群和产业园区正在逐步形成，支持谷子生产的全程机械化和智能化，这将提升谷子生产效率和加工水平，满足市场需求。

（三）对策措施与政策建议

谷子是我国特色杂粮作物，确保谷子产业持续平稳发展，对促进粮食安全以及乡村振兴均具有重要意义。因此提出如下建议：

1. 加强财政支持。建议国家和地方政府进一步完善对谷子产业的补贴政策，特别是在种植、加工、机械化等环节加大财政支持力度，提升农户和企业的积极性；针对谷子产业发展的资金需求，建议设立专项资金，支持谷子生产、加工及品牌推广，同时进一步完善农业保险政策，将谷子纳入农业保险范围，降低农户的种植风险，增强其应对自然灾害和市场波动的能力；鼓励地方政府推行谷子的绿色种植方式，减少农药、化肥的使用，通过财政支持激励有机谷子、绿色谷子种植基地的建设，推动谷子产业的生态化发展。

2. 推动科技创新与生产技术提升。加强对谷子产业科研的投入，特别是在新品种培育、病虫害防治、栽培技术等领域的研究，通过增加科研经费，支持农业科研院所、高校和企业的合作，培育更多抗病、抗逆、适应性强的谷子品种，提升谷子的单产水平和质量；加大对谷子生产机械的研发和推广力度，尤其是在谷子播种、施肥、收割等环节推广专用机械，推动智能农业技术在谷子种植中的应用，利用大数据、物联网和无人机技术，实现精准化管理，提升生产效率；加强对农户的技术培训，推广谷子种植和加工的先进技术，通过农业技术推广部门和合作社等组织，开展技术培训和现场指导，确保农户能够及时获取和应用最新的种植技术和管理方法。

3. 优化产业链条，提升附加值。加大对谷子深加工技术的研发投入，鼓励企业开发谷子功能食品、保健品、婴幼儿食品等高附加值产品，通过技术创新延伸产业链，增加谷子产品的市场多样性和附加值；支持谷子产业龙头企业和专业合作社的发展，带动种植户、加工企业和销售渠道的融合发展；从种植、加工、仓储、物流到销售，形成完整的全产业链发展模式，确保谷子产品的质量安全和供应链稳定。

4. 推进品牌化建设与市场拓展。注重将谷子与地方特色文化相结合，打造区域特色品牌，提升谷子产品的市场认知度和竞争力；加强谷子产品的市场推广，利用线上和线下多种渠道扩大谷子产品的市场影响力，拓展谷子产品的销售渠道；鼓励企业开发高端消费市场，推广谷子作为健康、绿色、有机的高端食品，与此同时，建议政府和企业共同努力开拓国际市场，通过参加国际展会、建立海外销售渠道等方式，推动谷子产品走向国际市场。

5. 搭建数字化平台，完善市场监测预警。依托谷子产业集群建设，搭建全国谷子产业全产业链数字化平台，设置产业概况、全产业链、种业发展、种植生产、加工仓储、产销对接、科技服务、大数据分析、金融保险等多个版块，为各类经营主体提供产前、产中、产后全方位服务。利用数字化平台，加强谷子产业信息监测预警工作，及时做好市场运行形势研判，及时组织完成谷子全产业链信息分析报告，强化市场供需形势分析与研判，及时发布生产、价格、供求等信息，有效引导生产和经营者及时均衡上市销售，避免价格大起大落，促进市场稳定运行。通过给农户提供可靠的"先导性"信息，指导农户根据未来的供需情况来决定当前的生产。同时，运用大数据等技术手段，增强对全产业链的调控能力，让各环节能够分享合理利润。

6. 加强谷子健康宣传及消费引导。组织食品、营养、农学、文化领域专家学者撰写有关谷子营养、文化、历史知识的科普文章，增强民众对谷子的认知水平；结合地方食物资源、饮食习惯、传统食养理念，宣传以小米配伍为主的膳食结构的食品制作方法、健康营养知识和保健功能等；发挥我国谷子文化历史悠久的特点，拍摄适应不同目标消费群体的专题片，利用各类新媒体手段定向、精准地将科普信息传播到不同人群，从而促进国人的谷子消费。

报告撰写人：

赵文庆	河北省农林科学院谷子研究所	助理研究员
刘　猛	河北省农林科学院谷子研究所	研究员
李顺国	河北省农林科学院谷子研究所	研究员
刘　斐	河北地质大学	副教授
王涵颖	河北省农林科学院谷子研究所	助理研究员

高粱产业发展报告

高粱是世界第五大粮食作物，也是我国重要的杂粮作物，具有抗旱、抗涝、耐贫瘠、耐盐碱、生物量较大等特点，主要分布在东北、华北、西南三大主产区。2023年，我国高粱种植面积、总产量、单产分别为1 099.5万亩、363.7万吨、330.8千克/亩，同比分别增长8.7%、17.6%、8.2%，主产区规模优势凸显，优质绿色生产技术应用效果明显；加工用量占比高，逐渐形成了"北种南消"的流通模式，带动一二三产业融合发展；消费需求量有所减少，主要用于酿造和饲料加工，国产高粱几乎全部用于酿造，进口和出口均显著减少，价格低位运行。受国外高粱冲击、国内市场价格回落、其他大宗作物的影响，预计短期内高粱种植面积、总产量有所回落，糯高粱种植面积占比持续增加，消费多样化趋势明显，市场价格短期仍以下行为主，但长期有望继续增长。未来，我国高粱产业发展将面临生产环境恶劣、种业创新不足、生产成本高、市场不稳定的挑战和风险。

一、高粱产业发展现状

（一）生产

1. 面积和产量呈上升趋势，单产水平趋于稳定。 2016年以来，全国高粱播种面积和总产量呈上升趋势，单位面积产量稳定在300～330千克/亩（图1）。受2022年高粱价格上涨、政策支持等因素影响，2023年全国高粱播种面积约为1 099.5万亩，同比增长8.7%；生长期气候适宜，单产有所增加，为330.8千克/亩，同比增长8.2%，且大部分主产区的品质较2022年有所提高；总产量约为363.7万吨，同比增长17.6%。

2. 进一步向三大主产区集中。 2023年，东北（辽宁省、吉林省、黑龙江省和内蒙古自治区）、华北（山西省、河北省、河南省）、西南（贵州省、四川省、重庆市）三大主产区高粱种植面积分别约为370万亩、245万亩和330万亩，同比分别增长9.4%、8.0%和12.2%，占全国面积比例分别为33.7%、22.3%和30.0%。东北主产区的主栽品种大多是具有高产潜力和适应性强的杂交高粱品种，如龙杂8号、庆杂77、庆杂88、吉杂149、吉杂157、敖杂1号、龙帚2号、凤杂4号、吉杂130等，但在南方酒厂需求的拉动下，红糯16号、红糯13号等糯高粱品种在辽宁地区逐渐增多。2023年，虽然吉林松原产区和内蒙古呼和浩特产区的高粱种植面积与2022

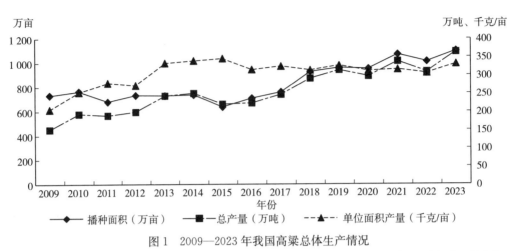

图1 2009—2023年我国高粱总体生产情况

数据来源：2009—2022年数据来源于国家统计局数据库，2023年数据来源于国家谷子高粱产业技术体系产业经济岗位调研数据。

年基本持平，但东北其他高粱产区存在部分杂粮作物地块转种高粱，种植面积显著增加，内蒙古赤峰产区的高粱种植面积较2022年增加15%左右。华北主要是粳、糯高粱交叉主产区，其中，在南方酒厂消费需求的拉动下，河北省和山东省主栽冀酿2号、冀酿4号、红缨子、红茅6号、济粱2号等糯高粱品种，山西省以晋杂22号、晋杂12号等品种为主，同时晋糯3号等糯高粱品种占10%以上。受2022年高粱高价等因素影响，2023年华北地区的高粱种植面积也呈现较大幅度增长，较2022年增加约8%。西南主产区主要是糯高粱，主栽品种包括红缨子、红珍珠、泸州红1号、郎糯红19号、宜糯红4号、晋渝糯3号等，在茅台、五粮液、泸州老窖、郎酒等知名酒企的拉动下，高粱产业发展迅猛，2023年，仅贵州省仁怀市酒用高粱种植面积即达到36.5万亩。

3. 优质绿色规模化生产趋稳，智能化生产加速推广。 在国家谷子高粱产业技术体系、重点研发计划以及各省份项目支持下，以优质绿色关键生产技术为核心，与现代化农机装备、绿色防治等技术相结合，集成创新了高粱绿色轻简高效、盐碱地提质增效等生产技术，多项技术被遴选为主推技术和地方标准。2023年，高粱主产区技术推广率达到75%以上，不仅促进了高粱的绿色高效生产，而且促进了盐碱地的利用和农业现代化进程。东北、华北地势平坦，高粱种植仍以种植大户、合作社、家庭农场、企业等新型经营主体为主，在全程机械化作业的应用过程中，北斗导航精准播种技术、无人机喷防技术和高粱无人驾驶联合收获等技术得到大面积示范推广，智能化、数字化生产技术开始示范应用，初步实现了高粱智能化农机作业。

（二）加工流通

1. 加工用量占比高，用途广泛。 2023年，高粱加工用量占比高达85%以上，加工用途广泛，加工类型主要包括：一是酿造，其中80%为白酒酿造，20%为食醋酿造；二是饲料，进口高粱单宁含量较低，80%用于饲料领域，利用甜高粱秸秆加工青贮饲料趋势逐渐凸显；三是帚用及工艺品，全国帚用高粱种植面积40万亩，主要分布在赤峰市巴林左旗及周边地区，该地区已成为全国帚用高粱的原料生产基地，除了当地使用以外，还运往哈尔滨周边笤帚加工厂，在内蒙古帚用高粱特色产业的带动下，利用帚用高粱秸秆编制笤帚等工艺品占比约为8%；四是食用，主要是高粱面包、甜点、膨化食品等，其原粮主要是白高粱；五是其他深加工领域，如提取淀粉、色素、蜡粉，利用高粱制糖，等等。

2. "北种南消"流通模式逐渐形成。 2023年，重庆、四川、贵州等西南地区酒厂的高粱需求量大，当地高粱种植不能满足需求，越来越多的酒厂开始在东北、华北建立原料基地，形成了"北种南消"的流通模式。具体来说，东北以及蒙东地区主要是"农户＋贸易商＋酒企"模式，且规模逐渐增加，约占55%；"新型经营主体＋贸易商＋酒企"模式主要在地势平坦的东北、华北等地区，约占30%，例如河北种植大量的红缨子和冀酿系列品种，为贵州茅台镇、四川等酒厂提供优质的原料，目前河北省已成为南方酒厂的优质原料生产基地；"品种＋基地＋酒企"模式主要存在于茅台、五粮液、泸州老窖等知名酒企所在地区，约占15%。

（三）消费

1. 高粱主要用于酿造和饲料消费。 80%以上的国产高粱用于酿造，高粱酿造消费约占总消费量的45%；随着我国畜牧业的不断壮大，饲用需求也成为我国高粱行业最大的需求领域，当前饲料消费占比约为42%。此外，高粱因含多酚、粗纤维、烟酸、生物素等营养成分，食用高粱和制糖消费占比也呈增加趋势。

2. 高粱消费量呈"M"形波动，2023年高粱消费量有所减少。 在白酒和养殖业需求的带动下，2013—2015年我国高粱消费量逐年上升；受高粱饲用需求萎缩等影响，高粱消费总量逐年下降，2019年处于低水平，主要缘于中美贸易摩擦导致的我国对美国进口高粱关税增加，而美国又是我国高粱的第一大进口国，进而使得2019年我国高粱进口量急剧减少；2019年之后受到我国养殖业恢复的影响，饲用高粱需求增长，高粱消费总量有所回升，2022年增加到1 333.9万吨；然而，2023年，受到下游酒厂大部分停机检修和高粱进口价格上涨等因素影响，高粱酿酒消费和饲用消费都有所减少，消费量减少到885.3万吨，同比减少33.6%（图2）。

（四）进出口

我国是高粱进口大国，进口规模远大于出口规模，贸易逆差显著。

1. 进口显著减少，美国所占进口份额明显减少。 2023年我国高粱进口量521.3万吨，同比减少48.6%，进口额18.3亿美元，同比减少51.1%，国内生产充足和需求下降导致高粱进口量大幅减少。2023年我国高粱主要进口来源地为美国、澳大利亚和阿根廷，进口量分别为250.3万吨、187.8万吨和82.9万吨，其中美国和阿根廷分别同比减少60.5%和58.3%，而澳大利亚同比增长3.6%；进口额分别为8.7亿美元、6.8亿美元和2.8亿美元，分别占比47.4%、37.3%和15.3%，与2022年相比，澳大利亚占比增加19.6个百分点，而美国占比减少16.4个百分点。

2. 出口显著减少，出口目的地主要集中在东南亚国家。 2023年我国高粱出口量

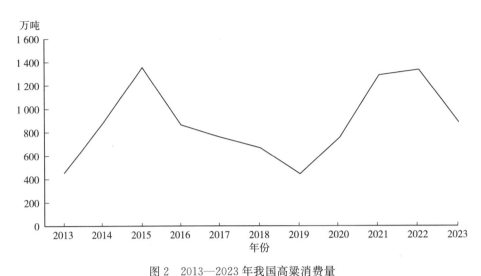

图 2　2013—2023 年我国高粱消费量

数据来源：2013—2022 年数据来自 FAO 统计数据库，2023 年数据根据"消费量＝产量＋净进口量＋上年剩余量"公式计算而来。

2 139.4 吨，同比减少 40.5％，出口额 204.3 万美元，同比减少 33.6％，我国高粱的出口目的地多达 16 个，但从出口量来看，出口国家和地区主要集中在韩国、日本、中国台湾、马来西亚等，其中仅出口韩国的占比就达到 75.2％，出口用途多为酿酒，可能是东南亚各国有较多华人居住，白酒的消费量较高。

（五）全产业链效益

1. 高粱均价整体呈上升态势，但 2023 年的均价波动性下降。 近年来，高粱平均价格呈现波动增长趋势，从 2020 年 1 月 2 日的 2.49 元/千克增加到 2023 年 12 月 29 日的 3.20 元/千克[①]。2023 年，我国高粱均价总体呈现下跌趋势，从年初的 3.94 元/千克下降到年末的 3.20 元/千克（图 3）。其中，东北白城市场的粳高粱价格从年初的 3.98 元/千克下降到年末的 3.15 元/千克；内蒙古赤峰市场的粳高粱价格从年初的 4.01 元/千克下降到年末的 3.25 元/千克；河北黄骅市场红缨子糯高粱的价格从年初的 4.55 元/千克下降到年末的 4.25 元/千克。

2. 白酒等相关产业的高质量发展推进高粱产业规模扩张和效益提升。 2023 年，高粱第一产业产值为 134.6 亿元，同比增长 25％，酿酒、酿醋、工艺品、饲料等高粱加工业产值约为 1 万亿元，带来的物流、乡村旅游等第三产业的产值约为 60 亿元，切实促进了农业增效和农民增收。

3. 高粱种植效益整体呈上涨趋势。 据国家谷子高粱产业技术体系生产监测，2019—2023 年，全国高粱种植效益由 506 元/亩增长至 842 元/亩，增长 66.4％；农机成本由 144 元/亩降至 109 元/亩，下降 24.3％；人工成本由 128 元/亩降至 85 元/亩，下降 33.6％；肥料投入由 136 元/亩降至 121 元/亩，下降 11.0％。机械化水平大幅

———————

① 高粱均价的数据来源于卓创资讯，其主要测量的是密度 720 克/升以上、水分 16％以下、脱壳过滤的高粱价格。

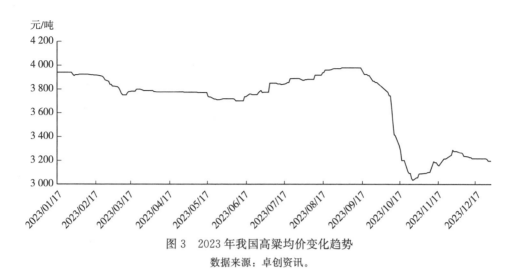

图 3　2023 年我国高粱均价变化趋势

数据来源：卓创资讯。

提升，我国高粱耕种收综合机械化水平由 2013 年的 51% 提升到 2023 年的 75%。

（六）产业政策

2023 年，我国高粱产业相关政策主要以高粱主产区地方政策为核心内容，各地因地制宜制定高粱产业发展相关政策。例如，习水县为充分释放白酒首位产业发展红利，出台酒用高粱种植专项扶持政策，对种植农户实行种子免费发放、有机肥采购补贴等优惠政策，对种植乡镇实行工作经费考核奖补，以充分调动种植积极性；南充市嘉陵区为助力"川酒"建设，出台基地建设、基础配套、农机购置补贴、科技服务、订单收购、金融支持、保险服务等政策大力推动高粱产业四统一。

二、高粱产业发展存在的问题与挑战

（一）产业发展存在的主要问题

1. 单产提升缓慢，种植技术有待提升。虽然 2023 年我国高粱单产水平有所提升，但 2013—2023 年，我国高粱单产从 332.9 千克/亩下降到 330.8 千克/亩，甚至略有减少。这主要是因为高粱生产受自然灾害、病虫害影响大，例如，重庆市河包镇因 2023 年 8 月遭受持续强降雨，导致高粱成片倒伏。而目前种植技术研发与生产实际联系不够紧密，且先进的种植技术推广不足，导致高粱种植技术不规范、病虫害防治不到位等问题突出，进而影响高粱单产水平的提升。

2. 市场需求不稳定，受酿酒和饲料行业影响大。高粱的市场需求主要集中在酿酒和饲料等领域，而这些领域的需求波动较大，导致高粱的市场需求不稳定。白酒产量是影响国产高粱需求的重要因素，2023 年，酿酒作坊及酒厂产量下降，高粱用量减少，在种植面积增加的情况下，导致高粱价格出现显著下滑。在饲料领域，一方面，玉米、小麦等替代品价格的变化会显著影响高粱的市场需求，另一方面，畜牧业的发展状况直接影响饲料需求，进而间接影响对高粱原料的需求。

3. 政策支撑力度不足，种植面积波动较大。高粱抗旱耐瘠、环境友好，是干旱、半干旱地区、压采地下水区、盐碱地等区域优势作物。但在国家层面作为小杂粮，长期以来得不到有效重视，缺乏稳定的政策支持，产业政策碎片化，补贴政策体系不健全。农户对高粱的种植主要受到上一年高粱价格的影响，使得高粱种植面积波动较大，如受2022年高粱高价影响，2023年全国高粱播种面积较2022年约增加9％；在2021年高粱低价运行的影响下，2022年全国高粱播种面积较2021年约减少5.4％。

（二）产业发展面临的外部挑战

1. 资源不足、环境恶劣影响高粱生产。 高粱主要种植于干旱、半干旱区域，而这些地区资源短缺且环境恶劣，制约了高粱产业发展。西南丘陵地区，地块小而散，不利于规模化、集约化生产，现代农机装备受到限制，生产效率提高较为困难；华北主产区主要分布在地下水压采、季节性休耕、沿海盐碱等资源短缺地区，对高粱的生长造成了不利影响；东北主产区主要为雨养旱作模式，高粱生产受生育期内降水影响。

2. 育种研究与发达国家差距较大。 高粱在种质表型精准鉴定、功能基因调控途径解析、遗传转化、基因编辑育种等基础研究方面与发达国家有较大差距，限制了突破性品种培育。例如，美国已将CRISPR基因编辑技术成功应用于高粱，以提高高粱的抗逆性和抗病虫害能力，而我国则是近几年才开始将CRISPR基因编辑技术应用于高粱基因定位。此外，我国籽粒饲用和青贮饲用品种还没有充分利用，行业与科技没有充分融合，限制了我国高粱产业发展。

3. 生产成本较国外生产成本高、进口高粱冲击国内市场。 我国高粱生产总成本投入高于美国，2022—2023年我国每亩高粱平均生产总成本比美国高出100元有余，其中我国劳动力成本为99元/亩，是美国的3.5倍有余，致使进口高粱价格显著低于国产高粱价格。由于进口高粱成本低，部分酒厂为追求效益，采用进口高粱进行酿酒，但进口高粱的单宁含量显著低于国产高粱的单宁含量，这进而影响了白酒的品质。

三、高粱产业发展趋势与前景展望

（一）发展趋势与前景展望

1. 产量短期有所回落，中长期波动增长。 随着国内经济复苏，酿造产业转型升级和消费需求增加，且青贮、帚用、食用、饲用高粱产业的带动，以及华北地区地下水压采、季节性休耕以及盐碱地等地区的支持政策持续发布，从中长期来看，我国高粱种植面积和产量呈现增长趋势。但受2023年高粱价格走低的影响，预计短期内我国高粱种植面积和产量有所回落。

2. 糯高粱种植面积占比上涨趋势明显。 调研发现，国内对浓香型和酱香型白酒消费高于其他类型的白酒，随着白酒消费增加、南方酱香型和浓香型白酒产能提升，糯高粱需求将持续增加。未来，受到贵州、四川等酒厂的青睐，华北地区、蒙东、辽西等糯高粱品种将持续增加，其中，河北地区以冀酿系列糯高粱为主，辽西地区以红糯系列品种为主，将逐渐成为当地和南方酒企的主要原料。

3. 消费多样化趋势增强。 高粱抗旱、抗涝突出，耐贫瘠、耐盐碱，生物产量高、营养丰富、用途广泛，随着乡村振兴战略、健康中国战略和千亿斤粮食增产行动的推进，长期来看，高粱消费将由以酿造为主向籽粒饲料、青贮饲料、能源、食用、寻用、糖用以及造纸业、板材业和色素业转变，继续呈现扩大的趋势。

4. 市场价格短期仍以下行为主，但长期有望持续增长。老龄化导致的白酒消费减少，以及年轻人饮酒习惯的改变，使得下游酒厂持续消费疲软，产量下降，酒厂采购较为谨慎，贸易商建库不积极，短期内，高粱价格可能偏弱运行，市场购销缓慢。但长期来看，随着农业技术的不断进步和种植结构的优化，以及酒厂转型升级、消费用途拓宽，高粱市场需求回暖，市场价格有望持续增长。

（二）政策建议

1. 加强基础科学研究资助。高粱产业价值除了与大宗作物不同外，还具备大宗作物所不具备的抗旱、耐涝和耐盐碱等特性，因此发掘高粱抗逆基因，不仅有利于高粱抗逆品种的培育，也将为其他禾本科作物抗逆品种选育提供重要基因资源。因此建议加强高粱抗逆基础研究课题资助，提升我国高粱生物育种的竞争力。

2. 加强高粱品种知识产权保护。2017年以来，国家对高粱等小宗作物植物新品种权施行登记制，催生了一系列侵权、维权等问题，应尽快完善高粱品种分子指纹图谱身份证，建立快速、精准的品种权鉴定技术，并将监管鉴定等职能下放至省级种子管理部门，更有效发挥种子市场监管效能和知识产权保护作用。

3. 将高粱生产纳入国家粮食安全范畴。长期以来高粱是粮食而没有纳入国家粮食安全范畴给予政策支持，导致生产得不到有效重视，高粱生产长期在低水平徘徊。建议将高粱生产纳入国家粮食安全管理，实施测土配方施肥、良种补贴、农机补贴政策，增加高粱生态保护补贴投入。

4. 加强高粱产业信息监测预警。依托高粱产业信息优势单位以及国家现代农业产业技术体系，培育建立一支高粱产业信息监测预警团队，建立高粱产业信息大数据平台，强化市场供需形势分析与研判，对外发布高粱生产、价格、供求信息和高粱价值指数，有效引导生产和经营者及时均衡上市销售，促进市场稳定运行。

5. 加大宣传力度，扩大高粱产品消费。组织食品、营养、农学、文化领域专家学者撰写有关高粱产品的营养、文化、历史知识的科普文章和图册，增强民众对白酒、醋以及高粱加工产品的认知水平；发挥我国高粱白酒文化历史悠久的特点，拍摄适应不同目标消费群体的专题片，利用各类新媒体手段定向、精准地将科普信息传播到不同人群，从而促进国人的高粱加工产品消费。

报告撰写人：

刘会静　河北省农林科学院谷子研究所　讲师
刘　猛　河北省农林科学院谷子研究所　研究员
赵文庆　河北省农林科学院谷子研究所　助理研究员
刘　斐　河北地质大学　　　　　　　　副教授
李顺国　河北省农林科学院谷子研究所　研究员

糜子产业发展报告

糜子是我国北方旱区重要的杂粮作物之一，以其节水抗旱、耐盐碱、耐瘠薄、营养丰富的特性而著称。在部分干旱且土壤贫瘠的地区，糜子甚至被誉为"救命粮"，凸显其重要价值。然而，近年来单产持续低水平波动，种植效益低下，加之产品单一、市场需求匮乏，导致种植面积逐年缩减，仅在山地丘陵等区域种植。据测算，2023年全国糜子种植面积约770万亩，产量为146万吨，预计短期内种植面积将呈稳定略降态势，总产量保持在150万吨左右。消费以炒米和黄米面为主，食品加工带动能力有限。未来产业的进步需更加侧重于品种的改良升级以及加工产品的创新突破。

一、糜子产业发展现状

（一）生产

糜子主要分布在西北、东北及华北地区，以内蒙古、甘肃、宁夏、陕西、山西、河北、黑龙江等省份为集中优势地带。以鄂尔多斯、包头、榆林、延安为分界线，分界线以西多为粳性糜子，以东多为糯性糜子（又称黍子、大黄米）。国家谷子高粱产业技术体系调查显示，2023年我国糜子种植面积为770万亩，产量为146万吨，同比分别增长1.2%和2.9%。

从主产区看，2023年山西糜子面积137万亩，主要分布在忻州市、朔州市、大同市、吕梁市，平均单产218.8千克/亩；河北糜子面积22万亩，主要分布在张家口市、承德市，平均单产145千克/亩；甘肃糜子面积43.6万亩，主要分布在庆阳市、平凉市、白银市、定西市、天水市、金昌市，平均单产144.3千克/亩；陕西糜子面积80万亩，主要分布在榆林市、延安市，平均单产220千克/亩；黑龙江糜子面积2万亩，主要分布在哈尔滨市、齐齐哈尔市、大庆市，平均单产250千克/亩；宁夏糜子面积24.1万亩，主要分布在吴忠市、固原市、中卫市，平均单产127千克/亩；内蒙古糜子面积150万亩，主要分布在赤峰市、通辽市、鄂尔多斯市、巴彦淖尔市、包头市、呼和浩特市，平均单产149.6千克/亩（表1）。

山西省偏关县2023年糜子播种面积达到8万亩，产量达2万吨，占全县粮食总产量的17%以上，因其糜子产业发展和历史文化优势，被中国粮食行业协会授予"中国糜子之乡"。

表1 2023年我国糜子主产区生产基本情况

市	面积（万亩）	单产（千克/亩）	总产量（万吨）
忻州市	48	205	9.84
朔州市	35	225	7.88
大同市	39	226	8.81
吕梁市	21	203	4.26
张家口市	17.76	154.49	2.58
庆阳市	23.25	138	3.21
平凉市	4.5	120	0.54
白银市	6.5	175	1.14
定西市	1.5	166	0.25
天水市	1.25	160	0.20
金昌市	6.58	145	0.95
榆林市	65	230	14.95
延安市	10	200	2.00
哈尔滨市	1	250	0.25
齐齐哈尔市	0.5	250	0.13
大庆市	0.5	250	0.13
吴忠市	2.25	120	0.27
固原市	13.4	154	2.01
中卫市	8.4	98	0.82
赤峰市	50	170	8.50
通辽市	10	138	1.38
鄂尔多斯市	15	148	2.22
巴彦淖尔市	10	142	1.42
包头市	8	138	1.10
呼和浩特市	15	140	2.10

数据来源：国家谷子高粱产业技术体系监测数据。

各地区糜子种植品种不同，以本区域科研院所培育品种和老家种为主。山西糜子品种主要为晋黍8号、晋黍9号、品黍3号、品糜3号、红糜子；陕西糜子品种主要为榆糜2号、榆黍1号、陕糜1号、陕糜2号；河北糜子品种主要为冀黍3号、冀黍6号、冀杂黍3号、冀黍1号、二紫秆；甘肃糜子品种主要为陇糜17、陇糜18、陇糜19、陇糜10；黑龙江糜子品种主要为齐黍1号、年丰7号、年丰5号；宁夏糜子品种主要为固糜21、固糜22、固糜23、固糜24、固糜25；内蒙古糜子品种主要为赤黍9号、赤黍5号、赤黍8号、赤黍1号、伊选黄糜、内糜5号、伊黍27、伊糜5

号、农家品种大白黍。

各地区糜子栽培技术应与当地生产条件相符合。目前，多种先进的糜子栽培技术正在被广泛推广和应用。其中，全国主推技术有全膜覆盖双垄沟播技术、旱地糜子穴播高效栽培机械化技术、糜子覆膜精量机穴播种植技术以及大垄双行穴播栽培技术。这些技术的共同特点是通过创新种植方法和机械化生产，显著提高了糜子的生产效率和产量。

（二）加工流通

糜子的主要加工种类包括米类、面类及原粮等。其中，糯性糜子主要用于黏豆包、年糕、粽子、黄米酒及黄米面制作的各类产品；而粳性糜子则主要用于炒米的加工。糜子作为低糖、高纤维特性的食品原料，在食品加工领域及健康产品市场中展现出了广阔的应用前景，在诸如粽子、豆包、年糕等传统食品的制作中深受欢迎。此外，糜子还被广泛应用于茶汤、驴打滚、炸糕、枣糕、浸糕、连毛糕、糕斜儿、清真酥香糖、汤团、摊花、煎饼、窝窝头、火烧、油馍、酸饭等多种食品的加工中。整体看，糜子的初级加工用量及其加工转化率的比例约为70%，深加工产品转化率不足10%。

由于我国糜子种植面积小、产量低，全国范围内尚未形成大规模和有影响力的集散中心，其销售主要依托于主产区的农村集市、城市农贸市场、超市以及农场自营销售点。赤峰市西桥和朝阳朱棣科镇是蒙辽地区最大的糜子集散地；甘肃的庆阳市西峰区和平凉市静宁县有相对集中的集散地，尤其是静宁的糜子市场集散地，集中了周边宁夏固原、甘肃平凉、庆阳和白银等产地的糜子。

据甘肃省的调研情况，糜子大部分以未经加工的原粮形式向外地销售，本地留存用于进一步加工的糜子原料占比为30%～40%，其中，用于制粉和制米的糜子原料占比为20%～30%，用于酿造黄酒的糜子原料占比为10%～15%。从加工技术的层面看，当前主要采用的是碾米技术和磨粉技术。杂粮合作社在加工糜米和糜子面粉时，主要依赖于电动碾米机和磨面机。此外，部分发展较好的企业在完成制米后，还增设了抛光和色选等后续处理流程。甘肃的会宁县制作糜子面馍馍的门店有20多家，受当地消费习惯影响，每天制作的糜子面馍馍就地销售约5 000个。

（三）消费

糜子具有丰富的营养成分，其蛋白质含量平均值达到12.6%，高于水稻、小麦、玉米及小米；脂肪含量为3.37%，显著高于大米和小麦；同时，糜子中所含的维生素含量亦超过小麦、水稻和玉米；此外，糜子在铁、锌、铜、镁等矿物质元素的含量上也均超过了水稻、小麦和玉米。随着消费者对健康饮食日益增长的重视，富含膳食纤维及多种微量营养素的糜子制品逐渐获得了市场的普遍认可。

糜子的消费以初级原粮消费为主，深加工及高附加值产品相对较少。对主要优势产区调研结果显示，农户种植糜子主要以满足自家消费需求为主。具体而言，有32.09%的农户选择将收获的糜子全部留作自用，而出售的糜子平均仅占收获总量的22.04%。除满足家庭日常生活所需外，糜子（黄米面）主要赠送给亲朋好友。此外，农村地区存在众多小型加工作坊，农户普遍采取自种自销的模式。受地形复杂、交通不便以及糜子消费习惯等多重因素影响，收购商进村收购的成本较高，导致商贩收购糜子的积极性普遍不高。

在消费层面，主要消费群体为家庭中的老年人，产品以蒸糕和炸糕为主。具体来看，老年人、年轻人和孩子在黄米消费中所占的比例分别为 84.32%、13.97% 和 1.19%，年轻人和孩子的消费量和消费频次均明显较低。黄米的消费主要集中在春节、元宵节、中秋节等传统节日，尤其在农村地区传统习俗影响下，消费逐渐增多，但日常消费量相对较小。此外，糜子还被用于制作长期卧床病人的褥垫、枕垫等医用产品，以预防褥疮的发生。然而，由于整体消费量不足，难以对糜子生产形成有效的刺激性增长。

（四）进出口

在全球范围内，糜子的种植面积为 8 250 万～9 000 万亩。其中，俄罗斯、乌克兰和中国是糜子种植面积最大的三个国家。除此之外，印度、伊朗和蒙古国等国家也有种植糜子的记录。中国的糜子主要出口到日本、荷兰、美国、越南等 39 个国家和地区。据粮油市场报报道，我国糜子年出口量稳定在 5 万～6 万吨，近年来，我国自俄罗斯进口的粳型糜子数量呈现上升趋势。

（五）全产业链效益

2023 年我国糜子产业总产值约为 220 亿元，较上一年度微增。其中第一产业产值约为 73 亿元，占总产值的 33.2%，第二产业加工产值约为 117 亿元，占总产值的 53.2%，第三产业物流、农资、文化旅游产业约 30 亿元，占总产值的 13.6%。

价格方面，根据国家谷子高粱产业技术体系经济岗位固定监测数据，2023 年糜子的价格表现相对稳定，其中黑龙江地区的糜子价格维持在 4 元/千克左右；山西大同市与朔州市的糜子价格大致稳定在 4.6～4.8 元/千克，忻州市的糜子价格则基本保持在 4.2 元/千克；甘肃糜子市场价格区间为 4.0～4.4 元/千克，且全年价格表现相对稳定；陕西糜子市场价格浮动在 4.0～5.2 元/千克；宁夏糜子价格区间为 3.6～4.6 元/千克；河北省张家口糜子价格在 3.6～4.4 元/千克的范围内波动。

成本收益方面，据国家谷子高粱产业技术体系固定监测点调查显示，2023 年糜子亩平均成本为 572.25 元。人工费、化肥费、机械费、其他、农药费和种子费，分别占到总投入的 51.19%、19.63%、19.54%、1.89%、1.31% 和 5.43%；在产量方面，糜子的平均单产为 211 千克/亩；按照销售单价 4.4 元/千克计算，产值 928.4 元/亩，经济效益 356.15 元/亩。

（六）产业政策

当前，发布支持杂粮产业发展的政策或发展规划时，通常使用杂粮这一统称。在国家级、省级及市级层面的政策制定过程中，针对糜子这一特定作物，独立的政策制定相对匮乏，往往被纳入更为宽泛的杂粮政策范畴之内，缺乏专门的且具有针对性的扶持举措。近年来，甘肃庆阳市政府积极倡导杂粮作物复种，并制定了百万亩复种作物种植规划，其中涉及糜子、谷子等小杂粮作物。作为国家重点乡村振兴帮扶县，会宁县政府在对接国家帮扶政策的过程中，明确提出了大力发展小杂粮的指导思想。

二、糜子产业发展存在的问题与挑战

（一）产业发展自身存在的主要问题

1. 科研体系和产业发展重视程度有待提高。 糜子作为区域性杂粮作物，其科研单位及人员配备尚显不足，高水平科研单位中鲜有专注于糜子产业研究的科研团队，多数集中于地方科研院所，且科研投入相较于其他作物有所偏少。近年来，尽管糜子在品种选育、栽培技术等方面取得了一定进展，但品种增产的作用及产品的口感提升等难以满足农户与消费者的实际需求。同时，针对糜子产业的政策支持力度尚显薄弱，缺乏如同小麦、玉米等大宗粮食作物所享有的稳定性和持续性政策支持。

2. 糜子"小、散、偏"制约产业发展。 国家谷子高粱产业技术体系跟踪调研发现，从事糜子产业的新型经营主体，如合作社等规模化组织形式较少。绝大多数为小农户，种植面积有限，且呈现分散布局的特点。在具备灌溉条件或地势平坦的耕地中，高产玉米成为主要种植作物，而糜子则更多地被种植在缺乏灌溉能力的丘陵山地等贫瘠土地上。这一现状导致了糜子产业单产水平不高。同时，也增加了农户在收获环节以及商贩在收购过程中的成本负担，进而影响了该产业的生存与发展空间。近年来，随着竞争作物玉米价格的显著上涨，糜子产业面临着进一步萎缩的风险。

3. 糜子消费对产业发展的驱动力严重不足。 当前，糜子产品的消费主要集中于农村地区，主要用于制作蒸糕或与大米混合作为主食。城市地区的消费更多表现为体验性质，且消费量相对有限，导致全国糜子产品的整体消费水平偏低。此外，随着农村地区主要劳动力的持续外迁，农村居民在粮食消费上的能力将逐渐减弱，预计农户家庭对于传统糜子的消费量将呈现持续下降的趋势，消费动能不足将直接对我国糜子产业的发展产生不利影响。

（二）产业发展面临的外部挑战

1. 缺乏产业政策支持。 随着对小麦、稻米等主要粮食作物的扶持政策不断加码，资源和资金更多地流向这些领域，导致糜子产业在市场竞争中处于不利地位。政策的倾斜使得农民和企业更倾向于种植和加工主粮作物，从而忽视了糜子这一传统作物的潜力和价值。这种政策导向不仅影响了糜子的种植面积和产量，还制约了相关产业链的发展，使得糜子产业难以获得足够的技术创新和市场拓展机会。

2. 主粮作物竞争优势增强。 糜子作为一种传统的粮食作物，在农业科技飞速发展的今天，其与主流粮食作物之间的差距呈现出逐渐扩大的态势。尽管糜子在某些地区仍然具有一定的种植基础，但由于其在科研投入、种植技术、品种改良等方面相对落后，导致其在产量、抗逆性、营养价值等方面与小麦、水稻等主流粮食作物的差距逐渐增大。这种现象不仅影响了糜子的生产效率和农民的种植热情，也对农业可持续发展构成了潜在的威胁。

三、糜子产业发展趋势与前景展望

(一)产业发展趋势及展望

杂粮与主栽作物竞争逐渐演变为杂粮之间竞争,且糜子优势偏低。在现有的农业种植格局中,平原及交通便利地区的耕地多被用于种植玉米等机械化程度高、产量优势大的农作物,而诸如糜子、谷子等次要杂粮作物则主要分布在山地和丘陵地带。杂粮之间的竞争成为未来发展趋势,价格高、产量高、好加工的杂粮作物占优势,恰恰糜子三者都较差,竞争优势将大大降低。另一方面,糜子属于一年一作的作物,种植一次基本满足1~2年消费,土地将会被种植其他作物来获取经济收入。预计短期内全国糜子种植面积基本不变。

当前糜子的消费主要集中在初级原粮消费,深加工及高附加值产品相对较少。同时,由于主要消费群体为老年人和具有消费习惯的群体消费,未来糜子的总体需求将持续低迷。

今后全国糜子市场价格稳中略降。由于全球政治不稳定因素的影响,导致全球航运等交通方式受阻,粮食运输成本随之上升,2022—2023年,以小麦和玉米为主的粮食价格持续处于高位。随着航运的逐步恢复以及全球粮食流通速度的加快,粮食价格面临高位回落的压力和下降趋势。受粮食价格联动效应的影响,预计糜子价格也将呈现下降趋势。

(二)对策措施与政策建议

1. 推动糜子种业科技创新与发展。缺乏优良品种,糜子产业难以实现突破性发展。鉴于地方科研能力的局限性,应由地方政府主导,积极引进智力资源和人才,强化国家与地方科研单位的联合协作,充分利用国家谷子高粱产业技术体系的强大科研平台优势,构建全国性的糜子种质资源库。同时,基于市场需求导向,研发出适应不同市场主体需求的糜子品种。加大对品种栽培技术配套研究的科研支持力度,在糜子新品种的研发与推广方面提供相应的资金支持和优惠政策。

2. 加强糜子抗旱栽培技术的推广。为了进一步提升糜子的产量和抗旱能力,采取有效的抗旱措施显得尤为重要,必须大力推广和应用先进的抗旱栽培技术。建议在大面积种植糜子的地区,积极推广和应用全膜覆盖技术,以期达到抗旱增产的效果。通过加强技术培训和示范引导,让更多农民了解和掌握这一技术,从而在实际生产中广泛应用,最终实现糜子生产的可持续发展。

3. 加强糜子专用智能装备的升级。糜子机械化程度相对较低,导致人工成本显著增加,并且耗时费力,从而限制农民增加种植面积的可能性。高质量小型播种机的缺乏,以及收割机损耗问题尤为显著,籽粒破损率较高,直接导致机收糜子的出米率下降大约5%。鉴于此,迫切需要通过技术革新和设备升级来解决这些问题,针对种植、收割等环节开发适合区域糜子生产的农机装备。

4. 培育具有适度规模的经营主体。地方政府出台制定振兴糜子特色产业发展规划。培育一批适度规模的经营主体,在土地流转、农资、购机等基本配套建设方面给予一定的补贴和支持，成为产业发展的"排头兵"，牵头促进经营主体与科研单位和加工企业合作的紧密度，形成"产前有技术，产中有指导，产后有效益"的联合体。以联合体为纽带，以规模经营主体为主体，带动小农户开展绿色高效糜子种植，提升经营主体生产性服务建设水平，降低种植成本，提高农户收益。

5. 加大糜子产品和品牌培育力度。产业发展需紧紧抓住大食物观发展机遇，以加工与消费需求为驱动，强化加工与市场环节的创新工作。主产区应积极引入知名食品加工企业，增强糜子产品的多样化研发，通过开发多种糜子加工产品，以满足不同消费者的需求，并提升产品的附加值。建立品牌与营销策略，提高糜子产品的市场竞争力。加强宣传推广，主产区应多举办产品展销、推介活动，利用丰收节等节庆活动，举办特色大黄米美食节，增进社会对糜子的了解，促进糜子特色产业品牌的提升。糜子产业可借力"一带一路"倡议的全球化势能，将糜子产品推向国际市场，拓展出口渠道。

报告撰写人：

张新仕	河北省农林科学院农业信息与经济研究所	研究员
刘　猛	河北省农林科学院谷子研究所	研究员
王桂荣	河北省农林科学院农业信息与经济研究所	研究员
王晓夕	河北省农林科学院农业信息与经济研究所	助理研究员
王亚楠	河北省农业技术推广总站	高级农艺师
刘会静	河北省农林科学院谷子研究所	博士
张　烨	承德市农业技术推广站	助理农艺师
李　敏	河北省农林科学院农业信息与经济研究所	研究员
高　策	河北省农林科学院农业信息与经济研究所	研究实习员

大麦产业发展报告

大麦具有生育期短、适应性强、用途多、分布广等特点，是酒类行业、食品行业和饲料行业的重要原料，是农牧区畜禽水产养殖的主要饲料，在稳定相关加工行业原料供给和畜禽水产养殖业饲料供应、促进产区农牧民就业增收等方面具有重要作用。我国大麦种植 1/3 分布在中东部农区，2/3 分布在西部农牧结合区。2023 年，我国大麦种植面积和产量小幅增加，分别为 963.3 万亩、310.2 万吨；国内消费显著增加，以饲用和啤用为主，食用占比较小；进口猛增到 1 132.3 万吨，出口小幅下降；产地收购价小幅下跌，生产成本小幅增加，种植净利润显著下降；全产业链支持政策体系正在逐渐形成。未来 5 年，预计我国大麦种植面积和产量稳中有增；价格稳中有涨；消费呈现"啤用稳、饲用增"之势；进口继续保持高位。未来，我国大麦产业发展将面临国内高成本"地板"抬升、贸易保护措施缺乏、国际低价格"天花板"挤压、全球气候变化加剧等带来的多重挑战和风险，需要统筹谋划和积极应对。

一、大麦产业发展现状

（一）生产

1. 大麦栽培区域分布较广。 按栽培类型，大麦产区划分为 2 个大区：一是春大麦区，包括东北平原春大麦区、晋冀北部春大麦区、内蒙古高原春大麦区、西北春大麦区和新疆干旱荒漠春大麦区，均为啤酒大麦产区。二是冬大麦区，包括黄淮冬大麦区、秦巴山地冬大麦区、长江中下游冬大麦区、四川盆地冬大麦区、西南高原冬大麦区和华南冬大麦区；除黄淮冬大麦区以啤酒大麦为主外，其他产区以饲料大麦为主。

2. 大麦种植面积和产量小幅增加。 据调研，2023 年全国大麦种植面积为 963.3 万亩，同比增长 4.4%；产量为 310.2 万吨，同比增长 2.7%；单产为 322.0 千克/亩，同比减少 1.7%。其中，啤酒大麦种植面积、产量分别为 423.5 万亩、142.2 万吨，同比分别减少 8.0%、2.8%；饲料大麦种植面积、产量分别为 540.0 万亩、168.0 万吨，同比分别增长 13.9%、10.9%。

3. 大麦产业集中度很高。 据调研（表 1），2023 年大麦种植面积在 45 万亩以上的主产省份是云南、湖北、江苏、四川、甘肃、河南和内蒙古，种植面积合计占全国的 94.1%；大麦产量在 10 万吨以上的主产省份是江苏、云南、湖北、四川、甘肃、河南和内蒙古，产量合计占全国的 93.9%。

表 1　2023 年我国大麦种植面积和产量

省份	种植面积（万亩）	产量（万吨）
云南	288.4	66.2
江苏	170.0	72.0
内蒙古	48.0	14.5
湖北	196.0	56.5
四川	101.6	38.6
甘肃	54.0	24.3
安徽	23.8	9.3
河南	48.9	19.1
新疆	15.0	4.8
浙江	11.0	3.1
上海	0.7	0.3
黑龙江	6.0	1.5
合计	963.3	310.2

数据来源：国家大麦青稞产业技术体系。

4. 主推大麦品种丰富。据调研，截止到 2023 年底，啤酒大麦主推品种及其累计推广面积分别是垦啤麦 15（950 万亩）、蒙啤麦 3 号（810 万亩）、甘啤麦 6 号（750 万亩）、扬农啤 7 号（280 万亩）等；饲料大麦主推品种及其累计推广面积分别是保大麦 8 号（750 万亩）、鄂大麦 32 122（635 万亩）、扬饲麦 1 号（600 万亩）、云饲麦 3 号（270 万亩）等。

5. 育种与生产关键技术模式。加快与育种联合的优异种质鉴定，初步建立了大麦全基因组选择育种等高产优质绿色多元化新品种创新技术体系。建立了南方冬闲稻田大麦"冬放牧、春青刈、夏收粮"种养结合生产技术、高纬高寒地区大麦青饲青贮和大麦-豆类"一年两收"饲草生产技术、林下种植大麦干饲草料生产技术等提质增效生产关键技术模式。

（二）加工流通

1. 啤酒是大麦主要加工产品。在我国，啤酒是最主要的大麦加工产品，其大麦加工用量占总加工用量的 85% 以上；其他大麦加工产品包括大麦片、大麦茶饮料、大麦膨化休闲食品等食饮品。据国家粮油信息中心数据，2023/2024 年度啤酒酿造消费量约占大麦总消费量的 31%。据国家统计局数据，2023 年全国啤酒产量为 3 641.1 万千升，同比增长 0.2%。

2. 啤酒加工技术持续革新。一是采用酵母菌基因工程改造、先进过滤与灌装技术等生产技术，提高酒精率和啤酒质量一致性，保证啤酒新鲜度和口味。二是采用循环水系统、余热回收技术等节水节能生产技术以及生物处理废水等措施，减少能源消耗和水资源浪费。三是引入制造执行系统等信息化管理工具和机器人技术，实现生产过程实时监控、数据分析和精准控制，降低经营成本。四是采用新型酿造原料、探索不同的发酵工艺和风味添加剂，推出精酿啤酒等新产品。

3. 啤酒行业市场集中度高。 据中国酒业协会数据，2023年，百威亚太股份有限公司、青岛啤酒股份有限公司、华润雪花啤酒（中国）有限公司、重庆啤酒股份有限公司、北京燕京啤酒股份有限公司等五家啤酒行业龙头企业的啤酒产量合计约占全国啤酒产量的80%。

4. 大麦流通模式多样。 据调研，啤酒大麦主要流通模式是"农户＋农垦企业＋麦芽企业＋啤酒企业""农户＋合作社＋麦芽企业＋啤酒企业"和"农户＋经销商＋麦芽企业＋啤酒企业"。随着粮食购销制度改革和啤酒行业发展，麦芽企业和啤酒企业倾向于产地建厂，依托农垦企业、合作社或经销商等在当地采购加工原料。饲料大麦以农户自产自销为主，流向市场的流通模式是"农户＋经销商＋市场"。

（三）消费

1. 大麦消费量显著增长。 2023年，以表观消费量（产量＋进口量－出口量）表示的大麦消费总量为1 442.4万吨，同比增长64.3%。近年来，畜产品需求快速增长，引起与玉米存在替代关系且更便宜的饲料大麦需求也较快增长，大麦进口量持续处于高位；啤酒行业进入调整趋稳期，产量小幅增长，啤酒大麦需求稳中有增。

2. 大麦消费用途以饲用和啤用为主。 据国家粮油信息中心数据，2023/2024年度，饲用、啤用、食用和种用消费量分别占大麦总消费量的63%、31%、5.2%和0.7%。从饲用看，大麦富含蛋白质、氨基酸、维生素、微量元素等营养物质，其籽粒、秸秆都可作为优质饲料直接饲喂畜禽和水产，还有少部分大麦籽粒被加工成特种专用复合配方饲料。从啤用看，先将大麦制成麦芽，再用麦芽酿造啤酒。

3. 啤酒消费量小幅增长。 2023年，以表观消费量（产量＋进口量－出口量）表示的啤酒消费总量为3 620.9万吨，同比增长1.5%。以山东和广东为代表的东部地区是啤酒主要消费地区。啤酒是一种酒精饮料，按色泽分为白啤、黄啤和黑啤，按酿后工艺分为生啤、原浆啤酒和熟啤酒，按酿造工艺分为艾尔啤酒、拉格啤酒和拉比克啤酒，按原麦汁浓度分为低浓度型、中浓度型和高浓度型。

4. 啤酒产品趋于高端化多元化。 近年来，国内啤酒市场从中成熟度转向高成熟度市场，消费者对啤酒的需求从单一同质化向多样化、个性化转变。年轻人和女性消费者的崛起推动了啤酒消费升级，高体验、高性价比的大众消费较为景气，促进了中低档、次高端啤酒的发展，超高端市场竞争加剧；啤酒产品创新和差异化发展成效明显，企业更注重研发出更具特色和个性化的产品，满足消费者多样化的口味需求，提升市场竞争力。

（四）进出口

1. 大麦进口大幅增长、出口减少。 据海关总署数据，2023年，大麦进口量、进口额分别为1 132.3万吨、37.7亿美元，同比分别增长96.6%、83.7%；大麦出口量、出口额分别为1.5吨、2.7万美元，同比分别减少8.7%、9.2%。

2. 大麦进出口市场集中度均较高。 据海关总署数据（表2），2023年，大麦主要进口来源地及其进口占比分别为法国 32.4%、加拿大 20.0%、阿根廷 18.9%、澳大利亚 13.6%、哈萨克斯坦 7.1%；大麦主要出口国家和地区及其出口占比分别为美国 75.1%、巴拿马 13.3%、中国香港 7.3%、加拿大 4.3%。

表 2　2023 年我国大麦主要进口来源地

进口来源地	进口量（万吨）	进口额（亿美元）
法国	367.27	12.32
加拿大	226.75	8.72
阿根廷	214.36	7.71
澳大利亚	153.44	4.45
哈萨克斯坦	80.14	1.90
俄罗斯	46.53	1.10
乌克兰	28.04	0.89
丹麦	8.44	0.35
乌拉圭	7.27	0.28

数据来源：海关总署。

（五）全产业链效益

1. 大麦一产产值略有下降，啤酒行业产值小幅增长。 据调研，2020—2023 年，大麦产业一产产值（按产量和价格估算）分别为 59.0 亿元、65.4 亿元、80.1 亿元和 79.5 亿元；其中，2023 年同比减少 0.7%。据中国酒业协会数据，2020—2023 年，啤酒行业产值（以销售收入表示）分别为 1 468.9 亿元、1 584.8 亿元、1 757.1 亿元、1 863.0 亿元；其中，2023 年同比增长 6.0%。

2. 大麦产地收购价小幅下跌。 据调研，2020—2023 年，大麦主产区平均收购价分别为 2.17 元/千克、2.24 元/千克、2.77 元/千克和 2.67 元/千克；其中，2023 年同比下跌 3.8%。

3. 成本升和价格跌导致大麦种植净利润大幅收窄。 据调研，2023 年，受到土地租金、化肥、机械作业等涨价的影响，大麦每亩成本为 829.5 元，同比增长 4.9%；受到大麦价格下跌的影响，大麦每亩产值为 837.6 元，同比减少 0.7%；每亩净利润为 8.1 元，同比减少 84.9%。

（六）产业政策

1. 制定产业发展规划。 大麦产业已纳入《"十四五"全国种植业发展规划》，推动大麦产品结构继续优化、质量效益不断提升、特色优质杂粮供给稳步增加。国务院国有资产监督管理委员会指导中国酒业协会组织召开"国产啤酒大麦产业研讨会"，筹划整合产业链上下游企业、行业组织、科研院所等行业力量，建立产业发展联盟和共商共创机制。农业农村部组织农业农村部小宗粮豆专家指导组，持续跟踪大麦产业发展形势，分析大麦产业科研、生产、加工、市场等方面进展和存在问题，指导产业有序发展。

2. 完善鼓励大麦种植补贴政策。2016 年，农作物良种补贴、种粮农民直接补贴和农资综合补贴合并为农业支持保护补贴，且直补到户，充分调动广大农民群众保护耕地、提升地力的积极性和主动性。2020 年起，启动实施退化耕地治理试点项目，在内蒙古等耕地土壤盐碱化问题突出的 8 个省份，推动盐碱耕地综合防治连片示范区建设，鼓励利用治理好的退化耕地发展大麦等粮食产业，扩大种植面积。

3. 加强大麦科技创新投入力度。农业农村部和财政部加大大麦产业科技创新投入力度，依托国家大麦青稞产业技术体系，每年投入中央财政经费约 2 100 万元，支持体系专家在遗传改良、栽培与土肥、病虫草害防控、加工、机械化、产业经济等全产业链各关键环节开展共性关键技术研发和集成示范工作，为大麦全产业链发展提供技术支撑。

4. 建立全产业链合作机制。农业农村部支持麦芽、啤酒等行业农业产业化龙头企业做大做强，在此基础上培育了龙头企业牵头、农民合作社和家庭农场跟进、广大小农户参与的大麦等粮食类农业产业化联合体 1 800 多个，指导龙头企业与合作社、家庭农场、农户通过保底收购、订单采购、股份分红、优先就业等形式建立紧密利益联结机制，带动农户就业增收。

5. 建立健全啤酒大麦全产业链标准体系。中国酒业协会组织开展《啤酒原料质量要求第 1 部分：啤酒大麦》等标准的修订工作，完善了啤酒大麦主要品质指标。2018 年以来，围绕啤酒生产线等重点领域，拟定了《生啤酒无菌灌装生产线》等 8 项行业标准编制计划，发布了《啤酒玻璃瓶罐装生产线》等 7 项行业标准，提升了啤酒生产装备技术水平。

二、大麦产业发展存在的问题与挑战

（一）产业发展自身存在的主要问题

1. 种植规模化程度低。大麦生产以农户小规模分散种植为主，栽培管理粗放，难以进行标准化生产和过程控制，造成品质不稳定、流通成本增加和价格波动大，与法国、澳大利亚等国家大麦相比缺乏竞争力。

2. 先进加工技术缺乏。大麦产后处理设备与技术缺乏，特别是南方地区收获季节常遇阴雨天气，烘干设备缺乏，不能及时烘干而霉变，品质降低。大麦功能和饲料加工利用研究深度不够，先进加工工艺缺少，利用率不高，加工利用潜力未得到有效发掘。

3. 价格存在波动风险。大麦自给率低且贸易保护措施缺乏，导致国内价格易受国际价格变动影响。大麦价格还受啤酒、食品、饲料等下游加工品行业以及玉米等饲用替代品供需形势影响。

4. 供需地域错位。大麦主要种植在西部地区，加工消费主要在中东部地区，供需地域错位导致流通成本增加。以小农为主体的种植方式，导致大麦品质不统一，供给难以满足加工企业的原料需求。大麦产业发展符合国家政策导向，功能食品和优质饲料需求潜力较大，但社会认知程度有待进一步提高。

5. 权威市场信息缺乏。大麦生产、加工、流通等方面国内外市场信息不畅通，尚无权威统一的市场信息发布机构和平台，大麦产业链各个主体市场决策缺乏全面、系统、及时的数据基础，不利于大麦产业的平稳健康发展。

6. 产业品牌发展不足。受到重视程度不高、种植主体以小规模农户为主、品质不稳定等因素制约，大麦尚无区域公用品牌。由于高端和中低端啤酒的渠道重合度不高，导致品牌高端化进程不及预期，打造高端国内品牌还需要一个较长的发展阶段和培养高端品牌的销售队伍，啤酒高端市场仍由国外啤酒企业把控。

（二）产业发展面临的外部挑战

1. 气候变暖增加大麦减产与啤酒涨价风险。在全球变暖背景下，极端高温和干旱等极端气候事件可能导致全球大麦产量大幅下降，21 世纪平均产量损失预计为3%～17%。全球大麦供应减少将导致用于酿造啤酒的大麦出现较大比例减少，最终导致啤酒产量急剧下降，啤酒价格上涨，我国作为全球最大啤酒消费国，将面临平均83%的啤酒价格涨幅。

2. 资源禀赋约束加剧压缩大麦产业发展空间。近年来，资源禀赋约束加剧导致土地、用工等要素价格快速上升，大麦生产已进入"高成本时代"，而规模化程度高的法国、澳大利亚等主产国的大麦价格却显著低于我国，导致国外低价大麦持续大量进口，大麦生产面临国内高成本"地板"抬升与国际低价格"天花板"挤压的双重困境，导致生产效益增长缓慢甚至出现亏损，产业发展空间愈加受限。

3. 重大突发事件频发降低国际大麦供应链韧性。近年来，新冠疫情、俄乌冲突等重大突发事件频繁发生，影响程度愈加强烈，扰乱了主产国的大麦生产和贸易秩序，增加了国际大麦供应链的不稳定性和不确定性，增加了我国继续利用国际市场和资源的挑战与难度。

三、大麦产业发展趋势与前景展望

（一）发展趋势与前景展望

1. 大麦价格将稳中有涨，种植面积和产量将稳中有增。从啤酒大麦看，江苏、甘肃、新疆、内蒙古等省份所产大麦主要是啤酒大麦，但国内供求存在较大缺口，不足部分必须从国外进口，其国内价格易受国际价格影响。据联合国粮食及农业组织预测，2024/2025 年度，全球大麦产量预计为 1.45 亿吨，同比增 0.5%，消费量预计为1.45 亿吨，同比减 1.9%，供需关系的紧平衡态势将持续，会引起国际价格小幅上涨。受其影响，未来 5 年，预计国内啤酒大麦价格稳中有涨，啤酒大麦种植面积和产量稳中有增。从饲料大麦看，其他省份所产大麦主要作为饲料，其价格主要取决于国内市场供需以及玉米等替代品价格变化情况。近年来，国内畜产品消费需求持续增加，导致饲料消费趋旺，且据农业农村部市场预警专家委员会预测，2024/2025 年度与饲料大麦存在替代关系的玉米国内产区批发价同比涨 9.3%。受其影响，未来 5年，预计国内饲料大麦价格稳中有涨，种植面积和产量稳中有增。

2. 大麦消费将呈现"啤用稳、饲用增"之势。从啤酒大麦看，由于啤酒消费群体人口增长放缓和人均啤酒消费量已接近饱和，啤酒产量于 2013 年达到顶峰，此后逐步回落，2016 年起从较快下降转向逐渐稳定，2019—2023 年保持在 3 600 万千升左右。未来 5 年，预计我国啤酒产量继续保持平稳，啤酒大麦的原料加工需求也会稳定。从饲料大麦看，农业农村部在 2023 年印发《饲用豆粕减量替代三年行动方案》，提出在确保畜禽生产效率稳定的前提下，饲料中豆粕用量占比每年要下降 0.5 个百分点以上，到 2025 年要降至 13% 以下，预计减少豆粕用量 680 万吨，相当于减少大豆需求 870 万吨。大麦具有粗纤维与粗蛋白含量高、霉坏率低、适口性好、价格低等特点，将在饲用豆粕减量替代中发挥更大的作用。未来 5 年，预计我国饲料大麦需求进一步增加。

3. 大麦进口将继续保持高位。 从啤酒大麦看，我国是世界啤酒生产和消费大国，但作为啤酒主要加工原料的啤酒大麦一直存在 200 万吨左右的供求缺口，必须要从国外进口，才能满足国内啤酒行业的加工原料需求。从饲料大麦看，随着我国人口的增加和居民收入水平与消费水平的提高，对肉类、蛋类、奶制品和水产品的需求不断增长，推动了养殖业的较快发展，进而增加了对饲料粮的需求。据中国农业科学院发布的《中国农业产业发展报告 2024》预测，2024—2030 年，我国主要畜产品和水产品的需求量将保持平稳增长态势。在国内饲料粮供求存在较大缺口的情况下，对国外低价的大麦等饲料粮仍将有持续强劲的进口需求。未来 5 年，预计我国大麦进口继续保持高位。

(二) 对策措施与政策建议

1. 确保啤酒大麦合理国内产能。 我国是啤酒生产与消费大国，但原料对外依存度高，如果国内啤酒大麦产区继续缩减，啤酒行业将失去基本的国内原料支持。尽快制定啤酒大麦产业长期规划，重点支持优势产区发展并给予配套支持，提高农户种植积极性；鼓励农户开展啤酒大麦适度规模化种植，支持合作社发展，更好发挥对农户的带动作用。

2. 加强大麦产业链科技创新。 充分发挥国家大麦青稞产业技术体系作用，对啤酒大麦，开展优质高产多抗品种选育及配套栽培技术、病虫草害防控技术、优质高产机械化作业技术等研发；对饲料大麦，开展新品种选育、大麦苗青贮饲料技术、粒草及秸秆饲用技术等研发；对功能性大麦，加强深加工技术与新产品工艺的研发。

3. 支持龙头加工企业构建全产业链共赢模式。 鼓励龙头加工企业在大麦优势产区投资建立优质大麦原料标准化种植基地。支持行业协会、龙头加工企业等加快构建产业联盟，推动科研、生产、流通、加工、消费各环节之间的协同合作，促进形成从优质品种到优质大麦、优质加工品的全产业链共赢模式，提升全产业链价值。

4. 将饲料大麦纳入粮改饲和南方冬闲田开发利用范围。 将饲料大麦纳入粮改饲项目支持范围，充分发挥财政资金的引导作用，因地制宜推进适度规模种植，提高饲料大麦种植收益，更好地助力饲用豆粕减量替代。利用大麦早熟和耐低温的优良特性，开发利用南方冬闲田，因地制宜地发展饲料大麦种植，解决当地畜牧业饲草料短缺问题。

5. 强化市场监测和贸易调控措施运用。强化国内外大麦市场信息监测和研判，构建权威的市场信息发布平台，及时发布市场信息，为国内大麦产业链主体决策提供更准确可靠的市场信息。加强大麦进口调控，适时发布进口预警通报，降低进口冲击；健全大麦进口非关税壁垒措施，制定更严格的进口技术标准和卫生检验检疫措施。

报告撰写人：

孙致陆　中国农业科学院农业经济与发展研究所　副研究员

李先德　中国农业科学院农业经济与发展研究所　研究员

燕麦产业发展报告

　　燕麦具有抗旱、耐寒的生长特性，适种面积较广，既可作为饲草又可加工成健康食品，受到越来越多农户和消费者的青睐。2023 年，我国燕麦种植面积和产量分别为 41.77 万公顷和 63.1 万吨，同比分别上涨 3.8％和 0.8％，深加工产品丰富，国内燕麦进口量同比上涨 20.5％。健康食品消费的兴起和优质饲草需求扩大等多因素影响下，预计短期内我国燕麦产量与种植规模将持续增长，精深加工产品种类增加，需求量保持上升趋势，市场规模不断扩大，进口量将继续增加。展望未来，产品精细加工、产品多元化开发将成为发展重点，要关注产销对接不足、种植面积与主粮作物争地等潜在风险，保障燕麦产业稳健发展。

一、燕麦产业发展现状

（一）生产

　　1. 种植区域分散。燕麦属耐寒、耐旱、喜日照作物，我国多省份均有种植，其中冀晋蒙主产区约占 50％，青藏高原主产区约占 20％，陕甘宁新主产区约占 20％、云贵川和黑吉辽各约占 5％。

　　2. 种植面积呈上升趋势，产量波动上升。据统计，2018—2023 年，我国燕麦播种面积总体呈上升趋势（图 1）。2023 年燕麦种植面积为 41.77 万公顷，同比上涨 3.8％，保持持续增长趋势，产量从 2018 年的 47.6 万吨增长至 2023 年 63.1 万吨，2022 年产量虽有一定下降，但目前呈回弹增长态势。

　　3. 种质资源丰富，育种技术逐渐提升。在国家燕麦荞麦产业技术体系推动下，国内燕麦育种研究迅速发展，针对育种面临技术单一、优良品种少等问题开展技术创新，攻克了裸燕麦花药单倍体育种技术屏障、创新带芒标记性状集成优选等 4 项关键技术，创建了高效育种技术体系，培育了针对不同种植生态环境的冀张燕系列、冀张莜系列、白燕系列、蒙燕系列、晋燕系列等多元化品种。其中，坝莜 14、坝莜 18 在国内推广面积突破 100 万亩，约占 8.3％[①]。

　　4. 绿色生产技术稳步发展。近几年，燕麦节水节肥丰产增效种植技术体系、间

---

　　① 数据来源：《攻关生产关键技术，引领燕麦高质量发展》，https：//www.chinacoop.gov.cn/news.html? aid＝ 1790974。

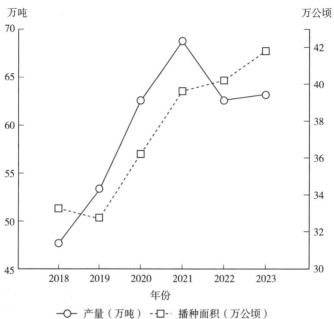

图1 2018—2023年燕麦种植面积与产量

数据来源：《中国农村统计年鉴》。

混轮作和复合种植丰产增效种植模式与关键技术等，在河北坝上、内蒙古乌兰察布、山西北部等燕麦主产区累计推广598万亩，可平均节水20％、节肥30％，取得了显著的经济效益。河北省燕麦产业技术体系"两岗一站"有2项育种新技术通过了鉴定与应用，期间育成了26个燕麦品种，创新资源3 000余份，丰富了我国燕麦育种资源谱系[①]。

（二）加工流通

1. 精深产品种类渐趋丰富。 我国燕麦精加工产品逐渐丰富，除了基础的燕麦片、钢切燕麦粒等，也涵盖了燕麦粉、燕麦米、烘焙燕麦片、燕麦面包、燕麦饮品、β-葡聚糖等。燕麦粉（传统食品）占42％左右，燕麦片占33％左右，种用市场占比3％左右，燕麦米、燕麦奶、保健产品和化妆品等其他领域合计占比22％左右[②]。

2. 加工技术稳步发展。 随着新技术陆续研发应用，加工工艺粗泛、技术陈旧、利润较低的产业局面逐渐在改善，如横型双涡流裸燕麦研碾装备的发明，实现了燕麦胚芽米好米率90％、脱皮率90％的目标；智能化热泵型超声辅助亚临界流体萃取装备实现了大规模、高效、节能、经济的燕麦原油生产过程[③]。

---

① 数据来源：《攻关生产关键技术，引领燕麦高质量发展》，https：//www.farmer.com.cn/2023/09/13/99936476.html。

② 数据来源：智研咨询。

③ 数据来源：《燕麦产业科技创新助力内蒙古武川精准脱贫》，https：//hudong.moe.gov.cn/jyb_xwfb/xw_zt/moe_357/jjyzt_2022/2022_zt04/dianxing/xiangmu/shengshu/shengshu3rd/202204/t20220419_619439.html。

3. 燕麦加工企业和自主品牌建设颇有成效。我国燕麦规模性加工企业达 150 多家，产值超 170 亿元[①]，其中品牌知名度较高、具有代表性的企业有桂林西麦食品股份有限公司、百事食品（中国）有限公司、五谷磨房食品集团、内蒙古燕圆食品股份有限公司等，多位于广西、上海、广东、内蒙古等临近原产地或区域条件较好的地方，利于产品中转与分散。

4. 流通渠道涵盖多种形式、呈现多样化的特点。不管是经营食品燕麦还是饲用燕麦，所属企业都注重产品多元化流通渠道开发。例如，桂林西麦食品股份有限公司实现了全渠道覆盖，线下方面，重点发展零食和新零售渠道，并通过了地域专项提升策略；线上方面，巩固传统电商平台的优势，并积极拓展兴趣电商平台，结合传统电商平台和社交电商平台，利用数字媒体和社交平台进行内容营销，实现线上销售的高速增长[②]。

（三）消费

1. 燕麦的功能属性。燕麦的主要功能属性可以从饲用和食用两方面阐述。饲用燕麦多以皮燕麦为主，营养价值丰富，蛋白质含量为 12%～17%，可消化纤维含量高，消化率高，中性洗涤纤维（NDF）消化率一般可达 45% 以上，而优质饲草燕麦则高达 55%，并且青刈茎叶相较于其他麦类作物的茎叶，质地更为柔嫩多汁，适口性好。食用燕麦中 β-葡聚糖具有降糖、降脂、改善心血管疾病以及调节免疫功能等功效，并且抗氧化成分（维生素 E 和多酚类物质等）有助于抵抗体内的氧化应激，不仅用于制作莜面食品，也能用来生产燕麦片和燕麦棒等休闲和功能性食品。

2. 燕麦消费量近十年显著增长。2014—2023 年，燕麦消费量增长率始终保持正值，燕麦消费量从 40 万吨增长至 106 万吨，呈现显著增长趋势。燕麦消费量增长率在 2016 年达到最高点，之后迅速下降，并在 2019 年后基本维持在较低水平（图 2），燕麦市场在经历了一段时间的快速增长后，可能逐渐趋于饱和。食用、种用以及工业用途的燕麦消费量保持相对稳定，并呈现出缓慢上升后趋于平稳的趋势，2021—2023 年稳定维持在 40 万吨；相比之下，饲用消费量在 2019 年和 2021 年经历了显著的下降，但随后迅速反弹，总体上呈现出更为显著的增长趋势，到 2023 年增长至 66 万吨。

3. 消费结构保持稳定，饲用燕麦构成燕麦产品消费的主要类型。自 2014 年以来，国家大力加强农业种植结构的调整，燕麦因其高营养价值和适应性强的特点，逐渐成为我国三大主要饲草作物之一。从燕麦产品的消费情况来看（图 3），自 2015 年起，饲用燕麦跃升为我国燕麦产品消费的主导类型，尽管在随后的几年中，饲用燕麦的消费量占比出现了一些波动，但总体上仍呈现上升趋势，且大多保持在 60% 以上，显示出饲用燕麦在我国的稳定需求。

---

① 数据来源：《国家燕麦荞麦产业技术体系：攻关生产关键技术引领燕麦高质量发展》，http://tuopin.ce.cn/news/202310/10/t20231010 _ 38742870. shtml。

② 数据来源：《桂林西麦食品股份有限公司 2023 年年度报告摘要》，https://static.cninfo.com.cn/finalpage/2024－04－26/1219825706. PDF。

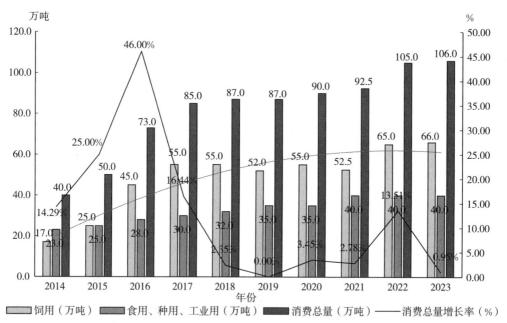

图 2　我国燕麦消费量及消费趋势

数据来源：PSD Online（usda.gov）。

图 3　中国燕麦消费结构变化趋势

数据来源：PSD Online（usda.gov）。

4. 健康意识的提升和对营养饮食的关注推动燕麦产品消费增长。 从消费动机来看，健康意识和从众心理是影响消费者选择燕麦产品的重要因素。健康意识觉醒促使消费者更加关注食品的营养价值和保健功效，而从众心理则在一定程度上起放大效应。据百度指数数据，用户在搜索燕麦片时，其相关关键词主要集中在"燕麦片的功效及作用""燕麦的营养价值""高血糖饮食"以及"低热量食物"等方面[①]。从消费行为来看，85.05%

---

① 数据来源：百度指数（http：//index.baidu.com）。

的消费者会因为口感杰出、新鲜营养以及配料干净等原因进行回购，14.95%的消费者会因为分量少、包装密封不好以及可能导致血糖飙升等原因而选择不回购（图4）。

图 4 燕麦片消费行为

数据来源：阿里品牌数据银行（数思）[①]。

（四）进出口

1. 2023 年我国燕麦进出口基本情况。 2023 年，燕麦产品的进口量达 48.59 万吨，与上年（40.33 万吨）相比增长 20.49%；进口额达 11.05 亿元，同比增长 21.72%。其中，其他燕麦[②]进口量最多，达 46.19 万吨，占燕麦进口总量的 95.07%（表 1）。2023 年，燕麦产品出口量达 0.022 5 万吨，与上年（0.012 1 万吨）相比增长 86.54%；出口额达到 177.90 万元，同比增长 44.86%，我国主要燕麦产品出口量的增长集中于附加价值较低的燕麦产品（表 2）。我国燕麦及其加工品的进口量远大于出口量，且进口金额也显著高于出口金额，反映出我国对燕麦的需求旺盛，而出口方面则有待进一步加强。

表 1 2023 年我国燕麦及其加工品进口情况

种类		2022 年进口量（万吨）	2023 年			2022 年进口额（亿元）	2023 年		
			进口量（万吨）	占比（%）	增长率（%）		进口额（亿元）	占比（%）	增长率（%）
燕麦	种用燕麦	1.03	0.84	1.73	−17.96	0.55	0.49	4.43	−11.41
	其他燕麦	37.97	46.19	95.07	21.65	7.93	9.89	89.48	24.72
燕麦加工品	滚压或制片的燕麦	0.46	0.35	0.72	−24.25	0.22	0.19	1.76	−10.67
	经其他加工的燕麦	0.86	1.20	2.47	39.09	0.38	0.48	4.33	25.78
合计		40.33	48.59	100.00	20.49	9.08	11.05	100.00	21.72

数据来源：海关总署。

---

① https://chat.shusi.cn/#/query/report? sessionId=d4576efc - 94de - 4d39 - bfdb - a743d5c0bd69。

② 本品目包括未经脱粒或扬簸以外其他加工的带壳燕麦及天生就无壳的燕麦。本品目也包括在正常加工或处理（例如，脱粒、运输、装卸等）时其颖片已去除的燕麦。（中国海关总署）

表 2 2023 年我国燕麦及其加工品出口情况

种类		2022 年出口量（吨）	2023 年			2022 年出口额（万元）	2023 年		
			出口量（吨）	占比（%）	增长率（%）		出口额（万元）	占比（%）	增长率（%）
燕麦	种用燕麦	0.00	0.00	0.00	—	0.00	0.00	0.00	—
	其他燕麦	59.36	137.73	61.24	132.02	49.53	80.64	45.33	62.82
燕麦加工品	滚压或制片的燕麦	34.52	16.55	7.36	−52.05	51.06	30.81	17.32	−39.65
	经其他加工的燕麦	26.69	70.63	31.40	164.62	22.23	66.45	37.35	198.96
	合计	120.57	224.92	100.00	86.54	122.81	177.90	100.00	44.86

数据来源：海关总署。

2. 进口市场相对集中。燕麦产品的主要进口来源地为澳大利亚和俄罗斯。2023 年，澳大利亚是我国最大的燕麦产品进口来源地，进口量达到了 32.38 万吨，占总进口量的 66.64%；俄罗斯位居第二，进口量为 15.35 万吨，占总进口量的 31.60%（图 5）。我国燕麦的进口市场相对集中，一定程度上增加了市场风险。燕麦草是我国进口的主要燕麦产品，其进口全部来自澳大利亚，2021 年 2 月以来，随着更多澳大利亚企业对华出口燕麦草的许可证陆续到期后未得到续期，2023 年 1—11 月，燕麦草累计进口 5.24 万吨，同比减少 63%；平均到岸价格 394 美元/吨，同比下跌 8%①。

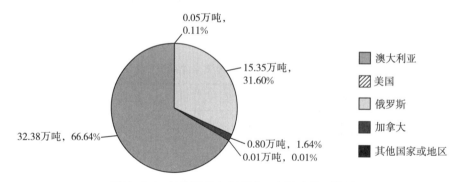

图 5 2023 年我国燕麦主要进口来源及进口情况
数据来源：海关总署。

3. 出口市场多元化。燕麦产品的主要出口国家和地区为韩国（63.00 吨，46.61%）、中国香港（26.98 吨，19.96%）、美国（15.30 吨，11.32%）和马来西亚（14.50 吨，10.73%）（图 6）。相对于我国燕麦产品的进口市场，出口市场则更加多元，有助于提高我国燕麦产业的稳定性和可持续发展能力。

4. 种用燕麦以及滚压或制片的燕麦产品进口量显著减少。2022 年 2 月，首个针对全国饲草产业发展的专项规划——《"十四五"全国饲草产业发展规划》发布，明确

---

① 数据来源：2023 年 1—11 月主要草产品和草食畜产品贸易动态-乳业时报数字报。

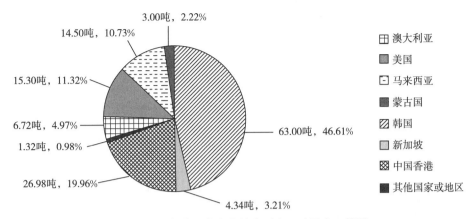

图 6 2023 年我国燕麦产品主要出口地及出口情况

数据来源：海关总署。

指出，到 2025 年，全国优质饲草产量达到 9 800 万吨，饲草种子总体自给率达 70% 以上。2023 年，我国种用燕麦进口量为 0.843 万吨，较上年（1.027 万吨）减少 17.96%，其中自美国和加拿大进口 0.048 万吨和 0.795 万吨，分别占总进口量的 5.69% 和94.31%[①]。与此同时，随着我国燕麦加工业的持续进步，众多企业或积极引进，或自主研发加工设备与技术，显著提升了滚压或制片燕麦产品的生产效率与品质。国内品牌（如西麦、桂格、三主粮等）的崛起，降低了国内消费者对进口产品的依赖。2023年，我国进口滚压或制片的燕麦 0.352 万吨，较上年（0.465 万吨）减少 24.25%。

（五）全产业链效益

1. 从种植加工到销售研发，燕麦产业全链条深度发展。 燕麦产业的上游主要包括燕麦的种植、收获、初步加工和储存等环节（图 7）。这些环节是整个燕麦产业链的基础，决定了燕麦产品的产量和质量。燕麦产业的中游环节涉及对燕麦原料的加工处理。目前，燕麦的加工主要集中在休闲食品（如燕麦片、燕麦饮品等），以及传统食品（例如燕麦米、燕麦粉等），也有企业通过技术创新和产品开发提高产品价值，如利用燕麦提取物加工成为化妆品，进一步拓展燕麦的应用范围。燕麦产业的下游则涵盖了销售、旅游和科技研发等方面。电子商务平台扩大了燕麦产品的市场覆盖，同时燕麦产业的兴起也促进了相关旅游业的发展，如观光和文化节活动，吸引游客并推动当地经济。

2. 国产燕麦价值逐步提升，产业效益逐步提升。 从价格[②]来看，从 2015 年的3 126 元/吨下跌至 2019 年的 2 354 元/吨，之后逐年回升至 2023 年的 3 589 元/吨。燕麦进口价，2015 年为 2 018 元/吨，2023 年为 2 215 元/吨，整体呈现平稳态势；国产燕麦收购价，从 2015 年的 3 630 元/吨下跌至 2019 年的 2 440 元/吨，随后稳步上涨至 2023 年的 4 660 元/吨，波动趋势与燕麦市场价格一致（图 8）。自 2019 年起，国产燕麦收购价与进口燕麦价格差异逐年扩大，反映出国产燕麦价值的提升。

---

① 数据来源：海关总署。

② 国内收购价格与进口价格的加权平均数。

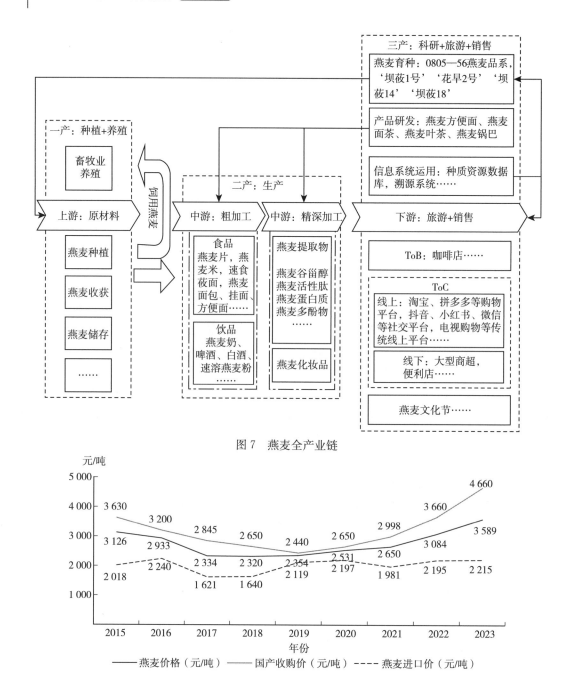

图 7　燕麦全产业链

图 8　2015—2023 年燕麦市场价格变化趋势

数据来源：智研咨询。

燕麦一产产值在 2014—2016 年持续增长，2016 年达到一个高峰，但随后两年，燕麦产业存在市场竞争激烈、产品同质化严重以及消费者认知度不足等问题，增长率转为负值。从 2019 年开始，一产产值再次呈现稳步增长态势，2023 年达到新的高点（27.96 亿元），显示出燕麦产业的复苏与强劲增长（图 9）。从 2019 年至 2023 年，燕麦产业的复苏可能与疫情有关。疫情初期，由于交通物流受限、劳动力缺乏、原材料等上游供应链断裂、市场需求低迷等，燕麦产业受到了较大的冲击；随着疫情的持续，消费者的健康意识提升，燕麦的市场需求逐渐回暖，推动了燕麦产业的复苏。此外，为培养我国居民良好的膳食习惯，推动食品安全规范生产，国家有关部门出台了一系列产业扶持政策，并将有机食品、绿色食品、健康食品作为食品工业发展的重点领域之一。这些政策也为燕麦产业的复苏提供了有力支持。

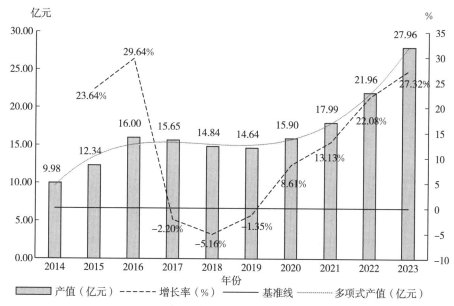

图 9　2014—2023 年燕麦产值变化趋势

注：产值根据产量与收购价格计算得出。

（六）产业政策

近几年，在大健康和大食物观的引领下，随着人们对健康饮食的重视及畜牧业的发展，我国燕麦行业发展也呈上升态势。为推动燕麦产业体系化发展，政府出台系列政策文件，明确将燕麦等优质饲草产业、燕麦产品特色产业作为推动农业结构调整和乡村振兴的重要抓手。政策不仅强调燕麦种植规模的扩大、种植技术转型，明确发展目标，也重视加工环节的建设及相关特色产品的研发推广。一系列政策的出台（表3），为我国燕麦行业提供了有力的政策保障，为产业的持续健康发展奠定了坚实基础。

表 3　燕麦产业政策

发布时间	发布部门	文件或会议	相关内容
2022	农业农村部	"十四五"全国饲草产业发展规划	利用春闲田、秋闲田、中轻度盐碱地等土地资源，建设优质饲用燕麦生产基地。推广优良适宜品种，应用配套栽培技术、减肥增效养分管理技术、生物灾害绿色防控技术，提升饲用燕麦产量和营养品质
2022	乌兰察布市人民政府	乌兰察布市燕麦产业提升行动方案	到2025年，全市燕麦种植面积发展到150万亩，籽粒总产量达到10万吨，燕麦草总产量达到30万吨。选育燕麦新品种3～4个；专用品种推广应用率达到90%以上；培育引进精深加工龙头企业5～6家；积极争创国家级燕麦科技园

（续）

发布时间	发布部门	文件或会议	相关内容
2023	工业和信息化部、国家发展改革委等	工业和信息化部等十一部门关于培育传统优势食品产区和地方特色食品产业的指导意见	焙烤食品技术工艺及装备提升重点方向：低脂低钠膳食纤维应用技术；全谷物食品制备技术
2023	国务院	国务院关于推动内蒙古高质量发展奋力书写中国式现代化新篇章的意见	扩大粮改饲试点，建设羊草、苜蓿、燕麦等优质饲草基地

二、燕麦产业发展存在的问题与挑战

（一）产业发展自身存在的主要问题

生产方面，我国主要栽培的燕麦品种为粮饲兼用型，专门用于饲草的品种较少。截至 2023 年年底，经全国草品种审定委员会审定登记的饲用燕麦品种 21 个；其中，育成品种 5 个、引进品种 15 个、地方品种 1 个①；其中，2023 年新登记 2 个。燕麦育种技术落后，效率低，分子标记技术在燕麦领域的应用有限。抗逆性研究尚在初期，优质高产饲草燕麦品种不足。加工方面，燕麦加工产品种类单一，主要集中在休闲食品如燕麦片、燕麦粉等初级加工产品，缺乏精深加工产品的开发，未能充分利用燕麦中蕴含的营养物质，附加值低，本土品牌影响力弱，市场竞争力不足。流通消费方面，一是产销对接不足，物流和仓储体系不健全，尤其在偏远种植区域，导致产品流通成本高、流通效率低下；二是燕麦产品质量参差不齐，缺乏统一的标准与规范，标签信息不透明，容易误导消费者；三是流通环节缺乏有效质量监管，部分劣质和假冒产品扰乱市场，影响消费者信心。

（二）产业发展面临的外部挑战

从国际贸易来看，一方面，尽管国家推行的"粮改饲"和"草牧业"政策促进了我国燕麦种植面积的持续扩大，但我国燕麦的进出口结构，依旧是进口远大于出口，大量燕麦的进口对国内市场占有率造成了显著的冲击和影响；另一方面，我国燕麦产品的进口对象相对集中，从国际贸易安全的视角来看，这种集中趋势可能会对我国的燕麦产业安全带来一定的风险和挑战。从资源禀赋来看，我国燕麦种植的区域主要分布于耕地基础设施相对欠发达的地区，这些区域通常面临较为严酷的自然环境，例如干旱和寒冷等气候条件，这些因素对我国燕麦的品种改良工作提出了较高的要求。

三、燕麦产业发展趋势与前景展望

燕麦富含膳食纤维、蛋白质和各种微量元素，营养价值高。随着健康饮食观念兴

---

① 数据来源：中国林业信息网（中国草品种名录）。

起，人们对健康的关注度逐渐提升，我国燕麦市场需求持续增长。加之目前我国畜牧业快速发展，对燕麦的产量、质量都提出了更高的要求。燕麦产业在短期和中长期内都具有发展空间。

（一）短期走向

1. 种植面积仍具增长趋势。由于燕麦饲草需求量的扩张、防止耕地"非粮化"政策影响和饮食消费偏好等多因素影响下，在近几年总体种植面积将稳步增加。

2. 燕麦需求量将持续扩大。当前我国居民超重肥胖问题不断凸显，其中 6～17 岁青少年超重肥胖率达到 19%，18 岁及以上居民高血压患病率为 27.5%，居民高血压患病率总体呈上升趋势①。这将进一步推动健康消费观念转变，而燕麦作为低糖、低卡且营养丰富的食品，在体重管理、降低心血管疾病风险等方面有一定积极作用。在市场引导下，未来燕麦需求量将继续保持上升态势。

3. 进口量大于出口量现状将继续维持。2023 年中国燕麦进口量达 48.59 万吨，同比增长 20.49%，进口需求持续增加。随着国民健康意识提高，对燕麦这种高纤维、低 GI（血糖生成指数）的健康谷物需求将不断增加，再加上畜牧业对燕麦等优质饲草的需求扩大，国内燕麦产量很难满足消费需求，短期内进口量将继续增加。

（二）长期变化

1. 加工产品精细化发展。饲用燕麦方面，随着养殖业不断朝着规模化、集约化、精细化方向发展，营养配方个性化定制中加入燕麦有助于提升动物的生长性能、饲料转化率和副产物循环利用转化率，这将使燕麦饲用精细化深加工产品不断增加。在食用燕麦方面，多元化产品开发势头迅猛，未来产品种类可能会增加两倍以上，并且能够针对不同人群特质实现精准营养调配，预计未来 5 年其消费量会持续上升。

2. 燕麦产业链趋向一体化与协同发展。种植与加工深度融合，加工企业与种植户将建立更紧密的合作关系，实现种植、加工、销售一体化；产业链走向协同创新，各环节合作交流将进一步加深，创新水平与市场知名度不断提升，提高整个产业的竞争力。

（三）未来产业发展需要引起关注的几个问题

1. 争地压力与品种推广挑战并存。燕麦种植持续增加可能会与主粮作物争地，优良新品种推广缓慢，很难适应不同区域环境与多元化市场需求，限制产业发展潜力。

2. 品牌同质化与营销手段单一。产业内品牌同质化，产品特性、包装与宣传相似，缺乏独特卖点，难以在众多竞品中凸显，且品牌营销手段单一，多集中于传统广告，对新兴社交媒体等多元化渠道利用不足。

（四）对策措施与政策建议

1. 开发利用我国广泛分布的未充分利用土地。为解决耕地资源限制对燕麦产业

---

① 数据来源：国务院新闻办就《中国居民营养与慢性病状况报告（2020 年）》有关情况举行发布会，https：//www.gov.cn/xinwen/2020－12/24/content_5572983.htm？eqid=cdffb10a0012e26b00000003645af61d。

发展的影响，可开发利用撂荒地、盐碱地等未充分利用土地，优化土地种植条件，培育适应盐碱、风沙等土壤的燕麦品种，以扩大种植规模，避免燕麦与其他主要农作物争地的矛盾。

2. **拓展销售渠道与提升市场影响力。**政府鼓励企业挖掘燕麦品牌独特内涵，如文化、工艺等，给予创新品牌资金或政策扶持。同时引导企业整合营销资源，借助大数据分析消费者偏好，精准投放广告与开展互动营销活动，提升品牌知名度与美誉度。

报告撰写人：

赵敏娟　西北农林科技大学经济管理学院　教授

芝麻产业发展报告

芝麻产业作为我国传统的油料作物产业，在保障国家粮油安全和促进农业现代化进程中发挥了重要作用。随着国内外市场需求的不断增长以及国家政策的积极推动，芝麻的种植、加工、消费和进出口等环节都展现出蓬勃发展的趋势。2023年，我国芝麻种植面积和总产量均恢复至疫情前水平，分别为420.20万亩和45.34万吨，芝麻油等下游产品的消费领域也不断拓展，尤其在休闲食品、保健品及美容产品中的应用逐步扩大。预计短期内我国芝麻种植面积430万亩，产量保持在40万吨以上。然而，产业链尚存在诸如种植分散、加工企业规模小、研发力量薄弱等问题，亟须通过技术创新和产业整合来提高竞争力。芝麻产业的未来发展将着重于提升生产技术与机械化水平，推动产业链延伸与精深加工，发展绿色农业和可持续生产，同时加快国际化布局以拓展市场。为此，需加大对技术创新、绿色生产和政策支持的投入，推动产业向高附加值、环保和智能化方向转型，以应对气候变化、市场波动等挑战，提升产业竞争力和可持续发展能力。

一、芝麻产业发展现状

（一）生产

2020—2022年因芝麻生长期主产地受洪涝灾害影响，芝麻产量持续下滑。2023年芝麻种植面积持续增长，达到420.20万亩；总产量为45.34万吨，回到了2019年的峰值水平。

近年来，国内芝麻生产分布格局没有明显变化，主要集中在4个芝麻主产省，分别为河南、湖北、江西、安徽。4个主产省芝麻种植面积总和超过全国总面积的80%。

全国芝麻种植主栽品种以中芝、豫芝和皖芝系列为主。河南省芝麻主导品种为豫芝NS610，湖北省则以中芝13为主。豫芝ND837在实现抗落粒宜机收的基础上，进一步降低株高、提高单产，增产幅度20%以上，2023年在周口市项城市推广种植了12万亩以上。

（二）加工流通

芝麻加工产品以芝麻油为主，还包括芝麻酱、芝麻糊、复合蛋白粉等，近年来休闲食品等新兴消费市场的扩展也带动了芝麻需求的持续增长。

2023 年芝麻油产量达到 37 万吨。芝麻油的生产主要采用水代法、压榨法和水酶法等。当前芝麻的平均出油率在 40%～60%。水代法是我国传统的芝麻油提取方法，仍在广泛使用；而水酶法作为一种新型的提取油脂技术，近年来被看好，发展潜力较大，有望推动芝麻油加工技术的进一步革新。尽管芝麻油的加工技术有所进步，但加工企业整体规模仍然偏小，个体小作坊占主导地位，规模化企业较少，研发力量相对薄弱，导致产品创新有限，难以形成有效的产业链衔接。

从加工企业布局来看，国内芝麻加工企业主要集中在河南、山东、安徽等芝麻主产区，但以个体小作坊为主，缺乏规模化、集约化的生产体系。全国范围内专业生产芝麻油或相关加工品的知名企业较少，难以形成区域化和一体化的全产业链经营格局。头部企业如益海嘉里、鲁花、燕庄等虽在技术和规模上有一定优势，但整体行业仍未实现高水平的品牌化运作和产业链整合。芝麻在中国的主要流通渠道包括农户直销、中间商收购、批发市场交易、加工企业直采、电商平台销售和合作社组织销售，其中批发市场和中间商在传统流通体系中占据重要地位，而电商平台和合作社则是近年来的新兴渠道。流通模式主要有传统线下模式、产地加工后销售模式、订单农业模式、跨境贸易模式和区域品牌销售模式等。其中，传统线下模式依赖成熟的中间商和物流体系，而订单农业和区域品牌销售模式更注重产业链整合与品牌价值提升。此外，中国作为芝麻的进口与出口大国，跨境贸易也在满足国内外市场需求中发挥了重要作用。

（三）消费

芝麻产业作为我国传统的油料作物产业，具有显著的保健和营养价值。芝麻的直接产品和加工产品，如芝麻籽、芝麻油、芝麻酱等，富含不饱和脂肪酸、蛋白质、维生素 E 及矿物质，具有增强免疫力、保护心血管健康、抗氧化、延缓衰老等功效，广泛应用于食品、保健品及美容领域。产品消费以北方和华东地区为主。芝麻的消费结构约 55% 用于榨油，40% 左右用于食品，5% 左右用于出口及其他。

直接消费指消费者直接购买芝麻籽或简单加工后的芝麻制品，如炒芝麻、芝麻酱、芝麻糊等，主要用于家庭日常饮食。芝麻籽常用于家庭烹饪、制作面点或作为调味料使用，广泛应用于早餐、面包、糕点和凉拌菜等食品中。芝麻酱在北方餐饮文化中尤其重要，被用于火锅蘸料、凉拌菜等。芝麻糊作为传统的健康食品，常见于早餐或养生人群中。这类消费主要集中在家庭消费者，消费群体广泛，涵盖各年龄段，尤其是关注营养和健康的中老年人群。

加工消费指芝麻通过工业化加工，生产出更复杂的食品、保健品或医药产品。芝麻油是最常见的加工产品，广泛应用于食品加工行业，尤其在餐饮业中用作烹饪油和调味油。芝麻油以其独特的香味和丰富的营养价值受到消费者的青睐，需求量大。除了食品，芝麻的抗氧化特性使得其在保健品行业中备受关注，芝麻油和芝麻提取物常用于生产抗衰老、保护心血管健康的保健品。此外，随着人们对天然护肤品的追求，芝麻油也成为美容产品中的常用成分，用于皮肤保湿和护理。此类消费主要集中于工业和加工企业，最终产品的消费人群多为中高端消费者，特别是关注健康养生的中老年人和美容护肤的女性消费者。

芝麻的其他消费主要体现在它作为功能性食品添加剂和在饲料中的应用。芝麻因其高蛋白和丰富的矿物质成分，被部分用于动物饲料中，以提升饲料的营养价值，主要用于高端畜牧业。此外，随着功能性食品的流行，芝麻提取物被用于保健食品中，增强食品的营养成分。

近年来，随着健康饮食理念的推广，芝麻及其加工产品的消费总量在国内外市场持续增长，2023 年市场需求量达到 146.11 万吨。随着人们生活水平提高和压榨技术的提高，我国芝麻油产量逐年增长，由 2020 年的 31.41 万吨上升至 2023 年的 37 万吨，有助于促进芝麻市场需求提升。

（四）进出口

据海关总署统计，2023 年芝麻累计进口 91.29 万吨，累计进口量较上年同期减少15.83 万吨，跌幅为 14.78%，主要是受进口单价增加的影响；进口金额达 15.28 亿美元，同比微升 0.04%。出口量为 4.12 万吨，同比下降 8.65%；出口额则整体呈现上升态势，达到 1.01 亿美元，同比增长 8.13%。

我国芝麻产业对外依存度较高，国内市场对芝麻的需求主要依赖进口供应。进口来源地主要以尼日尔、苏丹、多哥、埃塞俄比亚等非洲地区为主。国内芝麻产量较为有限，下游企业倾向于优先满足国内需求，通常不会进行大规模出口。主要出口目的地集中在韩国、日本等，年度出口量波动较小。

（五）全产业链效益

2023 年我国芝麻产业总产值为 450 亿元，同比增长 4.65%。一产产值约为 68 亿元，二产产值约为 377 亿元，三产产值不到 5 亿元。2023 年芝麻油需求量为 36 万吨，行业市场规模达到 140 亿元，保持上升趋势。

2023 年全国芝麻平均价格与 2022 年相比变化不大，仍保持在 15 元/千克左右。区域市场低价出现在广东，10 元/千克。因 2023 年国内芝麻主产地在芝麻生长期未出现严重极端天气，主产区价格基本保持平稳，成本也未出现大的波动，与往年持平，保持在 800～900 元/亩。芝麻生产成本主要以人工成本和土地成本为主，二者都占总成本的 40% 左右。其中人工成本主要以收割人工成本为主，当前以周口项城为中心，辐射带动商水、西华、淮阳、郸城等县区规模种植宜机收芝麻 10 万亩，机械收割成本约 80 元/亩，大大降低了芝麻生产成本。

（六）产业政策

近年来，国家相继发布了多项与芝麻产业相关的政策，推动产业发展与现代化。2021 年 11 月，国务院印发的《"十四五"推进农业农村现代化规划》强调，要加强重要农产品生产保护区建设，提出在西北地区推进包括芝麻在内的油料作物的生产。农业农村部于 2022 年 5 月发布了《关于做好 2022 年农业生产发展等项目实施工作的通知》，明确支持提升粮食、大豆和油料等重要农产品的供给保障能力，并推动农业绿色发展和乡村产业融合。2023 年 3 月，农业农村部出台了《关于加快推进农产品初加工机械化高质量发展的意见》，计划到 2025 年实现大宗粮油初加工机械化率达到

60％以上，解决油料作物初加工"无机可用、无好机用"的问题，提升芝麻等特色农产品的初加工机械化水平。这些政策的出台不仅有助于提升芝麻的产量和质量，还能促进全产业链的优化升级，为芝麻产业注入新动能。同时，随着机械化水平的提升和绿色发展的推进，芝麻产业将进一步提高生产效率，减少人力成本，增强市场竞争力。这为我国芝麻产业从传统农业向现代农业转型奠定了坚实的基础，也为保障国家粮油安全和促进乡村振兴战略的实施提供了重要支持。

二、芝麻产业发展存在的问题与挑战

（一）产业发展存在的主要问题

1. 生产技术滞后。 我国芝麻产业生产技术仍处于相对滞后的状态，尤其是在种业创新、耕种收一体化技术和机械化水平方面。种业创新不足制约了芝麻单产和品质的提升，现有主栽品种的抗病性和适应性仍有较大提升空间。尽管近年来部分地区推广了宜机收品种，但总体机械化程度仍然较低，大部分芝麻种植依然依赖手工操作，导致劳动成本较高，生产效率低。

2. 加工能力不足，产业链过短。 芝麻产业的下游加工环节以小作坊为主，规模化企业较少，导致加工技术的革新和产品多样化发展受限。当前芝麻加工主要集中在芝麻油等传统产品，产品结构单一，附加值较低。高端精深加工产品的研发投入不足，难以形成较长的产业链。产业链的短板不仅影响了芝麻的附加值提升，也限制了行业整体的竞争力，未能充分衔接上游生产与下游需求。

3. 品牌影响力薄弱，市场竞争力不足。 我国芝麻产业的品牌建设较为滞后，缺乏具有国际影响力的知名品牌。芝麻加工企业大多为区域性中小企业，品牌认知度低，市场竞争力薄弱。在国际市场上，虽然中国是芝麻的主要进口国，但出口规模有限，品牌知名度较低，难以有效参与国际市场竞争。此外，国内芝麻价格普遍高于国际市场价格，这进一步削弱了国内产品的竞争力。

（二）产业发展面临的外部挑战

1. 气候和自然条件的影响。 近年来，气候变化加剧了极端天气事件的频发，尤其是洪涝、干旱等自然灾害对芝麻种植的冲击尤为显著。作为一种对气候条件敏感的作物，芝麻的种植生产容易受到不利气候条件影响，导致产量和品质下降。这种气候不确定性加剧了芝麻产业面临的生产波动风险，急需加强适应性强、抗灾能力高的品种及相关技术的研发和推广。

2. 国际市场和供应链风险。 随着全球地缘政治冲突、供应链不稳定性和运输成本上升，芝麻进口面临较大的外部风险。芝麻主要从非洲国家进口，但非洲各国生产技术较低，产量不稳定，同品种之下可能存在 500～800 元/吨的价差，对国内市场的影响逐步加大，而我国的芝麻对外依存度持续上升，导致定价权的丧失，进口成本上升。国际市场的供求变化和贸易壁垒也进一步加剧了国内芝麻产业的竞争压力。

3. 绿色发展和政策挑战。 在全球倡导绿色发展的大背景下，我国芝麻产业面临转型压力。随着环保法规的日益严格，化肥、农药等传统生产方式受到限制，芝麻种植和加工过程中如何实现绿色可持续发展成为迫切问题。此外，国内政策导向更加强调粮油安全和高效农业，这给芝麻产业的发展提供了政策支持，但同时也提出了更高的标准和要求，增加了企业适应政策变化的成本和压力。

三、芝麻产业发展趋势与前景展望

(一)产业发展趋势及展望

1. 生产与技术进步。短期内，芝麻的种植面积和产量将保持相对稳定，但部分产区可能因政策推动和高效农业技术的推广而略有增长。机械化程度的提升，以及精细化管理手段的应用，将有效提高生产效率。与此同时，生产过程中的精准施肥、智能灌溉等新技术逐步推广，将有助于提升生产效率，减少人工成本。此外，种业的逐步优化，特别是抗病抗逆品种的推广，将帮助缓解芝麻生产过程中的自然灾害影响，提升单产水平。

未来5～10年，随着现代育种技术和基因编辑技术的应用，抗病抗逆新品种的广泛推广应用将成为芝麻产业的技术主线。这将有效提升芝麻的产量和抗风险能力。与此同时，智能农机、精准农业技术的普及，将为生产过程带来更高的自动化和精细化管理。

2. 产业链延伸与加工升级。中长期来看，芝麻产业将逐步向高附加值方向发展，芝麻精深加工技术的提升将推动全产业链的延伸。随着消费市场对高品质、功能性产品需求的增长，芝麻蛋白、芝麻多酚等深加工产品将迎来更广阔的市场。精细化加工技术的发展还将进一步推动芝麻产品多样化，增强市场竞争力。与此同时，现代化仓储和物流体系的发展将助力芝麻产品流通效率的提升，缩短市场反应时间，减少产销不对称的问题。

此外，加工技术的进一步升级和自动化设备的应用，将有效降低成本，提升产品品质，推动高附加值产品占据市场主流，形成更加完善的产业链。

3. 国际市场与政策驱动。国际市场的供需变化对芝麻产业的影响仍然显著，短期内，由于地缘政治、供应链等不确定因素，芝麻进口可能受到一定限制，国内企业需要加快开拓多元化的进口渠道，确保原材料供应的稳定性。长期来看，国家政策对绿色农业、生态农业的重视，将进一步推动芝麻产业向低碳、环保、可持续的方向发展。全产业链的绿色转型和清洁生产技术的应用将成为产业发展的新方向。

未来，气候变化、极端天气的频发和国际市场波动将成为芝麻产业面临的重要风险。针对供应链和出口市场的不确定性，产业需要加强对外部风险的防控，通过多元化市场布局和供应链管理，增强抗风险能力。

4. 消费趋势与产业政策导向。短期内，随着消费者对健康食品需求的增加，芝麻功能性产品如芝麻蛋白、芝麻肽等，将成为新的消费热点，推动市场扩展。传统产品如芝麻油、芝麻粉的需求也将保持稳步增长。中长期来看，国家政策对健康农业和功能性农业的支持将为芝麻产业带来新一轮发展契机。政策对绿色生产的要求、对环保技术的支持，以及对功能性农业的补贴力度，都将加速芝麻产业由"数量型"向

"质量型"增长转变，推动产业结构的优化升级。

5. 国际市场与竞争力提升。全球市场的不确定性、地缘政治风险和供应链挑战要求芝麻企业在未来注重国际布局。通过优化出口市场结构、拓展多元化贸易渠道，企业将能够在国际市场中保持稳定的竞争力。同时，在政策层面，建议政府继续加大对芝麻产业技术研发、种业创新以及全产业链绿色转型的支持力度，确保产业健康可持续发展，并提升全球竞争力。

（二）对策措施与政策建议

1. 提升生产技术与机械化水平。为提升芝麻的生产效率，推动智慧农业技术的应用至关重要。政府和相关企业应加大对精准施肥、智能灌溉、精准农机等技术的研发和推广力度，这不仅可以提升生产效率，还能减少资源浪费和人工成本。此外，农业机械化的推广，尤其是在芝麻种植区域，应成为提升产业整体效率的重点。鼓励机械化设备的普及，从播种到收割的全程机械化将大大提升劳动生产率。种业的研发也应作为核心战略，特别是研发抗病、抗逆的芝麻新品种，以提高产量、减轻自然灾害的影响，并增强产业的抗风险能力。

2. 加强芝麻产业链延伸与精深加工。随着消费者对高附加值产品需求的增加，芝麻产业链的延伸显得尤为重要。政府和行业应加大对芝麻深加工技术的投入，特别是芝麻蛋白、芝麻多酚等功能性产品的研发，推动产品的高附加值化。精深加工不仅能提升芝麻产品的市场竞争力，还能推动产业升级，满足市场多样化需求。与此同时，发展产业集群将有助于提高种植、加工、销售等环节的协同效率，从而提升全产业链的竞争力。现代化的仓储和物流体系也需同步建设，以提升产品流通效率，减少市场反应时间，尽可能避免产销信息不对称问题产生。

3. 支持绿色农业与可持续发展。芝麻产业的未来发展应注重绿色转型，推行环保且可持续的生产方式。政府应加大对绿色生产技术的支持力度，鼓励芝麻种植采用有机种植和生态农业等环保方法，减少农药和化肥的使用，保护土壤和水资源。与此同时，环保技术的应用也需加强，特别是清洁生产技术，减少芝麻加工过程中的环境污染。低碳农业的发展同样不可忽视，鼓励使用低碳农业技术和设备，不仅有助于减少碳排放，还能提升产业在全球市场中的环保形象。推动绿色生产的政策和技术支持将成为芝麻产业长远发展的关键。

4. 加快国际化布局与市场拓展。在全球市场的激烈竞争中，芝麻产业必须加快国际化布局。首先，企业应优化出口市场结构，扩展多元化的国际市场，减少对单一市场的依赖，增强出口市场的稳定性。同时，需要进一步加强供应链管理，优化物流和配送体系，保障产品的稳定供应与及时交付，确保在国际市场上的竞争力。为了提升国际市场的竞争力，中国芝麻企业应加强产品质量控制、创新和品牌建设，提高产品附加值和市场认知度，树立中国芝麻的品牌形象，并巩固在全球市场的地位。

5. 加大政策支持力度。政府应根据芝麻产业的特殊需求，出台更加精准和有力的支持政策，尤其是在技术创新、绿色农业和功能性产品发展方面。具体措施可包括提供专项资金补贴、税收优惠和技术研发支持，鼓励企业加大投入并创新产品。与此同时，政府应加强对绿色农业、可持续发展和环保技术的政策引导，推动芝麻产业朝着绿色、健康的方向发展。此外，产学研合作也是一个重要策略，政府应鼓励科研机构、企业和高校的合作，共同攻克产业发展中的技术瓶颈，提高整体技术水平，提高芝麻产业的整体竞争力和创新能力。

报告撰写人：

刘海礁	河南省农业科学院花生研究所	所长、副研究员
邱雅洁	河南省农业科学院花生研究所	助理研究员
郑国清	河南省农业科学院农业信息技术研究所	研究员
李小红	河南省农业科学院农业信息技术研究所	主任、副研究员
王来刚	河南省农业科学院农业信息技术研究所	副所长、研究员
杨春英	河南省农业科学院农业信息技术研究所	研究员
卫双玲	河南省农业科学院芝麻研究中心	研究员
裴新涌	河南省农业科学院农业信息技术研究所	副主任、副研究员

02 第二篇

特色经济作物

枸杞产业发展报告

枸杞作为我国"药食同源"功能型特色资源、道地中药材，历史源远流长。截至
2023 年年底，全国枸杞种植面积 183 万亩，其中甘肃、青海、宁夏分别占到全国
41.2%、26.0%、17.7%；鲜果产量 140 万吨左右，加工转化率 20%，干果产量 24
万吨。全国现代枸杞产业带动近 50 万农户、400 余万人就业从业[①]。预计，随着种植
技术的不断进步和种植面积的稳步扩大，我国枸杞生产将持续扩大规模，保持稳定增
长的态势，枸杞产量将稳步提升，鲜果产量突破 140 万吨，干果产量突破 24 万吨；
消费方面，随着人们健康意识的提高和对天然保健品需求的增加，我国枸杞市场需求
将持续增长，多元化趋势明显；进出口方面，我国枸杞产品在国际市场上的知名度和
竞争力将不断增强。受非农非粮化政策、市场行情低迷等因素影响，枸杞产业仍面临
种植面积持续缩减，现代服务体系不健全，合作社、农户种植收益空间狭小，绿色
"道地珍品"保护与挖掘能力不足，中高端枸杞产品市场开发不够等问题。未来我国
枸杞产业应积极把握数智赋能产业发展新质生产力的主要方面与政策红利，全面发力
促进我国枸杞产业高质高端高效发展，助力我国核心产区再创枸杞产业新优势。

一、枸杞产业发展现状

（一）生产

枸杞作为经济林、生态林与治沙林种，主要分布在宁夏、甘肃、青海、新疆、内
蒙古等地。截至 2023 年年底，全国枸杞种植面积 183.0 万亩，同比下降 16.8%，其
中甘肃、青海、宁夏、新疆种植面积总计 180.5 万亩，占全国的 98.6%（表 1）。西
北地区成为世界上集中连片种植枸杞面积最大的区域，产量、产值及品牌影响力连续
多年位居全球首位，成为具有国际影响力的枸杞产业聚集区。

从产业种植区域分布情况来看，截至 2023 年年底，宁夏全区枸杞实际保有面积
32.5 万亩，同比下降 25.3%，鲜果产量 32 万吨，同比增长 6.7%。甘肃省枸杞栽培面
积 75.4 万亩，同比下降 3.3%，其中干果年产量 9.8 万吨。青海省枸杞产业基地种植主
要集中于海西蒙古族藏族自治州（都兰县、格尔木市、德令哈市和乌兰县），2023 年，
海西州种植枸杞 41.4 万亩，同比下降 6.8%，占全国枸杞面积的 22.6%。新疆维吾

[①] 引自《中国现代枸杞产业高质量发展报告（2024）》。

尔自治区北疆地区以红果枸杞栽培为主，南疆巴音郭楞蒙古自治州地区主要种植黑果枸杞，种植面积 25 万亩，初步形成了以精河县为中心的北疆枸杞产业带。内蒙古自治区巴彦淖尔市形成了乌拉特前旗先锋镇、五原县隆兴昌镇、杭锦后旗沙海镇三大枸杞种植基地，枸杞种植面积历史上曾达到 15 万亩，2023 年枸杞种植面积不足 1 万亩。

表 1　2023 年我国枸杞种植规模及产量情况

省份	面积（万亩）	鲜果产量（万吨）	折合干果产量（万吨）
甘肃	75.4	57.8	9.8
青海	47.6	37	6.2
宁夏	32.5	32	6.0
新疆	25	11	1.6
内蒙古	1.2	1.0	0.2
河北	0.8	0.7	0.1
其他省份	0.5	0.5	0.1

数据来源：《中国现代枸杞产业高质量发展报告（2024）》。

我国枸杞的主栽品种主要是宁杞 1 号和宁杞 7 号。宁杞 1 号是宁夏农林科学院从中宁县传统品种麻叶系列中通过自然单株选优培育而成的优良品种。在宁夏、内蒙古、甘肃、新疆、青海等省份广为引种，是我国枸杞的主栽品种。在种植过程中表现出自交亲和、可单一品种建园、丰产性强、品质好、易制干、抗逆性强、易管理等综合优势。每株产鲜果 7.6 千克左右，成龄树亩产干果 150～300 千克，密植园最高可达 400 千克。宁杞 7 号是宁夏农林科学院从宁杞 1 号生产园中发现的优良单株培育出来的枸杞新品种，2010 年通过宁夏林木良种审定，具有自交亲和水平高、抗逆性强、丰产、稳产、果粒大、等级率高等特点，是近年来在宁夏、甘肃、青海、新疆、内蒙古等主产区发展最快的优新良种，成龄树株产鲜果 7～10 千克，亩产干果 200 千克左右，最高可达 300 千克。对黑果病抗性强，白粉病、瘿螨抗性弱，雨后较易裂果。喜光照，耐寒、耐旱。

（二）加工流通

枸杞保健品、药品、干果、原浆、饮料、化妆品、叶菜、绿茶、红茶等一系列精深加工产品持续在国内外消费市场风靡。宁夏产区枸杞精深加工长期在全国处于研发能力强、产能强、品类全、科技含量高的优势地位，90％的枸杞精深加工新产品、新品类均由宁夏枸杞相关企业生产。截至 2023 年年底，宁夏枸杞鲜果加工转化率达 35％，宁夏开发出枸杞干果、中药、保健品、原浆、食品、饮品、酒类、芽茶芽菜、化妆品、其他产品等精深加工产品 10 大类 120 余种。锁鲜枸杞、冻干枸杞、枸杞酵素、枸杞叶菜等产品线在宁夏相继投产，枸杞原浆产能迅速扩大，产能达到 1.5 万吨以上。枸杞面膜、面霜、眼霜、润肤水等化妆品受到消费者青睐，枸杞粉、枸杞籽油等功能性食品，枸杞燕麦、枸杞咖啡、枸杞巧克力等休闲食品已进入市场，枸杞糖肽、护肝片已进入医院营养配餐渠道，枸杞冰鲜菜、糕点、饼干、挂面、包子馅、饺子馅等 10 余种叶用枸杞产品陆续进入百姓餐桌。

截至目前，在宁夏现有的 170 余家枸杞加工企业中，被认定为自治区"专精特新"企业 24 家、数字化车间 4 家、领先示范企业 4 家、绿色工厂 1 家。这些规模以上企业主要集中在宁夏中宁县及其周边地区，如百瑞源、沃福百瑞、杞里香、厚生记等都是该地区的重点枸杞加工企业。这些企业通过引进先进技术和设备，不断提升枸杞产品的品质和附加值，推动了宁夏枸杞产业的快速发展。宁夏枸杞加工企业的流通模式主要包括"龙头企业＋农户"的运作模式、品牌化运作模式和电商化运作模式。随着互联网的发展，线上销售平台逐渐成为宁夏枸杞加工企业的重要流通渠道。企业通过建立自己的官方网站、在电商平台开设店铺等方式，将枸杞产品销往全国各地乃至全球。

（三）消费

枸杞富含多种生物活性成分，包括多糖、类黄酮、胡萝卜素、维生素 C 等，这些成分赋予了枸杞抗氧化、养肝明目、增强免疫力、维护肾脏健康、延缓衰老等多种功效。据统计，2023 年我国枸杞总消费量达到 7.8 万吨，比 2022 年增加 15.6％；枸杞消费额达到 240 亿元，比 2022 年增加 18.5％[①]。我国枸杞产品多元化态势明显，枸杞粉、枸杞籽油胶囊等枸杞功能性食品以及枸杞咖啡、枸杞巧克力豆等休闲食品陆续上市。以枸杞嫩叶、嫩茎为原材料的冰鲜菜、糕点、枸杞红茶等 10 余种叶用枸杞产品已摆上百姓餐桌。枸杞啤酒、枸杞白兰地、枸杞冰激凌等新产品不断涌现[②]。枸杞产品的消费结构呈现多元化的特点，主要包括直接食用、加工食品（如枸杞茶、枸杞酒、枸杞果汁、枸杞粉等）、保健品（如枸杞籽油胶囊等）。这些产品的主要消费地区遍布全国，但西北地区如宁夏、青海、甘肃等地的消费量相对较高，这与当地枸杞产量大、品质优有关。同时，沿海地区的消费量也在逐年增长，反映出消费者对枸杞产品的需求日益增加。枸杞产品的消费人群广泛，主要包括中老年人、病人及康复期人群、上班族和学生等群体。

（四）进出口

我国枸杞产品远销欧盟、美国、日本、新加坡等 50 多个国家和地区，2019—2023 年已连续 5 年保持在 1 万吨以上，出口额保持在 6 亿元以上。据海关总署统计，2023 年，我国枸杞出口量达到 1.4 万吨，同比增长 21.2％，枸杞出口额 10 368.9 万美元，同比增长 23.1％（图 1）。2023 年，除吉林外，宁夏、广东、广西、海南、重庆、贵州等 30 个省份相关口岸均涉及枸杞出口相关业务。枸杞出口量和出口额前 7 的省份依次为宁夏、广东、广西、山东、湖北、河北、安徽，通过宁夏出口的枸杞出口量和出口额最高，分别为 3 416.2 吨、2 712 万美元，在全国总出口规模中所占比

---

① 数据来源：《2023 年枸杞行业市场行业深度分析》。
② 引自《中国现代枸杞产业高质量发展报告（2024）》。

重分别为 26.6%、29.3%；出口规模最大的路线为通过"广西销往越南"，出口量和出口额在全国枸杞总出口规模中所占比重分别为 13.4%、13.5%[①]。枸杞出口的主要产品有枸杞干果、枸杞酒、枸杞果汁、枸杞粉等，其中干果出口占出口总量的 80%以上。在进口方面，自 2021 年开始，我国没有关于枸杞产品进口贸易的相关记录。

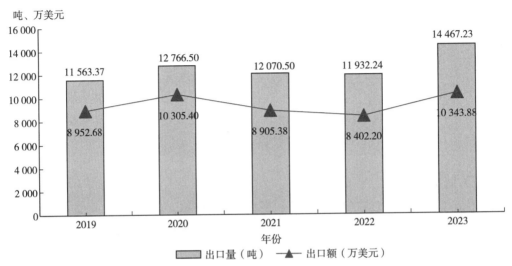

吨、万美元

图 1　我国枸杞出口量及出口额情况

数据来源：海关总署。

（五）全产业链效益

枸杞作为我国特色富民产业，2023 年各主产省份在全产业链提质增效上主动作为，以完善利益联结机制为纽带，拓展产业增值增效空间为目标，聚焦"优化前端、培育中端、提升后端"的全产业链环节，坚持延链强链补链壮链、优化产品结构，推动现代枸杞产业全链条发展。全国现代枸杞产业带动近 50 万农户、400 余万人从业，主产基地县农民平均经营性收入的 50%均来自枸杞产业[②]。以宁夏和青海省海西州为例，截至 2023 年年底，宁夏枸杞全产业链综合产值达 290 亿元，同比增长 7.4%；青海省海西州枸杞实现一产产值 33.2 亿元，占全州农牧业总产值 42.3%，全产业链产值达到 120 亿元。

调查数据显示，2023 年，宁夏枸杞种植主体亩均成本收益情况如下：枸杞企业亩均产值为 9 851.74 元，亩均成本为 6 296.49 元，亩均纯收益为 3 555.25 元；枸杞合作社亩均产值为 7 500.91 元，亩均成本为 5 372.28 元，亩均纯收益为 2 128.63 元；种植枸杞农户的亩均产值为 8 584.00 元，亩均成本为 5 868.90 元，亩均纯收益为 2 715.10元。

综观药市价格，2023 年，枸杞市场价格整体呈现"小幅波动、缓慢攀升"态势，总体趋势"稳中有升"，特别是在下游消费复苏的推动下，市场行情逐步回暖。以

---

① 数据来源：《农小蜂：2024 年中国枸杞出口现状分析报告》。
② 数据来源：《中国现代枸杞产业高质量发展报告（2024）》。

2023 年我国"四大药市"的 280 粒宁夏枸杞价格为例，安国中药材专业市场上半年价格平稳，基本维持在 48 元左右，下半年开始小幅上涨，维持在 60 元左右。亳州药市、荷花池药市和玉林药市，价格涨幅稳定，基本保持在 48～52 元的价格区间内（图 2）。另外，据宇博智业监测数据，2023 年 7 月 11 日，全国 36 类枸杞中，红枸杞的价格出现了上涨，同比涨幅为 1.78%。但在不同产区，枸杞价格的涨跌情况也存在较大差异，例如，甘肃省靖远县的红枸杞价格涨幅最大，同比涨幅为 12.09%，报价 24.29 元/斤[①]，广东省白云区的红枸杞价格则相对较低，报价 14.09 元/斤。从 2023 年全年来看，枸杞不同品种、规格和产区的枸杞价格存在差异，相较于 2022 年，干果价格明显下滑，头茬干果与鲜果的价格，高出 2～5 元/斤。

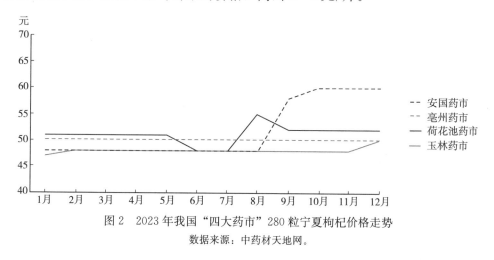

图 2　2023 年我国"四大药市"280 粒宁夏枸杞价格走势
数据来源：中药材天地网。

（六）产业政策

2023 年，宁夏编制了《自治区现代枸杞产业千亿产值发展规划（2023—2030 年）》，印发了《加强"三大体系建设"推进枸杞产业高质量发展实施方案（2023—2027 年）》，进一步加强延链补链强链，规划到 2027 年，宁夏枸杞种植面积稳定在 50 万亩，鲜果产量 50 万吨，实现全产业链产值 680 亿元；到 2030 年，全区新增面积 32 万亩，总面积 70 万亩，鲜果产量 70 万吨，加工转化率 60% 以上，实现全产业链产值 1 000 亿元。2023 年 1 月，青海省人民政府办公厅印发《青海省枸杞产业发展"十四五"规划》，明确了六大重点任务和十大重点工程。"重点任务"主要是严格保护资源环境、夯实生态根基，建设现代生产基地、降成本优品质，推进产品创新、延伸产业增值链，加快品牌培育、提升市场竞争力，加强文化赋能、促进融合发展，强化科技创新、完善支撑体系。"重点工程"主要包括枸杞资源保护工程、枸杞种植基地工程、优良种苗繁育工程、枸杞产品创新工程、枸杞交易市场工程、枸杞品牌建设工程、枸杞循环经济建设工程、枸杞文化旅游融合发展工程、枸杞产业园区提档升级工程、枸杞科技创新工程。2023 年 2 月，甘肃省白银市人民政府印发《白银市枸杞产业绿色

---

①　斤为非法定计量单位，1 斤＝0.5 千克，下同。——编者注

优质高效发展实施方案》（以下简称《方案》），将枸杞产业列入白银市构建"四集群＋四片带＋N"农业特色产业布局重点产业。

二、枸杞产业发展存在的问题与挑战

（一）产业发展存在的主要问题

1. 精深加工产品开发不足，质量标准体系有待完善。 目前，全国枸杞市场份额仍以干果销售为主，加工转化率不足 50%，枸杞功能性价值开发不足，高附加值、高技术含量的产品缺乏。枸杞粉、枸杞籽油胶囊等功能性食品及枸杞原汁、化妆品、特膳特医食品等深加工产品有 10 大类 120 余种，但相关产品引领带动行业整体效益距离实现预期目标还有较大差距。在精深加工方面，科技支撑能力较弱，高附加值产品种类少、深加工产品开发不足，烘干、原浆、冻干、深加工等关键工艺智能装备国产化水平较低，配套能力供给不足，难以满足市场的多样化需求，且相关产品标准制定仍以团体标准为主，行业标准与地方标准尚未形成。

2. 联农带农机制不完善，产业集约化经营效果不显著。 一是各经营主体与农户间利益联结机制单一，融合程度有待提高。农户与家庭农场、合作社及企业之间的利益联结主要以土地租赁、种植销售服务为主，以产品加工、科技研发、文创旅游的联结机制较少，而企业前沿的生产技术、先进的加工技术、成熟的销售渠道、完备的资金体系与农户共享不畅，导致农民难以分享二三产业增值收益，主体间融合发展受阻。二是产业集约化经营效果不显著，政策导向带来的集聚效应不够突出。在推动建设现代枸杞产业体系的过程中，各产区没有形成以除土地外入股构建合作经济组织和股份制合作公司等紧密型利益联结机制，集中连片种植范围较小，政策导向发展各具特色的创新集聚区不突出，产业链上下游企业共同体建设意识缺乏，推动人才链与产业链、创新链的深度融合程度不够，影响了枸杞产业集约化经营，导致产业力量集聚不强，难以实现大规模生产和高效运营。

3. 数据共享不足，品牌建设保护力度较弱。 一是枸杞产业数字平台"各自为阵"。目前，枸杞产业数字化平台较为零散，无法做到数据共通共享、集中发力，尤其是数据产权归属、产业数据安全保障、数据共享标准等诸多方面存在较为突出的问题。二是枸杞产业数据采集较为困难。枸杞产业数据采集缺乏标准、数据采集传感器误差大、数据采集成本高、缺乏可用性、数据挖掘难度大等问题导致产业数字化转型受阻。三是品牌建设保护力度薄弱。区域主导品牌数字化保护建设尚不完善，亟须加强道地品牌保护力度，构建强有力的宁夏枸杞保护体系，避免宁夏枸杞"遍地开花"。

（二）产业发展面临的外部挑战

1. 全球经济增速放缓，导致国际市场需求减弱。 全球经济增速放缓，导致国际市场需求减弱，我国枸杞出口量增速放缓，且在国际市场上的价格可能呈现下跌趋势，国际市场竞争可能更加激烈，进而影响我国枸杞产品终端销售量和加工转化量。

2. 高温胁迫导致枸杞核心产区产量减产和等级率下降。 气象数据表明，2023 年宁夏大于 32℃以上高温日数增加至 20 天以上，2015 年仅为 5 天，高温胁迫已成为造成核心产区枸杞减产和等级率下降的主要因素。以宁夏园林场同一栽培品种宁杞1号10年间的产量与等级率变化为例，最高单产由2013年的350千克下降至2023年的200千克，特优级果出成率由32%下降至13%。因此，应对气候变化下的道地性解读、品种更新、配套栽培技术研究工作亟待开展。

三、枸杞产业发展趋势与前景展望

（一）发展趋势与前景展望

根据欧睿国际（Euromonitor）对全球保健品市场发展趋势预测，2023—2028年，全球保健品市场复合增长率约为5.4%。欧美、东南亚等市场广阔，预计到2028年，市场规模近1.4万亿美元，大健康产业将迎来黄金发展期[①]。

从短期来看，我国枸杞种植面积和产量在短期内将继续保持稳定增长。随着新质生产力赋能农业高质量发展路径的不断深入，枸杞产业在新品种选育、良种推广、加工环节技术创新及智能化种植、自动化加工和数字化管理技术的应用等方面也将进一步迭代升级，宁夏等主要产区枸杞产业的生产效率将会大幅提升、产品附加值和市场竞争力将得到进一步提高。同时，伴随着电商平台和社交媒体等流通渠道的拓展，私域流量或将成为企业及合作社枸杞产品的重要销售渠道，消费需求也逐步从传统干果向代餐零食、保健品、功能性食品等品类转变。进出口方面，中国枸杞出口市场将更加多元化，除了传统的亚洲市场外，欧洲、北美洲等地也将成为重要的出口市场。我国枸杞出口量常年保持在1万吨以上，且近年来呈增长趋势。预计未来几年，出口量将继续稳定增长，尤其是功能性更具"道地性"的高品质枸杞产品将深受海外市场欢迎，出口量将有较大提高。

从中长期来看，枸杞产业将进一步向种植规模化、管理规范化、质量标准化、市场品牌化和形态一体化方向发展。生产经营方面，枸杞核心种植产区将积极发挥链主企业的示范带动作用，引领枸杞产业走精耕细作、持续发展之路。同时，通过"农旅+文旅"深度融合方式，例如通过举办枸杞文化节、枸杞产业博览会等活动将枸杞产业链向旅游、文化等相关产业持续延伸，进而实现产业链的多元化发展。

（二）值得关注的几个问题

一是近年来，我国种植枸杞核心产区受"非农化""非粮化"政策、市场行情低迷等因素影响，枸杞产业面临着合作社及农户种植收益空间狭小、现代服务体系不健全、种植面积持续缩减等问题。二是枸杞产业精深加工滞后，产品同质化问题突出。目前全国枸杞干果依旧占据主导地位，精深加工产品的转化比例仅占总产量20%，且同质化现象严重，缺乏差异化、具有独特健康效益与风味体验的新品，难以满足消费者日益多元化、个性化的消费需求。三是品牌保护能力尚显不足，标准化体系亟待完善。虽然宁夏当地政府已加大对"宁夏枸杞""中宁枸杞"等国家地理标志品牌的保护力度，但市场上仍不乏外地枸杞以假乱真，严重侵蚀了正宗道地

---

① 数据来源：2023—2028年全球及中国保健品行业市场及前景分析［EB/OL］. 前瞻网，2023-07-05。

枸杞的品牌价值与市场份额。此外，枸杞产业的标准体系构建尚显稚嫩，存在标准更新滞后、执行力度不够、监管不严等多重问题，这不仅影响了枸杞产品的品质稳定性，也削弱了道地产品在市场竞争中的优势地位。因此，加强品牌保护，构建科学、全面、严格的标准化体系，已成为提升枸杞产业整体竞争力、保障消费者权益的当务之急。

（三）对策措施与政策建议

1. 加强枸杞中药产业守正创新发展，构筑大健康产业枸杞国家品牌。一是推动老旧基地宜机化改造和新基地宜机化建设，利用宜林地、疏林地、荒山荒地建设高标准道地中药材基地，支持枸杞道地中药材基地向集约化、现代化方向发展。坚持绿色导向、标准引领，引导各类生产经营主体通过土地流转、资源托管等形式，持续扩增现有中药材绿色种植基地，对现有中药材基地通过土壤改良、增施有机肥、水肥一体化管理、专业化修剪等措施进行提升改造，实现枸杞中药材种植基地提质增效。二是可以联合宁夏乃至全国现有知名药食品牌，通过联合、兼并和有偿使用等多种方式，在开展枸杞绿色有机农产品基地创建，加大对达标基地的认证保护，提升枸杞产业标准化生产水平，对种植、生产、制干、运储、加工、流通等全过程进行溯源的基础上，升级拓展宁夏枸杞精深加工与大健康产业，创建宁夏枸杞大健康产业枸杞国家品牌和标志性品牌。

2. 聚力科技融合发展，促进产业体系、生产体系与经营体系均衡协调。一是产业体系突出功能性。更加注重精深加工产品的开发与结构优化，及枸杞功效物质研究，用科技创新理论支撑枸杞新产品研发。二是生产体系突出道地性。重点选育具有区域表征、高产、多抗的当家品种，创新优质、丰产高效栽培技术，大力推广标准化、规模化种植。加强病虫害绿色防控体系和质量检验检测体系建设，为枸杞产业健康发展奠定良好基础。三是经营体系突出品牌叠加效应。围绕适应市场消费需求变化，尊重地域文化差异，吸收最新科技创新成果，优化枸杞精深加工产品结构，促进枸杞精深加工产品的市场、产能、投资、技术、效益等协调发展，充分释放枸杞全产业链发展红利，抢占市场营销制高点。

3. 强化主体赋能，构建枸杞产业全程社会化服务体系。一是强化主体赋能，培育公共服务机构，建立健全财政补助经费与服务绩效挂钩的激励机制，构建起以公益型农业技术推广机构为主导的多元化枸杞农业技术推广服务体系。培育枸杞产业经营性服务组织，鼓励社会力量兴办多元化、多层次、多形式的枸杞社会化服务组织，通过托管服务、订单农业、入股分红等方式，将小农户融入枸杞全产业链，同时加强技术培训、技术指导、病虫害防治等方面服务内容的供给力度。二是构建枸杞种植生产托管服务网络。在枸杞产业核心产区，以土地经营权入股、村集体以土地整合后溢出土地及公用设施入股，组建土地股份合作社。建立合作社内部"保底收益＋盈余分红"的分配机制，由供销合作社专业化公司提供耕、种、管、收、售全链条统一服务，服务带动小农户与现代农业发展有机衔接，稳定宁夏、甘肃、青海等既往优势产区。

报告撰写人：

张　静	宁夏农林科学院农业经济与信息技术研究所	助理研究员
张晓琴	宁夏农林科学院农业经济与信息技术研究所	书记、所长、高级经济师
王　微	宁夏农林科学院农业经济与信息技术研究所	助理研究员
杨淑婷	宁夏农林科学院农业经济与信息技术研究所	助理研究员
李剑蓓	宁夏农林科学院计划财务处处长	副研究员
李思媛	宁夏农林科学院农业经济与信息技术研究所	研究实习员
马　兰	宁夏农林科学院农业经济与信息技术研究所	研究实习员

灵芝产业发展报告

灵芝在我国有着悠久的药用历史、丰富的资源和独特的药用价值。2023年，灵芝产业在政策扶持和技术创新的双重驱动下，实现了稳健发展。种植技术持续优化，产量达到15.98万吨，同比减少37.52%，产业链涵盖育种、种植、加工及销售，总产值超百亿元，产品多样化，包括中成药、保健食品等，主要销往东部沿海及经济发达地区。预计短期内，灵芝产量增长率将稳定在5%～10%的区间，保健品和提取物市场将展现出快速增长的态势，灵芝产品的出口量预计仍将保持增长。未来，随着健康意识的提升和科技的进步，灵芝产业将迎来更广阔的发展前景，种植、提取及加工技术将升级，产品种类将更加丰富，品牌化建设和市场拓展将成为行业趋势。然而，产业发展也面临挑战，如产业技术发展滞后、生产和市场波动风险大、产业结构与市场需求不匹配、产业竞争力与国际先进水平存在差距，以及气候条件的不可预测性，资源禀赋的限制，国际市场的竞争和不确定性等问题。因此，未来产业发展需加强种业创新与知识产权保护，降低生产成本、提高资源利用效率，政府应建立健全市场风险预警和应对机制，并加强对灵芝产业的环保监管，同时注重产业政策调整，确保产业的持续健康发展，助力乡村振兴和健康中国战略。

一、灵芝产业发展现状

（一）生产

2023年，灵芝在种植面积、单产和总产量等方面呈现出明显的减少态势。中国食用菌协会统计数据显示，我国已形成多个灵芝优势特色产业集群，主要分布在山东、安徽、四川、云南、广西等省份，其中山东和安徽两省的灵芝种植面积和产量位居全国前两位。

全国灵芝种植面积逐年扩大，2023年总面积达到约10万亩，同比增长5%。产量方面，全国灵芝总产量约为15.98万吨，同比减少37.52%（图1）。单产方面，随着种植技术的提升，平均单产达到每亩150千克，较往年有所提高。

在主要产地方面，山东省作为全国最大的灵芝生产区，种植面积超过3万亩，产量约占全国总产量的30%；安徽省紧随其后，种植面积和产量分别占全国的20%和25%（图2）。这两个省份的灵芝产业发展迅速，成为全国灵芝产业的领头羊。

灵芝的主推品种包括赤芝、紫芝等，其中赤芝因其较高的药用价值和市场需求，

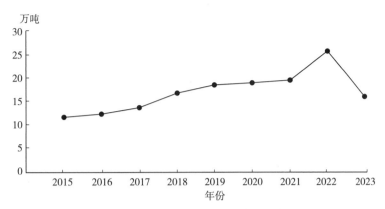

图1 2015—2023年灵芝总产量趋势

数据来源：中国食用菌协会。

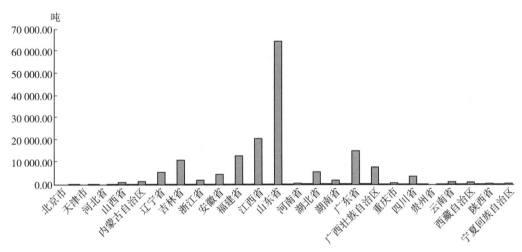

图2 2023年各省份灵芝产量分布

数据来源：中国食用菌协会。

种植面积最广，产量最高，年产量占全国总产量的50%以上。紫芝则因其独特的药用特性，也逐渐受到市场青睐。

在生产技术方面，2023年灵芝产业积极推广绿色生产技术，如生态种植、有机栽培、循环农业等。山东省推行的"灵芝-农林废弃物"循环利用模式，有效减少了化肥农药使用，提升了灵芝的品质。安徽省则通过智能化温室大棚技术，实现了灵芝生长环境的精准控制，提高了灵芝的产量和品质。

（二）加工流通

在加工流通领域，灵芝产业呈现出多样化、规模化和高效化的特点。《2023年中国灵芝产业市场报告》数据显示，主要加工产品种类包括灵芝孢子粉、灵芝切片、灵芝提取物、灵芝保健品等，其中灵芝孢子粉和灵芝提取物市场需求最为旺盛。

加工技术方面，2023年灵芝产业主要采用超临界流体提取、真空冷冻干燥、微波辅助提取等先进技术，大幅提升了产品质量和附加值。规模以上加工企业主要集中在山东、安徽、广东等地，这些企业拥有现代化的生产线和严格的质量管理体系，加工转化率达到了80%以上，较上年提高约5个百分点。

在冷链物流建设方面，灵芝产业已初步形成覆盖全国的冷链物流体系。据统计，截至2023年底，全国拥有灵芝冷藏库容量超过50万吨，冷链运输车辆数量增长20%，有效保障了灵芝产品的品质和安全。

主要市场集散地建设情况方面，山东、安徽、四川等地的灵芝批发市场不断完善，交易规模持续扩大。其中，山东省的灵芝交易市场已成为全国最大的灵芝产品集散地，据统计，2023年的交易额占全国总交易额的30%。

产品的流通渠道和模式也在不断创新。2023年，灵芝产业流通渠道更加多元化，线上电商平台成为重要的销售渠道，销售额同比增长30%。同时，产业积极探索"基地＋农户＋企业＋市场"的流通模式，减少了中间环节，提高了流通效率。此外，一些企业还通过与连锁药店、健康产品专卖店合作，拓宽了线下销售网络。

（三）消费

在消费领域，灵芝产业的直接产品及加工产品以其独特的功效和功能属性，赢得了消费者的广泛认可。灵芝产品主要具有免疫调节、抗衰老、改善睡眠、辅助抗肿瘤等功效，满足了不同消费群体的健康需求。

产品的主要消费去向集中在东部沿海和经济发达地区，如北京、上海、广东等地，这些地区消费者对健康养生的关注度较高，灵芝产品的市场需求旺盛。同时，随着健康意识的提升，中西部地区对灵芝产品的需求也在逐渐增长。

在产品消费结构方面，2023年灵芝产业呈现出多元化消费格局。鲜食消费占比约为40%，主要消费群体为老年人，他们倾向于购买新鲜的灵芝进行煲汤或泡酒。加工消费占比达到60%，包括灵芝孢子粉、灵芝提取物等深加工产品，这些产品更受中青年消费者的欢迎，尤其是女性消费者，对灵芝美容养颜的功效尤为青睐。

消费总量方面，2023年全国灵芝产品消费总量达到5万吨，同比增长15%。这一增长得益于消费者对灵芝健康价值的认可，以及市场宣传推广力度的加大。其中，线上消费增长尤为显著，电商平台销售额同比增长20%，体现了消费者购买习惯的转变。

（四）进出口

我国灵芝产业表现出一定的国际竞争力，成为全球灵芝产品贸易的重要参与者。在进口方面我国灵芝的进口主要依赖于东南亚地区，如越南、缅甸和泰国，这些国家因其丰富的灵芝资源和较低的生产成本，成为我国灵芝进口的主要供应国。据海关总署数据，2023年灵芝产品的进口量约为1 000吨，进口额达到2 000万美元，与上年相比，进口量和进口额均有小幅增长。这一增长主要得益于国内市场对高品质灵芝产品的需求增加，以及对进口灵芝原料的依赖。

在出口方面，我国灵芝产品的主要出口市场集中在北美洲、欧洲和亚洲的一些国家和地区，其中美国、日本、韩国和德国是我国灵芝出口的主要目的地，这些国家对灵芝的健康价值有着较高的认可度。2023 年中国灵芝产品的出口量和出口额均实现了显著增长，出口量达到 5 000 吨，同比增长 10%，出口额达到 1 亿美元，同比增长 15%。这一增长反映出中国灵芝产业在国际市场上的竞争力不断提升，尤其是在灵芝深加工产品方面，如灵芝孢子粉、灵芝提取物等，受到了国际市场的欢迎。

（五）全产业链效益

灵芝产业在 2023 年展现出积极的发展态势。价格变化方面，《2023 年中国灵芝产业市场报告》数据显示，2023 年全国灵芝市场价格总体保持稳定，但部分地区价格有所波动。在主要产区，如山东和安徽，灵芝的产地价格为每千克 18～22 元，较上年有所上升，平均涨幅约为 10%。批发价格和零售价格也呈现相似趋势，全国批发价格为每千克 60～80 元，同比上涨 8%，零售价格为每千克 100～150 元，同比上涨 12%。

在产值方面，2023 年中国灵芝产业的一二三产业产值均有所增长。一产产值主要来源于灵芝种植，估计总产值达到 15 亿元，同比增长 8%；二产产值，即加工产值，由于产品深加工比例提高，总产值达到 25 亿元，同比增长 12%；三产产值，包括销售、服务等，总产值约为 10 亿元，同比增长 15%。这些数据表明，灵芝产业链的附加值在不断提升。

生产成本和收益变化方面，2023 年灵芝产业全国总体生产成本有所上升，主要由于原材料和人工成本的增加。然而，得益于市场价格的上扬，整体收益仍保持增长。在主要产区，如山东和安徽，尽管成本上升，但由于灵芝单产提高和市场需求旺盛，农户的收益依然实现了增长，2023 年主要产区的平均收益率为 30%～35%，较上年提高了 5 个百分点。在带动农民增收方面，以山东和安徽为例，2023 年，当地农民户均收入增加约 5 000 元。

（六）产业政策

国家和地方政策层面，根据《"十四五"全国农业现代化发展规划》和相关战略规划，国家明确提出了支持中药材产业发展的措施，其中包括对灵芝产业的扶持。地方政府也纷纷出台具体政策，如山东、安徽等地制定了《山东省中医药产业发展规划（2022—2025 年）》《聊城市中医药产业发展规划（2022—2025 年）》和《金寨县中药（西山药库）产业发展扶持奖励办法》等一系列发展指导意见，旨在优化灵芝产业结构，提升产业竞争力。这些政策涵盖了种植基地建设、加工技术创新、市场开拓、品牌培育等多个方面。

财政支持方面，2023 年中央和地方财政继续加大对灵芝产业的投入。一方面，通过农业补贴、项目资金等方式，支持灵芝种植基地的基础设施建设和良种繁育；另一方面，鼓励地方政府设立专项资金，用于扶持灵芝产业的技术研发和市场推广。

保险和税收优惠方面，国家积极推动农业保险体系建设，为灵芝种植提供风险保障。同时，对符合条件的灵芝企业和项目给予税收减免，减轻企业负担。例如，部分地区的灵芝加工企业享受到了增值税减免和企业所得税优惠。国元保险旌德支公司在安徽旌德县试点实施灵芝种植保险，为当地林农种植的灵芝提供风险保障，保费由县财政补贴 50%，农户自缴 50%。引导金融机构加大对灵芝产业的信贷投放，为种植户和企业提供低息贷款，助力产业升级。山东冠县的润昌农商银行推出"灵芝贷"，为辖区内灵芝种植、加工、经销户提供资金支持。截至 2023 年 5 月，"灵芝贷"累计授信 230 户、3 614 万元，用信 191 户、2 315 万元。农发行冠县支行在山东冠县投放 6 400 万元农发基础设施基金，并获批 4 亿元农业科技固定资产贷款，用于支持灵芝高端加工大健康产业集群项目建设。邮储银行冠县支行推出"灵芝极速贷""灵芝产业贷"等产品，2022 年以来累计发放"灵芝贷"6 000 万元，支持农户 150 余户；2023 年为冠县店子镇靖当铺某灵芝种植大户成功放款 100 万元农担贷款。广东的平远农商行与广东省农业融资担保有限责任公司合作，为上举镇八社村的村民发放"灵芝贷"30 万元，解决了种植户的融资难题。此外，政策性金融机构还推出了针对灵芝产业的专项贷款产品，进一步缓解了企业的融资难题。

二、灵芝产业发展存在的问题与挑战

（一）产业发展存在的主要问题

1. 产业技术发展滞后。 在灵芝种业方面，品种创新能力不足，缺乏具有自主知识产权的新品种，导致品种同质化严重，这使得市场竞争愈发激烈且陷入低水平的同质化竞争怪圈，众多产品因缺乏独特卖点而难以在价格上占据优势，利润空间不断被挤压。由于缺乏特色品种，难以满足高端市场以及特定医药、保健等领域对于高品质、差异化灵芝原料的需求，致使产业附加值难以有效提升，长期局限于中低端市场徘徊，阻碍了产业向高质量、高附加值方向的转型升级。在种植技术方面，虽然部分产区采用了现代化种植技术，但整体上，生产技术仍较为传统，自动化、智能化水平有待提高，这限制了生产效率的提升和成本的降低。

2. 生产和市场波动风险大。 灵芝生产受自然因素影响较大，抗风险能力较弱。一旦遭遇不良气候或病虫害，同质化品种极易引发大面积损失，对整个产业造成巨大冲击。此外，市场需求的不稳定性导致价格波动，影响了农户和企业的收益稳定性，增加了产业发展的不确定性。

3. 产业结构与市场需求不匹配。 灵芝产业的产品结构单一，难以满足市场多样化、个性化的需求。同时，产业链条较短，附加值较低的产品占比过大，而高附加值的产品开发不足，限制了产业的整体竞争力。这种不匹配不仅影响了产业的盈利能力，还阻碍了产业的可持续发展。

4. 产业竞争力与国际先进水平存在差距。 灵芝产业在产品质量、品牌影响力、市场占有率等方面与国际先进水平相比仍有较大差距。部分企业规模小，缺乏竞争力，难以形成规模效应，进一步限制了产业的发展潜力。同时，产业品牌建设滞后，导致产品在市场上的辨识度和竞争力不足，难以实现优质优价，影响了产业的整体形象和盈利能力。

（二）产业发展面临的外部挑战

1. 气候条件的不可预测性成为灵芝产业的首要难题。 全球气候变化导致极端天气事件频发，如异常高温、干旱、洪涝等，这些极端天气直接影响了灵芝的生长周期、产量和品质。灵芝作为一种对生长环境要求极高的药材，其产量和药效极易受到气候条件的影响，从而增加了产业的不确定性和风险。

2. 资源禀赋的限制对灵芝产业的可持续发展构成严峻挑战。随着灵芝种植面积的扩大，适宜种植的土地资源日益紧张，同时，优质灵芝原料的获取成本也在不断上升。这不仅增加了灵芝产业的生产成本，还限制了产业的扩张速度和规模，对产业的长期稳定发展构成威胁。

3. 绿色发展要求的提高对灵芝产业提出了更高要求。在灵芝种植环节，化肥和农药的过度使用会导致土壤和水源污染；在加工环节，不当的废水处理和废弃物排放会对环境造成破坏。随着国家对环保和可持续发展的重视，灵芝产业在种植、加工等环节需要更加注重绿色生产，减少对环境的影响。然而，这往往需要企业增加环保投入，提高生产成本，对灵芝产业的转型升级和竞争力提升带来了巨大压力。

4. 国际市场的竞争和不确定性也对灵芝产业构成威胁。全球供应链的不稳定性和地缘政治冲突可能导致灵芝原料的进口和产品的出口受到影响，增加了国际贸易的风险。同时，国际市场上灵芝产品的竞争也愈发激烈，给灵芝产业的国际竞争力提出了更高要求。

三、灵芝产业发展趋势与前景展望

（一）短期趋势与前景

从短期来看（2024—2025 年），在生产领域，灵芝种植面积与产量预计将持续稳健增长，伴随着市场需求的小幅上扬，产量增长率将稳定在 5%～10% 的区间。种业发展将成为短期内的焦点，通过品种改良和选育，灵芝的产量和品质有望得到显著提升。在加工流通环节，灵芝加工技术将不断进步，产品种类将更加多元化，加工转化率有望得到实质性提高。同时，线上线下融合的销售模式将成为主流，流通渠道将进一步拓宽。消费市场上，随着消费者健康意识的日益增强，灵芝保健品和提取物市场将展现出快速增长的态势。在进出口方面，尽管国际市场存在不确定性，但灵芝产品的出口量预计仍将保持增长，只是增速可能会有所波动。全产业链产值效益方面，产业链产值将逐年攀升，为农民增收带来显著效果，但同时也需要密切关注生产成本上升可能对收益造成的影响。此外，政府将继续出台相关政策，特别是在技术研发和品牌建设方面给予灵芝产业更大的扶持力度。

（二）中长期趋势与前景

从中长期来看（2026—2035 年），灵芝产业将迎来更加深远的发展变革。在生产技术方面，智能化、信息化种植技术的广泛应用将大幅提升生产效率，使产量和品质的稳定性得到显著增强。在加工技术领域，灵芝深加工技术将取得突破性进展，新产品研发能力将大幅提升，产业链条将进一步延伸。消费市场上，灵芝产品将更加细分化、个性化、定制化产品将成为新的消费趋势，满足消费者日益多样化的需求。在进出口方面，灵芝产业在国际市场的竞争力将不断提升，出口市场份额有望进一步扩大，为产业发展注入新的动力。全产业链产值效益方面，产业链将更加完善，产值和效益将实现跨越式增长，为灵芝产业的可持续发展奠定坚实基础。此外，政策层面将更加注重产业的可持续发展，绿色发展成为产业升级的重要方向，推动灵芝产业向更加环保、高效、可持续的方向发展。

（三）未来产业发展需关注的问题

1. 种业创新与知识产权保护是产业发展的基石。 由于灵芝品种的优劣直接关系到产品的质量和市场竞争力，加强品种创新，培育具有自主知识产权的新品种，防止品种退化和同质化竞争，是未来灵芝产业发展的首要任务。同时，知识产权保护也是确保创新成果得到有效利用和转化的重要保障。

2. 生产成本控制是灵芝产业长期面临的问题。 随着土地、水资源等生产要素价格的上涨，以及在灵芝种植环节，减少化肥和农药的使用，保护土壤和水源免受污染，在加工环节，废水处理、废弃物排放以及节能减排等方面环保要求的提高，使灵芝生产成本不断攀升，对产业的竞争力构成了严峻挑战。因此，如何降低生产成本，提高资源利用效率，成为灵芝产业需要长期关注和解决的关键问题。

3. 市场风险防范也是灵芝产业发展不可忽视的一环。 国际市场的不确定性和国内市场的波动性，使得灵芝产品的价格和销售面临较大风险。因此，加强市场风险预警和应对机制，提高产业的抗风险能力，是保障灵芝产业稳定发展的重要举措。

4. 产业政策调整也是灵芝产业发展过程中需要关注的重要问题。 随着产业发展阶段的变化和市场环境的变化，产业政策需要适时调整，以适应新的发展需求，为灵芝产业的持续健康发展提供有力保障。

（四）对策措施与政策建议

1. 加强种业创新与知识产权保护是提升灵芝产业竞争力的关键。 政府应加大对灵芝种业科研的投入，鼓励企业、高校和科研机构合作，共同开展品种改良和新品种选育工作。同时，建立健全知识产权保护体系，加强对灵芝新品种的专利保护，防止品种退化和同质化竞争，保障创新者的合法权益。

2. 降低生产成本、提高资源利用效率是灵芝产业可持续发展的必然要求。 政府应出台相关政策，引导企业采用先进的种植技术和设备，提高灵芝的产量和品质。同时，鼓励企业开展资源循环利用和节能减排工作，降低生产成本，减少对环境的污染。此外，政府还可以通过提供财政补贴、税收减免等优惠政策，支持企业降低生产成本，提高市场竞争力。

3. 加强市场风险防范。 政府应建立健全市场风险预警和应对机制，加强对国内外市场的监测和分析，及时发布市场信息，为企业提供决策支持。同时，鼓励企业开展多元化经营和市场开拓工作，降低对单一市场的依赖，提高抗风险能力。

4. 针对可持续发展安全风险，政府应加强对灵芝产业的环保监管，推动绿色生产和资源循环利用。 制定严格的环保标准和排放标准，加强对灵芝种植、加工等环节的环保监管，确保产业在发展过程中不对环境造成污染。同时，鼓励企业采用环保技术和设备，提高资源利用效率，减少资源浪费。

5. 产业政策调整是适应产业发展需求、推动产业升级的重要保障。 政府应根据产业发展阶段和市场环境的变化，适时调整产业政策，为灵芝产业的持续健康发展提供有力保障。例如，加大对灵芝产业的财政投入和税收优惠力度，支持企业开展技术创新和品牌建设；加强行业自律和监管，规范市场秩序，防止不正当竞争和恶性竞争；推动灵芝产业与其他产业的融合发展，拓展产业链条，提高产业附加值。

报告撰写人：

冯　杰　上海市农业科学院食用菌研究所　　　副研究员
张劲松　上海市农业科学院食用菌研究所　　　研究员
张蔚娜　中国食用菌协会药用真菌委员会　　　秘书长
于　晨　中国食用菌协会市场流通专业委员会　秘书长

人参产业发展报告

人参为五加科人参属多年生草本植物，药食同源，是东北三宝之首，素有"百草之王"的美誉。在现代医学体系下，以人参或人参皂苷为原料的药品有798种，应用于内科、外科、妇科等各科临床。同时，作为出口额最大的中药材品类，人参在我国中药材产业中举足轻重，为促进经济发展、全民健康、中药材安全以及参农致富和乡村振兴做出鲜明贡献，为弘扬我国中医药特色健康资源打造传承载体。

2022年全国人参种植面积3.4万公顷，产量10.5万吨，吉林省为国内第一人参大省，2023年全省参业综合产值达到708.5亿元，位居中药材领域前列，是我国东北山区重要的支柱产业。尽管我国鲜参产量常年占据世界产量的80%～90%，但精深加工技术工艺落后，产品附加值低，导致价格低廉、高端市场占有不足。近年来，政府有关部门频繁出台指导政策，监管、扶持和引导我国人参产业高质量发展，围绕规范化人参种植和高精尖产品研发，发挥特色资源优势，打造人参产业特色集群。预计，我国人参生产实现量质齐升与布局优化，消费市场规模持续扩大且国际市场竞争力提升，进出口贸易在竞争与机遇中稳步发展。未来，我国人参产业发展将面临良种匮乏、种植用地不足和产品结构失衡等方面的挑战和风险。

一、人参产业发展现状

（一）生产

1. 人参育种工作稳步推进。目前，我国已育成产量高、品质好、适应性强的优良人参品种26个：吉参1号、吉林黄果参、宝泉山人参、福星1号、集美、康美1号、汉参1号、新开河1号、福星2号、百泉人参1号和益盛汉参2号等；未审定但申请新品种保护的5个（表1）。其中，康美1号是我国第1个适合非林地种植的人参新品种，该品种的育成打开了我国非林地栽培人参育种的先河，被吉林省政府列为非林地栽参主推品种；大地1号适应性强，适种于我国人参主产区，平均单产和优质参率比对照显著提升；汉参1号产种量大，为非林地人参种源供给提供稳定支撑。作为我国人参主产区的主推品种，2023年康美1号、大地1号和汉参1号的种植面积分别为446.7、360和253.3公顷。

表 1 我国人参新品种审定与保护情况

品种名称	选育单位	审定年份	备案保护情况
吉参 1 号	中国农业科学院特产研究所	1998	
吉林黄果人参	中国农业科学院特产研究所	1998	
宝泉山人参	吉林炳华中药开发（集团）有限公司	2002	
老棒槌	吉林省长白山山参有限公司	2005	
集美	吉林中森药业有限公司	2009	
福星 1 号	抚松县参王植保有限责任公司	2009	
康美 1 号	集安大地参业有限公司	2012	已保护
新开河 1 号	康美新开河（吉林）药业有限公司	2013	
汉参 1 号	集安益盛汉参科技有限公司	2013	已保护
福星 2 号	抚松县参王植保有限责任公司	2014	
百泉山人参 1 号	通化百泉参业集团股份有限公司	2014	
中农皇封参	长白山皇封参业股份有限公司	2016	
新开河 2 号	康美新开河（吉林）药业有限公司	2016	
边条 1 号	吉林联元生物科技有限公司	2016	
中大林下参	中国农业科学院特产研究所	2016	已申请
实科人参 1 号	盛实百草药业有限公司 中国中医学科学院中药研究所	2020	
中盛农参 1 号	中国中医学科学院中药研究所 盛实百草药业有限公司	2020	
炳华 1 号	吉林炳华中药开发（集团）有限公司	2021	
福星牛	抚松县参王植保有限责任公司	2021	已保护
大地 1 号	集安大地参业有限公司	2021	
紫鑫人参 2 号	吉林紫鑫药业股份有限公司	2021	
福星鹰	吉林参博士福星种苗有限公司	2022	已保护
延参 1 号	延边特色产业发展中心	2022	
吉农红优 1 号	吉林农业大学	2023	
延丰 1 号	吉林参博士福星种苗有限公司	2023	
益盛汉参 2 号	吉林省益盛汉参生物科技有限公司	2023	已保护
福星燕	吉林参博士福星种苗有限公司	—	已保护
福星球	吉林参博士福星种苗有限公司	—	已保护
福星 3 号	吉林参博士福星种苗有限公司	—	已申请
福岐龙	吉林参博士福星种苗有限公司	—	已保护
延丰 2 号	吉林延参农业科技有限公司	—	已申请

数据来源：中国种子协会、中国种业大数据平台。

2. 人参种植区域相对集中，产量逐年增长。 吉林、辽宁和黑龙江三省是我国人参主产地，山东省有小片区域种植。以大田种植、林业采伐迹地种植和仿野生种植为主要的栽培模式。2021 年我国人参种植面积为 3.3 万公顷，2022 年为 3.4 万公顷，同比增加 3.03％。总产量逐年提升，2022 年达到 10.5 万吨，同比增长 16.67％（图 1）。2023 年黑龙江和吉林两省种植面积和产量之和分别是 3.3 万公顷和 9.1 万吨（辽宁省数据暂未公布）。黑龙江省人参种植规模扩张迅速，2021 年种植面积 2 万公顷，同比增长 106.72％，产量 4.3 万吨，微弱领先吉林省 0.1 万吨，2022 年种植面积 1.92 万公顷，略有下降，但产量再创新高，达 5.8 万吨，占全国总产量的 59.04％，2023 年吉林省种植面积迎头赶上，产量差距缩小（图 2）。

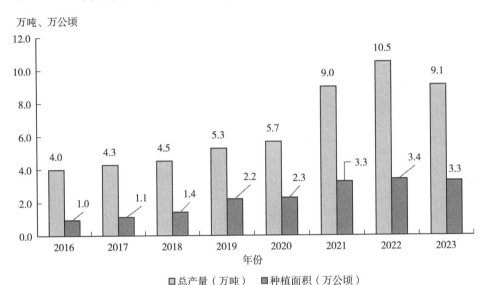

图 1　2016—2023 年我国人参总产量和总种植面积

数据来源：辽宁、吉林和黑龙江统计年鉴。

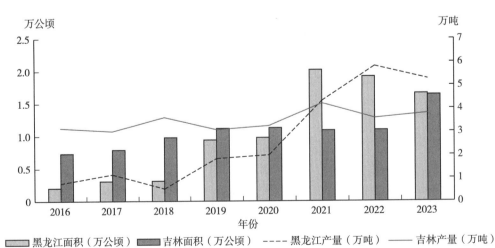

图 2　2016—2023 年吉林省和黑龙江省人参总产量和总种植面积对比

数据来源：吉林和黑龙江统计年鉴。

（二）加工流通

1. 人参精深加工品类繁多。 人参主要加工产品有原料型初加工产品（红参、生晒参、大力参、保鲜参等）、人参保健品、日用化工品（人参洗面奶、人参面膜、人参香皂等）、药品、人参食品等。据调查，截至 2023 年年底，人参食品、保健品达 1 500 余种，主要包括：固体饮料、液体饮料类：动物＋人参饮品、植物人参＋饮品和发酵人参饮品；糖果类：水果糖、软糖等；人参类：纯粉、冻干粉；片类：脆片、人参泡腾片、凝胶片；茶类：红参茶、白参茶；蜜制类：人参蜜、蜜片、罐头；酒类：红酒、白酒、发酵酒等。药品 798 种，包括：煎膏剂（膏滋）、注射剂、胶囊剂、片剂、搽剂、原料药、口服液、丸剂等多种形式。

2. 人参企业空间布局集中，大型企业数量稍显不足。 据调查，截至 2023 年年底，规模以上的人参种植或加工企业共有 144 家，其中微型企业 90 家，占比 62.5%，大型企业仅有 6 家，占比 4%。吉林和辽宁为人参生产大省，共有 117 家注册企业，占比 81.25%。吉林最多，为 90 家，其中微型、小型、中型和大型企业分别为 55、21、10 和 4 家（图 3）。主要经营范围涉及人参种植、收购、销售；保健食品、口服液剂、硬胶囊剂生产、销售；食品、饮料制造、销售；进出口业务；中成药、中药材、中药饮片、化学药制剂、化学原料药、抗生素批发、零售；中药饮片加工（净制、蒸制、切制）等。

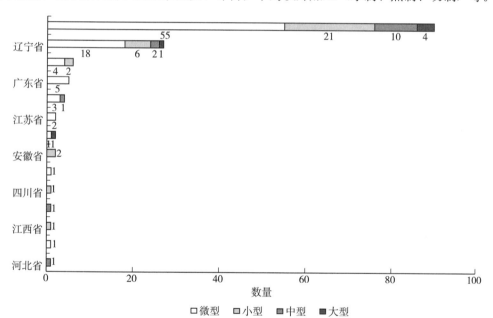

图 3 我国规模以上人参企业的数量与分布

数据来源：国家企业信用信息公示系统，天眼查。

3. 加工转化率逐年提升。 "十三五"期间，吉林省在集安、抚松、靖宇、通化、延吉等地先后建立人参产业园区 10 个，其中国家级产业园 2 个，省级产业园 7 个，市（州）级产业园 1 个。着力提升人参精深加工能力，据统计，人参加工转化率逐年提升，2015—2020 年分别是 8%、10.5%、11.1%、15.5%、16.5% 和 21.3%（图 4）。

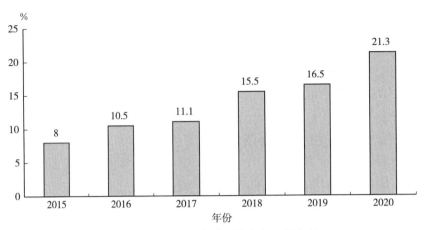

图 4　2015—2020 年我国人参加工转化率

4. 线上线下双轨驱动，拓宽人参交易渠道。 抚松万良、通化快大、集安清河三大人参交易市场不断完善，有效拓展人参交易渠道，每年通过三大人参交易市场交易的原材料在全国人参原材料交易总量中占比 90％左右。其中，万良人参市场是全国唯一的国家级专业人参交易市场，也是全球最大的国家级人参交易专业市场，全国 80％的人参在此交易。2023 年，万良人参市场鲜参交易量为 3.28 万吨，鲜参总交易额为 27.4 亿元，干货交易额为 42 亿元。另外，"互联网＋"的人参销售模式快速发展，实现"长白山人参"品牌产品的全网域运营，打通人参产品产销的通道，直播带货、社群营销以及短视频宣传推广等工作全面推进。

（三）消费

1. 消费用途多样。 人参为药食同源植物，既可以作为食品和保健品食用，也可以作为药材使用。随着国内经济水平的提升，消费者对人参需求量持续提高，2023 年我国人参需求量达 9 万吨，鲜人参市场规模增至 90 亿元，其主要用途包括投资、自用、保存和馈赠。

2. 消费人群及购买行为。 据不完全统计，2023 年，人参产品消费者中女性（50.66％）略多于男性（49.34％），年龄集中在 36～45 岁（44.93％）和 46～55 岁（33.04％）两个年龄段，受教育程度集中在大学本科/专科（45.81％）与高中/中专/职高（39.65％）两个阶段，职业集中在政府机关或事业单位工作人员（42.29％）与企业或公司雇员（27.31％），家庭收入集中在 10 万～20 万元（48.46％）。消费者购买人参产品的主要方式多样化，涵盖超市、集市和网购；每月购买人参产品的次数集中在 1～2 次（64.32％），购买人参产品的类型排在第一位的是鲜参与干参（35.24％），排在第二位的是人参浓缩液、人参含片（29.96％），排在第三位的是人参切片、人参茶（20.70％）。

（四）进出口

1. 2023 年人参进出口量均有所增加。 由于人参等中药材在新冠肺炎病情缓解和病症治疗方面有显著作用，引发中医药康养热潮，国内人参市场进一步扩张，2019—

2022 年，我国每年的人参出口总量都在减少，进口总量增加。据海关总署统计，2023 年，我国人参出口总量 1 679.4 吨，同比增长 12.85%，出口金额 0.7 亿美元，同比增长 8.04%；进口总量 90.7 吨，同比增长 8.92%，进口金额 0.3 亿美元，同比减少 13.70%（图 5）。我国人参主要出口国家和地区主要为日本（56.12%）、中国台湾（17.78%）、中国香港（9.33%）、德国（4.20%）、马来西亚（3.92%）、（图 6）。

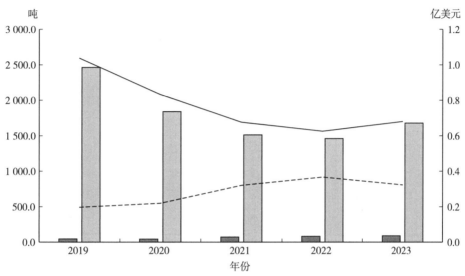

图 5　2019—2023 年我国人参进出口贸易总数

数据来源：海关总署。

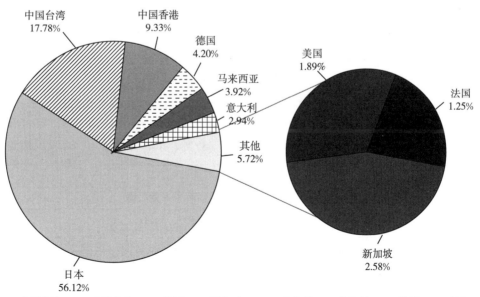

图 6　2023 年我国人参主要出口国家和地区

数据来源：海关总署。

2. 与韩国存在巨大贸易逆差。 2020、2021 和 2023 年我国人参全部进口自韩国，2019 和 2022 年也有 99.99% 的人参进口自韩国。近 5 年我国与韩国的贸易逆差分别为 1 971.8 万、2 182.2 万、3 177.1 万、3 641.1 万和 3 209.8 万美元，始终维持高位（图 7）。尤其需要主意的是，韩国从我国进口的绝大部分为附加值低的鲜参，向我国出口的全部为附加值高的干参，一定程度上表明我国在人参精深加工产品的研制与推广方面有很大提升空间。

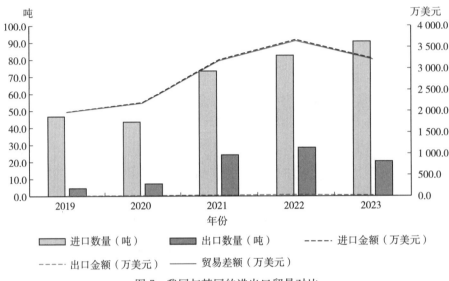

图 7　我国与韩国的进出口贸易对比
数据来源：海关总署。

（五）全产业链效益

1. 人参产地的定价权重小，受买方市场影响波动巨大。 以万良市场为例，鲜参价格每千克从 40 元到 80 元不等，其中箱货价格高于统货，种子直播方式种植的四年生人参价格最低，移栽的四年生人参价格稍高，移栽的五年六年生人参价格更高，单挑单选价格最高。虽然万良市场交易量占全国的 80%，但定价权并不在当地，受买方市场波动的影响巨大，尤其是形体优美和便于加工的人参，极易被经销商哄抬价格。

2. 吉林省为国内第一人参大省， 2023 年全省参业综合产值达到 708.5 亿元，比上年增长 10.3%，一二三产占比分别为 17.82%、34.55% 和 47.63%（表 2），基本形成了一产稳、二产强、三产活的格局。

表 2　2015—2023 年吉林省人参产值

年份	产值（亿元）			
	一产	二产	三产	合计
2015	54.10	280.70	126.00	460.80
2016	57.30	310.70	137.00	505.00
2017	75.10	329.30	146.00	550.30
2018	59.10	333.50	159.50	552.20
2019	52.60	241.50	232.80	526.80

（续）

年份	产值（亿元）			
	一产	二产	三产	合计
2020	59.40	272.50	238.80	570.70
2021	81.31	271.00	248.20	600.50
2022	149.10	215.80	277.70	642.50
2023	126.25	244.79	337.46	708.50

（六）产业政策

2022 年 9 月，国家林业和草原局、农业农村部等六部门共同下发《关于支持吉林人参产业高质量发展的意见》，要求吉林省认真总结吉林人参在促进经济发展、全民健康、中药材安全以及参农致富和乡村振兴等多个方面发挥的独特作用，更好发挥中医药特色和比较优势，促进以吉林人参为代表的我国中医药特色健康资源传承发展。《意见》从科学改进人参种植模式、加强人参种质资源保护、推进人参纳入保健食品原料目录、扩大人参申请新食品原料范围、建立高品质人参等级标准和加快推进国家级人参科研平台建设六个方面提出具体要求。明确支持建立完善的林下参专属性鉴定及等级标准、支持国家重大科技专项、培育建设人参等中药有效成分发掘与资源利用相关的国家重点实验室、集聚优势科研力量解决制约人参种植加工应用和产业发展的关键科学技术问题等。

吉林省委、省政府高度重视人参产业发展，先后出台了《吉林省长白山人参产业发展"十四五"规划》《关于加快推进全省人参产业高质量发展的实施意见》等政策文件，吉林省人大常委会颁布了《吉林省人参产业条例》，吉林省政协将人参种质资源保护作为全国政协重点提案。吉林省先后创建了集安、抚松两个国家级人参产业园区，集中培育创建"长白山人参"产业集群。2021 年，吉林省人参全产业链总产值突破 600 亿元，领跑全省乡村特色产业发展，2023 年总产值突破 700 亿元，成为东部山区产业兴旺的重要标志。

二、人参产业发展存在的问题与挑战

（一）产业发展存在的主要问题

1. 人参连作障碍制约人参产业发展。人参连作障碍是人参种植中的一个严重问题，主要表现为出苗率低、生长受阻、病害高发，进而导致产量和品质下降。其主要原因包括老参地土壤中病原微生物增多、土壤理化性质劣变以及化感作用等，其中化感自毒作用被认为是主要原因之一。老参地中化感物质主要来源于人参果实、根系残余和根系分泌物，通过影响基因表达、细胞活性氧代谢等生物过程抑制人参生长发育，降低产量和品质。但目前暂无有效措施防止或减少根系残余和根系分泌物产生，只能通过换土、养地等高成本手段改良土壤性能。

2. 产品结构不合理、品牌影响力不足。我国人参产业在产品结构和品牌方面存在诸多问题，制约了产业的进一步发展。产品结构不合理，低附加值产品泛滥：多数人参加工企业缺乏专项技术人才，对高精尖、高附加值产品生产技术的研究能力不足，导致国内人参生产以低附加值产品为主，如人参休闲食品、复合型饮料、餐饮食品等，产品同质化严重，缺乏市场竞争力。高附加值产品稀缺：在医药研发、功能性食品开发等领域，虽然人参有一定应用，但整体占比偏低，且产品质量和科技含量有待提高。企业对品牌战略宣传重视不够，营销模式单一，未能充分展示人参的独特药理作用和丰富营养价值，导致品牌知名度和市场影响力较低，难以与国际品牌竞争。

3. 我国育成人参品种多而不优，高度依赖进口。据统计，截至 2023 年年底，世界人参品种共有 74 个（中国 26 个，韩国 46 个，日本 2 个）。我国人参品种以高产品种居多，占品种总数的 77%，优质、抗病、耐逆等品种仅占 23%。韩国高产人参品种约占 37%，具有优质、抗病、耐逆等特性的品种占 63%。与韩国相比，我国人参品种抗病、耐逆性较差（平均保苗率为 55%，比韩国品种低 25%），且皂苷含量不稳定（同一年生同一地块不同单株之间，总皂苷含量最高差异可达 10 倍，单体皂苷最高相差 105 倍）。目前，我国登记的 26 个人参品种在生产中应用较少，国内人参种子市场占比不足 10%，韩国人参品种占比达到 70% 以上。

（二）产业发展面临的挑战

1. 人参种植用地用种短缺。随着国家相关林业政策的出台和环保督察力度的加大，吉林省已经明确禁止利用采伐迹地种植人参，林地种参将萎缩，采伐迹地种植人参优势将成为历史；老参地重复利用问题还没有破解，非林地种参技术尚未成熟，且缺少优良的非林地人参品种，截至 2023 年年底，我国已经审定人参品种 26 个，其中，林地品种 15 个，都是适合采伐迹地种植的品种，非林地品种研发和驯化需要漫长的过程，优良品种短缺直接影响人参生产。基本农田非粮化红线不能突破，未来吉林省人参产业因林地和土地资源的限制以及优良品种的缺乏而面临挑战。

2. 国际竞争力不足。人参生产企业多为初级加工企业，缺乏具有高科技含量的精深加工拳头产品，产品研发多以模仿为主，缺少产品核心竞争力，韩国出口的人参多是红参或红参深加工品，2022 年前三季度，韩国向近 40 个国家出口人参 193 吨，出口额 5 280 万美元（FOB 统计），平均出口单价 273 美元/千克，是我国当前红参价格的约 7 倍。

3. 人参制品审批和多年生林下参出口严格。2012 年，国家同意 5 年及 5 年以下人参进入新资源食品名录，但吉林省的人参初加工产品，如生晒参和红参等产品，不能办理食品生产许可证（SC），仅能以农产品或土特产品销售。而人参的保健品申报时间长、条件严、手续多，一般审批时间超过 3 年，不利于人参产品的开发和上市。截至 2023 年年底，我国林下参面积超过 86 710 公顷，其中参龄在 15 年以上的林下参面积约占 30%，未来发展潜力和市场优势巨大。林下参既不能入食也不能名"参"入药的问题，成为直接影响林下参快速发展的制约因素。

三、人参产业发展趋势与前景展望

(一) 产业发展趋势与前景展望

随着科技的不断进步和人们健康意识的日益提高,我国人参产业在未来将呈现出蓬勃发展的趋势,市场前景极为广阔。以下将围绕生产、加工流通、消费等重要方面进行定量化预测分析。

1. 生产。一是产量稳步增长。在政策支持和市场需求的双重驱动下,人参种植技术将持续创新,如优良品种的选育、规范化种植模式的推广以及生态种植理念的深入贯彻,推动人参单产水平不断提高,预计未来 5 年我国人参产量有望在种植面积保持平稳的情况下每年新增 1 万吨。到 2028 年,全国人参总产量有望突破 14 万吨,为产业发展提供坚实的原料保障。二是产业布局优化调整。人参种植区域将进一步向生态环境适宜、产业基础良好的地区集中,形成规模化、专业化种植基地。吉林、黑龙江、辽宁等传统产区将借助科技创新和产业升级,巩固其在人参种植领域的主导地位,不断提升人参品质。同时,新兴产区在政策引导和技术支持下,有望实现跨越式发展,丰富人参产业的地域布局,促进产业协同发展。

2. 加工流通。一是精深加工产品占比显著提升。随着消费者对人参产品品质和功效的要求日益提高,人参精深加工产业将迎来快速发展期。预计未来 3~5 年,精深加工产品在人参产品市场中的占比将从目前的 30% 左右提升至 50% 以上。人参保健品、化妆品、药品等高端产品的市场份额将逐年扩大,加工工艺和技术水平不断创新,产品附加值大幅增加。例如,人参皂苷等活性成分的提取技术将更加成熟高效,推动相关产品的研发和生产,满足不同消费群体的个性化需求。二是产业融合加速推进。人参产业将与旅游、文化、健康服务等产业深度融合,形成多元化的产业发展格局。以人参种植基地为依托,打造集观光、体验、养生为一体的人参文化旅游项目,预计每年吸引游客数量将以 15%~20% 的速度增长,带动相关旅游收入持续增加。同时,人参产业与互联网技术的融合将进一步深化,电商平台成为人参产品销售的重要渠道,线上销售额有望保持每年 10% 的高速增长,推动人参产业流通效率大幅提升,拓展市场空间。

3. 消费。一是国内市场需求持续旺盛。在人口老龄化加剧、居民健康消费意识不断提升以及中医药文化传承发展的背景下,人参作为传统滋补佳品和中药材,国内市场需求将持续增长。预计未来 5 年,我国人参产品国内市场销售额将保持每年 10%~15% 的增长率,到 2028 年,市场规模有望突破 1 500 亿元。人参产品将从传统的礼品消费向日常养生保健消费转变,消费群体不断扩大,涵盖中老年人、亚健康人群、年轻养生爱好者等不同群体,消费场景更加多样化,如家庭日常保健、职场养生、社交礼品等。二是国际市场潜力巨大。随着中医药国际化进程的加速,人参作为我国传统中药材的代表,国际市场认可度逐步提高。预计未来 10 年,我国人参产品出口额将以每年 5% 的速度增长,出口市场将进一步拓展至欧美、东南亚、中东等地区。通过加强国际合作与交流,推动人参产品质量标准与国际接轨,提升我国人参品牌在国际市场的知名度和竞争力，人参有望成为我国在国际医药和保健品市场上的一张亮丽名片。

4. 产业政策。 一是政策支持力度不断加大。政府将继续加大对人参产业的扶持力度，出台一系列鼓励政策，涵盖种植、加工、研发、市场推广等各个环节。例如，加大对人参种植基地建设的资金投入和技术支持，鼓励企业开展人参深加工技术创新和产品研发，加强对人参产业品牌建设的引导和扶持等。预计未来 5 年，政府对人参产业的专项扶持资金将逐年增加，年增长率不低于 5%，为产业发展创造良好的政策环境。二是质量监管体系持续完善。为保障人参产品质量安全，提升产业整体形象，政府将进一步完善人参产业质量监管体系，加快落实"一参一码"信息基础建设，加强对人参种植、加工、流通等环节的全过程监管。制定更加严格的人参产品质量标准和规范，加大对假冒伪劣产品的打击力度，确保市场上人参产品的质量和安全。通过质量监管体系的不断完善，推动人参产业向标准化、规范化、可持续方向发展，增强消费者对人参产品的信任度。

（二）未来产业发展需要引起关注的几个问题

尽管我国人参产业发展势头强劲，但在高质量发展的过程中仍需直面以下核心问题：

1. 人参种源完全自主、可控尚未真正实现。 人参种质资源是产业发展的基础，但目前我国人参种源的研发与保护体系尚不完善，部分依赖国外引进，种质退化和病虫害防控能力不足等问题较为突出。未来需加强人参品种的分子育种研究，通过新兴的生物育种技术选育优质品种，以保障产业稳定和可持续发展。

2. 人参临床应用开发不足，药效分子机制研究有待深入。 人参虽有广泛的药用价值，但其在现代临床应用中的开发程度仍较低。药效作用的分子机制未得到系统解析，难以形成以科学证据为基础的应用规范。未来需加强多学科交叉研究，结合基因组学、代谢组学和系统生物学技术深入解析人参活性成分的作用机制，为推动其在慢性病、免疫调节等领域的精准医疗应用奠定基础。

3. 人参资源优势转化与高附加值产品开发遇瓶颈。 虽然我国是全球最大的人参生产国，但资源优势尚未完全转化为经济优势。传统粗加工产品占比较大，高附加值产品如功能性食品、药妆和精准治疗药物的研发与产业化亟待加强。未来需要整合产学研资源，构建从基础研究到终端产品的全链条创新体系，同时推动加工技术升级和品牌国际化战略。

4. 国内市场开发不足与中医药康养理念普及滞后。 当前国内人参市场的开发力度有限，中医药康养理念尚未被充分接受。消费者对人参产品的认知仍停留在传统中药层面，忽略了其潜在的滋补和健康管理价值。未来需通过政策引导和宣传普及，加强人参文化与健康管理理念的推广，特别是在年轻人群和城市群体中提高认知度。此外，政府可支持建设人参康养示范基地，将中医药文化和人参产业结合，进一步释放国内市场潜力。

（三）对策措施与政策建议

1. 加强政策扶持与资金保障。 政府应制定专项政策支持人参产业发展，从种质资源保护、技术研发到市场推广提供全方位支持。设立专项资金，用于推动人参产业链延伸和高附加值产品开发，并鼓励地方政府探索创新发展模式，如建立区域特色鲜明的产业集群，促进产业集聚效应。

2. 完善产业标准化与规范化体系。加快制定和完善人参种植、加工、销售等全产业链标准，推动人参质量管理体系的统一。建立行业规范和认证体系，例如绿色种植认证、有机产品认证和国际标准认证，提高产品的市场公信力和竞争力。

3. 强化产学研结合与人才培养。支持高校和科研机构设立人参专项研究课题，加强基础科学与应用研究的结合。推动企业与科研机构合作，共建技术创新中心和实验室，为产业提供技术支持。同时，加大人才培养力度，通过专项培训和产业引进吸引高端科技人才，形成稳定的创新人才梯队。

4. 提升人参文化传播与市场推广。通过举办人参文化节、展览会等形式传播人参文化，提高消费者对人参产品的认知度。利用新媒体渠道进行市场推广，加强对年轻消费群体的影响力。通过线上线下结合的方式，推广中医药康养理念，扩大国内外市场需求，为产业发展注入新活力。

报告撰写人：

张　浩	中国农业科学院特产研究所	研究员
陈晓林	吉林省参茸办公室	副主任
范琳琳	中国农业科学院特产研究所	副处长
李　政	中国农业科学院特产研究所	研究实习员

蚕桑产业发展报告

一、蚕桑产业发展现状

（一）生产

1. 传统蚕桑生产稳中有进。2023 年全国桑园面积 1 035.1 万亩，同比减少 4.1%，广西、四川、云南、陕西、重庆位居前五，云南、湖南、湖北 3 省桑园面积略有增加，蚕桑生产基地"东桑西移"成效明显。西部 8 省（自治区、直辖市）桑面积占比略微上涨 0.8%（表 1）。广东、江苏等经济发达地区下降较快，耕地管控政策趋严是一个重要原因。

表 1　2023 年全国蚕区生产情况统计

省份	桑园			蚕茧			蚕茧价格	
	面积（万亩）	增速（%）	占比（%）	产量（吨）	增速（%）	占比（%）	均价（元/千克）	增速（%）
广西	276.8	−3.9	26.7	461 400	5.6	60.7	54.52	15.3
四川	229.6	−2.1	22.2	86 449	3.5	11.6	56.06	13.3
云南	103.8	1.3	10.0	37 362	19.8	4.3	60.02	5.8
陕西	76.6	−6.4	7.4	13 580	−1.1	1.9	53.82	7.7
重庆	51.8	−6.3	5.0	12 953	14.8	1.6	49.76	10.6
安徽	38.8	−4.2	3.7	19 007	−5.0	2.8	56.00	7.7
湖北	34.7	0.9	3.4	13 548	13.0	1.7	55.14	3.8
贵州	30.8	0.0	3.0	6 930	0.0	1.0	42.00	0.0
山东	28.8	0.0	2.8	9 721	0.0	1.4	54.50	0.0
江苏	27.0	−16.9	2.6	21 309	4.7	2.8	58.36	7.0
浙江	25.4	−0.4	2.5	25 077	34.7	2.6	50.46	4.1
河南	23.2	0.0	2.2	6 327	−1.5	0.9	59.00	20.8
江西	21.2	0.0	2.0	8 580	4.0	1.1	48.01	9.3
黑龙江	18.0	0.0	1.7	639	0.0	0.1	52.00	0.0
广东	17.1	−28.8	1.7	22 847	−33.6	4.8	44.40	−25.8
湖南	16.5	1.2	1.6	3 510	3.5	0.5	53.98	18.7

（续）

省份	桑园			蚕茧			蚕茧价格	
	面积 （万亩）	增速 （%）	占比 （%）	产量 （吨）	增速 （%）	占比 （%）	均价 （元/千克）	增速 （%）
山西	4.7	0.0	0.5	1 306	0.0	0.2	34.38	0.0
甘肃	4.1	0.0	0.4	175	0.0	0.0	40.00	0.0
海南	3.3	0.0	0.3	932	0.0	0.1	38.40	0.0
河北	2.9	0.0	0.3	46	0.0	0.0	48.86	0.0
合计	1 035.1	−4.1	100.0	751 696	4.4	100.0	54.64	11.4

数据来源：中国丝绸协会刘文全等《数据报告：2023—2024 年中国茧丝绸行业经济运行分析及展望》，以桑园面积排序。

农民养蚕积极性上涨，2023 年发种量 1 792.26 万张，同比增长 3.86%。全国蚕茧产量 75.2 万吨，同比增长 4.4%，蚕茧产量排名前 3 位的广西、四川、云南，分别为 46.14 万吨、8.6 万吨、6.59 万吨，合计占比 80.39%。西部 8 省（自治区、直辖市）蚕茧产量占比从 2022 年的 83.8% 略升至 83.91%。东部地区（江苏、浙江、广东、山东、海南 5 省）的蚕茧产量占比止跌回升，由 2022 年的 9.74% 回升至 9.81%，扭转了自 2000 年以来连续 23 年下降的趋势，其中浙江贡献突出，蚕茧产量同比增加 34.7%。2023 年，全国柞蚕放养面积为 70.47 万亩，同比减少 0.4%；柞蚕茧产量为 9.54 万吨，同比减少 2.43%。其中，辽宁的柞蚕茧产量占比上升至 58.44%。

2. 产业集群建设已经启动。蚕桑产业的规模化、集约化发展势头明显。目前，在营业的蚕桑经营主体总数为 6 676 家，其中蚕桑家庭农场 1 343 家、蚕桑专业合作社 2 965 家、蚕桑种养企业 2 368 家。2022 年获批建设的广西蚕桑产业集群，该产业集群区域涵盖河池市的宜州、金城江、东兰、都安、环江、罗城，以及百色市凌云县，共计 7 个县区，产业区域内有品种桑苗繁育、食用菌、白厂丝、蚕茧加工、丝绵等各生产链经营主体，有省级以上龙头企业 12 家，丝绸加工企业 93 家，合作社和家庭农场 193 家。河池市是全国蚕桑生产第一大市，桑园面积 93.14 万亩，蚕茧产量 13.98 万吨，分别占广西的 31.23%、37.13%。

3. 新品种新技术应用加速。2023 年，全国获批国家级蚕遗传资源基因库 3 个（重庆、镇江、辽宁），已经形成了完整的蚕品种育繁推体系，为有效保护和利用全球范围内规模最大的桑蚕种质资源库奠定了坚实基础。同时，涉及蚕桑的农业主推技术与主推品种得到了各地的高度重视（表 2）。

表 2　2023 年蚕桑农业主推技术与主推品种

发布部门	农业主推品种	数量	农业主推技术	数量
农业农村部		0	家蚕微粒子病全程防控技术	1
广西	桂桑 6 号 桂蚕 8 号	2	小蚕人工饲料共育技术 亚热带蚕桑优质高产高效种养配套技术	2

（续）

发布部门	农业主推品种	数量	农业主推技术	数量
四川		0	桑叶绿茶加工关键技术 桑饲料化利用栽培技术 蚕种催青环境智能化控制技术 大蚕轨道式升降蚕台高效轻简饲育技术	4
浙江	强桑1号 秋华×平30 中2016×日2016 农科5号	4	小蚕工厂化饲育技术 大蚕条桑省力化饲养技术 桑树病虫害绿色防控技术	3
广东	粤桑120 粤椹74 粤椹大十 粤蚕8号 粤蚕黄茧1号	5	果桑高效种植管理技术 多元化桑基鱼塘模式与生产技术 脱水桑叶菜生产技术 菜桑高效种植管理技术 速冻桑芽菜生产技术 饲料桑种植加工综合技术 家蚕微粒子病全程防控技术 热带亚热带丝茧蚕育病综合防治技术 蚕蛹呈味基料制备技术 蚕沙消毒堆肥一体化技术	10
贵州	贵蚕4号	1	喀斯特地区蚕桑绿色高效优质蚕茧生产技术	1
云南		0	桑蚕大蚕大棚省力化饲育技术	1

数据来源：农业农村部门官方网站。

蚕品种先后完成了5次更新换代，各省域形成了独具地方特色的蚕桑品种体系。就蚕品种而言，广西、广东以"两广二号"为主。四川则根据养蚕季节和区域不同分别选用川山×蜀水、781×7532等蚕品种。浙江选育的专养雄蚕品种秋华×平30，广泛用于优质茧丝生产。2023年，国家和地方均有家蚕品种通过审定或认定，如云蚕11号、锦绣3号、皖蚕6号等5个品种通过国家品种审定，豫英×春明、豫芸×星载、菁优×皓优3个蚕品种通过河南省审定，川饲1号、川嘉1号、0833×0816等3个蚕品种通过四川省审定。适应性较好的菁松×皓月在全国主要蚕区均有应用。优质茧丝品种、专养雄蚕品种、人工饲料摄食性优异品种以及茧色特异等品种成为品种选育和推广的亮点。

各地也根据本地气候和地理条件，选育推广了多个桑品种。如广西有桂桑优12和桂桑优62等杂交桑品种，广东采用抗青枯病的桑品种粤桑120，四川除本地选育的川799、川826等品种，还广泛引进了强桑1号、农桑14、育711等桑品种，而这3个品种也在全国广泛使用。多用途的桑树品种选育也获得重大进展，川茶桑1号、川茶桑2号、川茶桑3号、金桑1号等4个桑树品种通过四川省级认定，粤菜桑7号、粤椹123通过广东省审定。

4. 蚕种生产调节难度增加。我国蚕种生产质量较好。全国蚕种质量监督抽查结果显示，2023年蚕种实用孵化率高达99.30%，远远超过了90%的行业质量标准。中国蚕学会蚕种分会调查显示，2023年全国仍保留名称的蚕种场有100多家，实际生产蚕种的单位仅70余家，其中年产10万张以上规模的蚕种生产单位不到20家，其蚕种产量约占全国蚕种总产量的90%。部分蚕种场实际开工不足，蚕种生产量总体呈现下降趋势，导致部分地区蚕种供应紧张。蚕种生产基地有萎缩势头，客观上有土地管控因素和农药中毒影响。2023年蚕种生产量1 343.21万张，同比增加31.02万张，增幅2.36%。目前，广西、四川、云南、山东蚕种生产量均超过130万张，占全国蚕种生产量的79.35%。由于农药中毒和极端气候影响制种，2023年即浸蚕种使用量增加，挤压越年蚕种生产能力，导致今后的蚕种可能更多地采用即制即用方式，蚕种调节困难。

（二）加工流通

1. 丝绸加工量减效增。蚕桑产业的主要产品是蚕茧，通过缫丝织绸等工序加工为生丝产品，进入纺织服装产业链。广西、江苏、浙江、四川、云南的生丝产量居全国前五位，浙江凯喜雅、江苏富安、四川南丝路、四川天虹、四川安泰等公司在高品质生丝生产方面优势突出。在织绸领域，浙江、四川、江苏、广西、安徽是织绸产量前五位的主要产地，占比超过70%，浙江印染占比达到80%。而服装制造等终端输出产品相对分散、品牌众多，浙江、江苏两地丝绸品牌更为集中。据国家统计局数据，与2022年相比，2023年全国规模以上企业蚕丝产量下降9.85%，但主营业务收入增长9.01%，利润增长40.81%。缫丝加工、丝织加工、丝印染企业营业收入均有增加。生丝制品中，绸缎产量保持稳定，但蚕丝产量明显下降，蚕丝被产量也有所下降。

2. 食品加工多元发展。生产蚕茧之余，还伴随大量的蚕桑资源产生，这些资源的食品化利用使其发展成为产业新业态。在这一新兴领域中，四川尚好桑茶生产规模最大，依托茶桑示范基地1.3万亩、辐射带动6.5万亩。2023年已经建成投产桑叶茶、桑叶粉、桑果饮料、桑食品、冻干果蔬等产品生产线，开发了桑叶茶、桑叶粉、桑叶食品等6大品类上百个系列产品。四川省德昌县和盐边县是全国最大的桑葚产区。德昌以鲜桑葚销售为主，兼有冷冻桑葚加工，桑葚奶昔是冷饮的爆款产品。2023年德昌桑果产量13.2万吨，其中鲜销9.24万吨，冷冻加工3.96万吨。盐边以鲜果榨汁和桑果干生产为主，有宝桑园、四喜等龙头公司，2023年生产桑葚11.8万吨，生产桑果干1.1万吨，桑葚汁8 000吨，还有桑葚酒、果脯、果糕等产品。桑枝食用菌是消耗桑树枝条的有效手段，目前已经筛选多个食用菌种类用于生产。四川宁南县和武胜县均建立了规范化的桑枝食用菌产业化企业，2023年宁南县以"龙头企业集中生产＋分户养护"的模式生产菌包500万棒，桑枝菌产量达到3 000吨。其余产地均有一定探索，规模都不大，但合力推动了桑枝替代食用菌原料进程。桑黄也成为桑枝食用菌的新宠，但产量极少。

3. 药品加工渐成规模。僵蚕是一种重要的中药材。在四川南充、资阳等地率先开展僵蚕规模化饲养。其中位于四川乐至的德仁源农业科技有限公司是目前国内第一家规范化规模生产药用僵蚕的专业企业，年产200吨左右。与此同时，桑枝生物总碱药物获批生产，桑枝切片成为一种重要的药材原料，但目前尚未有生产数量统计，估计每年消耗桑枝超过 1 000 吨。

（三）消费

1. 丝绸产品消费回暖。丝绸相关产品以内销为主的销售格局已经形成。2023 年内销比例提高到 70%。据商务部监测，2023 年全国 50 家丝绸样本企业销售额为 37.29 亿元，同比增长 13.20%。从分类产品销售情况来看，真丝绸缎和家纺产品是消费主渠道，真丝绸缎占比 35.84%，同比增长 13.33 个百分点，家纺产品占比 39.89%，同比降低 4.5 个百分点。真丝服装、真丝服饰和其他丝绸产品销售额合计占比 24.26%。中国丝绸协会对 121 家茧丝绸企业的调查报告显示，2023 年有 14.05% 的企业内销金额同比实现大幅增长，35.54% 的企业实现小幅增长，32.23% 的企业与上年持平。线上销售模式推动国内丝绸消费回暖。网上消费新中式服饰订单量同比增长 195%。马面裙、汉服、宋锦外套、香云纱服饰订单量分别增长了 8.4 倍、3.4 倍、2.3 倍、1.1 倍，呈现出消费新趋势。

2. 蚕丝被消费增长明显。截至 2023 年年底，全国蚕丝被产量虽然有所下降，但仍高达 1 600 万条，市场规模达 220 亿元。江苏、浙江、山东、陕西、广东、重庆、辽宁和广西等 8 省份是蚕丝被的主要产区。罗莱生活、水星家纺、富安娜、梦洁股份、太湖雪是蚕丝被的主要生产者。江浙两省生产企业数量占据了全国总数的 62% 以上，其产量占比 51%，浙江省桐乡市洲泉镇与江苏省苏州市吴江区震泽镇是最主要的蚕丝被生产集群基地。2023 年我国蚕丝被的营业收入增长 8%，其中头部企业的平均增长率为 30%～50%，成为行业发展的中坚力量。

消费主要集中在人口密集、经济发达的浙江、江苏、广东、北京、上海等地区。蚕丝被出口目的地主要在北美洲和亚洲，占蚕丝被出口量的 41% 和 29%。定制化生产、发展线上线下融合销售等新的经营模式，电商销售规模占比已达到 63% 左右，满足了消费者日益多样化的需求。中国纺织品商业协会发布的《中国蚕丝被市场调研报告（2023）》显示：购买和使用蚕丝被的人群以中等收入的中年人群为主。30～45 岁的年龄段人群对蚕丝被的购买热情最为高涨，占比达到 30%。零售平均价格集中在 1 000～2 000 元的价格段之间，占比达到了 30%，反映了蚕丝被产品的市场定位，也代表了当前消费者对蚕丝被产品所能接受的主要心理价位。

3. 多元化消费转型。绿色健康消费理念和"立桑为业，多元发展"的发展理念，推动了蚕桑资源产品的消费需求升级。桑果、桑叶茶、桑枝食用菌、桑黄、蚕蛹以及蚕丝面膜等多元化产品不断面世，种类和数量都有增加。基于科技赋能，在桑枝食用菌、桑果饮料、桑叶食品、蚕蛹蚕蛾功能食品、桑叶预制菜等领域均取得了突破性进展。桑枝提取 DNJ（1-脱氧野尻霉素）、蚕丝硬盘、蚕丝骨钉等生物医药材料研发亮点纷呈。

蚕桑饲料功能研发取得进展，桑叶提取物可改善黑斑蛙肝脏、肠道功能。硫酸化桑叶低聚糖添加到饲料中用于水产养殖，可促进大口黑鲈生长，提高饲料利用率、抗氧化能力、脂质代谢、免疫功能和提高对病毒感染的抵抗力。桑叶提取物养殖鳜鱼技术、蚕蛹发酵产鲜味物质技术、预调理蚕蛹食品油炸工厂化生产技术等新技术，促进了蚕桑资源的高效利用。

4. 文化消费预热。 蚕桑产业具有悠久的历史文化沉淀，各地依托当地蚕桑丝绸文化底蕴，"产业＋文化"的文化消费升级模式正在助力蚕桑产业未来发展。丝绸文化、时尚、科技、绿色等元素推动"丝绸＋"为战略主线的旅游、会展融合发展，催生了如"丝绸＋旅游"、"丝绸＋文化创意"、蚕桑文化旅游、蚕茧科普基地、丝绸小镇等运作模式，丰富游客的旅游体验，在提升企业自身品牌知名度的同时，极大拓展了产业链辐射范围。江苏吴江震泽镇，打造特色丝绸文化研学之旅，提升"震泽蚕丝"的品牌影响力。南充依托六合工业遗产，打造六合丝绸博览园，入选文化和旅游部公布的"2023 年国家工业旅游示范基地名单"。湖州桑基鱼塘系统、四川高坪蚕桑文化系统等中国重要农业文化遗产项目推动传统蚕丝产业创新发展。与丝绸相关的各种传统技艺陆续被列入中国国家级非物质文化遗产代表性项目名录，丝绸传承人及传统丝绸技艺越发受到社会各界的关注。

（四）进出口

1. 传统丝绸出口。 中国茧、丝和坯绸的产量均占世界总量 60% 以上，但出口形势不容乐观。据海关总署统计，2023 年全国真丝绸商品出口金额 14.97 亿美元，同比下降 11.63%，而同期国内纺织服装出口下降 8.1%。出口额占纺织品服装出口额的 0.50%。丝类产品、真丝绸缎、丝绸制成品出口占比分别为 28.69%、25.78% 和 45.39%。三大类商品出口金额均有所下滑。

出口额前五的国家和地区分别为欧盟 27 国 43 001.79 万美元、美国 27 264.26 万美元、印度 13 238.64 万美元、日本 9 227.86 万美元、中国香港 7 021.59 万美元，分别占比 28.73%、18.21%、8.84%、6.16% 和 4.69%。从出口单价上看，仅丝类产品出口单价上涨 3.11%。从浙江、江苏、广东、上海、山东等东部沿海省市出口的总金额超过 12.18 亿美元，占总额的 81.21%。

2. 传统丝绸商品进口。 根据海关总署数据，2023 年丝绸商品进口额 3.28 亿美元，同比减少 10.19%，其中，丝类产品进口额 6 441.56 万美元，同比减少 2.53%；丝绸制成品进口额 24 532.68 万美元，同比减少 13.15%；真丝绸缎进口额 1 827.16 万美元，同比增加 9.55%。丝类产品、真丝绸缎、丝绸制成品进口占比分别为 19.64%、5.57% 和 74.79%。相比之下，我国真丝绸出口以原料和半成品为主，进口以制成品为主。

3. 蚕种及其他进口。 目前，我国蚕种有出口无进口，但具体数据不详，部分蚕种在非洲等地使用难以通过海关数据获悉。山东是我国蚕种出口主要基地，估计占全国出口蚕种的 80% 左右。海关总署数据显示：2023 年用于缫丝的蚕茧，广西、山东、云南主要从缅甸、印度尼西亚和塔吉克斯坦进口 4.7 万千克，金额 392.8 万美元。浙江和广西从越南进口了 6 546 千克桑蚕土丝，金额 11.7 万美元，浙江从乌兹别克斯坦进口了桑蚕厂丝 6 039 千克，总金额 78.8 万美元。黑龙江、广东、陕西从朝鲜进口其他生丝 47.1 万千克，总金额 440.7 万美元。

（五）全产业链效益

1. 蚕茧价格持续上涨。 2023 年鲜茧收购均价为 55.46 元/千克，同比涨 14.52％，其中春茧收购均价为 54.14 元/千克，同比涨 21.86％，夏秋茧收购均价为 56.46 元/千克，同比涨 9.62％。全年收购均价，春茧、夏秋茧均价，均创历史新高。蚕农单张蚕种茧款收入增加 300～500 元。2023 年全国桑蚕茧产值 423.1 亿元，同比增长 19.7％，创历史新高。2023 年 1 月 2 日干茧（品级≥3A 级，出丝率≥32％，解舒率≥60％）基准价为 14.5 万元/吨，年底 12 月 29 日为 16.14 万元/吨，最高价格为 12 月初的 16.4 万元/吨。干茧价格明显上涨，蚕茧加工企业茧丝价格倒挂风险加大。

2. 生丝价格继续走高。 2023 年，4A 级生丝价格从年初的 43.4 万元/吨波动上涨至 12 月底的 48.9 万元/吨，较年初上涨 12.7％，10 月中旬最高达 50.1 万元/吨，超过疫情前正常年份的价格水平，接近历史最高丝价水平。从市场指数来看，也有同样的趋势。2023 年 5 月，中国茧丝绸交易市场与南充合作发布"南充绸缎价格指数"，20230522—20230526 周期，指数为 100.43，到年底 20231225—20231229 周期，指数上升到 105.55。同期的高品质生丝指数从 4 913.59 上涨到 5 417.91。据国家统计局数据，2023 年全国 540 家规模以上丝绸企业营业收入同比增长 9.01％，缫丝加工、丝织加工、丝印染加工营业收入增加。中国丝绸协会对全国 121 家茧丝绸企业的调查报告显示，2023 年各类丝绸工业产品产量与 2022 年相比，4.68％的企业增产 20％以上，11.98％的企业增产 10％左右，23.97％的企业与上年持平。茧丝价格上涨导致成本压力加大，产业运行仍然承压。

3. 蚕蛹销售按质论价。 蚕蛹是蚕茧加工过程中的重要副产物，其应用领域广泛，可用于食用、饲料以及提取蚕蛹油等。我国现产柞蚕茧的约 80％用于削口食蛹，而不是缫丝织绸。鲜蛹市场一直供不应求，仅能基本满足东北市场。蛹价持续上涨带动茧价上涨，2023 年全国柞蚕蛹价格为 76.22 元/千克，同比上涨 11.53％。柞蚕茧价格为 59.7 元/千克，同比上涨 9.74％。柞蚕茧和柞蚕蛹价格，均创历史新高。

（六）产业政策

2023 年全国蚕桑产业区域化的总体格局保持稳定。云南大姚、云南隆阳、广西上思、重庆黔江、广西都安等地出台蚕桑产业高质量发展意见，从新建桑园、小蚕共育室、标准蚕房、无害化蚕沙池以及村集体经济项目等方面给予财政资金补助。陕西汉中推出 4 个蚕桑丝绸项目参与招商，招商总额 3.9 亿元，涉及蚕桑产业园、桑叶超微粉、桑叶叶绿素以及高档丝绸服装项目。各地为鼓励蚕桑产业发展，采用多种金融支持措施扶持蚕桑产业发展。安徽金寨 2023 年开展蚕茧目标价格保险试点，全年共计理赔 160.88 万元，稳定了蚕农和蚕桑产业发展信心。农发行等金融机构也通过贷款授信、随用随贷等方式为产业发展提供周转资金。针对产业发展季节性强、资金需要量大等特点，采用茧站联保贷款、干茧质押贷款等方式，满足发展资金需求。

蚕桑产业积极践行土地保护政策和大食物观。饲料桑在 2023 年被农业农村部畜牧兽医局列入粮改饲收储使用。此外，部分地方资助桑园间套作等，发展桑果饮料、桑叶茶、桑果汁等产品，形成产业发展新业态。通过标准制定和修订，推动产业标准化发展进程，也提升了相关产品质量。2023 年 8 月，全国丝绸标准审定会审议通过《柞蚕水缫丝》《领带丝织物》《丝绸书》等国家标准（送审稿）以及《机制蚕丝绵片》行业标准，以及《桑蚕茧丝绸产品碳足迹规则第 1 部分：核算要求与规范》《蜀绘》团体标准。江西省制定的《桑叶绿茶加工技术流程》《桑螟虫情监测与防治技术规程》等地方标准也公布实施。

蚕桑产业是我国的传统优势特色产业，具有特殊的历史文化地位。目前我国蚕桑产业位居世界第一，蚕桑产业在滇桂黔石漠化地区、大小凉山彝区、乌蒙山区、滇西边境山区、武陵山区、秦巴山区等连片地区巩固乡村振兴成效上发挥了重要作用。2023 年，蚕桑产业依然保持稳步发展，全国桑园面积 1 035.1 万亩，蚕茧产量 75.2 万吨，丝绸品消费回暖，蚕丝被消费增长明显，蚕桑产业见效快、比较效益较高的优势仍在。预计未来蚕桑产业保持稳定，但土地红线叠加劳动力紧张因素，导致蚕桑设施配套困难，农药中毒以及蚕种供应趋紧成为制约产业发展的重要因素。

二、蚕桑产业发展存在的问题与挑战

（一）产业发展存在的主要问题

1. 生产发展易受限。受严格的耕地保护政策影响，蚕茧生产连片发展受限制，也限制了养蚕大棚等设施用地配套。其他特色农业产业发展不仅与蚕桑产业形成用地竞争，还威胁产业安全稳定发展，农药中毒导致养蚕事故多发。此外，工业污染对产业发展的威胁范围也在不断扩大。随着极端气候事件的频发，强化蚕桑基础设施的建设与提升变得尤为迫切。

2. 劳动力与人才缺乏。当前，养蚕劳动力正面临严重的老龄化问题，主力军多为 50 岁以上群体，后继乏人影响产业持续发展。同时，各地蚕桑服务机构大量裁撤并转，而新型技术服务体系尚未建立，技术人才青黄不接的局面可能将长期存在。丝绸成品领域专业人才相对短缺，在以中国风为主的设计需求方面，仍需进一步对接和融合。

3. 产业装备不强。不同于其他规模化养殖，蚕桑规模化养殖受限于采桑、给桑、消毒等环节限制，导致难以实现完全机械化作业。尽管人工饲料养蚕技术近年来取得了显著进展，但其配套技术体系距离实用化仍有较长距离。在自动化生产方面，自动缫丝技术基本实现全国普及，但各省市之间的应用水平并不均衡。特别是自动缫丝机提花龙头等关键零部件仍与国外同类产品有一定差距。此外，全产业链条的信息交互系统技术应用仍然处于起步阶段，产业机器人的应用场景仍有待拓宽。

4. 全产业链规划不足。行业内缺少综合实力强的旗舰企业，全产业链全局规划不足。持续上升的蚕茧价格影响产业持续稳定发展，企业降低生产成本的压力加大。抢购蚕茧造成蚕茧收购市场秩序失序，影响生产企业投资建设蚕桑生产基地的积极性，长远来看会导致蚕茧质量下降，也对蚕农增收不利。

（二）产业发展面临的外部挑战

国际政策环境对蚕桑产业发展仍将呈现一定压力。欧美对进口自中国的丝绸产品，采取倾向性产业政策，将长期影响丝绸产品出口，对蚕桑产业的国内国际双循环格局影响将持续存在。短期内要正确面对国际国内经济形势变化对丝绸产品消费能力的影响，长期上要重视丝绸产品特性需求的消费理念回归。

三、蚕桑产业发展趋势与前景展望

（一）发展趋势展望

1. 我国将长期保持世界第一的产业地位。 我国凭借气候条件适宜蚕桑生产和具有传统的资源禀赋优势，在较长时期内保持世界第一地位的趋势是明确的，我国的蚕种生产量和发种量保持在 1 200 万～1 300 万张，蚕种出口 100 万张左右。尽管面临土地政策和劳动力紧张的双重挤压，但生产规模化仍然是基地建设的重点，桑园面积维持在 1 000 万亩，这是蚕桑产业发展不可或缺的重要资源。蚕茧产量维持在 75 万吨，粮桑统筹发展是稳定全国蚕桑生产规模的主要思路。

2. 蚕桑产业比较经济效益长期向好。 蚕桑产业比较效益较好，主要基于每年多次收入以及单位土地面积收益较高，且蚕茧可以就地初加工，运输和存储压力较小。西部欠发达地区增收渠道较少，蚕桑生产仍然是增收的优先选择之一。优质蚕茧将长期处于较为紧缺的状态，生产基础较好的蚕区应提高能缫 6A 级以上的比例，预计优质鲜茧价格长期稳定在 55 元/千克以上，价格长期保持上行态势。

3. 蚕种供给是产业未来发展的重要限制因素。 长期以来，我国在蚕种生产领域一直保持着较为充足的生产能力。然而，近年来蚕种生产单位逐渐减少，对极端气候应对能力不足，原种生产基地面临其他农业产业竞争和规模化生产带来的农药中毒威胁，导致蚕种保持 1 200 万张的生产有较大压力。部分地区生产的蚕种缺乏法定检验检疫，线上销售蚕种影响蚕种孵化问题没有得到足够重视，蚕种质量控制存在安全隐患。蚕种生产的特殊性需要蚕种调节机制来减缓蚕种生产单位的生存压力。蚕种销售上随意加量造成蚕种定量标准形同虚设，对蚕农量桑养蚕不利，蚕种市场急需规范，蚕种供给是将来产业发展的重要限制因素。

（二）对策措施与政策建议

1. 坚持高端引领，编制"十五五"蚕桑产业发展规划。 以特色产业融合发展思路为主线，推动编制"十五五"蚕桑产业高质量发展规划。适度的集中连片规划蚕桑产业发展区域是今后政策保障的重点。统筹各种产业资源，引导新业态发展成新型产业，注重贯彻落实大食物观，推动粮改饲替代战略，维护粮食安全，同时挖掘产业内部生产潜力，在稳定桑园面积的基础上，提高桑园单位面积产出。同时关注蚕桑资源的食品化、药品化进程。

2. 推动种业创新，全力提升蚕种生产能力。 继续加大种质资源创制力度，拓展特色蚕桑育种资源，并逐渐规范化开展种质资源收集、鉴定、评价等工作。加大特殊性状蚕品种的选育力度，同步开展人工饲料饲育品种的相关研究。组建品种育繁推联盟，研发品种配套技术，提高优质蚕品种繁育系数。同时加强蚕种生产单位技改力度，划定蚕种生产安全区域，提升蚕种生产能力。

3. 坚持集成创新，重点提升现代装备水平。以提高桑园水肥一体化水平、"四情"监控为重心，全面提升桑园管理水平。机械化应用需要重点突破土地的集约利用限制和突破劳动力紧张的限制。继续以小蚕共育为重点，技术上以延长到 4 龄起蚕为目标，以新品种、新技术、新装备为抓手，集成优质蚕茧高产技术、病蚕害数据监测技术。以蔟具改良为重点，提高蚕茧质量。同时，加大蚕桑生产全程机械化推广力度，重点增加养殖自动化设备和桑园智能采摘机械的配置，推动蚕桑产业向现代化、智能化转型升级。

4. 维护市场秩序，着力提升优质蚕茧产量。对于优质蚕茧基地，要本着"谁建设、谁受益"的原则进行蚕茧收购市场秩序维护。以标准化生产提升集约化生产水平，以科技成果转化提高蚕茧质量。加强对蚕桑食品、饮品质量标准的制定和应用，维护食品安全。加强蚕桑资源药用化引导，保障药材原料质量和安全。对采用病死蚕生产伪劣僵蚕的行为，开展联合执法予以严厉打击。

5. 发展新型业态，多元拓展资源综合利用。以提升产业综合效益为目标，贯彻大食物观理念，推动蚕桑产业资源综合利用和多业态发展，重点提升桑果标准化生产水平，扩大桑果干、冷冻桑葚规模，研发更多有一定市场前景的爆款饮品。同时，积极开发富有特色的蚕桑食品，如利用蚕蛾资源，探索蚕蛾高蛋白食品、蚕蛾保健品等新型产品的开发与推广。在技术支撑、政策保障、市场营销等方面，推动桑枝食用菌、僵蚕、桑茶、桑葚等养生食品形成更大规模产业。

6. 优化产业技术支撑体系。依托地方科研院所人才优势和政策支持，加速推动产业技术研发和成果转化。在现代装备及其配套技术、蚕桑品种研发时，要注重应对极端气候和农药中毒对蚕桑产业的影响。为此，应尽快建立以规模化、省力化、机械化为主要特征的新型养蚕技术体系。专业技术人员不足的问题成为制约蚕桑产业长远发展的关键因素，政府购买产业技术服务、组建蚕桑专家工作站，是蚕桑科技成果应用、推动助农增收的重要手段。规模化蚕桑生产基地的保障需要构建新型的蚕桑产业技术服务体系。加快蚕桑产业全产业链发展战略研究，建议成立中国蚕桑产业发展战略研究院，开展全产业链发展规划研究，统筹产业发展措施保障，为蚕桑产业的可持续发展提供坚实的战略支撑。

报告撰写人：

陈义安　四川省农业科学院蚕业研究所（四川省农业科学院特种经济动植物研究所）科技信息研究中心主任，《四川蚕业》主编　副研究员

刘　刚　四川省农业科学院蚕业研究所（四川省农业科学院特种经济动植物研究所）所长　研究员

郭耀辉　四川省农业科学院农业信息与农村经济研究所农经中心主任　高级农艺师

青学刚　四川省农业科学院蚕业研究所（四川省农业科学院特种经济动植物研究

所）蚕疫病防控与健康养殖研究中心主任　研究员

王琳璐　四川省农业科学院蚕业研究所（四川省农业科学院特种经济动植物研究所）蚕疫病防控与健康养殖研究中心　助理研究员

王晓芬　四川省农业科学院蚕业研究所（四川省农业科学院特种经济动植物研究所）蚕桑试验示范中心主任　副研究员

甘蔗产业发展报告

甘蔗是我国重要的热区作物，主要分为糖料蔗和果蔗两个大类，其中，糖料蔗是食糖的主要原料，果蔗主要用于鲜食、榨汁和加工红糖，是一种重要的水果。我国是世界第四大食糖生产国和第二大食糖消费国，食糖在国民经济中占有重要的地位，我国的食糖约90%是甘蔗糖，甘蔗产业的健康平稳发展是我国食糖生产的基石，是国家食糖供给安全的保障。2023年甘蔗种植面积为1 579.88万亩，同比略减18.25万亩，其中糖料蔗1 496.88万亩；甘蔗总产量为8 945.20万吨，同比大幅增加1 179.78万吨，其中糖料蔗8 115.20万吨，加工糖料蔗7 303.68万吨，生产食糖894.05万吨。预计未来将较长时间继续维持种植面积稳定或略增的发展趋势，单产和质量稳步提升。因此，当前甘蔗产业发展的首要问题是保证种植面积的稳定，并实现单产的稳定与提升，以保障糖料蔗的供应和我国食糖自给需求，同时，引导果蔗种植面积保持合理水平，以免种植过多导致果蔗销售困难及种植果蔗出现严重亏损。

一、甘蔗产业发展现状

（一）生产现状

1. 甘蔗种植分布。我国甘蔗种植区域主要集中在广西、云南、广东和海南4省区，在四川、重庆、湖南、浙江、江西、福建等省市有少量种植且以果蔗为主。2023年我国甘蔗种植面积为1 579.88万亩，同比略减18.25万亩，其中糖料蔗1 496.88万亩；甘蔗总产量为8 945.20万吨，同比大幅增产1 179.78万吨，其中糖料蔗8 115.20万吨，加工糖料蔗7 303.68万吨，生产食糖894.05万吨。广西是我国甘蔗种植面积最多的省区，2023年甘蔗种植面积为1 071.23万亩，占比67.80%，甘蔗总产量为6 036.56万吨，其中，糖料蔗总产量5 686.56万吨，加工糖料蔗5 117.90万吨，生产食糖618.14万吨。种植面积第二的云南省，2023年种植甘蔗面积为329.81万亩，甘蔗总产量为1 771.04万吨，加工糖料蔗1 544.44万吨，生产食糖205.94万吨，产糖量占全国的23.03%。广东是我国第三大甘蔗生产省份，2023年种植面积为136.30万亩，面积占比为8.63%，甘蔗总产量为837.37万亩，加工糖料蔗586.38万吨，生产食糖56.27万吨。海南是第四大甘蔗生产省份，2023年甘蔗种植面积为18.52万亩，甘蔗总产量为52.17万吨，加工糖料蔗46.95万吨，生产食糖5.40万吨。"十三五"以来广西壮族自治区和云南省已被国家发展改革委和农业农村部列为全国糖料主产区，划定有糖料蔗生产保护区共计 1 500 万亩。

2. 甘蔗品种种植情况。2023 年，我国糖料蔗种植品种达 155 个，果蔗品种相对较少，主栽品种不足 10 个。糖料蔗品种虽然较多，但种植面积在 2 万亩以上的仅有 29 个品种，其合计种植面积占比达 98.13%，而面积占比超 1% 的品种仅有 11 个，合计占比为 89.10%，品种集中度较高。2023 年种植面积排前的品种依次为桂柳 05－136、桂糖 42 号、桂糖 44 号、云蔗 08－1609、粤糖 93－159、云蔗 05－51、粤糖 00－236、桂糖 49 号。"十三五"以来，我国加快了自育品种的选育和推广步伐，以国家糖料产业技术体系为依托，全国甘蔗科研单位联合攻关，成功育成了以桂糖 42 号、桂糖 44 号、桂柳 05－136、云蔗 08－1609 和云蔗 05－51 等为代表的新一代甘蔗新品种。2023 年，新一代甘蔗新品种种植面积达 1 380 余万亩，占比 83.60%，新一轮品种换代使我国甘蔗单产从 4.60 吨/亩提高到 5.42 吨/亩，甘蔗蔗糖分从 13.4% 提高到 14.6%，甘蔗单产和蔗糖分均达到世界先进水平。

3. 甘蔗绿色高效生产技术及生产机械化情况。近年来，依托国家糖料产业技术体系，各相关单位积极投入研发和推广，以全膜覆盖、水肥一体化、控缓释肥深施、低铲蔸延长宿根年限、病虫害绿色综合防控、蔗叶粉碎还田等轻简高效技术为代表的绿色高效生产技术在蔗区得到广泛应用，为我国甘蔗生产的高产稳产、提质降本增效做出了重要贡献。2023 年，我国糖料蔗平均单产达到 5.42 吨/亩，创历史新高。

过去几年，我国积极研究和推进甘蔗生产全程机械化，形成了以桂中南平缓蔗区中大型机械化应用模式、滇西南丘陵蔗区中小型机械化应用模式、粤西中大型全程机械化生产模式为代表的不同区域生产机械化模式。目前，我国甘蔗生产的耕、种、管、收四个环节，耕和管基本实现生产机械化，但机种和机收占比依然较低，2023 年，我国甘蔗机种比例大约为 25%，而机收按入榨量算，占比仅 4.03%。在继续积极推进联合式机收的同时，重点推行适合丘陵坡地的甘蔗分步式机收模式，制定发布了《丘陵坡地甘蔗机械化收获技术规程》（T/CATEA 005—2023）、《甘蔗分步式机收技术规程》（T/CATEA 004—2023），有力促进了坡地甘蔗分步式机收快速增长，2023/2024 年榨季，212 条分步式机收线（广西 96 条、云南 116 条）建成并投入应用，从实践结果来看：在云南蔗区实施效果最好，2023 年云南甘蔗机收入榨量占比为 8.61%，同比提高了 2.61 个百分点，其中分步式机收占比为 4.33%，略高于联合机收的 4.29%。调查分析显示，分步式机收的综合优势显著，特别适宜坡度较大的旱坡地和小地块作业，通过设备升级和管理优化，分步式机收有望成为我国占比达 75% 的坡地甘蔗的主要收获方式。

（二）加工流通

甘蔗分为糖料蔗和果蔗两大类，其加工和流通模式也完全不同。糖料蔗加工的主产品是食糖，具体产品类型以白砂糖占绝对多数，其占比超九成，其余的食糖产品主要包括红糖、赤砂糖、绵白糖等，更多的小众糖产品则是用白砂糖作为原料的二次加工产品。果蔗少量用于生产红糖，大部分用于鲜榨饮料或直接作为水果食用。糖料蔗加工的副产物主要包括蔗渣、糖蜜和滤泥。蔗渣多数用于发电和造纸，同时用于生产可降解餐具、低聚糖、纳米纤维素、碳量子点和活性炭等新型高值化产品；糖蜜可生产酒精、酵母、饲料和肥料；滤泥主要用于生产复混肥，同时在滤泥高腐质化肥料、水产饲料应用研究方面取得了突破性进展。

当前，糖料蔗加工以传统工艺技术为主，我国多以亚硫酸法、一步法直接生产成品白砂糖，仅有1家制糖企业采用二步法，即先生产原糖，再用原糖加工成白砂糖等其他糖产品。同时，基于甘蔗汁膜物理澄清为核心的甘蔗资源多元高值化利用技术，初步构建了生产高品质红糖、甘蔗植物水、甘蔗饮料、糖浆、甘蔗醋、甘蔗啤酒、朗姆酒、化妆品及多甘烷醇等产品的一体多元化产业结构，初步实现了医用糖等高端产品的国产化，开启了我国多元化的大健康甘蔗产业时代。

由于需要确保原料新鲜、降低原料运输成本等因素，糖料蔗的加工以就地就近为原则，糖厂均建设在蔗区，一般糖厂离主要糖料蔗种植区域的距离不超过30公里，少量的糖料蔗运输距离会超过100公里。2023/2024年榨季，全国有154家甘蔗制糖企业（含机制红糖生产企业7家）开工生产，其中广西74家、云南53家、广东22家、海南5家。

糖料蔗的产品主要是白砂糖，生产后，除少量存放在糖厂仓库外，大部分会在生产后运送至物流更为便捷的大中城市或主要消费市场所在地仓库存储。而果蔗则是砍收后直接运输至消费地，由于果蔗一般在初冬后才成熟和砍收，此时我国大部分区域气温已经较低，所以，基本不采用冷链方式而是直接通过普通车辆运输即可。

（三）消费

消费以白砂糖为主，除少量作为调味品直接食用外，大部分用于食品加工原料，其消费大户是饮料、饼干零食等行业。白砂糖还是更多糖产品，例如冰糖、冰片糖、糖焦以及种类繁多的特色糖制品的原料，同时，也有少量白砂糖用于非食品生产，而红糖、绵白糖等产品主要作为调味品直接食用。我国年产各类食糖总量在1 000万吨左右，而消费总量约为1 520万吨，需求缺口在35%左右，我国的食糖是不能完全实现自给的。

我国果蔗年产量约830万吨，少量用于红糖生产，绝大部分运往全国各地，直接用于榨汁饮料或作为水果食用。

（四）进出口

全球主要出口的食糖为甘蔗糖，2023年全球食糖出口量约6 431.6万吨，全球食糖出口超七成集中在巴西、印度、泰国和澳大利亚。我国食糖长期依靠进口来弥补产需缺口，仅有少量成品糖出口，2023年我国食糖进口量为397.3万吨，同比减少24.7%，主要以配额内进口为主，进口来源主要是巴西、泰国等国家，其中从巴西进口335.2万吨，占比达84.4%，同年出口成品糖20.5万吨，同比基本持平。

（五）全产业链效益

2023年，全国甘蔗种植收入总计583.13亿元，其中糖料蔗销售收入为433.73亿元，果蔗销售收入约为149.40亿元。全国糖料蔗平均收购价为534.48元/吨，较上榨季的501.76元/吨，上涨32.72元/吨，涨幅6.52%。果蔗收购价格1 000～3 000元/

吨，平均价格约为 1 800 元/吨，收购价格较往年大幅提升，种植效益高。

2023 年甘蔗加工效益总计约为 319.71 亿元，其中生产食糖效益为 156.34 亿元、蔗渣效益折算为 36.81 亿元、糖蜜效益折算为 49.87 亿元、滤泥效益折算为约 76.69 亿元。

甘蔗产业在自身产出巨大效益的同时，带动肥料、农药等农资销售收入约 94.79 亿元，地租（大部分属于农民自留地，租金可计作农民收入）收入约 126.39 亿元，耕种管理及砍收甘蔗劳务收入约为 181.57 亿元，剔除地租等各项成本，2023 年糖料蔗种植每亩利润在 200～800 元不等，果蔗每亩利润在 5 000～20 000 元不等，甘蔗种植合计纯收益约为 157.84 亿元。

（六）产业政策

"十三五"以来，国家和糖料蔗主产区政府部门加强了对糖料产业的政策支持和资金扶持。2015 年，国家发展改革委和农业部发布了《糖料蔗主产区生产发展规划（2015—2020 年）》，在广西和云南划定了 1 500 万亩糖料蔗核心生产保护区，并明确了技术路线和组织保障措施等；2017 年，印发了《推进广西甘蔗生产全程机械化行动方案（2017—2020 年）》，明确了土地整治推进行动、机具研发供给行动、农机农艺融合推进行动、榨糖企业前处理工艺改造行动、重大技术推广行动等的具体建设内容和具体措施；2020 年，广西印发了《广西糖料蔗良种良法技术推广工作实施方案》，以补贴方式激励良种和良法技术推广，以实现"用 3 年时间，在全区范围内，通过开展糖料蔗良种良法技术推广，基本实现新植蔗脱毒、健康种苗全覆盖，亩产提高 20％以上，蔗糖分提高 0.5％～1％；机械化生产得到有效推广，高产高糖糖料蔗基地（以下简称"双高"基地）机收率达到 50％"的目标；2021 年，广西印发了《广西糖业发展"十四五"规划》，总体思路是在"十二五"做大、"十三五"做优的基础上，围绕"十四五"规划做强目标，进一步巩固糖业基础地位，积极服务和融入新发展格局，全面深化供给侧结构性改革，加快破解机械化收获难、产业利润空间小等发展瓶颈问题，不断深化糖业改革，扩大开放合作，强化政府引导与市场机制协同共治、政策支撑与企业自强双向发力，借助现代信息科技手段推动资源整合、产业延链、产品提质、产业集聚和产业融合发展，完善配套支持政策，营造良好发展环境，构建现代糖业发展新生态，全面提升广西糖业竞争力、品牌号召力和行业影响力，实现糖业高质量发展；2020 年，云南印发了《云南省 2020—2022 年糖料甘蔗良种良法技术推广补贴实施方案》，提出引导推广先进适用的糖料甘蔗脱毒、健康种苗，提高糖料甘蔗良种率和全程机械化作业面积，降低糖业生产成本，提升云南省蔗糖业综合竞争力，切实保障蔗糖供给安全，目标是到 2022 年，基本实现糖料甘蔗脱毒、健康种苗全覆盖，全程机械化生产水平有效提升，亩产提高 10％以上，蔗糖分提高 0.5％～1％；2023 年中央 1 号文件指出，继续实施糖料甘蔗良种良法技术推广补助政策等。

二、甘蔗产业发展存在的问题与挑战

（一）产业发展自身存在的主要问题

"十四五"以来，我国甘蔗产业在政策支持、科技投入等多方面的共同作用下，取得了较好的发展，目前种植面积稳中有升，种植效益有所提高，产业发展呈现出良好势头。但是，产业发展依然存在以下几个方面的主要问题。

1. 甘蔗单产不稳定，种植效益不高。 我国人多地少，即使采取一系列的政策措施，但土地资源紧缺依然是产业发展需要面对的第一大难题，由此而带来的则是地租偏贵，同时，近年来农资不断涨价、劳动力紧缺且价格上涨，各种种植成本的不断上升，严重挤压了甘蔗种植的利润空间。糖料蔗主产区广西等由于易受极端灾害气候影响，单产水平不稳定，租地种植糖料蔗经常在亏损和微利之间徘徊，平均生产成本约为 2 300 元/亩。广东和云南单产相对稳定些，但甘蔗收购价格略低。所以，全国糖料蔗种植普遍存在种植效益不高、不稳定和甘蔗产业竞争力偏低的问题。果蔗则由于销售价格不稳定，且种植成本较高，出现产量充裕时价格低甚至无法销售出去的情况，总体则较糖料蔗效益偏好，但稳定性不够，产业亟须引导合理发展。

2. 糖料蔗蔗糖分欠稳定，甘蔗质量有提升空间。 由于先进栽培技术应用不足、蔗叶禁烧带来病虫害防治难度加大、甘蔗主栽品种易感黑穗病和多种其他病、气候异常等多种因素，我糖料蔗平均蔗糖分在各年间起伏较大，虽然从多年看整体水平有所提升，但短期的起伏还是对产业造成了较大的影响，以主产区广西壮族自治区为例，近 5 年全区平均产糖率（与蔗糖分基本成正比关系）依次为 13.13%、12.60%、12.35%、12.73% 和 12.08%，2023 年处于近 5 年来的最低水平，比 2019 年甚至低了 1.05 个百分点。尽管云南省在过去几年维持了较高的产糖率，但在广西基数大的影响下，全国平均产糖率水平走势与广西基本一致。

3. 甘蔗机械化收获是最大难题。 2023 年，我国甘蔗机械化收获率仅为 4.03%，绝大多数还是以人工收获为主。制约甘蔗机械化收获的主要原因包括以下几个方面：一是适宜机械化特别是适宜大型机械作业的土地占比低；二是农艺与农机不配套；三是机收损耗大、综合效益优势不明显甚至没有优势；四是制糖工艺和设备与机收不相适应；五是机收服务模式与利益链结构有待完善。值得注意的是，2023 年推进的糖料蔗"田间砍倒—倒短运输—集中剥叶除杂—糖厂压榨"的分步式机收作业模式得到快速推广，在设备进一步完善和运行管理优化后，甘蔗分步式机收有望成为解决旱坡地甘蔗机收问题的重要路径。

（二）产业发展面临的外部挑战

1. 极端气候导致的糖料蔗单产和蔗糖分大幅下降。 以 2022 年为例，我国糖料蔗种植面积为 1 515.13 万亩，同比基本持平，但由于主产区广西出现大范围、长时间的极端天气，从而导致全区甘蔗大幅减产，糖料蔗减产量达到 834.35 万吨，致使广西壮族自治区食糖产量同比下降 101.34 万吨，降幅达 16.56%，对国家食糖供给安全形成了严重威胁。对果蔗影响最大的也是气候，特别是收获季的低温霜冻，容易对成熟期的果蔗造成灾难性的损失。

2. 产业对国家政策的依赖性较强。 由于产业竞争力不足，同时，食糖又是国家重要的农产品，需要有足够的产量来保障国家食糖供给安全，因此，国家和地方近些年出台了不少产业政策和扶持措施，政策成为了产业发展的重要外部因素，产业对政策变化极其敏感。

3. 国际糖价波动和食糖进出口政策的影响。 2023 年国际和国内食糖价格偏高，我国糖料蔗收购价格也一路上涨，一来是维持了种植的利润，二来也提振了种植的信心，面积有所增长，但国际糖价历来都是起伏不定的，国际糖价低迷时，国内糖价也难以维持高位，糖料蔗收购价格就难以维持，或者勉强维持，则会导致制糖企业经营困难。我国食糖实行配额制度，有效阻隔和降低了国际市场价格波动对国内的影响，但糖浆和预拌粉的进出口政策和标准等不确定因素，是未来国际糖价下行时外部可能的较大挑战。

三、甘蔗产业发展趋势与前景展望

（一）发展趋势与前景展望

为确保在当前百年未有之大变局的大环境下我国食糖供给安全，国家和甘蔗主产区出台和实施了一系列支持甘蔗产业的政策和补贴措施，适逢国际糖价处于较高位置、叠加国内对原糖进口实施配额制并严格限制糖浆和食糖预拌粉的进口，确保了过去一个较长时段，糖料蔗的收购价格可以不断提升并创历史最高，2023 年全国糖料蔗平均收购价达到 534.48 元/吨，广西、云南和广东三个主产区的蔗价均有较大幅度提高，广西有效推进"桉退蔗进"政策，预计短期内我国糖料蔗面积出现较大幅度恢复性增长，增幅达 5% 以上。综合判断，未来 2～3 年，我国糖料蔗面积将持平或略增，预计在 1 600 万亩左右，而中长期看，则将继续小幅下调，维持在 1 500 万亩左右的水平可能性较大，在继续推进高标准糖料蔗生产基地建设，特别是加快提升水利建设的同时，通过品种改良、高效栽培技术应用等一系列增产、提质措施，我国糖料蔗总产量预计将会有一定提升和更为稳定，2～3 年的短期内，我国糖料蔗总产量有望维持在 8 500 万～9 500 万吨的较高水平，年可加工糖料蔗 7 600 万～8 700 万吨，而中长期糖料蔗年产量预计维持在 7 500 万～9 000 万吨，年可加工的糖料蔗 6 800 万～8 200 万吨。果蔗主要是消费市场主导的，未来短期和中长期的种植面积预计将维持在 70 万～100 万亩。

综合人口增长放缓、人们对含糖食品的需求变化和对蔗糖认知等因素，预计未来几年我国食糖的消费量将继续维持在 1 500 万吨左右，甚至可能出现小幅下降，但由于糖料蔗供给有限，我国食糖依然会维持以国内供给为主、少量进口为辅的市场格局，国际糖价对国内市场影响相对有限，甘蔗收购价格将维持稳中有升、联动糖价以合理分配产业利益的新趋势。

在消费需求稳定情况下，预计我国将继续采取配额制管控食糖进口，并以制定标准和政策措施收紧糖浆和预拌粉等新形式的"食糖"进口，预计短期内以满足国内消费缺口为基本面，年进口食糖将维持在 300 万～450 万吨。

（二）对策措施与政策建议

针对甘蔗产业存在的问题，需要采取的对策措施与政策建议主要有以下几点：

1. 进一步加强糖料蔗高标准生产基地建设。 针对严重干旱等极端气候导致的糖料蔗单产和质量不稳定、旱坡地不适宜机械化生产等情况，要进一步加强糖料蔗生产基地的建设，广西主要着力解决的问题是水利化建设，以抵御经常性的大面积严重干旱问题，而云南则主要着力于解决坡改梯，以满足甘蔗机种、机管和机收的需求。

2. 藏糖于技，加速推广优良新品种和绿色高效生产技术。加速高产、高糖、抗逆性强的甘蔗新品种选育和推广应用，大力推进脱毒健康种苗推广应用，集成推广全膜覆盖、水肥一体化、控缓释肥、绿色综合防控、蔗叶粉碎还田等绿色高效生产技术，实现增产增收、提质增效。

3. 因地制宜，大幅提升生产全程机械化率。因地制宜推进生产全程机械化，通过机械改良和农机农艺融合，大幅提升甘蔗机种比例和适宜地块的大中型联合收获机的应用，改良甘蔗割铺机、割堆机等设备，推进大面积坡改梯，在小、碎化的旱坡地积极推广甘蔗分步式机收，以高效的机械化生产实现降本增效。

4. 构建新型经营体系和合理的产业参与方利益联动机制。积极引导扶持合理规模种植大户、合作社、家庭农场、制糖企业自营农业公司等新型规模化甘蔗生产主体，推动散户甘蔗生产的耕种管收四联托管、生产服务社会化等，构建甘蔗生产新经营体系。积极引导产业各参与方形成良好的利益联动机制，合理分配产业不同环节和参与主体的利益与风险。

5. 进一步划定和明确糖料蔗核心生产保护区的种植管理。自 2015 年启动广西和云南两省区划定糖料蔗核心生产保护区，虽然已经完成保护区的划定工作，但保护区内的作物种植却不尽规范，划定在保护区的部分耕地并未种植糖料蔗，同时，由于产业调整，部分制糖企业关停，对应的蔗区则基本退出了糖料蔗种植，该部分区域原划定的糖料蔗生产保护区也无法再继续种植原料蔗，因此，适时对糖料蔗生产保护区进行调整，并强化对划定区域内的种植管理，确保保护区政策有效实施和产生实际成效。

6. 继续实施良种良法技术补贴措施并不断完善。继续实施自 2020 年实行的糖料蔗良种良法技术补贴政策，并以差异化补贴措施，引导蔗农优先使用脱毒健康种苗和种植新优良种，根据新技术和新产品研发进度，适时动态调整对良法技术和生产机械化，特别是分步式机收等新模式机械化收获的补贴政策，以补贴政策引导和加速新品种、新技术的推广应用。

7. 推进单产提升行动，实现提质增效。整建制推进单产提升行动，在品种、种植技术、植保管理、生产机械化、管理信息化等生产技术环节推进提升，实现增产和提质增效，在生产经营方式方面引导推进适度规模化，降低农资采购等各项生产成本，实现降本增效。

8. 加强进出口管控，确保食糖供给和产业安全。按照消费缺口，适量设置食糖进口配额，严格管控液体糖、预拌粉等变相食糖进口，严厉打击食糖走私，在确保食糖供给安全的同时，要稳定国内食糖价格，避免食糖价格波动过大，特别是要避免食糖价格长时间低于国内平均生产成本，以确保糖业产业安全和可持续发展。

报告撰写人：

胡朝晖　广东省科学院南繁种业研究所　　　　　研究室主任　高级农艺师/高级
　　　　　　　　　　　　　　　　　　　　　　　　　　　　　　工程师

赵　勇　云南省农业科学院甘蔗研究所农艺中心　主任　　副研究员

甜菜产业发展报告

　　甜菜是食糖的重要原料，甜菜糖占我国食糖的 12％左右。2023 年我国甜菜种植面积为 250 万亩，同比减少 8.42％；甜菜总产量为 916 万吨，同比增长 2.54％；生产甜菜糖 113.9 万吨，同比增长 5.46％。目前，甜菜产业自身面临三个问题，即产业大幅波动，甜菜糖供应不稳；种植成本急剧攀升，产业竞争力不强；种子以进口为主、种子加工技术"卡脖子"。从长期看甜菜糖产量波动增长，消费稳中有增。未来，亟须稳定甜菜产业发展的政策预期，保障甜菜种植面积；重视甜菜产业科技创新，促进单产提升；加快甜菜单胚优良品种选育和提升甜菜种子丸粒化加工能力，提升国产自育品种示范推广和产业化进程。

一、甜菜产业发展现状

（一）生产

　　1. 甜菜种植分布。我国甜菜种植区域高度集中，主要分布在内蒙古、新疆、黑龙江、甘肃、河北等地。甜菜主产区以内蒙古和新疆为主。按种植面积来看，2016年之后，新疆从之前的甜菜第一大主产区变成了第二大主产区，内蒙古成为甜菜第一大主产区。按甜菜糖产量看，2018—2022 年，内蒙古均居第一位，新疆居第二位；2023 年，新疆居第一位，内蒙古居第二位。

　　2. 甜菜生产情况。2023 年我国甜菜种植面积为 250 万亩、同比减少 8.42％；据国家统计局数据，甜菜总产量为 916.02 万吨、同比增长 2.54％（图 1）；据中国糖业协会数据，生产甜菜糖 113.9 万吨、同比增长 5.46％，约占全国食糖产量（包括甘蔗糖和甜菜糖）的 11.43％（图 2）。

　　2023 年内蒙古甜菜种植面积 141 万亩，全国占比为 56.4％；据国家统计局数据，甜菜总产量为 304.75 万吨；据中国糖业协会数据，甜菜收购量 401 万吨，生产甜菜糖53.5 万吨，占全国甜菜糖产量的 46.97％，占全国食糖产量的 5.37％。2023 年新疆甜菜种植面积 97.25 万亩，全国占比 38.84％，位居全国甜菜种植面积第二；据国家统计局数据，甜菜总产量为 499.88 万吨；据中国糖业协会数据，甜菜收购量 475 万吨，生产甜菜糖 55.86 万吨，占全国甜菜糖产量的 49.04％、占全国食糖产量的 5.61％。

　　3. 甜菜主推品种种植情况。虽然我国甜菜自育品种已实现了从零到 1 的突破，但目前甜菜种子 90％依赖进口。2023 年，甜菜种子仍以德国 KWS 系列、荷兰安地

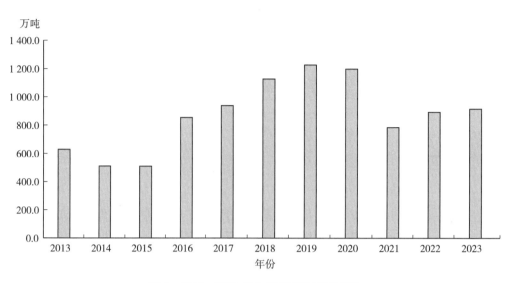

图 1 2013—2023 年全国甜菜总产量变动

数据来源：国家统计局。

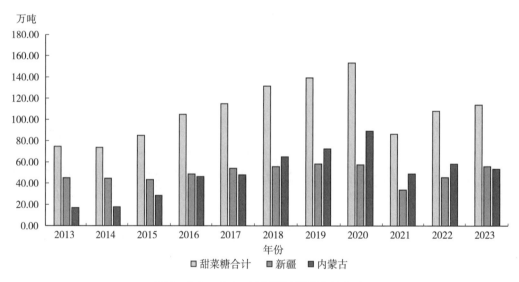

图 2 2013—2023 年全国甜菜糖产量变动

数据来源：中国糖业协会。

系列、先正达系列等为主。其中，德国 KWS 系列约占 42.96%，荷兰安地系列约占 17.57%，先正达系列约占 10.58%，其他约占 28.9%。从分区域来看，内蒙古以荷兰安地、德国 KWS、美国 BETA 公司等为主，前 10 大品种分别为 KWS7748、KWS2314、BTS8840、SV1555、BTS2860、SV893、SR－411、H7IM15、ST13529、KUHN1387。新疆以德国 KWS 和美国 BETA 为主。

4. 甜菜绿色高效生产技术及生产机械化情况。 近几年甜菜产业日益呈现机械化、规模化、绿色化的轻简高效发展趋势。一是多种模式种植均转向机械化作业模式，甜菜生产全程机械化占比已达 95% 以上；二是甜菜规模经营明显提升，内蒙古百亩连片种植面积占该区甜菜总播种面积的 80% 以上，甜菜种植日益朝 200 亩以上大户集中；三是轻简高效栽培技术进一步得到应用，甜菜专用肥使用面积渐增，栽培过程中节水节肥特征明显，形成了滴灌和机械化作业相结合的节本增效综合栽培技术模式。

内蒙古形成了甜菜全程机械化提质增效综合栽培技术，其将新品种选育、品种筛选与精准鉴定、农机选型与机械化作业、高效节水、科学施肥、合理密植及病虫草害绿色防控等关键核心技术融为一体，即"宜机新品种＋装备提升＋精量播种＋合理密植＋高效节水＋科学施肥＋绿色植保＋智能精准作业"的耕种管收全程提质增效作业模式。该模式在解决适时播种、中耕锄草、绿色植保等节水减肥减药、减轻劳动强度、全过程降本增效等方面成效显著，提高甜菜含糖率和单产。该技术在 2023 年荣获全国农业主推技术、2022 年荣获全国农牧渔业丰收二等奖、2018 年荣获内蒙古自治区科技进步二等奖、2020 年荣获内蒙古自治区农牧业丰收一等奖。

新疆形成了高密度栽培下甜菜滴灌条件全程机械化模式，即"适度高密度栽培＋优质品种＋导航播种＋干播湿出＋水肥一体化精准调控＋增产提糖调控＋病虫草害绿色防控"等高产栽培技术的集成模式。其优化了光照和水分的资源分配，提升了产业抗自然风险的能力，通过干播湿出实现出苗一致性方便机械化管理，增产提糖调控提升了地下部产量和糖分。推广种植面积约为 70 万亩，约占新疆甜菜总面积的 60%。

黑龙江形成了大垄双行密植甜菜栽培全程机械化的技术模式，即"倒茬深松＋合理密植＋优良品种＋精量播种＋水肥一体化＋适时中耕＋病虫草害绿色防控"等技术集成。与传统栽培方式比较，该模式的核心是优化了甜菜株行距配置方式，使光照和水肥资源的分配利用更加合理，为甜菜丰产高糖奠定了基础。为快速推广应用甜菜大垄双行栽培技术模式，当地政府出台了相应的补贴政策鼓励农户采用新技术。大垄双行技术模式推广 5.6 万亩，占该省甜菜总面积的 56%。

（二）加工流通

1. 甜菜主要产品。 甜菜块根含有大量的糖分，加工的主产品为食糖，副产品包括糖蜜和颗粒粕等。100 吨甜菜可产出 12 吨糖、5 吨糖蜜和 5 吨颗粒粕。糖蜜和颗粒粕的收益可抵消部分生产成本。糖蜜主要加工为酵母，颗粒粕主要作为饲料。甜菜的叶子和茎秆富含蛋白质、纤维素和矿物质，也可以和玉米、豆粕等一起用作优质的饲料。

2. 制糖企业状况。 根据中国糖业协会的数据，2023 年全国有甜菜生产企业（集团）7 家，制糖厂 30 家。其中，30 家糖厂中，内蒙古 12 家，新疆 14 家，黑龙江 2 家，其他区域 2 家。从具体产区来看，内蒙古开工糖厂 12 家，生产食糖 53.5 万吨、副产品颗粒粕 18.78 万吨，平均菜丝含糖 15.65%，和上年度基本持平，产糖率 13.23%，比上年提高 0.21 个百分点，工艺总损失 2.43%，比上年降低 0.24 个百分点。新疆开工糖厂 14 家，中粮糖业 8 家、兵团 4 家，民营企业 2 家。产糖 55.86 万吨，比上年增长 22.55%，甜菜含糖分 14.47%，与上年基本持平，出糖率 11.97%，比上年提高 0.14 个百分点。黑龙江食糖生产 44 天，开工糖厂 2 家，产糖 1.567 万吨，比上年增加

0.43 万吨。

3. 流通方式新变化。 甜菜作为生产食糖的主要原料，往往具有糖企"第一车间"特征，因此，其很少以甜菜的形式在市场上流通，而是采收后直接运往糖企，加工为甜菜糖在市场上进行流通和销售。甜菜从农户地头运输到糖厂的运费是甜菜糖总成本的重要组成部分。为控制制糖成本，甜菜农户从地头到糖厂的运距通常控制在一定范围之内，在糖厂周边形成一定的辐射半径。

甜菜糖销售采取贸易商销售、期货市场实物交割、直接卖给下游用糖终端企业、电子市场销售、集团内部企业使用等多种方式。以前以食品终端或贸易商为主，近两年呈现如下几个变化特征：一是大贸易商集中度提高，由于自身采取销售渠道下沉措施以及其合作的大型终端零售市场增长，部分中小贸易商被迫退出市场；二是采取期现结合模式销售的贸易商市场竞争力有所提升，部分中大型贸易商利用衍生品管理风险，将期货、期权市场盈利补贴现货贸易，报价有优势，抢占更多同业市场份额；三是甜菜糖厂将现货注册为期货仓单进行盘面交割的方式增加。从终端企业来看，由于预计糖价下跌，随采随用特征明显，压缩库存，备货周期压缩到 1～2 个月，甚至提前 1 周备货。

（三）消费

甜菜块茎主要加工为食糖、颗粒粕，甜菜叶子可以和玉米、豆粕一起作为优质饲料，除少量作为饲料鲜食和干草的甜菜叶子外，甜菜更多以产成品（食糖和颗粒粕）进行消费。

1. 食糖消费特征。 2023 年，我国食糖消费总量约为 1 550 万吨，年人均食糖消费量约为 11 千克。我国食糖消费呈现几个特征：一是食糖消费总体增长。在快速增长阶段，食糖消费量从 2002/2003 年度突破 1 000 万吨到 2008/2009 年度快速增加到 1 390 万吨，累计增幅 39％；波动增长阶段，从 2009/2010 年度的 1 379 万吨增至 2014/2015 年度的 1 510 万吨，之后九年间在 1 500 万吨～1 570 万吨波动增长。二是食糖消费产不足需特征明显。由于食糖消费刚性增长而供应受气候、比较收益等因素波动较大，食糖产不足需特征明显。2023 年我国食糖产量 996 万吨，消费量 1 550 万吨，不考虑库存的情况下当年度产不足需 554 万吨。三是食糖人均消费量总体呈刚性增长。由 2001/2002 年度的 7.17 千克增至 2008/2009 年度的 10.47 千克，2009/2010 年度至 2023/2024 年度基本稳定在 10.02～11.04 千克。四是与全球食糖人均消费水平相比，我国人均食糖消费水平仍然较低。从人均食糖消费水平来看，2023 年我国人均食糖消费量 11 千克，约是全球人均食糖消费量（23 千克）的 47.8％。

2. 消费结构。 食糖既可以直接食用（直接消费），也可以用于加工消费。从消费结构来看，直接消费占比为 45.2％，加工消费占比 54.8％。与 2012 年相比，直接消费占比增长了 9.2％，而加工消费占比有所减少。加工消费主要是用于七类含糖食品，包括速冻米面食品、乳制品、果蔬汁饮料、糖果、冷冻饮品、碳酸饮料、罐头，它们的用糖量代表了工业消费的 85％。按照年产量和含糖比例折算用糖量，七类含糖食品产量由高到低排序依次为乳制品、碳酸饮料、果汁、罐头、速冻食品、糖果、冷冻饮品，用糖量从高到低排序依次为碳酸饮料、糖果、果汁、乳制品、罐头、冷饮、速冻食品（表1）。

表1　2023年主要含糖食品产量和折糖量

	合计	乳制品	糖果	罐头	速冻食品	冷冻饮品	果汁	碳酸饮料	其他
产量	10 120	3 320	314	830	553	166	1 562	2 213	1 162
折糖量	830	100	141	42	8	25	133	266	116

数据来源：刘芷妍、刘明钊.2024年食品饮料上市公司经营情况及用糖趋势分析.中国糖业，2024年12月，总第74期。

3. 食糖主要消费去向。 内蒙古食糖主要销区是东北、华北（京津）、山东等地，个别也有销到河南、安徽以及长江以南。新疆所产食糖本地销量约占30%，其余占70%，主要是中粮通过期现结合、基差交易、实物交割等多种方式销往全国，包括东南沿海和京津地区。

（四）进出口

1. 甜菜种子进口。 我国甜菜种子以进口为主。UN Comtrade的数据表明，近五年，我国甜菜种子进口平均为677.78吨，2023年甜菜种子进口量为566.38吨、同比增长64.8%。主要进口来源国为德国、比利时、意大利和法国，进口占比分别为42.4%、24.5%、19.9%和13.2%，前三国甜菜种子合计占86.8%（表2）。

表2　2023年甜菜种子进口数量和进口来源国占比

进口来源国	进口量（吨）	占比（%）
德国	240.23	42.4
比利时	138.74	24.5
意大利	112.47	19.9
法国	74.94	13.2
世界	566.38	100.0

数据来源：根据UN Comtrade计算而成。

2. 食糖进出口。 我国是甜菜主产品食糖的主要进口国。我国连续多年位居全球食糖进口前两位，近五年来我国食糖进口量平均在472万吨。我国进口食糖以甘蔗糖为主，甜菜糖很少，不到1%。每年也有少量食糖用于出口，以周边国家和地区为主。近五年我国食糖出口量平均在16.8万吨。2023年中国出口食糖20.5万吨、同比增长13.9%，主要出口目的地为朝鲜、蒙古国、中国香港等国家（地区）。

我国食糖产不足需。2023年，中国累计进口食糖397.3万吨、同比减少24.7%；累计进口金额164亿元、同比减少5%。由于进口均价攀升致使进口金额降幅低于进口量。2023年进口均价为每吨4 128元，同比增长26%。

进口来源国高度集中。2023年中国食糖进口来源国主要集中在巴西、印度、韩国、泰国和危地马拉，五国进口占比为97.1%，自巴西和印度进口占比高达89%。

其中，巴西食糖进口量为 335.2 万吨（占进口总量的 84.4%）；印度进口 18.2 万吨（占比 4.6%）、韩国进口 15.8 万吨（占比 4%）、泰国进口 11.8 万吨（占比 3%）和危地马拉进口 4.6 万吨（占比 1.1%）。

（五）全产业链效益

1. 产值和增收。全国食糖（甘蔗糖和甜菜糖）产业产值约为 1 000 亿元，其中，甜菜糖一二三产业产值约为 120 亿元，二产产值大约 74 亿元。甜菜产业通过订单农业，带动农民增收显著。据课题组测算，2023 年，内蒙古支付农民甜菜款 24.06 亿元，新疆支付甜菜款大约 28.5 亿元。

2. 甜菜收购价和食糖价格变化。2023 年我国甜菜平均收购价 598 元/吨，比上年增长 43 元/吨。受国际糖价传导影响，2023 年国内食糖价格先大涨到 12 年以来的高位水平（7 750 元/吨）、之后震荡回落。2022/2023 年度全球食糖供应短缺，以及二季度国内减产共振、配额外进口持续亏损导致进口糖较少，食糖现货价格（南宁糖价）从 2023 年初 5 740 元/吨涨到 5 月 24 日的 7 330 元/吨，之后因干旱天气致印泰减产，预计 2023/2024 年度全球食糖供需仍然紧平衡和国内食糖供需偏紧，2024 年 9 月 7 日我国食糖现货价格涨至 7 750 元/吨、比年初涨 35%，创近 12 年以来新高。之后，抛储政策、进口糖到港、国内生产旺季以及 11 月 22 日后全球糖市由紧平衡预期转为平衡（由于 11 月 22 日后印度收紧生物乙醇政策短期释放食糖供应 200 万吨、巴西增产创纪录），国际糖价急跌，进而国内糖价快速跌至 12 月 21 日的 6 400 元/吨。2023 年食糖均价为 6 841 元/吨，同比上涨 19%。

3. 生产成本和收益变化。甜菜产业总成本快速攀升。2001—2023 年我国甜菜总成本呈增长态势。20 多年来我国甜菜总成本由 2001 年的 6 574.05 元/公顷增长至 2023 年的 31 124.55 元/公顷，累计增长 373.5%。

甜菜总成本分为人工成本、物质与服务费用和土地成本。从甜菜总成本的构成来看，物质与服务费用位居第一位、土地成本居第二、人工成本位居第三。2023 年，甜菜每公顷总成本为 31 124.55 元，其中，物质与服务费用、土地成本、人工成本分别占 53.23%、25.96% 和 20.81%。

从甜菜总成本增幅来看，我国甜菜总成本中的三类成本均呈增长态势。2023 年土地成本和人工成本增速高于物质与服务费用的增速，具体来看，土地成本增幅最快，为 31.25%；劳动力成本增幅位列第二，为 28.56%；物质与服务费用增幅最小，为 13.65%。

甜菜产业收益动态波动较大。从净利润来看，2001 年至 2023 年全国甜菜净利润均值为 3 947 元/公顷，23 年成本利润率均值为 26%，但波动很大，最高为 53.77%（2011 年），最低为 4.90%（2016 年），近五年成本利润率均值为 17.56%。2023 年，我国甜菜净利润为 8 604 元/公顷，同比增长 82%；成本利润率为 27.64%，同比增 9.78 个百分点，这与 2023 年我国糖价大涨、甜菜收购价上涨有关。

从主产区来看，2023 年甜菜主产区单位面积净利润呈现新疆最高，内蒙古第二，黑龙江最低；甜菜总成本也呈现新疆最高，内蒙古第二，黑龙江最低。

（六）产业政策

2021 年，农业农村部印发《"十四五"全国种植业发展规划》。明确提出，到 2025 年，糖料种植面积稳定在 2 300 万亩左右，其中甘蔗面积 2 000 万亩左右，甜菜面积 300 万亩左右，糖料产量 1.2 亿吨以上。并且明确提出，提升甘蔗优势产区、稳定甜菜种植面积。

在此基础上，内蒙古"十四五"种植业发展规划明确提出，2025 年稳定甜菜种植面积 180 万亩，产量保持在 119 亿斤左右。并且在 2024 年"关于对政协内蒙古自治区第十三届委员会第二次会议第 0108 号提案的答复"中明确提出，一是将甜菜制糖产业列入自治区产业发展规划重点支持，进一步优化甜菜种植布局，因地制宜、适度引导和发展甜菜制糖产业，提高农民种植甜菜的积极性；二是按照自治区《支持农畜产品精深加工的若干措施》，出台与其他粮食农作物一样的甜菜种植的补贴政策，如按照一年期贷款市场报价利率（LPR）的 70% 且不超过 2% 的利率，给予企业每年不超过 200 万元贴息支持；三是强化科技支撑能力，加大对甜菜产业科技的投入，构建"首席专家＋科技骨干＋技术指导员＋科技示范户＋农户"的科技服务格局，抽调栽培、种子、土肥、植保、农机等方面的技术骨干开展多种形式的技术服务联盟，逐步构建上下衔接、优势互补的农技推广协同服务新机制，层层压实责任，建立甜菜"四级联创"管理模式。

二、甜菜产业发展存在的问题与挑战

（一）产业发展自身存在的主要问题

1. 产业大幅波动，甜菜糖供应不稳。 2019—2023 年，我国甜菜播种面积和甜菜糖产量极其不稳，呈现三年下降、两年回升态势。据国家统计局数据，2019 年至 2021 年，我国糖料面积从 218.94 千公顷降至 141.1 千公顷，下滑 35.6%，2023 年进一步增至 148.85 千公顷、增幅 5.5%。据中国糖业协会数据，2020/2021 年度至 2021/22 年度甜菜糖产量由 153.26 万吨降至 86.35 万吨，累计降 43.66%，自 2021/2022 年度至 2023/2024 年度甜菜糖产量自 86.35 万吨回升至 113.9 万吨，增幅 31.91%。同期的食糖（甘蔗糖和甜菜糖）产业也大幅波动，食糖供应保障不稳。

2. 甜菜总成本急剧攀升，产业竞争力不强。 甜菜总成本快速攀升，由 2019 年的 15 108.95 元/公顷增至 2023 年的 31 124.55 元/公顷，成本增长了 106%。由于原料构成甜菜制糖成本的 70%～80%，导致我国甜菜制糖成本快速增长，由每吨 5 500 元增至 6 000 元左右，我国甜菜糖竞争力下滑。2013 年，甜菜比甘蔗的种植成本低 11 805 元/公顷，有明显的成本优势，2014 年至 2021 年两者种植成本均快速增长，2021 年甜菜与甘蔗的种植成本相比低 11 940 元/公顷。2021 年以来，随着甜菜地租成本快速上涨，甜菜和甘蔗的成本优势明显下滑。2023 年，每亩甜菜比甘蔗的成本优势为 8 025 元/公顷，比 2021 年收窄了 3 915 元/公顷。

3. 甜菜种子以进口为主，种子加工技术成为自育甜菜种子发展的"卡脖子"技术。 我国甜菜育种虽取得较大突破，近年陆续有自育单粒新品种审定，但品种根型与整齐度、块根产量等与国外品种仍存在差距。我国甜菜生产中，大面积推广应用的机械精量直播和纸筒育苗移栽所需种子均为丸粒化包衣单粒型种子，国内自育审定的遗传单粒种，产量、质量表现不错，我国已经建立了种子丸粒化加工中试车间，2022—2023 年进行了自主加工的丸粒化国产甜菜品种示范和应用，实现了国内甜菜自育单胚丸粒种生产从无到有的突破，但加工能力不足，种子加工分级与丸粒化包衣设备的加工效率和加工质量不稳，尚未形成真正成熟的完整生产线，和国外智能化、标准化生产水平相差较远。国产丸粒化加工后种子的整齐度等和国际品种有差距，自育品种基本没有商品化，生产中使用的丸粒化品种均为国外引进种，这成为产业发展的"卡脖子"技术。

（二）产业发展面临的外部挑战

极端气候（拉尼娜或厄尔尼诺）是近五年全球食糖产量变化的重要因素，也加大我国甜菜供应的不确定性。具体来看，2021 年 10 月，受拉尼娜极端天气影响，新疆甜菜采收期间雨雪天气频发，2021 年 11 月 4—5 日遭受了近 45 年以来最强寒潮天气影响，气温骤降致使中粮糖业甜菜原料受损严重，大约 9.6 万亩甜菜受灾，经济损失影响净利润超过 1.8 亿元。

美元走强引发巴西雷亚尔、中国人民币汇率急剧波动。美国政府换届后，特朗普刺激经济和强势美元的政策引发相关国家汇率急剧波动，雷亚尔贬值、人民币对美元总体也有贬值，雷亚尔贬值有利于巴西食糖出口、我国部分商品出口，增加我国进口成本。贸易关税预期持续扰动大宗商品价格，贸易关税等政策也对美元和国际贸易产生较大扰动。

印度食糖和乙醇联动增强，加大全球食糖能源化特征和全球食糖供给不确定性。在巴西甘蔗形成制糖和制乙醇动态联动机制的基础上，印度甘蔗也朝制糖和制乙醇方向发展，并且日益加大甘蔗转化为乙醇规模这一做法，由于每年甘蔗转化为乙醇的规模并不确定，而是综合考量甘蔗产量、清洁能源需求和糖醇收益等因素动态决策，增大全球食糖供给量和贸易流的不确定性。

三、甜菜产业发展趋势与前景展望

（一）发展趋势与前景展望

预计 2024 年我国甜菜糖产量为 150 万吨左右。受 2023 年糖价上涨激励，甜菜糖厂甜菜收购价稳定或上调，种植户收益稳定，预计甜菜种植面积增长 2% 以上，甜菜产量增长 6% 以上，甜菜糖产量约 150 万吨。

从长远来看，预计甜菜糖产量呈波动增长的趋势，消费稳中有增。不考虑极端气候的影响，预计 2030 年我国食糖产量为 1 100 万～1 150 万吨（按中间值 1 125 万吨考虑），消费量增长到 1 600 万吨，预计食糖产不足需 475 万吨，主要依靠进口糖补充供应不足。食糖消费的中长期发展，需权衡人口数量和结构、人均消费量、可支配收入、食糖消费引导宣传等因素的影响。人口数量达峰后，人均消费量受可支配收入、健康和食糖消费意识、替代品（淀粉糖、糖醇等）影响较大。

（二）未来产业发展值得关注的问题

加强科技创新。土地成本持续攀升，构成甜菜总成本的刚性约束，对甜菜科技创新提出更高要求。未来，需要加快甜菜单胚优良品种选育，更需要良种＋栽培＋水肥一体化＋绿色防控等集成的机械化模式，通过更高的单产和稳产、抗自然风险的能力才能实现盈利。据课题组调研，新疆甜菜地租约占总成本的32%，每亩生产4.5吨的甜菜才能实现盈亏平衡，单产6吨/亩才能实现盈利，通过适度高密度种植以防控干旱等极端气候的影响。

强化政策引导。甜菜产业波动大、发展根基不稳，与甜菜糖缺乏政策引导和预期有关。建议在农业农村部"十五五"发展规划中，应明确列出甜菜产业是食糖稳供的重要力量，对食糖保供稳价不可替代。由于甜菜生产已基本实现了规模化和机械化，以及甜菜产区可利用盐碱地种植甜菜，糖料产业区域布局中，明确甘蔗产区种植面积保持稳定，甜菜产区增加种植面积。

加快产业化进程。提升甜菜种子丸粒化加工能力，提速国产自育品种示范推广和产业化进程。强化育种联合攻关、协同创新，优化集成完善丸粒化加工关键技术及加工设备、提升单胚种丸粒化加工能力；集全国合力加快我国自育甜菜自育品种的选育、示范、推广进程，在品种条件具备时，通过财政资金和民间资本合力加速国产自育品种产业化应用，逐步实现甜菜用种自主可控。

报告撰写人：

刘晓雪　北京工商大学经济学院　副教授

03

第三篇

特色水果

苹果产业发展报告

  我国是世界第一大苹果生产和消费国家，产量占世界总产量的 57.4%。苹果作为我国特色优势农产品，在乡村振兴、农民增收及出口创汇等方面发挥了重要作用。2023 年，我国苹果种植面积稳中略降，产量稳步提升，区域布局不断优化，果园面积 2 892.7 万亩，同比减少 1.4%，总产 4 960.2 万吨，同比增长 4.3%。国内消费总量 3 850.0 万吨，同比增长 3.5%，以鲜食为主。鲜果和果汁进口量分别为 8.2 万吨、1.6 万吨，同比分别减少 14.0%、增长 95.3%。鲜果和果汁出口量分别为 79.6 万吨、26.9 万吨，同比分别减少 3.3%、减少 32.7%。产地收购价和批发价稳中有升，生产成本略降、效益增加，成本收益率提升，每亩净利润同比增长 24.5%。从短期来看，苹果种植规模基本稳中略降，总产缓慢增长；鲜食与加工消费基本稳定；鲜果进出口量增加，果汁进出口减少；价格同比下降，成本略降，生产效益同比增加。未来发展需加强社会化服务组织建设，提升专业化服务水平；加强产后贮藏、加工业发展，提升果品附加值；加强品牌建设，提升品牌价值。

一、苹果产业发展现状

（一）生产

  1. 种植面积略减，单产总产稳步提升。2023 年苹果园面积 2 892.7 万亩，同比减少 1.4%；单产 1 714.7 千克/亩，同比增长 5.7%；受单产提升的拉动，总产达到 4 960.2 万吨，同比增长 4.3%（图 1）。

  2. 生产布局稳定，生产集中度较高。我国苹果种植区域广，涉及 23 个省（区、市），根据其生态环境可分为黄土高原、渤海湾、黄河故道、新疆和东北等产区。苹果生产主要集中在黄土高原和渤海湾两大主产区，2023 年种植面积分别约占全国的 56.1% 和 24.6%，总产约占全国的 51.7% 和 32.3%。果园种植面积超过 150 万亩的主产省份有陕西、甘肃、山东、山西、辽宁、河北、河南 7 个省区，种植面积分别占全国的 31.9%、13.3%、12.3%、6.8%、6.3%、5.8%、5.2%（图 2），总产分别占全国的 27.7%、10.3%、21.0%、8.9%、5.8%、5.4%、8.5%（图 3），单产超过全国平均水平的省份有山东、河南、山西，依次为 2 931.1 千克/亩、2 793.7 千克/亩、2 240.0 千克/亩（图 4）。

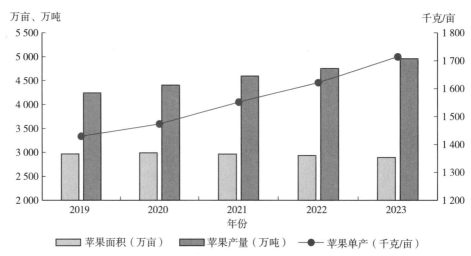

图1 2019—2023年全国苹果生产情况

数据来源：国家统计局。

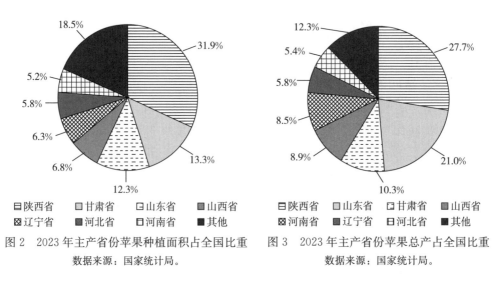

图2 2023年主产省份苹果种植面积占全国比重

数据来源：国家统计局。

图3 2023年主产省份苹果总产占全国比重

数据来源：国家统计局。

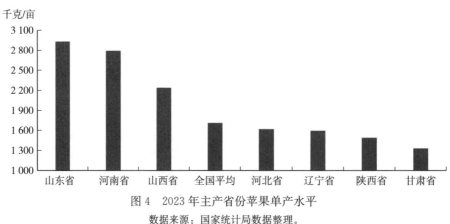

图4 2023年主产省份苹果单产水平

数据来源：国家统计局数据整理。

3. 苹果主推品种及技术情况。 主推品种：由于各地自然条件、生产水平、发展需求不同，所以主推品种也不尽相同。从全国层面上看，秦脆、瑞雪被农业农村部列为 2023 年主导品种；陕西主推品种主要有瑞阳、瑞雪、瑞香红、秦脆，也有少量鲁丽、华硕、密脆等早中熟品种；甘肃主要有静宁 1 号、成纪 1 号、瑞雪、秦脆、天汪 1 号、玛斯特、俄矮 2 号等；山东主要有鲁丽、威海金、烟富 8、烟富 10、瑞雪、爱妃等；辽宁主要有中苹红蜜、华丰、华红、岳阳红、岳冠、岳艳等；河北主要有冀红、玉冠等。这些品种具有品质优良、抗逆性强、适应性广等特点。

主推技术：苹果密植高质高效栽培模式、苹果矮砧集约栽培技术、现代苹果园高效建园技术、苹果轻简高效生态栽培集成技术、旱地苹果"水肥一体化"肥水高效利用技术、"有机肥＋菌肥＋叶面肥"替代化肥减施增效技术、郁闭低效果园群体结构优化、苹果园化学农药精准对靶高效利用技术、适当规模矮砧密植苹果园简易水肥一体化设施建设技术、维纳斯黄金苹果高效栽培技术、病虫害绿色防控技术、苹果全程绿色高效生产技术等。这些技术具有简化、节肥节药、绿色高效等特点，能够解决生产中老龄化、费工、化肥农药减施等问题，为苹果绿色高质量发展提供技术支撑。

(二) 加工流通

1. 加工产品以浓缩果汁为主，集中度较高。 苹果加工产品有苹果汁、苹果醋、苹果罐头、苹果酒、果酱、果脯、苹果干等，加工用量约占总产量的 9.0％。其中，浓缩苹果汁是主要的苹果加工产品，约占加工总量的 95.0％。2022 年，全国年加工浓缩苹果汁总量约为 30 万吨，相当于消耗苹果 210 万吨，不足全国苹果总产量的 5％，2023 年变化不大。浓缩苹果汁生产主要集中在苹果产量较高的陕西、山东、山西、河北和辽宁等地区。其中，国投中鲁果汁股份有限公司、烟台北方安德利果汁股份有限公司、天水长城果汁集团有限公司是我国浓缩果汁产量较大的三家公司，这三家公司的果汁加工企业均分布在苹果生产大省。国投中鲁在山西、陕西、山东、河北、辽宁、云南等地设有 10 个浓缩果汁加工厂；安德利在山东、陕西、山西、辽宁等地建有 8 个浓缩果汁加工厂；长城果汁主要在甘肃省内生产。

2. 贮藏能力提升，主产区贮藏方式多样。 我国苹果贮藏率由 30 年前的 25.0％提高到 2023 年的 40.0％，贮藏方式有机械冷库、简易贮藏、气调库贮藏等，占比分别约为 70.0％、25.0％和 5.0％。主产区均具有一定的贮藏能力，其中，陕西、山东、山西、辽宁、甘肃、河北、新疆的果品贮藏能力分别为 572 万吨、540 万吨、380 万吨、320 万吨、310 万吨、80 万吨、35 万吨。

3. 流通渠道不断拓宽，流通模式多元化。 目前苹果流通方式由传统的集散地、农批市场、农贸市场等渠道为主，逐步向农场直销、商超直采、电商、微商、直销店等流通方式转变，批发、零售依然是主销渠道，但占比呈下降趋势。流通模式由生产者为起点、消费者为终点，苹果经纪人、专业合作社、苹果代办点、批发商、零售商、苹果加工商或出口商及网络平台等为中间环节所构成。通过多元化流通渠道，减少中间环节，降低流通成本，实现生产、流通、消费三者共赢。

（三）消费

1. 消费总量略增，南北差异明显。根据布瑞克农业大数据显示，2023 年国内苹果消费量为 3 850.0 万吨，同比增长 3.5％；国内人均消费量为 27.3 千克，同比增长 3.6％。受消费习惯、气候条件、区位环境等因素的影响，我国苹果消费地域差异明显，其中北方地区及苹果主产区苹果消费量大，南方地区相对较少。

2. 以鲜食消费为主，加工产品较少。苹果以鲜食消费为主，2023 年苹果鲜食消费量约 3 326.4 万吨，同比增长 3.6％，占国内总消费量的 86.4％；加工消费量约 453.6 万吨，同比增长 3.5％，占国内总消费量的 11.8％；损耗 70.0 万吨，占国内总消费量 1.8％。

（四）进出口

1. 鲜果进口量、额下降，进口来源地较集中。2023 年，苹果鲜果进口量 8.2 万吨，进口额 1.8 亿美元，进口单价 2.2 美元/千克，同比分别减少 14.0％、16.5％、2.9％（图 5）。进口来源地有 7 个，其中，来自新西兰、南非、智利的鲜果进口量分别为 4.6 万吨、2.1 万吨和 0.8 万吨，合计占鲜果总进口量的 91.5％。进口省份主要集中在广东、上海和浙江三地，进口量分别为 5.0 万吨、1.9 万吨和 1.0 万吨，合计占鲜果进口量的 96.3％。

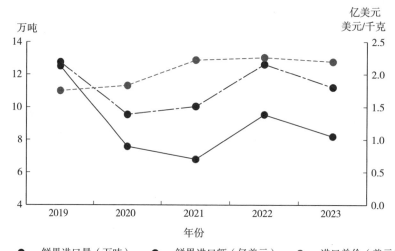

图 5　2019—2023 年全国鲜苹果进口变化情况

数据来源：海关总署。

2. 果汁进口量、价齐增，进口来源地集中。苹果汁进口量、额有所上升。2023 年，果汁进口量 15 816.9 吨，进口额 1 564.4 万美元，进口单价 989.0 美元/吨，同比分别增长 95.3％、137.6％、21.7％（图 6）。苹果汁主要进口来源地为西班牙、塞浦路斯兰、新西兰和希腊，分别占总进口量的 37.0％、24.4％、18.2％、10.8％，合计占 90.4％；主要进口到上海、广东和北京，三地进口量分别占总进口量的 45.4％、29.0％和 14.4％。

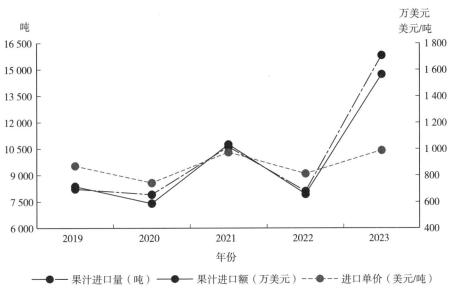

图 6　2019—2023 年全国苹果汁进口变化情况

数据来源：海关总署。

3. 鲜果出口量、额减少，出口目的地高度集中在亚洲市场。2023 年鲜果出口量79.6 万吨，出口额 9.7 亿美元，出口单价 1 218.6 美元/吨，同比分别减少 3.3%、6.7%、3.6%（图 7）。鲜果出口目的地主要是亚洲地区，占出口总量的 96.8%。鲜果主要出口到越南、印度尼西亚、泰国、孟加拉国和菲律宾，出口量占比分别为17.9%、14.1%、13.4%、12.8%、12.3%，出口额占比分别为 15.3%、15.2%、15.1%、10.4%、13.0%（表 1）；鲜果出口主要集中在山东、云南、甘肃、陕西、辽宁等地，出口量占比分别为 54.5%、10.4%、7.9%、5.3%、4.2%。

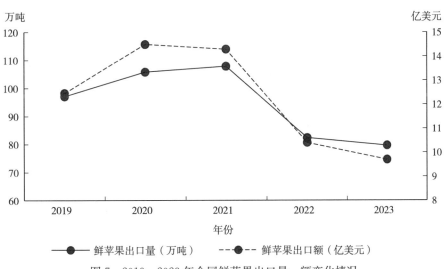

图 7　2019—2023 年全国鲜苹果出口量、额变化情况

数据来源：海关总署。

表1 2023年全国苹果鲜果主要出口目的地

出口目的地	出口量 （万吨）	占总出口量 比重（%）	出口金额 （亿美元）	占出口总金额 比重（%）	出口单价 （美元/吨）
亚洲地区	77.1	96.8	9.4	96.6	1 215.7
排前五位					
越南	14.3	17.9	1.5	15.3	1 037.5
印度尼西亚	11.2	14.1	1.5	15.2	1 316.1
泰国	10.7	13.4	1.5	15.1	1 371.9
孟加拉国	10.2	12.8	1.0	10.4	984.3
菲律宾	9.8	12.3	1.3	13.0	1 288.9
合计	56.2	70.6	6.8	69.0	1 210.0

数据来源：海关总署。

4. 果汁出口量、额减少，出口目的地较分散。 2023年果汁出口量、额分别为26.9万吨、4.4亿美元，同比分别减少32.7%、4.9%（图8）。出口地区为亚洲、北美洲、非洲、大洋洲、欧洲及南美洲，其中，出口亚洲的量、额占总出口量、额比重分别为33.5%、33.8%；北美洲分别为30.8%、30.2%。果汁出口目的地中，排前三位的是美国、南非、日本，出口量分别占总出口量的21.1%、16.8%、15.7%，出口额占比分别为20.5%、17.8%、16.2%（表2）。果汁出口主要集中在山东、北京、陕西、甘肃和上海等地，出口量占比分别为34.8%、18.2%、13.7%、11.6%和9.3%。

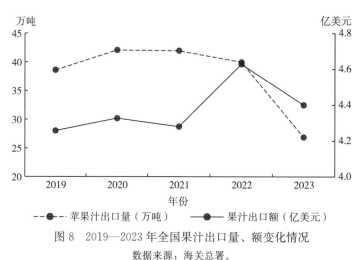

图8 2019—2023年全国果汁出口量、额变化情况

数据来源：海关总署。

表2 2023年全国果汁主要出口地

出口目的地	出口量 （万吨）	占总出口量 比重（%）	出口金额 （万美元）	占出口总金额 比重（%）	出口单价 （美元/吨）
亚洲	9.0	33.5	15 009.3	33.8	1 664.4
北美洲	8.3	30.8	13 400.1	30.2	1 616.7

(续)

出口目的地	出口量 （万吨）	占总出口量 比重（%）	出口金额 （万美元）	占出口总金额 比重（%）	出口单价 （美元/吨）
非洲	4.7	17.4	8 166.7	18.4	1 746.1
大洋洲	2.8	10.3	4 477.4	10.1	1 622.5
欧洲	1.8	6.6	2 760.1	6.2	1 544.8
南美洲	0.4	1.3	565.3	1.3	1 599.8
合计	26.9	100.0	44 378.9	100.0	1 635.7
排前五位					
美国	5.7	21.1	9 077.6	20.5	1 597.0
南非	4.5	16.8	7 912.0	17.8	1 748.8
日本	4.2	15.7	7 167.3	16.2	1 692.8
澳大利亚	2.7	10.0	4 337.1	9.8	1 618.4
加拿大	2.6	9.7	4 322.5	9.7	1 659.5
合计	19.7	73.4	32 816.5	73.9	1 663.5

数据来源：海关总署。

（五）全产业链效益

1. 苹果产值增加，主产区增幅差异显著。 2023年全国苹果产值约2 731.6亿元，同比增长15.2%。在主产区中，陕西、山东、甘肃、河南、山西、河北、辽宁总产值分别为923.4亿元、512.8亿元、284.0亿元、207.4亿元、159.2亿元、118.6亿元、94.7亿元，同比增长18.8%、12.2%、23.4%、6.8%、15.4%、8.2%、4.9%，为当地区域经济发展发挥重要作用。

2. 价格。

（1）价格稳中有升，年内价格波动较小。

主产区收购价格：2023年苹果收购均价为6.42元/千克，同比涨17.4%。2023年全年各月份收购价格起伏不大，最高价为9月份的6.79元/千克，最低价为1月份的5.94元/千克，价差0.85元/千克。

批发市场价格：全国批发价格与主产区收购价格走势基本一致，2023年均价为9.90元/千克，同比上涨13.1%。从全年看，2023年各月份批发价格变化不大，最高价为7月份的10.12元/千克，最低价为2月份的9.61元/千克，价差0.51元/千克（图9）。在正常年景，随着苹果储藏技术的提升和遍布全国的营销网络，能够保证苹果一年四季供应，实现周年消费，市场价格顺应供需关系变化，趋于稳定。

（2）主销区价格高于主产区，价差在波动中趋于平稳。以富士苹果批发价为例，选取北京、天津、上海、福建、湖南、广东、重庆7地每月批发价格均值作为主销区的价格，河北、山西、辽宁、山东、河南、陕西、甘肃、新疆8个主产省份每月批发价格均值作为主产区价格。数据显示，2023年主产区批发价格为8.58元/千克，主销区批发价格9.95元/千克，全国均价8.71元/千克；主销区与主产区的价差为1.37元/千

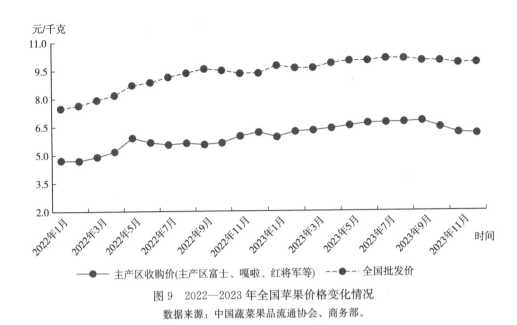

图 9　2022—2023 年全国苹果价格变化情况

数据来源：中国蔬菜果品流通协会、商务部。

克。从全年看，主销区与主产区价差从 1 月至 6 月呈下降趋势，每千克由 1 月份的 2.03 元下降到 6 月份的 0.41 元，随后各月价差又呈上升趋势，由 7 月份的 0.75 元上升到 10 月份的 1.70 元（图 10）。

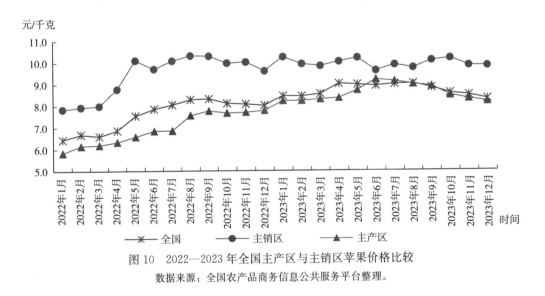

图 10　2022—2023 年全国主产区与主销区苹果价格比较

数据来源：全国农产品商务信息公共服务平台整理。

3. 成本收益。

（1）生产成本降低，要素构成变化不大。2023 年苹果生产总成本 5 063.9 元/亩，同比减少 5.9%。其中，物质与服务费 1 545.2 元/亩，同比减少 10.9%，占总成本比重为 30.5%，同比减少 1.7 个百分点；人工成本 3 232.6 元/亩，同比减少 3.3%，占总成本比重为 63.8%，同比增加 1.7 个百分点；土地成本 286.1 元/亩，同比减少

5.2%，占总成本比重为5.6%，同比变化不大。分析结果表明，人工成本是苹果生产总成本的主要组成部分（表3）。

表3 2019—2023年苹果生产的总成本及其构成

年份	总成本（元/亩）	物质与服务费（元/亩）	占总成本比重（%）	人工成本（元/亩）	占总成本比重（%）	土地成本（元/亩）	占总成本比重（%）
2019	5 794.5	1 902.0	32.8	3 577.8	61.7	314.7	5.4
2020	6 113.1	1 956.6	32.0	3 833.2	62.7	323.4	5.3
2021	5 400.4	1 705.4	31.6	3 366.9	62.3	328.1	6.1
2022	5 380.4	1 734.7	32.2	3 344.0	62.2	301.7	5.6
2023	5 063.9	1 545.2	30.5	3 232.6	63.8	286.1	5.6

数据来源：《中国农产品成本资料汇编（2020—2024）》。

（2）收益增加，成本利润率上升。2023年苹果净利润3 083.9元/亩，每50千克苹果净利润89.2元，同比分别增长24.5%、14.7%，成本利润率为60.9%，同比增加14.8个百分点。收益增加主要是因为苹果单产增加，成本降低。2023年调查样本单产平均1 728.0千克/亩，同比增长8.5%，总产值8 147.8元/亩，同比增长3.7%（图11）。

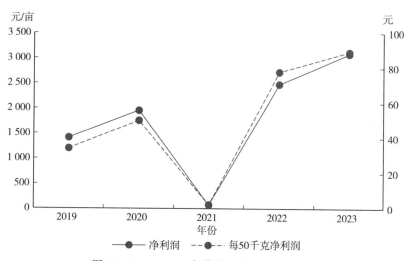

图11 2019—2023年苹果生产效益变化情况

数据来源：《中国农产品成本资料汇编（2020—2024）》。

（3）主产省生产成本有增有减，增减幅度有一定差异。在7个主产省中，总成本最高的为山东省，2023年总成本为8 537.3元/亩，同比增长10.0%；总成本最低的是辽宁省，2023年总成本为4 419.7元/亩，同比增长3.5%；变化幅度最大的是河南省，2023年总成本为7 762.7元/亩，同比增长19.1%，变化幅度最小的是河北省，2023年总成本4 649.6元/亩，同比增长2.1%；成本减少的是甘肃省，2023年总成本为4 690.7元/亩，同比减少12.6%（表4）。

表 4　2022—2023 年苹果主产省份总成本变化

省份	2022 年	2023 年	同比增长（％）
山东	7 762.6	8 537.3	10.0
河南	6 519.2	7 762.7	19.1
陕西	4 678.3	5 093.3	8.9
山西	4 568.8	4 855.1	6.3
甘肃	5 367.4	4 690.7	−12.6
河北	4 555.1	4 649.6	2.1
辽宁	4 269.7	4 419.7	3.5

数据来源：《中国农产品成本资料汇编（2023—2024）》。

从成本构成看，2023 年 7 个主产省物质与服务费占比变化在 24.4％～36.4％，占比最高的是山东省，为 36.4％，同比增加 2.7 个百分点；占比最低的是陕西省，为 24.4％，同比减少 2.1 个百分点；同比变化幅度最大的是河南省，增加 3.6 个百分点；变化幅度最小的是辽宁省，同比减少 0.3 个百分点。土地成本费占比变化在 2.4％～8.6％，占比最高的是辽宁省，为 8.6％，同比持平；占比最低的是河南省，为 2.4％，同比减少 0.9 个百分点。人工成本费占比变化在 60.5％～73.1％，占比最高的是陕西省，为 73.1％，同比增加 2.4 个百分点；占比最小的是甘肃省，为 60.5％，同比减少 1.1 个百分点（表 5）。

表 5　2022—2023 年主产省苹果总成本构成

省份	2022 年			2023 年		
	物质与服务费	土地成本费	人工成本费	物质与服务费	土地成本费	人工成本费
河北	29.9	6.3	63.9	28.4	7.3	64.3
山西	32.2	5.8	62.0	32.8	5.4	61.8
辽宁	28.0	8.6	63.4	27.7	8.6	63.7
山东	33.7	3.4	62.9	36.4	2.7	60.8
河南	30.0	3.3	66.7	33.6	2.4	64.0
陕西	26.5	2.8	70.7	24.4	2.6	73.1
甘肃	35.5	2.9	61.5	36.2	3.3	60.5

数据来源：《中国农产品成本资料汇编（2023—2024）》。

（4）主产省净利润有增有减，成本收益率升降不一。在 7 个主产省中，苹果净利润最高的是山东省，2023 年净利润为 8 583.1 元/亩，同比增长 58.1％；净利润最小的是辽宁省，1 950.5 元/亩，同比增长 2.2 倍，也是同比变化幅度最大省份；变化幅度最小的是甘肃省，同比增长 1.7％。从成本收益率看，7 个主产省中，成本收益率最高的是河北省，为 139.8％，同比增长 49.5 个百分点，也是同比变化幅度最大的省份；成本收益率最低的是辽宁省，为 44.1％，同比增长 29.6 个百分点；同比变化幅度最小的省份是甘肃，同比增长 6.3 个百分点（表6）。

表6 2022—2023年主产省苹果净利润

省份	净利润（元/亩）		每50千克主产品净利润（元）		成本收益率（%）	
	2022年	2023年	2022年	2023年	2022年	2023年
河北	4 112.5	6 501.31	86.3	126.1	90.3	139.8
山西	1 958.2	2 874.47	61.3	71.3	42.9	59.2
辽宁	617.4	1 950.45	25.2	71.3	14.5	44.1
山东	6 290.1	8 583.1	119.5	139.0	81.0	100.5
河南	4 463.9	4 135.79	90.7	95.6	68.5	53.3
陕西	5 283.9	4 499.33	156.0	131.5	113.0	88.3
甘肃	2 062.9	2 097.58	73.0	90.1	38.4	44.7

数据来源：《中国农产品成本资料汇编（2023—2024）》。

（六）产业政策

1. 国家政策。2023年，为提高苹果产业高质量发展，全国各部门纷纷出台了一系列与苹果产业相关的政策（表7）。这些政策的实施，为苹果加工、仓储保鲜、运输销售等能力提升及品牌建设提供政策支撑和资金保障。

表7 2023年全国苹果产业相关政策

政策名称	发布单位	主要内容
关于落实党中央 国务院2023年全面推进乡村振兴重点工作部署的实施意见	农业农村部	深入实施脱贫地区特色产业提升行动，做精特色产业，推进全链建设，强化品牌创建，做强农产品加工流通业，提升加工水平，发展农产品电商。
关于加快推进农产品初加工机械化高质量发展的意见	农业农村部	水果初加工，重点推广果品无损检测、分级分选、杀菌包装、智能预冷冷藏等成套技术装备。
支持脱贫地区打造区域公用品牌实施方案（2023—2025年）	农业农村部	支持建设一批田头冷藏保鲜设施和产地冷链集配中心，持续扩大绿色、有机、地理标志和名特优新农产品生产规模。
关于继续实施农产品批发市场和农贸市场房产税、城镇土地使用税优惠政策的公告	财政部、税务总局	对农产品批发市场、农贸市场专门用于经营农产品的房产、土地，暂免征收房产税和城镇土地使用税。

2. 地方政策。陕西省印发了《关于加快推进苹果产业高质量发展的意见》，其他苹果主产省也印发了《山东省推动苹果产业高质量发展行动计划》《关于深入推进烟台苹果产业高质量发展的意见（2023—2025年）》《甘肃省"十四五"推进农业农村现代化规划》《山西省"十四五"乡村振兴和农业农村现代化规划》《河南省"十四五"乡村振兴和农业农村现代化规划》《河北省"十四五"农业机械化发展规划》等系列规划，这些规划从特色水果产业升级、果树品种改良、中低产果园改造、果品加

工水平提升、产地冷藏保鲜设施建设、打造苹果产业链、培育区域公用品牌等方面提出指导意见，为当地苹果产业持续发展提供了保障。

二、苹果产业发展存在的问题与挑战

（一）产业发展自身存在的主要问题

1. 种植品种结构不合理，供需矛盾突出。从供给侧看，我国苹果产业已实现足量发展，但是苹果品种和熟期结构不合理，使得晚熟苹果出现产能过剩，而中早熟品种供应短缺。产品集中上市，供大于求，市场价格波动频繁，生产效益提升受到限制。从需求侧看，消费者收入的增加提高了水果选择和支付能力，对中高档苹果需求增加，但中高档精品苹果市场供应能力相对薄弱，呈现结构性供不应求，整体销售低迷。

2. 产业链较短，商品化处理水平低。生产、加工以及流通等多个环节商品化处理水平较低。生产环节中化肥农药使用、果实套袋、采后处理等标准化程度低；冷链运输、冷库贮藏设施落后；加工能力低，以初级加工为主，深加工品种尚未形成规模，产品附加值低。商品化处理水平相对欧美发达国家发展滞后。

3. 出口地区有限，市场集中度较高。苹果出口国家（地区）数量相对有限，鲜果主要出口到共建"一带一路"国家，分别为越南、印度尼西亚、泰国、孟加拉国、菲律宾、尼泊尔、马来西亚等，出口量集中度达到 84.3%；果汁出口目的地主要是美国、南非、日本、澳大利亚、加拿大等，出口量集中度达到 73.4%。较为集中的出口市场使我国苹果出口易受该地区经济发展水平的影响，既定的消费群体、有限的消费需求会导致我国难以扩大苹果产品出口，苹果出口依赖性加大，抗风险能力下降。

4. 品牌创建较多，品牌效应不明显。苹果产业品牌创建多，在主产区，一县多个品牌，甚至一乡一村都有品牌，但区域品牌、企业品牌和产品品牌建设落后，普遍缺少对公用品牌的有效保护，品牌效应尚未充分发挥。截至 2023 年底，我国批准登记的果品农产品地理标志和地理标志产品累计总数达 1 325 个。其中，苹果 88 个，占比 6.6%。2021—2023 年累计有 84 个果品地理标志分别入选中国品牌价值区域品牌（地理标志）和农产品地理标志品牌声誉百强名单，每年有 6～7 个苹果品牌入围，但只有烟台苹果地理标志连续 3 年入选前百强。

（二）面临的主要外部挑战

1. 果农老龄化，从业人员断档。苹果生产是典型的劳动密集型和农艺密集型产业，但大批农村年轻劳动力涌向城市，农村人口空心化、老龄化现象严重。苹果产业就业环境差、工作强度大，"老年人无力种果、年轻人无意种果"现象给苹果产业发展带来一定挑战。

2. 市场行情起伏不定。市场行情不但与苹果生产丰歉息息相关，还受到国际国内经济形势的影响。由于国内苹果产业的综合能力提升及国际局势动荡、国内经济下行等多种因素影响，近年来苹果市场行情起伏不定；国际市场开发不足，国内市场又受到其他水果的冲击和挤压，给苹果产业发展带来一定的困境。

三、苹果产业发展趋势与前景展望

(一) 前景展望

1. 生产总量保持低速增长。随着新老果园的更替，优势产区不断优化，同时继续落实国家耕地"非农化"、基本农田"非粮化"政策，预计短期内苹果园面积略减，面积约为2870万亩。随着优良品种推广、栽培技术和果园管理水平提升，单产水平稳步提高，总产同比有一定的增长。

2. 消费总量趋于稳定，消费结构变化不大。预测短期内整体市场环境与往年相差不大，市场仍然缺乏明显刺激因素，整体消费预期延续平稳表现，消费总量趋于稳定。从消费结构看，苹果消费仍以鲜食消费为主，加工为辅。

3. 鲜果进出口量齐增。进口：随着整体经济回暖，居民收入增加及消费结构升级，国际市场上品质优良、多样化的苹果持续吸引国内消费者，将推动鲜果进口量的增加，并且进口产品基本占据国内高端市场。出口：受国内供给量增加、品质优良、价格及运输成本低等因素的影响，鲜食苹果在东南亚及俄罗斯市场具有一定的优势，将推动苹果出口的增加。

4. 果汁进口量下降，出口量增加。国内消费者对健康饮食要求越来越高，更倾向于选择天然、无添加、健康化、个性化、功能化的果汁饮品，高含糖量、高热量饮品的偏好持续走低；西方发达国家是果汁饮料的传统消费市场，对果汁饮料需求较大，同时我国加工的果汁以浓缩果汁为主，在国际市场上具有较大的价格优势和较高的市场份额。

5. 价格同比下降，年度内窄幅波动。随着存储、冷藏技术与交通物流体系的发展，水果供应突破地域与季节限制，市场水果种类多，货源足，致使各类水果替代品增加，市场竞争激烈，苹果销量受到冲击。受供给增加和需求偏弱的影响，2024年价格相对偏低。

6. 成本略降，效益有所提升。随着机械化水平的提升，轻简化栽培管理模式的应用，生产用工量将会减少，同时化肥农药的减量施用，使苹果生产成本呈下降趋势，果农增收保持稳定。

(二) 对策措施与政策建议

1. 加强社会化服务组织建设，提升专业化服务水平。由千家万户分散经营向组织化、专业化、规模化转变，不断增强市场竞争力。未来需要加强社会化服务组织建设，通过社会化服务组织统一购买生产资料、统防统治、统购统销等途径，实现苹果生产标准化、规模化、专业化生产，既能降低生产成本，又能提高果品品质。

2. 加强产后贮藏、加工业发展，提升果品附加值。提高果品采后贮藏保鲜及商品化处理和加工能力，使苹果附加值不断显现；加强采后贮藏技术的研发与应用，使鲜食苹果实现周年供应；优化加工品种结构，由单一粗加工向精深加工转变；加快适宜加工品种生产基地建设，形成一定规模的优质加工原料基地。

3. 加强品牌建设，提升品牌价值。 扩大现有品牌宣传，提高知名度和影响力，同时根据生产规模注册一批高档优质苹果品牌，扩大国内外市场。地方特色与地理标志相结合，既要申请注册商标，又要申请绿色食品认证及有关国际质量认证，实现好品牌创造好的价值。

报告撰写人：

王桂荣　河北省农林科学院农业信息与经济研究所　研究员

张新仕　河北省农林科学院农业信息与经济研究所　副研究员

李　敏　河北省农林科学院农业信息与经济研究所　研究员

王晓夕　河北省农林科学院农业信息与经济研究所　助理研究员

高　策　河北省农林科学院农业信息与经济研究所　科研助理

靳元平　河北省农林科学院农业信息与经济研究所　科研助理

葡萄产业发展报告

我国是世界最大的鲜食葡萄生产国和消费国。近年来，葡萄种植规模稳中有升，已成为农业增效、农民增收的重要支柱产业。2023 年我国葡萄产量创历史新高，为 1 616.61 万吨，同比增长 5.1%，主要以鲜食为主，鲜食葡萄产量占总产量的 80% 以上，其余的葡萄用于制干、制汁或制醋等。2023 年我国鲜食葡萄进口量 16.7 万吨，进口额 4.8 亿美元，进口量、进口额同比分别减少 7.7% 和 9.4%，进口国以美洲、大洋洲国家为主。出口量 48.3 万吨，出口额 8.1 亿美元，出口量、出口额同比分别增长 28.1% 和 11.0%，出口目的地以东南亚国家为主。预计未来我国葡萄种植规模趋于稳定，产量增速放缓，葡萄质量继续提升，消费持续增长，加工消费增长较快，出口将保持稳定增长的趋势。交易、流通环节相对薄弱，葡萄市场价格波动频繁，增加了葡萄产业的潜在风险。

一、葡萄产业发展现状

（一）生产

近年来，随着国家土地政策调整以及收益较高的驱动，我国葡萄种植面积持续增长，区域集中度更为明显，品种结构进一步优化，特色品种快速发展。

1. 种植面积稳定在 1 000 万亩以上。2022 年葡萄种植面积达到 1 057.67 万亩，同比增长 0.52%。近 40 多年来，我国葡萄的种植面积呈现波动增长趋势。1990 年前，葡萄栽培面积在 45 万亩的基础上缓慢增长；1991—2003 年，葡萄栽培规模逐渐扩大，2003 年栽培面积达 631.5 万亩；2007—2015 年继续快速增长，2015 年达到峰值 1 198.5 万亩；2016 年后趋于平稳，种植面积稳定在 1 050 万亩左右（图 1）。

2. 产量保持在 1 000 万吨以上。2023 年葡萄产量创历史新高，为 1 616.61 万吨，同比增长 5.1%。近 40 多年来，我国葡萄产量呈持续增长趋势。1980—2000 年，葡萄产量低速增长，2012 年首次突破 1 000 万吨，达到 1 000.6 万吨；2016—2023 年趋于平稳发展，产量在 1 200 万吨以上（图 2）。

3. 种植区域分布集中，新疆、陕西和云南等 5 个种植省份全国占比 41.1%。我国葡萄主产区集中在新疆、陕西、河北和山东等地区，近年来鲜食葡萄栽培区域正逐渐向西南各省区（如云南、广西、四川）扩展。2022 年新疆、陕西、河北、四川和河南种植面积分别为 181.5 万、75.8 万、64.1 万、56.7 万和 56.4 万亩，分别占全国总面积

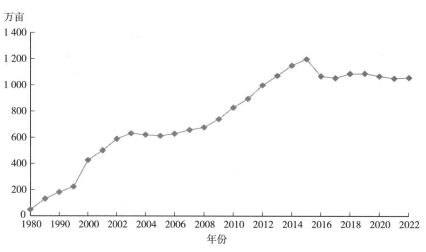

图1 1980—2022年全国葡萄种植面积

数据来源：历年《中国农业年鉴》。

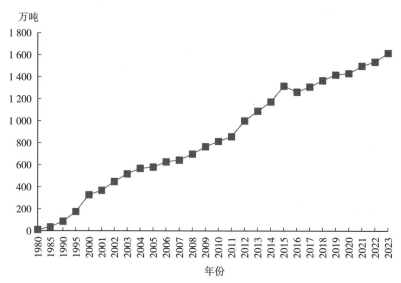

图2 1980—2023年全国葡萄总产量

数据来源：国家统计局。

的17.2%、7.2%、6.1%、5.4%、5.3%，5省种植面积占全国总面积的41.1%（表1）。

表1 2022年葡萄种植面积和区域分布

省份	面积（万亩）	占比（%）
新疆	181.5	17.2
陕西	75.8	7.2
河北	64.1	6.1
四川	56.7	5.4
河南	56.4	5.3

数据来源：历年《中国农村统计年鉴》。

4. 品种结构持续优化，夏黑和阳光玫瑰发展迅速。 近年来，我国葡萄品种结构进一步优化，品种多样性更加丰富。巨峰作为栽培面积最大的鲜食品种，面积呈下降趋势。夏黑无核、阳光玫瑰、火焰无核和克瑞森等面积和占比进一步增加，尤其是阳光玫瑰面积快速增加。红地球是云南、北京和宁夏栽培面积最大的品种，分别占其栽培面积的 40%、70% 和 70% 左右。玫瑰香是天津栽培面积最大的品种，占总栽培面积的 49.4%，在山东栽培面积约 6.5 万亩。无核白在新疆、甘肃是栽培面积最大的主栽品种。克瑞森主要集中在西昌、冕宁、德昌等安宁河流域一带，栽培面积约 12 万亩。

（二）加工流通

我国葡萄消费以鲜食为主，加工占比不足 20%。鲜食葡萄用量占葡萄总产量的 80% 以上，酿酒的葡萄用量在 10% 左右，另有不足 10% 用于制干、制汁或制醋，少部分用于其他加工产品。2023 年，我国规模以上葡萄酒生产企业数量减少至 104 家，全国规模以上葡萄酒生产企业完成酿酒总产量 14.3 万千升，同比下降 33.2%。

由于传统"产地—批发商（收购商）—批发市场—批发商（＋超市/直销店/商贩）—消费者"流通模式存在环节多、成本高、效率低等问题，近年来，随着现代商品化包装处理技术的广泛应用，物流保鲜技术的快速发展和较为完善的快递运输管理评价体系，促进了基于电商平台销售模式的发展，在鲜食葡萄采后销售市场中形成了产地—电商平台公司—速递公司—消费者的新型模式。该模式因其便利性、信息可跟踪、具有售后服务环节等得到消费者的青睐。以上两种模式相互促进、相互竞争，推动了葡萄物流产业的发展。

（三）消费

1. 鲜食葡萄消费呈增长态势。 "十三五"以来，鲜食葡萄消费量总体呈增长趋势，2016 年消费量 1 078 万吨，2018 年有所下降，之后又持续增长，年消费量保持在 1 000 万吨左右。2022 年消费量创历史新高，为 1 239.5 万吨，同比增长 11.9%（图 3）。2022 年我国葡萄酒消费量为 8.8 亿升，同比下降 16%，葡萄干消费量为 19.3 万吨，占全球消费总量的 16.4%。

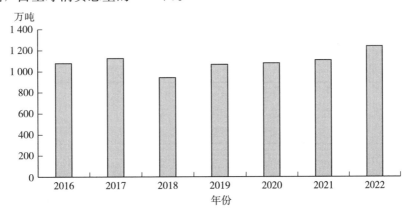

图 3 2016—2022 年中国鲜食葡萄消费量
数据来源：中国产业信息网。

2. 消费渠道多元化，电商带动线上消费。我国葡萄消费以鲜食为主，销售渠道以商业超市、批发市场、水果专卖店和路边地摊为主。近年来，随着冷链物流和快递行业的快速发展，电商平台、微商和网络直播等销售渠道更加多样化，直接将产地端与消费端相连，提高了果农盈利空间，同时为消费者提供了更多的选择空间，年轻消费群体正逐渐成长为线上消费的主要驱动力。

（四）进出口

1. 进口来源于美洲、大洋洲，出口以东南亚为主。我国鲜食葡萄进口来源地主要为智利、秘鲁和澳大利亚，2023 年从智利进口量居第一位，为 5.7 万吨，占进口总量的 34.1%，从秘鲁和澳大利亚进口量分别为 4.5 万吨和 5.1 万吨，占比分别为 26.9% 和 30.5%，3 国共计占比 91.5%。出口目的地主要为泰国、印度尼西亚、越南和马来西亚等，2023 年出口到泰国的鲜食葡萄量居第一位，为 12.1 万吨，占出口总量的 25.1%，出口到越南和印度尼西亚分别为 11.3 万吨和 8.3 万吨，占比分别为 23.4% 和 17.2%，3 国共计占比 65.7%。

2. 鲜食葡萄进出口保持贸易顺差。"十三五"期间，我国鲜食葡萄进口量下降、进口额小幅波动，出口量和出口额显著增加，进出口保持贸易顺差态势，其中 2020 年出口量为 42.5 万吨，出口额 12.1 亿美元。受新冠疫情等因素影响，2021—2022 年进口量持续下降，出口量也呈下降趋势。2023 年，葡萄进口量为 16.7 万吨，进口额 4.8 亿美元，同比分别减少 7.7% 和 9.4%，进口单价 2.87 美元/千克。2023 年，鲜食葡萄出口量 48.3 万吨，出口额 8.1 亿美元，同比分别增长 28.1% 和 11.0%（表 2），出口单价为 1.68 美元/千克。

表 2 2016—2023 年中国鲜食葡萄进出口情况

年份	进口量		进口额		出口量		出口额	
	万吨	同比（%）	亿美元	同比（%）	万吨	同比（%）	亿美元	同比（%）
2016	25.2	16.7	6.3	6.8	25.4	22.1	6.6	−13.2
2017	23.4	−7.1	5.9	−6.3	28.0	10.2	7.4	12.1
2018	23.2	−0.9	5.86	−0.7	27.8	−0.7	6.9	−6.8
2019	25.2	8.2	6.44	8.9	36.7	32.2	9.9	43.1
2020	25.0	−4.0	6.43	−0.2	42.5	15.8	12.1	22.9
2021	19.5	−22.0	5.4	−16.8	35.1	−17.4	7.6	−37.6
2022	18.1	−7.2	5.3	−0.9	37.7	7.4	7.3	−4.0
2023	16.7	−7.7	4.8	−9.4	48.3	28.1	8.1	11.0

数据来源：海关总署。

（五）全产业链效益

2022 年葡萄产量 1 537.8 万吨，第一产业产值约为 461 亿元。葡萄加工产品主要为葡萄酒和葡萄干，2022 年葡萄酒产值达 35.54 亿元，葡萄干产值达 9 亿元，第二产业产值约为 44.54 亿元。2023 年鲜食葡萄价格普遍高于前几年，源于质量的提升，品种丰富，但仍存在季节性集中上市的问题，不同上市时间价格差异大；同时，不同品种间价格差异大，如玫瑰香、红提整体高于葡萄综合均价，巨峰价格偏低，马奶价格波动大。总体来看，巨峰葡萄价格比较平稳，而阳光玫瑰葡萄品种虽然需求量增加，销售价格也较高，但阳光玫瑰整体价格比 2022 年低。

由于种植区域、经营主体类型、种植技术及种植品种等因素不同，葡萄种植成本差异较大。根据近年来调研监测发现，地租、人工、农资等生产成本持续上涨。2023 年通过对河南洛阳、许昌和商丘种植户和合作社实地调研发现，合作社具有规模生产优势，化肥和农药综合使用率较高，有机肥用量较多，每亩种植成本为 3 000～4 000 元，果品品质较高，销售单价高，当地葡萄批发价 8.0～10.0 元/千克，高于农户葡萄价格 40%～50%，平均每亩利润达到 6 000～8 000 元。

（六）产业政策

近年来，国家和地方出台了一系列支持葡萄产业发展的政策，涵盖了财政、保险、税收等多个方面。

1. 国家政策。 农业农村部在 2021 年发布的《"十四五"全国种植业发展规划》中提出，到 2025 年全国葡萄种植面积控制在 1 500 万亩以内，产量稳定在 1 800 万吨左右，《规划》还明确了鲜食葡萄早、中、晚熟品种比例及种植结构。《宁夏葡萄及葡萄酒产业开放发展综合试验区建设总体方案》于 2021 年发布，旨在提升综试区酿酒葡萄种植基地规模和层次，提高葡萄酒酿造水平和品质，力争到 2025 年实现综合产值 1 000 亿元。

2. 地方政策。 宁夏出台了多项政策支持葡萄产业发展，包括完善关键环节补助内容、贷款担保和贴息支持机制等。具体措施如下：对标准化基地建设给予每亩一次性以奖代补资金，支持产区公用品牌建设和科技创新。河北省在《张家口首都水源涵养功能区和生态环境支撑区建设规划（2019—2035 年)》中，提出了发展葡萄种植及加工业，打造一流的葡萄文化产业园。河南省在《河南省"十四五"乡村振兴和农业农村现代化规划》中，提出建设一批优质林果基地，推进林果业产地冷藏保鲜设施建设，强化品牌建设。云南省发布了《云南省农业现代化三年行动方案（2022—2024 年)》，重点推进标准化种植，推广现代设施栽培模式，培育具有市场影响力的区域公用品牌。甘孜州发布了《甘孜州酿酒葡萄产业发展规划（2023—2030 年)》，规划了酿酒葡萄适宜性分区、种植基地空间布局与功能分区等，并提出了具体的投资估算和资金筹措方案。

3. 财政支持。 宁夏回族自治区对社会化服务体系建设和品牌酒庄建设等环节中的设备购置、质量提升提供贷款担保支持，并对贷款贴息进行补助。财政部在推动黄河流域生态保护和高质量发展的财税支持方案中提出，支持宁夏高水平建设国家葡萄及葡萄酒产业开放发展综合试验区。

二、葡萄产业发展存在的问题与挑战

（一）产业发展存在的主要问题

1. 生产技术发展滞后。 我国葡萄主栽品种以国外育成品种为主，鲜食品种多以巨峰、红地球、夏黑和阳光玫瑰为主，酿酒葡萄生产中以赤霞珠为主。这种品种单一化趋势导致市场竞争力不足，难以满足多样化的消费需求。许多果农在种植过程中缺乏科学的技术指导，导致化肥、农药乱施乱用，果实品质下降。此外，葡萄生产基本上是以家庭为单位，机械化程度低，生产和销售欠缺一定规模，效益低下。

2. 贮藏加工技术滞后。保鲜贮藏技术落后，葡萄采后储运一直是产业发展的瓶颈，贮藏过程中二氧化硫超标，鲜食葡萄贮藏期、货架期短，掉粒、烂果严重，损耗率约为16%。精深加工技术不足，葡萄综合利用不够，精深加工技术和工艺落后，规模化加工企业少，大量优质葡萄的加工品只能走低档销售途径，效益不高。

3. 生产、消费和市场波动风险。葡萄价格受产量和季节性影响较大，市场价格波动频繁，增加了农户的经营风险。从整个产业链来看，交易、流通等环节仍然薄弱。销售模式相对单一，主要靠收购商到地头收购或农户到市场零售为主，葡萄售价随行就市，影响了种植效益和种植积极性。

4. 产业化组织化程度低。我国葡萄产业化程度低，基本上是以家庭为单位，小生产与大市场矛盾突出，龙头企业和专业合作社规模小、数量少，对产业带动能力不强。组织化程度低，葡萄产业缺乏有效的组织和协调机制，导致产业链条较短，附加值不高。

5. 产业品牌缺乏，品牌影响力弱。尽管我国葡萄种植面积和产量均居世界前列，但品牌影响力相对较弱，缺乏具有国际竞争力的品牌。由于品牌建设不畅，葡萄产品溢价能力不足，难以在市场上获得更高的利润。

（二）产业发展面临的外部挑战

1. 极端天气和资源限制。全球气候变化导致极端天气事件频发，如干旱、洪水、冰雹等，对葡萄种植造成严重影响，导致产量下降和品质不稳定。病虫害增多、气候变化也可能导致病虫害的增多和传播范围扩大，增加了葡萄种植的难度和成本。葡萄种植需要大量的水资源，但许多地区面临水资源短缺的问题，限制了葡萄产业的发展。适宜葡萄种植的土地资源有限，尤其是在城市化进程加快的背景下，土地资源更加紧张。

2. 宏观经济和绿色发展。全球经济波动会对葡萄酒消费市场产生直接影响，经济衰退时期消费者购买力下降，影响葡萄产业的市场需求。通货膨胀导致生产和分销成本上升，消费者面临更高的价格，购买力下降，影响葡萄产业的销售。

随着环保意识的提高，葡萄产业面临减少化肥、农药使用，实现绿色生产的压力。需要更加注重可持续发展，实现资源的高效利用和环境保护，这增加了生产成本和技术难度。

3. 国际风险和政策风险。全球化背景下，地缘政治冲突等因素可能导致供应链中断，影响产业发展。国际贸易摩擦和保护主义抬头，可能导致贸易壁垒增加，影响葡萄产品的出口。国内外政策的不确定性和频繁变动，可能对葡萄产业的投资和发展造成不利影响。各国对食品安全和质量的监管不断加强，葡萄产业需要满足更高的标准和要求，增加了经营成本。

三、葡萄产业发展趋势与前景展望

(一)发展趋势与前景展望

1. 科学技术驱动,产业稳步增长。技术创新将持续推动葡萄产业的发展。预计未来 5 年,全球葡萄种植面积将以每年约 2% 的速度稳步增长。精准农业技术的广泛应用,智能温室和滴灌系统的普及率将提升至 60% 以上,使葡萄种植区域进一步拓展,单位产量也将显著提高。通过病虫害综合防治和生物防治技术,葡萄的产量损失率有望降低至 10% 以内。品种改良工作将取得更为显著的成果,预计通过基因编辑和传统育种技术,将培育出 10~15 个适应不同气候条件和市场需求的新品种。这些新品种将在耐旱、抗病、高营养价值以及特定风味等方面表现卓越,推动葡萄品质的整体提升,满足消费者日益多样化的需求。

2. 加工流通多元发展,高效畅通。加工环节将呈现多元化趋势,葡萄衍生产品的开发将成为产业增长的新亮点。未来 3 年,葡萄籽油的产量预计将以每年 15% 的速度增长,葡萄皮提取物等功能性成分的应用也将更为广泛,使葡萄加工的附加值提升 30% 以上。在流通领域,电子商务和新零售模式将重塑葡萄销售格局。预计到 2027 年,线上葡萄销售占比将从当前的 20% 提升至 40% 左右,通过社区团购、线上线下融合等新零售模式,葡萄的销售范围将进一步扩大,销售效率提高 50% 以上,有效降低了流通成本,确保消费者能够及时购买到新鲜优质的葡萄产品。

3. 消费品质升级,需求分化。随着消费者对健康食品的关注度不断提高,优质葡萄的市场需求将持续增长。预计未来 5 年,低糖度葡萄、有机葡萄等高品质葡萄的消费需求将以每年 10%~15% 的速度递增,占据葡萄消费市场的 40% 以上份额。同时,消费者对葡萄产品的需求将更加细分,特定风味的酿酒葡萄以及葡萄衍生产品的消费群体也将逐步扩大,为葡萄产业的多元化发展提供了广阔的市场空间。

4. 进出口合作竞争,拓展国际市场。中国葡萄产业在国际市场上的地位将日益凸显。预计未来 5 年,中国葡萄出口量将以每年 8%~10% 的速度增长,主要出口品种包括鲜食葡萄和优质酿酒葡萄,出口目的地将进一步拓展至欧美等高端市场,在全球葡萄出口市场的份额有望从当前的 5% 提升至 8% 左右。同时,中国也将适度进口一些特色葡萄品种,以满足国内市场的多样化需求,预计进口量将保持每年 5% 左右的稳定增长,进口来源国将更加多元化,形成竞争与合作并存的国际市场格局。

5. 品质主导,稳中有升。优质葡萄的价格将保持稳中有升的态势,预计未来 3 年,高品质葡萄的价格将上涨 10%~15%,这主要是由于其生产成本的增加以及消费者对品质的认可。而普通葡萄的价格将相对稳定,波动幅度控制在 5% 以内,市场价格体系将更加合理,体现了品质与价格的正相关关系。

6. 绿色引领,产业融合发展。政府将加大对葡萄产业的政策支持力度,鼓励绿色可持续发展。预计未来 5 年,政府对葡萄产业的科技研发投入将增长 30% 以上,重点支持精准农业技术、品种改良和病虫害绿色防控等领域的研究与应用。同时,产业融合发展将得到积极推动,各地将建设 50~100 个葡萄主题公园和休闲农业基地,促进葡萄产业与旅游、文化、休闲等产业的深度融合，实现产业综合效益的显著提升，预计葡萄产业的综合附加值将提高 20%～30%。

（二）对策措施与政策建议

1. 加强科技创新投入。政府应增加对葡萄产业科研项目的资金投入，鼓励科研机构和企业开展葡萄品种改良、栽培技术创新、病虫害防治等方面的研究。通过设立专项科研基金，吸引更多的科研人才投身于葡萄产业的科技创新中。积极推广现代化的葡萄栽培技术，如精准灌溉、智能施肥、设施栽培等。建立健全葡萄病虫害监测体系，推广生物防治、物理防治等绿色防治技术，减少化学农药的使用，提高葡萄的质量安全水平。政府可以组织专家团队，为农民提供病虫害防治的技术指导和服务。

2. 提升产业标准化水平。政府应制定和完善葡萄产业的标准体系，包括葡萄种植、采摘、加工、包装、运输等环节的标准。鼓励企业和农民建设标准化生产基地，按照标准体系进行生产管理。加强对标准化生产基地的监督管理，确保生产过程符合标准要求。加强葡萄的商品化处理，提高葡萄的附加值。鼓励企业引进先进的清洗、分级、包装设备，提高葡萄的商品化处理水平。

3. 促进产业融合发展。鼓励葡萄产业与旅游、文化、教育等产业融合发展，拓展葡萄产业的发展空间。通过产业融合，提高葡萄产业的综合效益，促进农民增收。鼓励企业开展葡萄深加工，延长葡萄产业链。政府可以给予一定的资金支持和政策优惠，引导企业加大对葡萄深加工的投入。鼓励发展农民专业合作社、家庭农场、龙头企业等新型经营主体，引导新型经营主体开展标准化生产、品牌化经营、产业化发展。

4. 加强品牌建设和市场推广。政府应引导企业和农民树立品牌意识，培育具有地方特色的葡萄区域品牌。加强对区域品牌的保护和管理，规范品牌使用行为，维护品牌形象。加大对葡萄品牌的宣传推广力度，提高品牌的市场竞争力。政府可以组织企业参加国内外的农产品展销会、博览会等活动，展示本地葡萄品牌的特色和优势。同时，加强对农产品流通环节的监管，确保葡萄的质量安全。

5. 强化政策支持和保障。政府应制定出台一系列扶持葡萄产业发展的政策措施，包括财政补贴、税收优惠、信贷支持等。通过政策扶持，降低葡萄产业的发展成本，提高农民和企业的积极性。加强对葡萄产业人才的培养和引进，提高葡萄产业的人才支撑能力。政府组织开展葡萄产业技术培训，培养一批懂技术、会管理的高素质农民。建立健全葡萄产业的服务体系，加强对葡萄产业的技术服务、金融服务、法律服务等，为葡萄产业的发展提供全方位的服务，为产业的发展提供保障。

报告撰写人：

李小红　河南省农业科学院农业信息技术研究所　　　　副研究员、副主任
王　瑛　河南省农业科学院农业经济与农村发展研究所　助理研究员

刘海礁　河南省农业科学院花生研究所　　　　　　　　副研究员、所长
李运景　河南省农业科学院农业信息技术研究所　　　研究员、主任
吴亚蓓　河南省农业科学院农业信息技术研究所　　　助理研究员
郑国清　河南省农业科学院农业信息技术研究所　　　研究员

梨产业发展报告

　　梨是我国栽培历史最为悠久的果树之一，品种资源丰富、适应性强、分布广泛，有"果宗"之称。我国梨产量接近世界总产量的3/4。近年来，梨产业区域布局逐步优化，品种类型日益丰富，熟期结构趋于合理。2023年梨栽培面积892.4千公顷，同比下降2.5%；产量1985.3万吨，同比增长3.1%；出口量为55.57万吨，同比增长4.7%；库尔勒香梨、雪花梨等大宗品种平均出园价格同比下降。预计，短期内我国梨栽培面积保持稳定，产量稳定在1900万吨左右，消费需求和出口规模将稳步增长。梨产业存在标准化和机械化程度低、区域发展不平衡、比较效益不高、品牌建设不足等问题，亟须理清发展思路，加强科技创新，强化品牌建设，加强风险管理，提升市场竞争力，实现梨产业高质量发展。

一、梨产业发展现状

（一）生产

　　1. 品种多、分布广。我国梨品种资源丰富、适应性强、分布广泛，除海南外，其余各地均有栽培。根据自然禀赋、产业基础和市场竞争力，我国梨产区划分为华北白梨、西北白梨、黄河故道白梨砂梨、长江流域砂梨、东北秋子梨5大优势产区，以及新疆香梨、西南红梨、渤海湾西洋梨、黄土高原西洋梨4个特色产区。梨品种众多，全国具有一定商业栽培规模的梨品种有100个以上。河北鸭梨、安徽酥梨、新疆库尔勒香梨名列农业农村部优势特色产业集群。

　　2. 栽培面积稳中有降，产量和单产持续上升。近20年，梨栽培面积稳中有降、产量和单产持续上升（图1）。2023年我国梨栽培面积892.4千公顷，同比下降2.5%；产量1985.3万吨，同比增长3.1%；单产1483.1千克/亩，同比增长5.7%。河北是我国产梨最多的省份，其产量全国占比20.3%，其次是新疆、安徽、河南、山西、辽宁、山东、陕西、四川、江苏等省份，上述十省份占全国梨总产量的78.0%。

　　3. 梨区域布局逐步优化，品种类型日益丰富。梨区域布局进一步向优势产区集中，河北等前十省（区）产量占比进一步提升，安徽砀山、新疆库尔勒、河北赵县、晋州、泊头、辛集、深州、辽宁海城、山西隰县、陕西蒲城等全国排名前十的主产县（市）产量超过总产量的1/4左右。梨果品种更加丰富，与2009年相比，新增了玉露

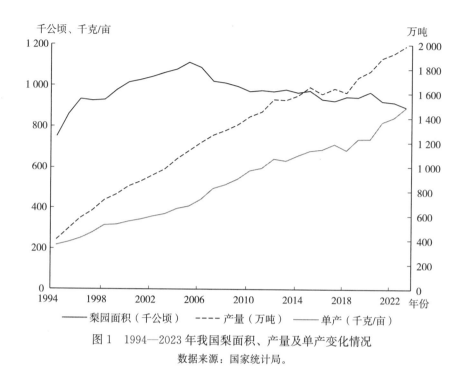

图 1　1994—2023 年我国梨面积、产量及单产变化情况

数据来源：国家统计局。

香、红香酥、翠玉、秋月、丑梨（派克汉姆）、新梨 7、翠冠、Cheeky、早白蜜、南水、彩云红等品种。玉露香和翠玉被列入农业农村部主推品种。

4. 机械化、省力化栽培模式不断提升。 宽行密植集约化栽培梨园不断扩大，细长圆柱形、倒伞形、倒个形、Y 字形、水平棚架型等高光效树形不断涌现，液体授粉、无人机授粉、机械和化学疏花疏果、免袋栽培等省力化花果管理技术不断研制，梨园生草、精准水肥管理、梨园废弃物资源化利用等精准化土肥水管理技术不断应用。梨园自动化、智能化农机装备水平不断提升，农机农艺、机械化、信息化融合不断加强。

（二）加工流通

1. 加工用果占比较低，但加工产品类型渐趋丰富。 加工用梨占我国梨总产量的 10%～15%，梨罐头、浓缩梨汁、梨膏等是我国梨主要加工产品，其次有梨果酒和蒸馏酒、梨汁和梨汁饮料、梨醋饮品、梨干、梨脯、梨糖等产品，民间传统加工方式有煮梨汤、烤梨、冻梨、泡梨等。梨果规模以上加工企业主要分布在河北、安徽、辽宁、山东、湖南等地。

2. 冷藏能力不断提升，贮藏集散地相对集中。 在农业农村部"农产品产地初加工项目"支持以及民间资本推动下，梨冷藏能力不断提升，目前梨果冷藏能力达 500 万吨左右。河北冷藏量约占全国的 2/5，形成了赵县、辛集、晋州、泊头、藁城、魏县、宁晋、深州等贮藏大县。农业产业化国家重点龙头企业有 4 家，其中河北占 3 席。另外，新疆库尔勒和阿克苏，安徽砀山，山东莱阳、阳信等，山西运城盐湖区、祁县、隰县等，陕西蒲城和大荔，辽宁鞍山千山区、海城、绥中等，甘肃景泰、张掖甘州区等产区也形成了区域贮藏企业集群。冷链运输方面，我国出口梨果冷链运输率基本做到100%，国内冷链流通率不足20%。

3. 流通渠道涌现新路径，流通销售探索新模式。流通渠道逐渐多元化，流通模式也不断推陈出新。梨果主要流通渠道与模式有：

（1）果品批发市场。批发商逐渐从单纯代卖产品、经营大通货，向基地、供应链建设等多维度延伸，从与供应商短期合作向长期战略合作模式转变，从单纯的批发商向品牌服务商转变。批发商从产地组织货源，进入销地批发市场，也有果农在批发市场有档口，梨果销售以批发市场为主导的流通模式虽有所下降，但仍占主流。

（2）大型商超、水果店和水果连锁店。大型商超针对不同消费群体差异化发展，专业水果连锁超市快速发展，线上线下一体化，店仓一体化、前置仓等模式，满足不同消费需求。龙头企业自建基地或收购果农梨果，入库贮藏，分等分级包装后进入批发市场或直接供应连锁超市，龙头企业参与梨果流通占比较高，诚信度高，品牌意识强。

（3）电商平台和自媒体网络营销电子商务模式。根据需求创新出多种模式，如消费者定制模式（C2B/C2F）、电商平台模式（B2C，如天猫、京东、淘宝、顺丰优选等）、B2B模式、农场直供模式（F2C）、线上线下相融合模式（O2O）等，增加消费体验，赢得更多市场价值。

（4）产地直供。连锁超市产地直采或与批发商合作，以保证果实品质；农民合作社参与梨的生产、加工和销售，提高议价能力和减少中间环节；梨果直接销售，如农超对接、农贸或集贸市场，观光采摘等。

（三）消费

1. 梨是国民大众水果，具有药用食疗价值。梨原产中国，梨史源流三千年。梨果水分含量一般在83%～88%，素有"天然矿泉水"之称。梨果属低能量、低脂肪和低胆固醇的食品，富含果糖、有机酸、膳食纤维、维生素、多种矿物质及天然抗氧化剂等，对于提高免疫力、抗衰老、体重控制、调节血脂、降低心脏病风险、癌症预防等有良好作用。梨果中富含钾、钙、磷、镁等大量元素及铁、铜、锌、硒、硼等微量矿物元素。梨属高钾低钠食品，钾元素含量120毫克/100克左右。传统中医学与现代科学对梨的药用食疗价值都给予充分肯定。鲜食可去五脏之火，熟食可滋六腑之阴。梨的药用价值在《本草纲目》《本草通玄》等均有记载。传统中医学认为梨性微寒味甘，有生津、润燥、清热、止咳、化痰的功效。经常食用梨及梨膏梨汤等产品对滋阴、降压、保肝、助消化、减肥等大有裨益，还可以缓解感冒咳嗽、热病烦躁、便秘等症状，同时可解酒毒。

2. 消费以国内为主，出口占比低。我国是世界梨果消费大国，人均梨果13.7千克，世界人均3.3千克。国内消费占梨总产量的绝大部分，梨生产和消费分布广泛，经济发达、人口密集的长三角、珠三角及大城市中高端市场对优质梨的需求旺盛，而二、三线城市及农村地区的消费者更倾向于选择性价比高的梨品种。梨果出口占比不足总产量的3%，主要出口市场为东南亚、中东、欧洲和北美。

3. 消费群体广泛，消费形式多样。梨的消费群体广泛，涵盖各个年龄段和性别的消费者。梨的消费形式呈现多样化特征，包括鲜食消费、加工消费和其他消费形式。鲜食是最主要的消费形式，约占梨总消费量的 70% 以上。鲜食梨因其便捷性和天然口感，广泛受到城乡居民喜爱，尤其是秋冬季节，成为家庭水果消费的首选之一。加工梨产品如梨膏、果汁、果酒等正逐渐成为市场热点，尤其受到注重健康的消费者青睐。其他消费把梨作为食材加工成各种梨菜品等，如雪梨百合、梨派、红酒泡梨等。

（四）进出口

1. 进口集中在南半球、出口以东南亚为主。 我国鲜梨砂梨准入的国家和地区有日本、新西兰和中国台湾，鲜梨西洋梨准入的国家有智利、南非、比利时、荷兰、阿根廷、美国、新西兰、意大利。2023 年鲜梨进口来源地有 6 个（图 2），智利、南非、阿根廷和新西兰南半球 4 国进口量占 2/3，北半球的比利时、荷兰和美国进口量占 1/3。

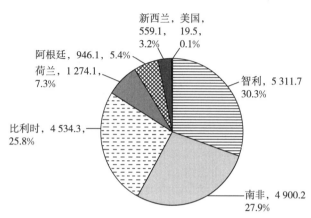

图 2 2023 年我国鲜梨进口来源国及其占比

数据来源：海关总署。

2023 年我国鲜梨出口 55 个国家和地区，出口量前十五的国家和地区占 95.7%（图 3），前十占比 88.3%，印度尼西亚、越南、泰国前三个国家占 61.4%，欧美 10 个发达国家出口占 7.8%。

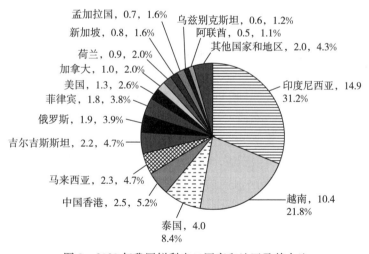

图 3 2023 年我国鲜梨出口国家和地区及其占比

数据来源：海关总署。

2. 鲜梨进出口量均增加，但加工产品出口降幅较大。 我国是世界鲜梨出口最多的国家，据海关总署统计，2023 年我国梨产品出口量为 55.57 万吨（表 1），同比增长 4.7%，出口额 6.28 亿美元，同比上涨 6.4%。其中，鲜梨出口量 47.89 万吨，同比增长 7.9%，出口额 5.36 亿美元，同比上涨 8.31%；梨罐头和梨浓缩汁出口量

7.67 万吨，同比下跌 12.0%，出口额 0.92 亿美元，同比下降 3.76%。2023 年我国鲜梨进口量为 1.76 万吨，同比增长 44.3%，进口额 0.34 亿美元，同比上涨 25.5%，进口梨品种主要是西洋梨。

表 1　2023 年我国梨产品进出口数量与金额

商品编码	商品名称	出口数量 （万吨）	出口金额 （万美元）	进口数量 （吨）	进口金额 （万美元）
8083010	鲜鸭梨、雪梨	2.03	1 400	—	—
8083020	鲜香梨	0.53	800	—	—
8083090	其他鲜梨	45.34	51 400	17 545	3 353
20084010	梨罐头	4.81	4 700	2	1
20098915	梨汁	2.86	4 500	84	24
总计		55.57	62 800	17 632	3 378

数据来源：海关总署。

（五）全产业链效益

1. 产值稳步增长。2023 年全国梨产业总产值稳步增长，总产值约为 2 289.67 亿元。其中第一产业产值约为 1 373.8 亿元，占总产值的 60% 以上，加工和农文旅等二、三产业比重持续提升。2023 年，全国梨产业直接参与的农民数量超过 500 万人，人均增收 3 000 元以上。梨产业对农民增收的带动作用显著，特别是在主产区，梨收入已成为许多农户家庭的重要经济来源。以陕西为例，梨产业从种植到销售每亩可为农户增加纯收入 4 000 元左右。此外，通过梨园流转、技术服务和梨产品加工就业等形式，带动了当地务工收入增加。梨产业的区域经济带动效应在近年来的乡村振兴战略中得到了进一步放大。

2. 价格总体呈上涨趋势，但波动较大。黄冠梨、酥梨、库尔勒香梨、鸭梨和雪花梨 5 大梨品种是我国河北、安徽、山西、陕西、新疆等主产区主栽品种，也是贮藏和周年供应的主要品种，产量接近梨年产量的 40%。近十年来我国主产区主栽品种产地平均收购价和市场平均批发价总体呈上涨趋势，但由于产量变化等原因起伏较大（图 4、表 2、表 3）。据中国果品流通协会价格监测，上述 5 大品种 2023 年产地收购价平均分别为 4.67 元/千克、2.94 元/千克、2.62 元/千克、2.73 元/千克、8.79 元/千克，同比 2022 年分别持平、上涨 5.0%、下降 8.0%、持平、下降 26.0%；批发价格平均为 6.19 元/千克，同比下降 13.1%。大型超市梨果零售价涨幅明显，2023 年为 25.1 元/千克，与 2015 相比上涨 84.8%。

表 2　我国主要梨品种产地收购价

单位：元/千克

品种	2015 年	2016 年	2017 年	2018 年	2019 年	2020 年	2021 年	2022 年	2023 年
黄冠梨	2.57	2.41	2.90	2.91	2.90	4.58	2.75	4.67	4.67

（续）

品种	2015 年	2016 年	2017 年	2018 年	2019 年	2020 年	2021 年	2022 年	2023 年
酥梨	2.48	2.20	1.91	3.30	1.55	3.02	3.06	2.73	2.73
鸭梨	2.05	2.12	1.75	2.83	2.02	3.60	2.01	2.80	2.94
雪花梨	1.58	1.68	1.44	2.02	1.84	3.42	1.82	2.85	2.62
库尔勒香梨	6.27	6.00	2.31	9.00	11.00	5.29	6.38	11.88	8.79
平均收购价	2.99	2.88	2.06	4.01	3.86	3.98	3.20	4.98	4.35

数据来源：中国果品流通协会。黄冠梨≥250 克、酥梨（南方≥250 克，北方≥200 克）、鸭梨≥225 克、雪花梨≥300 克、库尔勒香梨≥110 克。

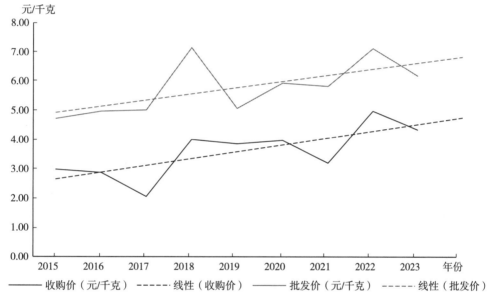

图 4　2015—2023 年我国黄冠等 5 大梨品种产地收购价和市场批发价变化情况

数据来源：中国果品流通协会。

表 3　我国主要梨品种批发价格

单位：元/千克

品种	2015 年	2016 年	2017 年	2018 年	2019 年	2020 年	2021 年	2022 年	2023 年
黄冠梨	4.16	4.54	4.75	7.62	5.05	6.72	5.90	7.43	6.32
酥梨	4.13	4.10	3.83	5.58	3.46	4.15	4.87	5.61	4.74
鸭梨	3.62	3.69	3.83	6.02	3.69	4.95	4.67	5.78	5.09
雪花梨	3.46	3.27	3.56	4.42	3.15	4.83	4.41	5.76	5.05
库尔勒香梨	8.27	9.29	9.12	12.16	10.01	9.04	9.31	11.07	9.74
平均批发价	4.73	4.98	5.02	7.16	5.07	5.94	5.83	7.13	6.19

数据来源：中国果品流通协会。黄冠梨≥250 克、酥梨（南方≥250 克，北方≥200 克）、鸭梨≥225 克、雪花梨≥300 克、库尔勒香梨≥110 克。

3. 人工成本、化肥和农药价格上涨较多。据梨经济信息基础数据库示范县数据，2023 年梨平均生产成本为 3 815 元/亩，同比上涨 5.2%。2011—2023 年，全国梨生产成本年均增长 4.5%。2023 年，全国梨平均生产成本中，人力成本占比 41.4%，物质及服务费用占比 43.8%，土地租金占比 14.8%。然而，通过技术改良和管理优化，单产水平稳步提升，部分主产区的收益依然可观。以河北某优势梨产区为例，2023 年每亩梨园平均收益达 7 000 元，净收益 2 000 元以上。通过机械化作业、节水灌溉等技术措施，该地区生产效率显著提升，种植户收益比 2022 年增长约 8%。

（六）产业政策

农业农村部发布了《"十四五"全国种植业发展规划》，提出"十四五"期间，坚持"适地适栽"，调整品种结构和熟期结构，推广轻简化、机械化、智能化栽培技术和生产模式，发展水肥一体化、测土配方施肥、有机肥施用等绿色低碳技术，加快产地冷藏保鲜设施建设；出台了《关于推进水果产业高质量发展的指导意见》和"果业振兴计划"，对各优势产区推广品种、栽培模式及采后管理提出了具体要求。地方政府如河北、山东、山西、陕西、新疆等在梨产业科技支撑、品牌建设、保险、税收优惠等方面也出台了相关政策。2023 年河北魏县出台了《关于加快梨产业高质量融合发展的实施意见》，围绕品种、品质、品牌产业化核心，强力推进特色品种区域化布局、规模化种植、标准化生产、产业化经营、品牌化销售、社会化服务，实现梨产业的绿色发展、高效发展和可持续发展。2023 年安徽砀山县出台了《砀山酥梨产业振兴三年行动计划（2023—2025 年）》，以数字化改革和实现生态产品价值双跨融合为牵引，通过实施种质改良、品质提升、品牌培育、技术创新、标准种植、精深加工、数字应用、农文旅融合等产业转型升级系列组合拳，加快推动砀山酥梨一二三产业融合发展，实现砀山酥梨全产业链高质量发展目标，推动砀山酥梨产业的创新发展、融合发展和高质量发展。

二、梨产业发展存在的问题与挑战

（一）产业发展自身存在的主要问题

1. 种业创新与优新品种研发。我国梨产业的核心竞争力在于品种创新。未来应加大对高产、抗病虫害、适应性强的梨新品种研发支持力度。

2. 生产标准化程度低、生产成本高，产品供求结构矛盾突出，低端产品供大于求市场竞争力弱。

3. 生产技术智能化转型缓慢。智能农业技术在梨产业中的应用尚处于初级阶段，推广力度不足。智能化转型将成为提升生产效率、降低成本的关键，需要政策和资本加大支持力度。

4. 加工能力与品牌建设不足。我国梨产业加工能力相对薄弱，缺乏具有全球竞争力的知名品牌。未来需围绕梨深加工产品开发，加强品牌营销策略，提升附加值。

5. 产业可持续发展与安全风险加剧。梨产业面临土地资源、用水效率等可持续发展问题，同时气候变化和市场波动风险加剧。需制定应对措施，如优化资源配置、提升抗风险能力，确保产业长期稳定发展。

（二）产业发展面临的外部挑战

1. 极端天气频发。高温、干旱、洪涝及霜冻等极端气候对梨的生产和品质产生了显著影响，增加了生产的风险，也对种植技术和管理提出了更高要求。

2. 资源禀赋制约产业扩张。梨生产对水资源和土地条件的依赖较大，而部分梨主产区面临土地肥力下降和水资源紧缺等问题，限制了梨种植面积的扩大。

3. 宏观经济和国际市场波动。国内外经济环境的不确定性对梨产业需求和市场稳定性造成影响。例如，国内经济下行会降低消费者对梨产品的购买力；梨出口市场集中于东南亚地区，一旦出现地缘政治不稳定，可能导致贸易受阻或出口锐减，对产业收益造成不利影响。

4. 绿色发展要求的挑战。当前绿色发展理念日益深入，对农业产业提出了更高的环保和可持续性要求。然而，梨产业在农药化肥使用、废弃物处理等方面仍存在环保隐患，产业绿色转型对梨的种植产生影响。

三、梨产业发展趋势与前景展望

（一）短期发展趋势分析

1. 梨生产与种植面积。短期内，我国梨种植面积预计将保持稳定，重点向优质、高效益方向调整。随着消费者对高品质水果需求增加，新品种推广和区域品牌建设将推动优质梨种植面积增长。单产水平将因生产技术优化而有所提升，预计 2024 年我国梨产量稳定在 1 900 万吨左右。

2. 梨加工流通与消费。梨的加工流通将呈现多样化趋势，冷链物流技术的普及将改善梨流通效率，减少损耗，提升市场供给的稳定性。鲜梨消费仍占主导地位，预计消费需求将稳步增长。

3. 梨进出口与国际市场。我国作为梨出口大国，预计短期内出口规模将保持年均 5% 的增长，主要受东南亚和中东地区市场需求拉动。同时，进口高端品种梨将满足国内消费者多元化需求，但规模仍有限。

4. 梨全产业链产值效益。地方政府将继续支持梨产业发展，通过补贴、高效灌溉设施建设和品牌营销促进产业升级，梨全产业链产值效益有望在短期内增长 3%～5%。

（二）中长期发展前景分析

1. 产业技术驱动生产效率提升。梨产业生产技术将进一步提高，包括精准施肥、智能化果园管理等新技术的广泛应用。这将提高土地利用效率，减少环境影响，为产业可持续发展奠定基础。

2. 需求升级与市场结构优化。消费者对梨产品的需求将从基础消费转向多元化、个性化消费。健康化、高端化产品市场份额将显著增加。随着国内中产阶层的壮大，功能性梨产品（如富含特定营养成分的梨品种）需求可能大幅增长。

3. 国际竞争与出口市场多元化。未来国际市场竞争将更加激烈，我国将进一步加强梨产品的品牌化和标准化建设，以增强在国际市场的竞争力。出口市场多元化战略将进一步推进，重点拓展非洲和拉美市场。

4. 产业政策与风险防控。中长期内，梨产业政策将更加注重全产业链协同发展，包括推进种业振兴、优化土地流转政策、强化食品安全监管等。同时，产业生产与市场风险如气候变化、市场波动等将引起足够重视。

（三）对策措施与政策建议

1. 推动科技创新。种业创新与生产技术智能化转型是提升我国梨产业核心竞争力的主要方向。建议增加专项科研基金，加大对高产、抗病虫害、适应性强的梨新品种研发支持力度。智能化转型是提升生产效率、降低成本的关键，但智能农业技术在梨产业中的应用尚处于初级阶段，未来需要加大资本的支持力度，促进智能化生产系统的开发。

2. 强化品牌建设。我国梨产业加工能力相对薄弱，缺乏具有全球竞争力的知名品牌。未来需围绕梨产业深加工产品开发，加强品牌营销策略，提升附加值。建议优化梨产业扶持政策，建立针对优质梨种植和加工的专项补贴机制，推动种植和加工环节与品牌建设。鼓励企业参与国际市场竞争，加强梨文化与旅游产业结合，打造具有国际影响力的梨品牌。

3. 加强风险管理。产业可持续发展与安全风险挑战日益突出。梨产业面临土地资源、用水效率等可持续发展问题，同时气候变化和市场波动风险加剧。需制定应对措施，如优化资源配置、提升抗风险能力，确保产业长期稳定发展。建议建立气候和市场风险预警系统，发展农业保险，提高梨产业抗风险能力；实施多元化市场战略，针对共建"一带一路"国家开展贸易合作，开拓新兴市场。

报告撰写人：

王文辉　中国农业科学院果树研究所　国家梨产业技术加工研究室　研究员　主任
耿献辉　南京农业大学　国家梨产业技术体系产业经济研究室　　教授　主任

香蕉产业发展报告

香蕉易于种植，生长周期短，作为全球四大水果之一，是全球贸易量最大、涉及贸易国家和地区最广泛的热带水果，也是我国热区乡村振兴的支柱性产业之一。2023年，全国香蕉种植面积约478万亩，产量1 170.3万吨，主产区种植面积和产量同比增减幅度不大；香蕉月均批发价比上年略有下降，主产区批发价格有差异，海南月均批发价高于其他主产区，云南最低；进口量略有减少，出口总量不大，但比上年有所增加。预计短期内随着新品种及新技术的推广应用，我国香蕉生产规模将总体保持稳定，进出口趋于上升。随着海南自由贸易港"零关税"及中国东盟自由贸易区的升级，给东南亚各国热带水果进入中国市场提供了便利条件，我国香蕉市场将面临环境约束和国际市场竞争等外部挑战。

一、香蕉产业发展现状

（一）生产

1. 种植面积和产量略减。2023年全国香蕉种植面积约478万亩，比上年减少约12万亩。产量1 170.3万吨，比2022年减少7.4万吨，减幅0.63%，占全国水果产量的比重降至3.57%，较2022年下降0.19个百分点。

2. 主产区种植面积、产量增减幅度较小。2023年，我国香蕉种植集中在广东、广西、海南和云南，福建、贵州和四川也有少量种植。广东、广西和云南实有面积均在百万亩以上，其中广东和广西实有面积同比略增，云南略减。广西产区香蕉种植面积百亩以上的种植户有410户，主要分布在南宁市、百色市、玉林市、崇左市和贵港市等地。

2023年广东香蕉产量为478.3万吨，与上年相比增加68.3万吨；福建、广东、海南及云南的产量同比略减。广东香蕉产量仍居主产区首位，占全国总产量的41%（图1）。

3. 主导品种和主推技术较少。从主导品种看，2023年农业农村部推介发布的香蕉主导品种只有'宝岛蕉'一种。广东省农业农村厅推介发布的主导品种有3种，分别是'粉杂1号''中蕉4号'和'南天黄'；广西和福建推介发布的主导品种分别为'桂蕉9号'和'福选1号'。

从主推技术看，广东主推的是'粉杂1号'优质高产标准化栽培技术；海南主推的是抗香蕉枯萎病品种关键栽培技术，其他主产区未推介发布有关香蕉的主推技术。

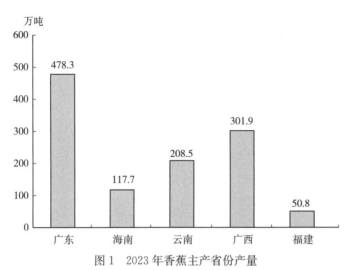

图 1　2023 年香蕉主产省份产量

数据来源：根据全国重点农产品市场信息平台数据整理。

另外，"高产优质抗枯萎病香蕉新品种的选育与应用""主要热带果树化肥农药减施关键技术示范与应用" 2 项技术入选 "2023 年十大热带作物重大技术"。

（二）加工流通

1. 精深加工少。 我国香蕉加工率不足 5%，已实现产业化的香蕉产品主要有香蕉脆皮、冻干香蕉片、香蕉原浆、香蕉粉和香蕉汁等。据企查查数据显示，截至 2023 年年底，我国香蕉主产区共有 6 000 余家正常经营状态的香蕉种植相关企业、农民专业合作社等，经营范围涉及加工的有 1 200 余家。香蕉加工企业主要分布在广东和福建，佛山蕉业生物科技有限公司作为生产香蕉天然抗性淀粉的高新技术企业，也生产香蕉原浆、天然香蕉提取物及其相关的保健产品；福建利众诚食品有限公司主要利用食品真空冷冻干燥技术生产冻干香蕉片；广西铂洋果业科技有限公司主要生产香蕉原浆和香蕉粉。国内最大的香蕉种植集团广西金穗农业集团与北大荒集团联合打造了 "我爱蕉汁" 品牌的香蕉汁系列产品。国内许多高校和科研单位也开始深入开展香蕉深加工技术研究与产品开发。

2. 物流体系逐步完善。 据中国冷链物流发展报告数据显示，2022 年全国冷库出租面积排名前 10 位的省份中，香蕉主产区广东位列第一，基础设施较为完善，冷库资源较多，不仅可保障鲜食香蕉品质，降低损耗，提升跨省和跨国冷链运输水平，也将助力香蕉产业链的延伸。电商平台下沉、直播带货的兴起拓宽了销售渠道。

（三）消费

我国香蕉大部分以鲜食为主。商务大数据监测显示，80 后消费者倾向于购买香蕉等新鲜水果，居民消费场景从线下拓展到线上，农产品线上消费规模不断攀升。但据国内学者研究发现，大部分 00 后在校大学生群体更趋向于线下的超市、水果店或市场购买新鲜香蕉，对于线上购买渠道，因担心香蕉品质问题暂持观望态度。

2023 年香蕉表观消费量约为 1 344.6 万吨，绝大多数香蕉的销售方式还是以农户直接销售和中间商收购为主。目前西南、西北、华北和中南等消费市场，国产蕉占主流。东北虽是国内最大的香蕉消费市场之一，但被进口蕉辐射了部分市场。而在华东地区，约三成进口蕉在大中城市的大型超市或水果卖场销售，国产蕉则主要在中小超市、农贸市场和县城以下的市场销售。

（四）进出口

1. 进口量略有减少。 我国香蕉进出口贸易商品主要是新鲜或干的香蕉。据海关总署数据，2023 年我国香蕉进口量 176.9 万吨，进口额 108 233.5 万美元，同比分别减少 2% 和 7%。我国香蕉进口来源地主要有菲律宾、越南、厄瓜多尔、柬埔寨、老挝、墨西哥和泰国，其中从菲律宾进口的香蕉占总进口量的 39%，进口量比上年减少 3.9 万吨。从越南进口的数量比上年增加 3.7 万吨，有望追赶菲律宾。从厄瓜多尔进口的数量比上年增加 6.6 万吨，增长 33%。柬埔寨由于天气和技术问题，产量下降，因此，从柬埔寨进口的香蕉与上年比稍有减少（表 1）。值得关注的是墨西哥的香蕉进口量已超过泰国。

表 1　2023 年我国香蕉进口情况

主要进口来源国	进口量（万吨）	进口额（万美元）
菲律宾	68.6	42 717.4
越南	50.6	24 426.7
厄瓜多尔	26.6	18 339.2
柬埔寨	26.3	19 002.2
老挝	3.4	2 334.2
墨西哥	0.8	762.2
泰国	0.5	582.1

数据来源：根据海关统计数据在线查询平台整理。

2. 出口量及出口额均增长。 我国香蕉出口量较少，2023 年香蕉出口量、出口额分别为 26 370.0 吨和 2 823.3 万美元，同比分别增长 18% 和 14%。我国香蕉出口国家和地区主要有中国香港、蒙古国、中国澳门、俄罗斯、朝鲜、吉尔吉斯斯坦和乌兹别克斯坦，少量出口美国、斯洛伐克、德国、捷克、韩国和日本等地。中国香港是最大的出口地区，占出口总量的 50%，出口到中国澳门、蒙古国的数量比上年略增，出口到俄罗斯的数量比上年增加 2 882.5 吨。新增出口目的地朝鲜、吉尔吉斯斯坦和乌兹别克斯坦（表 2）。

表 2　2023 年我国香蕉出口情况

主要出口国家和地区	出口量（吨）	出口额（万美元）
中国香港	12 712.4	2 057.6
蒙古国	5 645.5	241.0
中国澳门	3 094.3	58.6

（续）

主要出口国家和地区	出口量（吨）	出口额（万美元）
俄罗斯	2 884.8	227.4
朝鲜	1 226.5	84.3
吉尔吉斯斯坦	354.3	43.4
乌兹别克斯坦	381.1	31.6

数据来源：根据海关统计数据在线查询平台整理。

（五）全产业链效益

1. 全国月均批发价格变化不大。 2023 年香蕉总产值约 476.7 亿元，同比增长 18%。据全国重点农产品市场信息平台监测数据显示，2023 年全国香蕉月均批发价 为 6.02 元/千克，比上年减少 0.07 元/千克，全年最高价为 4 月和 6 月的 6.48 元/千 克，最低价格为 11 月份的 5.51 元/千克，价差 0.97 元/千克。国内一级香蕉超市价 格与集市价格走势基本一致，波动曲线变化不大，年初价格较高，至年中均持续维持 高位，到年末价格逐渐缓慢下跌（图 2）。

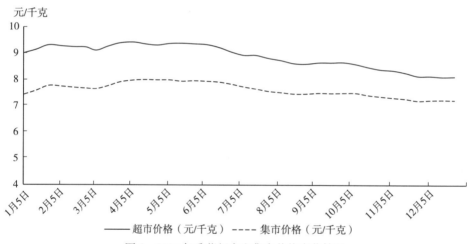

图 2 2023 年香蕉超市和集市价格变化情况

数据来源：根据全国重点农产品市场信息平台数据整理。

2. 主产区批发价格有差异。 2023 年海南香蕉月均批发价格为 5.60 元/千克，最 高为 4 月份的 6.32 元/千克，最低为 8 月份的 4.64 元/千克。广西和广东月均批发价 格分别为 4.71 元/千克和 4.62 元/千克，云南月均批发价格为 3.69 元/千克，比其他 主产区价格要低，价差在 0.90～1.91 元/千克。少量种植香蕉的四川和贵州月均批发 价格分别为 5.60/千克和 5.80 元/千克。

3. 收益仍受生产成本影响。 香蕉生产成本主要包括土地租赁费、农资投入品、 人工劳动力、水电费及其他管理费用。以海南某生产基地为例，基地种植了 430 亩南 天黄品种香蕉，属第二代蕉，生产成本大约是 7 400 元/亩，其中化肥、农药和套袋等投入品占到了总成本的43%，人工劳动力成本约占了总成本的40%；平均利润大约4 100元/亩。而广西某生产基地，种植800余亩威廉斯品种香蕉，留吸芽种第三年，生产成本为6 000~7 000元/亩，农资投入品占总成本的60%~70%，人工劳动力成本约占总成本的25%；平均利润为7 000~10 000元/亩。

（六）产业政策

党和政府一直高度重视农业发展，先后出台了一系列政策措施，持续推进香蕉产业健康发展。2022年，发布了《关于进一步提升鲜活农产品运输"绿色通道"政策服务水平的通知》，要求严格执行鲜活农产品品种目录，并对《鲜活农产品品种目录》进行了修订完善，新增品种名称与别名和商品名的对照表，增补了如粉蕉（苹果蕉）等品种。2021年，发布了《关于全面推进农产品产地冷藏保鲜设施建设的通知》，支持在香蕉等呼吸跃变型农产品主产区建设气调贮藏室，并对建设试点县给予资金补助支持。这两个政策主要是从物流环节方面推动产业的发展。

各主产区则通过规划、奖补等方式积极引导产业发展，如《海南省2023年农业保险工作实施方案》，继续在全省范围内实行包括香蕉树种植保险在内的18个农业保险险种；《广东省推进农业农村现代化"十四五"规划》中，划定了香蕉产业重点市（县、区），并在《广东省农业机械化"十四五"发展规划（2021—2025年）》中提出加快香蕉等水果的适用装备推广。2023年发布的《广东省政策性农业保险实施方案（2024—2026年）》中把岭南水果（含在广东种植的所有水果）纳入省级财政补贴型险种；《"十四五"广西农产品产地市场高质量发展规划》《广西农业机械化改革发展实施方案（2022—2025年）》布局了香蕉产业核心示范区，明确了重点突破香蕉等经济作物机械装备研发技术等。《云南省种植业"三品一标"提升行动实施方案（2022—2025年）》提出重点在"四江一河"区域打造芒果、香蕉等热带、亚热带早晚熟特色优势果种，形成特色优势果种种植带。

二、香蕉产业发展存在的问题与挑战

（一）产业自身发展存在的主要问题

1. 生产方面。受香蕉枯萎病、生产成本增加等多因素叠加影响，种植效益受到挤压，打击了香蕉种植者的积极性，促使香蕉种植者改种高收益、低风险的经济作物，导致部分主产区种植面积缩减，造成香蕉产业发展受限。

2. 加工流通方面。香蕉精深加工能力不强，仍以鲜销为主，产业链条短，高附加值产品少，与国外还存在一定的差距。精深加工产品研发力度不够强，企业技术创新能力不足，难以支撑产业链延伸，阻碍了香蕉产业提质增效。

3. 产业品牌方面。国内香蕉种植以公司基地和农户种植为主，香蕉生产机械化程度低，标准化栽培普及率低，难以形成规模效益和品牌效应，资源特色优势未能完全转化为品牌价值，品牌影响力仍有较大提升空间。

（二）产业发展面临的外部挑战

1. 生产受环境影响大。一是自然灾害直接影响香蕉产业面积、产量，间接影响市场行情稳定性。二是受土地资源、种质资源和人才资源短缺等综合因素影响，给产前规划、产中管理和产后处理都带来了困扰，难以实现香蕉产业高质量发展。

2. 国际竞争加剧。 近年来，香蕉需求持续增长，供需矛盾依然突出，国内产业结构调整和适生区限制等，提升保障供给能力难度加大。国外香蕉产区利用低成本、高品质等优势，扩大种植面积和产量，提高香蕉出口能力和国际市场占有率。

三、香蕉产业发展趋势与前景展望

（一）产业发展趋势分析

生产方面，随着高抗病新品种、新技术的不断推广应用，将提振香蕉种植者信心，但种植效益低、台风暴雨极端天气等因素制约了香蕉生产规模扩大，短期内种植面积和产量可能呈下降趋势。

政策支持方面，随着农业强国和乡村振兴战略实施及农业农村现代化的推进，中央和地方政府的各种扶持政策持续加码，政策红利不断释放，支持产业发展的政策、项目、资金向产业链倾斜，有助于香蕉产业的稳规模、促生产、增效益和增强香蕉产业链韧性。

贸易方面，国内香蕉扩种空间受限，香蕉生产满足不了市场需求，需要通过进口弥补市场空缺。随着自由贸易协定（FTA）的实施，进口来源国厄瓜多尔将增加对中国市场的出口。越南利用地理位置优势，持续加大对中国的香蕉出口，未来一段时间，东南亚香蕉依然会占据中国香蕉进口的大头。中长期看，我国香蕉进口量将呈增长趋势。

市场方面，从短期看，受季节性市场供求波动、主产区同期集中上市、进口蕉冲击等影响，国产香蕉行情较为被动，价格将在区间内小幅波动。从长期看，需求相对强劲，但受自然灾害、病虫害等因素影响，香蕉产能不足、市场行情不稳定性增加。

消费方面，随着消费者对产品多元化的需求，加工技术的不断创新，物流基础设施的不断完善，香蕉加工产品市场具有较好的增长潜力和空间。

（二）对策措施与政策建议

1. 增强香蕉产业链韧性。 香蕉种植成本高导致蕉农积极性降低是未来香蕉产业发展需要关注的问题。为促进香蕉产业高质量发展，应加强对蕉农的机械化生产培训，逐步实现香蕉园的机械化管理，降低人工管理成本。另外，需完善冷链物流配套设施建设，提升物流信息化程度，进一步建设快捷高效、覆盖面广、成本低的香蕉物流运输网络，拓宽香蕉的销售市场。

2. 打造中国香蕉品牌矩阵。 随着产业结构调整，消费者观念的转变，相较于其他水果，香蕉附加值偏低是未来产业需关注的问题。要满足多样化的市场消费需求，降低市场风险，提升中国香蕉核心竞争力，延长香蕉产业价值链，必须围绕"中国＋香蕉"这一核心要义，打造国产香蕉知名品牌，形成品牌矩阵，把香蕉培育成我国农业"走出去"的先导和优势产业。

报告撰写人：

邓春梅　　中国热带农业科学院科技信息研究所　　助理研究员

刘燕群　　中国热带农业科学院科技信息研究所　　副研究员

谢铮辉　　中国热带农业科学院科技信息研究所　　助理研究员

叶　露　　中国热带农业科学院科技信息研究所　　副研究员

梁伟红　　中国热带农业科学院科技信息研究所　　副研究员

李玉萍　　中国热带农业科学院科技信息研究所　　研究员

李秀琴　　广西壮族自治区水果生产技术指导总站　　高级农经师

猕猴桃产业发展报告

猕猴桃原产于我国，产业化于新西兰。改革开放以来，我国加强国际科技合作交流，不断引进培育新品种，开发新技术、新模式，经过40多年发展，我国猕猴桃产业不仅在品种技术上实现了突破和现代化转型，种植面积和产量也连续多年位居全球首位，成为助农增收的重要经济作物之一。展望未来，猕猴桃种植规模趋于稳定，品种技术迭代升级需求较大；消费需求增长放缓，市场需求呈现多元化和品质化，优质猕猴桃产品仍有较大的市场空间；国际竞争力在增强，出口增长潜力在共建"一带一路"国家。要重点关注优果率不高、盲目扩张和技术供需不匹配等问题，建议通过推进产业化经营、合理规划种植区域、强化科技研发推广等举措推动我国猕猴桃产业高质量发展。

一、猕猴桃产业发展现状

（一）生产

1. 种植规模稳中有增。 近20年来，我国猕猴桃种植规模经历了快速增长和稳定增长两个阶段。2010—2015年我国猕猴桃种植面积快速增长，从2010年的147.0万亩快速增长至2015年的272.9万亩，产量从125.0万吨提升至218.8万吨。2016—2020年，随着非优生区盲目种植的猕猴桃遇到病害、高温干旱等自然灾害影响及占用耕地改造腾退的影响，猕猴桃种植面积出现先降后增的趋势。2023年，我国猕猴桃种植达到314.3万亩，随着前期种植的猕猴桃进入盛果期，产量仍在较快增长，2023年产量近270万吨（图1）。

2. 优势区域和产业集群逐步形成。 近年来，我国猕猴桃种植区域基本稳定。2023年，猕猴桃种植面积最多的省份依次为陕西、四川、贵州、湖南、江西，上述五省种植面积占全国的80%左右。受益于猕猴桃生产技术的不断提高以及市场需求的不断扩大，以陕西眉县、周至为主，以四川苍溪、都江堰和蒲江为主和以贵州修文、六盘水为主的三大产业集群逐步形成。2023年，蒲江猕猴桃、眉县猕猴桃、苍溪猕猴桃、都江堰猕猴桃4个猕猴桃品类品牌进入中国品牌价值区域品牌（地理标志）百强名单中，其中眉县猕猴桃品牌价值达到161.37亿元，位列全国猕猴桃品牌第一；蒲江猕猴桃品牌价值130.16亿元；苍溪猕猴桃品牌价值49.26亿元；都江堰猕猴桃品牌价值38.38亿元。

3. 种植品种持续优化。 截至目前，我国已成功选育180余个品种（系），已审

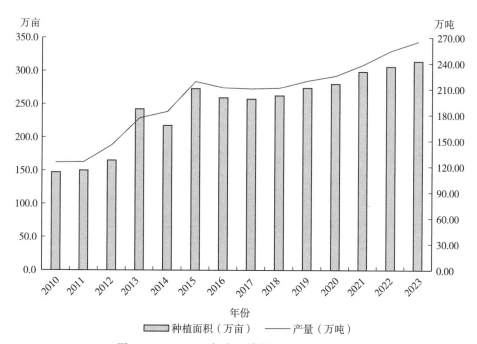

图 1　2010—2023 年我国猕猴桃种植面积和产量

数据来源：根据联合国粮农组织（FAO）、各省农业农村厅数据和年均增长率测算。

定、鉴定的品种 138 个，授权保护的品种 145 个，'金葵''红阳''沁美''桂昌'等优良品种种植比重逐步上升，猕猴桃品种结构不断优化，红肉、黄肉猕猴桃占比稳步提升。目前种植面积超过 3 万公顷的品种主要是绿肉徐香和红肉红阳，在 2 万～3 万公顷的品种主要是翠香和红肉东红，在 1 万～2 万公顷的品种主要是绿肉贵长、米良 1 号、海沃德等，及中华黄肉金桃、金艳等，在 0.5 万～1 万公顷的品种有中晚熟美味绿肉瑞玉、金魁、秦美及中熟中华绿肉翠玉、早中熟中华红心金红 1 号等[1]。

4. 生产技术不断进步。我国猕猴桃产业经过 40 余年的技术引进、消化与创新，生产技术取得了显著进步，逐步实现了猕猴桃的规模化、标准化发展。目前，我国猕猴桃生产技术涵盖了建园规划、树体管理、花果管理、土肥水管理、病虫害绿色防控、采收指标与标准、采后保鲜和果品分选等各个环节，并形成了系列国家标准、行业标准和地方标准。由四川省农业科学院园艺所主持研发的"红肉猕猴桃避雨设施栽培技术"入选 2023 年度农业农村部主推技术，该技术因对猕猴桃溃疡病防效显著，得到了国内同行专家充分肯定，并在四川、重庆、贵州、湖南等地大面积推广应用，其中，四川猕猴桃产区已推广应用 2.5 万亩以上，为四川省红肉猕猴桃产业可持续发展发挥了重要支撑作用。

（二）加工流通

1. 加工水平持续提升，产品呈现多样化。猕猴桃具有较长贮藏时间、能适应长途运输等特点，产业加工潜力较大。近年来，随着冷链物流技术的成熟，我国猕猴桃

---

[1]　中国猕猴桃科研与产业四十年。

初加工率得到显著提升，70％的猕猴桃经过了分选、包装、保鲜等商品化处理流入市场。部分企业通过引进自动化生产线和智能设备，应用先进的干燥和粉碎技术，开发了如猕猴桃果酒、果醋、果茶、维生素补充剂等多种口味和包装形式的猕猴桃产品，不仅丰富了产品线，而且满足了市场的多样化需求。但国内猕猴桃仍以鲜食为主，精深加工比例不足20％。以眉县为例，眉县有4家深加工企业，年加工鲜果5万吨，其产量占猕猴桃总产量的7％不到①。

2. 冷链物流基础设施不断完善。中华/美味猕猴桃品种采后在冷库累计可贮藏5～6个月，市场上实现了全年10～11个月的果品供应②。眉县建有全国唯一的猕猴桃批发交易市场，建设了猕猴桃分拣线近300条、冷库4 558座，总储量30万吨③，对辐射带动陕西乃至全国猕猴桃产业发展具有巨大作用。

3. 电商销售日益重要。近年来，电商产业蓬勃发展，我国网民的购物习惯日益成熟，网络销售逐渐成为猕猴桃销售的核心渠道。从流通渠道上看，淘宝、拼多多、京东、快手、抖音等电子商务与新媒体平台构建起完备的线上销售网络体系，与传统的批发市场、农贸市场、商超等线下渠道相互补充融合，共同构建猕猴桃"线上＋线下"双轨并行的流通渠道，为消费者提供了更为便捷、多元的购物体验，也为猕猴桃产业的市场拓展与升级注入了强劲动力。从流通模式上看，农户＋市场、农户＋批发商、农户＋合作社、农户＋龙头企业是主流的流通模式。2023年，苍溪猕猴桃电商销售占41％以上，线上销售日益成为主流趋势，累计培训电商人员1 600余人，新增网商300余家、电商从业人员580人，成功举办苍溪县第二届淘宝网络达人创业大赛，培育了苍溪红心猕猴桃水果旗舰店等天猫旗舰店3家，皇冠店17家，钻石店47家。

（三）消费

1. 消费去向。一是即食消费。猕猴桃作为一种水果，其新鲜度直接影响口感和营养价值，消费者为了追求更好的口感和营养价值，往往选择直接食用猕猴桃鲜果。2023年叮咚买菜食品消费研究报告显示国产即食猕猴桃销量占国产猕猴桃比重达到55％。二是加工产品。随着我国猕猴桃加工产品研发力度的不断加大，猕猴桃产业链条不断完善，加工产品逐渐从果酱、果汁等初加工产品向冻干猕猴桃片、猕猴桃酒、猕猴桃茶等精深加工产品转型升级。

2. 消费人群。猕猴桃富含维生素C，能提高免疫力、抗氧化、延缓衰老，其膳食纤维有助于改善便秘，促进消化。猕猴桃还含有多种氨基酸，可增强免疫力、预防心血管疾病，改善皮肤健康，是集营养与健康于一体的超级食品，受到老年群体热烈欢迎。近年来，随着人们对健康的关注度不断提高，健康饮食逐渐成为一种新的消费

---

① 申倩，王淑庆，吕建灵，等. 眉县猕猴桃产业发展存在的问题及对策研究［J］. 南方农机，2024，55（9）：105－108.

② 李大卫，黄文俊，钟彩虹. 中国猕猴桃产业现状及"十五五"发展建议［J］. 果树学报，2024，41（11）：2149－2159. DOI：10.13925/j.cnki.gsxb.20240574.

③ https://news.qq.com/rain/a/20241219A02X5V00.

趋势，獼猴桃因其独特的风味和极高的营养价值，受到消费者的普遍青睐，消费群体年轻化现象突出，25～35岁的年轻消费者逐渐成为獼猴桃消费的"主力军"，女性更是占据了较大比例。2016年以来，我国獼猴桃消费需求与日俱增，消费市场不断扩大，表观消费量呈现逐年增长态势。据测算，2023年，中国獼猴桃表观消费量达275.1万吨，同比上涨16.7%（图2）。

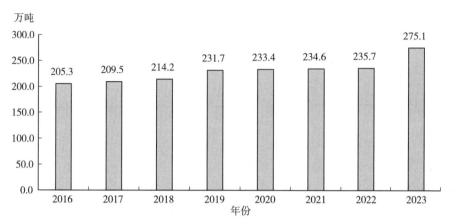

图2　2016—2023年我国獼猴桃表观消费量

数据来源：根据联合国粮农组织（FAO）、海关总署数据综合计算得出。

注：表观消费量＝产量＋进口量－出口量

（四）进出口

1. 进口为主，出口量占比较小。 我国獼猴桃产量和种植面积位列全球第一，受品种竞争力弱、品质不稳定等因素影响，出现出口量小而进口量大的情况。2019年的进口量达到历史新高12.9万吨，随后进口量逐渐回落，2023年獼猴桃进口量为11.8万吨，位列全球第二。而獼猴桃出口量1.6万吨，出口量占进口量的13%左右（图3）。

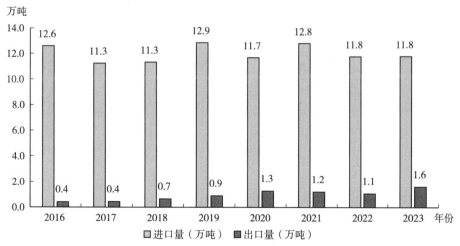

图3　2016—2023年中国獼猴桃进出口量

数据来源：根据联合国粮农组织（FAO）和海关总署数据综合计算得出。

2. 进口价格高，贸易逆差大。 近年来，国内猕猴桃高端市场需求量不断扩大，但国内猕猴桃整体供给质量未有明显提升，2023 年进口均价 4 169.49 美元/吨，同比下跌 0.20%；2023 年出口均价 1 448.99 美元/吨，同比下跌 0.05%。进口均价已接近国内出口均价 3 倍，价格倒挂严重。2022 年，猕猴桃进口额 4.92 亿美元，出口额 0.16 亿美元，贸易逆差 4.76 亿美元；2023 年进口额 4.92 亿美元，出口额 0.23 亿美元，贸易逆差 4.69 亿美元，同比减少 1.47%，贸易逆差虽有缩减，但仍有较大差距（图 4）。

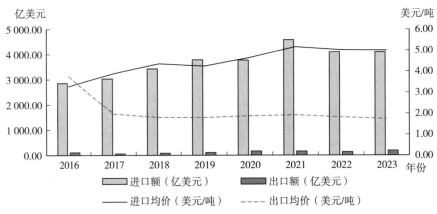

图 4　2016—2023 年中国猕猴桃进出口均价、进出口额

数据来源：根据联合国粮农组织（FAO）和海关总署数据综合计算得出。

3. 进口来源地集中且贸易量大，出口目的地多元但贸易量小。 2023 年我国猕猴桃进口来源地主要有新西兰、意大利、智利、希腊（图 5），从新西兰进口达 10.4 万吨，占总进口量的 87.6%；进口额 4.48 亿美元，占总进口额的 90.9%。我国猕猴桃出口目的地主要有俄罗斯、印度尼西亚等 26 个国家和地区（图 6），俄罗斯是我国猕猴桃最大出口目的地，出口量 0.5 万吨，占总出口量的 34.8%；出口额 0.06 亿美元，占总出口额的 26.1%。

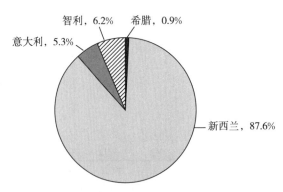

图 5　2023 年中国猕猴桃主要进口国占比

数据来源：联合国贸易数据库（UN Comtrade）。

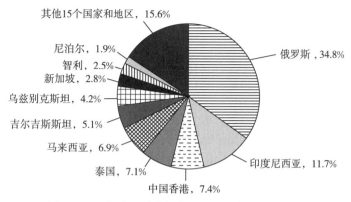

图 6 2023 年中国猕猴桃主要出口国家和地区占比

数据来源：联合国贸易数据库（UN Comtrade）。

（五）全产业链效益

1. 猕猴桃产业链基本完备。我国猕猴桃产业经过多年的发展，猕猴桃产业种、收、储、销全链条已经基本完备。在种植方面，主要产区已经形成了规模化、标准化的种植模式，通过引进新品种、推广新技术、加强病虫害防治等措施，不断提高猕猴桃的产量和品质。在加工方面，我国猕猴桃产业通过转型升级，加工产品种类逐渐丰富，产品附加值不断提高。在服务方面，猕猴桃产业与旅游业、电商、物流等服务业的融合日益紧密，新业态新模式不断涌现。红心猕猴桃核心种植区——四川省苍溪县，截至 2023 年年底，苍溪红心猕猴桃种植面积达到 39.5 万亩，覆盖全县 31 个乡镇，年产鲜果 13.6 万吨，除了传统的鲜果销售外，还开发了果汁、果干、果酱、冻干片、果酒等多种深加工产品，进一步提高了产品的附加值。同时结合当地的自然风光和文化特色，推出了猕猴桃采摘游、农家乐等项目，吸引了大量游客前来体验乡村生活，促进了旅游业的发展。全产业链综合产值达到 63.1 亿元，占全县农业产值的 35%，带动从业人员超 10 万人，成为当地农业经济的重要支柱之一。

2. 猕猴桃种植成本较高。猕猴桃种植成本主要包括土地租赁、苗木和种子、果园修建、肥料和农药、设备和设施及人力成本等多个方面的费用。根据调研结果，我国种植一亩猕猴桃的总成本在 10 000～15 000 元，具体数额会根据地区、土地条件、种植技术和管理水平等因素有所变化。其中：土地租赁费用 1 000～1 500 元/（亩•年）不等，苗木和种子费用 500～1 000 元/亩，建园成本包括深耕改土、基肥和果园搭架，每亩 3 000～5 000 元，肥料和农药费用每亩 500～1 000 元/年，人力成本最贵，每亩 2 000～4 000 元/年，包括栽种、日常管理和保护等，其他可能包括土地平整、道路修建、机井建设等，一般需要 1 000～2 000 元。未来随着我国人口老龄化程度的不断加深，劳动力市场供应紧张，人力成本逐渐增加，加之农资、土地成本的不断提高，我国猕猴桃生产成本将不断上行。

3. 价格呈现明显的分化趋势。近年来我国猕猴桃种植面积快速扩大、品种不断优化和产量不断提高，我国猕猴桃产地收购价格整体呈现下降趋势，但在高端市场上，猕猴桃价格呈现明显上涨趋势。以陕西省和四川省为例，2023年陕西省绿肉猕猴桃产地收购均价约为4.60元/斤，较上年同比下降约5个百分点，反观四川省苍溪县红心猕猴桃，2023年产地收购价约为12元/斤，较2021年上涨近50%，在当地举办的拍卖活动中，单果价格更是达到5 000元的天价。

（六）产业政策

近年来，我国高度重视特色农产品的发展，对特色农产品领域出台了一系列政策法规。2020年发布的《中国特色农产品优势区管理办法（试行）》提出可以进行猕猴桃产业的申报和管理。2023年发布的《关于组织开展第三批"中国特色农产品优势区"申报认定工作的通知》进一步明确猕猴桃产业优势区的申报数量、条件和流程，旨在通过建设一批特色鲜明、优势突出的农产品生产基地，促进地方经济的发展。

随着国家文件的持续出台，各地政府也积极支持和推动猕猴桃产业的发展，出台了一系列相应的政策文件，旨在通过财政补贴、项目支持、奖励机制等手段，促进猕猴桃产业的标准化、规模化、品牌化发展，提高产业效益，带动农民增收。如贵州省修文县为延长猕猴桃产业链，先后出台《修文县推进猕猴桃产业"三化"发展工作方案》《关于加快修文猕猴桃产业发展的意见》，搭建了政府支持"三农"融资及多层级多元化农业担保体系，培育了多家精深加工企业，从事猕猴桃深加工产品的研发和市场销售，研发上市果汁、果醋、果干、脆片等产品，建立三级电商服务中心，开设电商、微商店铺，实施"五统一"模式拓展销售市场，在全国各地建立销售点和体验店，形成了较为完善的营销体系。

二、猕猴桃产业发展存在的问题与挑战

（一）产业发展存在的主要问题

1. 小农户经营为主，优果率低。 与佳沛等国外猕猴桃生产主体相比，我国猕猴桃种植主体规模较小、市场集中度不高。同时，我国很多小农户对猕猴桃的生长习性不了解，生产管理技术水平较低，肥水管理不到位，虫害防治不及时，导致猕猴桃品质降低，影响其市场价格。新西兰、意大利等国家猕猴桃的优果率可达到70%，高档果率能达50%。而国内猕猴桃优果率在30%以下。另外，猕猴桃是呼吸跃变型果实，采收后需一段时间后熟才能食用，生产上一般要求猕猴桃可溶性固形物达到一定标准才适合采摘，而实际生产中被迫性早采问题突出，部分生产者为了抢先入市、打价格战，导致猕猴桃果实坚硬、味涩，后熟困难，口感不好，严重影响了国产猕猴桃整体品质和品牌形象。

2. 缺乏科学规划，存在盲目扩张现象。 猕猴桃对产地环境要求相对严苛，对早春晚霜冻害、夏季高温干旱、秋季涝害和冬季冻害等极端天气异常敏感，幼树受到的影响更大。由于缺乏对生态环境的全面评估，各地猕猴桃种植品种选择存在随意性，种植户往往根据市场价格来选择品种，而忽视了品种的适应性，导致某些优质品种在非优生区盲目种植，进而引发种植成活率低、病虫害频发、产量低、品质一致性差等问题，严重制约着产业的健康发展。如四川省多数平坝区猕猴桃果园秋季涝害严重，而坡

地果园早春季节性干旱频发，海拔 1 000 米以上区域的红阳猕猴桃易感染溃疡病等。

3. 科技供需不匹配，研发推广脱节。 尽管我国在猕猴桃品种选育和栽培技术方面取得了一些进展，但在核心技术研发和创新能力方面与发达国家仍有较大差距。例如，新西兰在猕猴桃育种、栽培、贮藏保鲜等方面的技术领先全球。同时，我国猕猴桃的科技研发、成果转化与生产的结合度不紧密，新技术和新成果的推广应用不够广泛，许多农户仍然采用传统种植方法，导致产量和质量难以提升。

（二）产业发展面临的外部挑战

1. 国际市场竞争激烈。 新西兰、意大利等国的猕猴桃在品质、品牌和市场占有率等方面具有明显优势，对我国猕猴桃市场形成较大冲击。特别是新西兰的"佳沛"品牌，凭借高质量和高品牌知名度，占据了国内高端市场的较大份额。同时，国际市场上，尤其是欧美国家，对进口农产品的质量和安全标准要求非常高，我国猕猴桃在出口时面临严格的检验检疫和认证要求，增加了出口难度和成本。

2. 面临政策调整的挑战。 虽然我国对猕猴桃产业给予了一定的支持，但政策的连续性和稳定性有待提高，一些地方性的扶持政策执行不到位，影响了产业的发展。同时，猕猴桃市场价格受供求关系、天气、政策等多种因素影响，波动较大，给农户和企业带来了不确定性。

3. 面临环境和资源双重约束。 全球气候变化对猕猴桃种植产生了不利影响，极端天气事件频发，如干旱、洪水、霜冻等，增加了种植风险。同时，水资源短缺和土地资源有限，尤其是在一些主产区，限制了猕猴桃种植面积的进一步扩大。

三、猕猴桃产业发展趋势与前景展望

（一）消费总量稳中有增，市场需求呈现多元化

市场对猕猴桃等具有高营养价值的水果需求还会继续增加，但我国猕猴桃人均消费量已经与发达国家持平，未来需求增长会放缓并趋于稳定。同时，消费者不再满足于单一口味的猕猴桃产品，对不同品种、不同风味的猕猴桃产品有更高的需求，比如消费者不再一味追求甜度，反而有更多的消费者倾向于带有一定果酸和果香的猕猴桃产品。建议按照"稳面积、提质量、强主体、树品牌"的思路深入推进猕猴桃产业高质量发展。

（二）种植规模趋于稳定，品种技术迭代升级需求较大

经过多年的快速增长，猕猴桃种植面积将趋于稳定，甚至可能出现结构性回调，品种和技术的更新迭代需求在持续增长，未来应结合现有栽培种类或品种特性，开展系统的区域实验和适种区域评估，确定各栽培种类和主栽品种的最佳种植区域，在全国形成早中晚合理搭配，红黄绿各显其色，美味、中华、毛花、软枣布局合理，地方特色突出的品种结构和产业布局。

（三）智慧农业的突破和应用，有望加快全产业链升级

随着科技的不断进步，猕猴桃种植管理技术将更加智能化和高效化，产业链条持续延伸。未来通过基因编辑、分子标记辅助育种等生物技术，选育出更高产、更优质

的猕猴桃新品种；物联网、大数据、人工智能等技术，无人机、智能传感器等设备的应用将进一步应用普及，提高猕猴桃种植和管理的智能化水平；猕猴桃的主要保鲜技术为低温贮藏、气调贮藏、生物与化学保鲜剂的使用及复合保鲜等。传统的低温保鲜已经不能满足猕猴桃产业发展的需求，使用多种手段相结合的复合保鲜技术成为发展趋势[①]。猕猴桃果汁、果酱、果干、果酒等深加工产品的开发将逐渐增多。新质生产力将促进猕猴桃全产业链升级。

（四）国际竞争力在增强，出口增长潜力在"一带一路"国家

我国猕猴桃种植面积与产量位居世界首位，随着我国猕猴桃种植品种、栽培技术、仓储物流设施等方面的持续完善提升，我国猕猴桃出口持续增长的趋势将会延续，尤其是"一带一路"倡议的实施，为我国猕猴桃出口贸易的发展提供了巨大的契机，俄罗斯、印度尼西亚等中亚、东南亚国家和地区将是重要的出口市场。

（五）政策还有优化空间，应该统筹发力精准发力

经营主体上，要壮大猕猴桃龙头企业、合作社等新型经济组织，培育种植大户，形成产业化联合体。产业链上要重点支持品质品牌打造，标准体系和质量管理体系建设等关键环节。要注重整合和优化科技政策、财政政策、信贷政策、保险政策，引导技术、资本、人才等要素向优势区聚集。科技上要整合科研院所资源，组建猕猴桃产业技术体系，培育稳定的猕猴桃研究团队，加快开展优新品种、抗溃疡病品种选育工作，推广避雨栽培技术、病虫害绿色防控、采后商品化与即食化处理等适用技术。在猕猴桃核心区推广全成本保险，建立和完善风险防范机制，降低自然灾害和市场波动带来的风险。

报告撰写人：

郭耀辉	四川省农业科学院农业信息与农村经济研究所农经中心	主任
		高级农艺师
何 鹏	四川省农业科学院农业信息与农村经济研究所	党委书记
		研究员
王永志	四川省自然资源科学院副院长	正高级工程师
涂美艳	四川省农业科学院园艺所	二级研究员
杨万宝	四川省农业科学院农业信息与农村经济研究所	研究实习员
谢 蕾	四川省农业科学院农业信息与农村经济研究所	研究实习员

---

① 张维，黄余年，张群，等. 猕猴桃采后贮藏保鲜技术研究进展［J］. 保鲜与加工，2021，21（5）：139－145.

芒果产业发展报告

芒果被誉为"热带果王"，果实形态美观，色泽诱人，果肉质地细滑多汁，气味香甜，营养丰富，极受消费者欢迎。芒果是世界五大水果之一，其产量仅次于葡萄、柑橘、香蕉、苹果，生产规模在热带水果中排名第三位。2023年，全国芒果产量同比增长13.5%，出口额同比增长1.7%，进口额同比减少76.2%，部分主产区产地价格同比跌三四成，生产成本持续增长，加工产品日渐丰富，并积极培育全产业链发展。预计短期内全国芒果生产形势整体稳定，贸易价格小幅波动下降，"互联网＋"将继续助力芒果产业转型升级。目前，芒果产业存在品种结构不合理、基础设施薄弱、冷链与深加工发展滞后、品牌挖掘不足等主要问题，未来需要加大品种培育力度，推进采后保鲜和深加工技术研发，加快机械化、智能化应用，加强品牌建设，引领芒果产业高质量发展。

一、芒果产业发展现状

（一）生产

1. 生产稳步增长。 2023年，全国芒果种植面积593.3万亩，产量489.9万吨，单产1 049千克/亩，同比分别增长0.1%、13.5%、7.9%，近五年生产呈稳定增长态势（图1）。据调研，全国7个芒果主产区中，2023年芒果种植面积排名前四位的依次为云南、广西、四川、海南，累计面积占全国的93.2%，四川首次超越海南成为全国第三大芒果主产区；产量排名前四位的依次为云南、广西、海南、四川，累计产量占全国的94.3%（图2）。其中，广西百亩以上果园270多个，千亩以上果园15个；贵州百亩以上果园20多个，千亩以上果园11个；福建百亩以上果园4个。

2. 主栽品种渐成规模。 台农1号、金煌、贵妃、凯特、桂七、桂热芒10号等品种适应性广、品质优，已成为全国芒果产业的主栽品种。其中，海南主栽金煌、贵妃、台农1号等，主要分布在三亚、乐东、东方、陵水、昌江等地；广东主栽覃斗芒（占23.3%）、台农1号（占15.9%）、蛋芒（占7.4%）等，主要分布在湛江等地；广西主栽台农1号、金煌、桂七、红象牙、贵妃、桂热芒10号等，其中早熟品种占53%，中熟品种占42%，晚熟品种占5%，主要分布在百色、钦州、南宁、崇左等地；福建主栽品种为金煌（占50%）、贵妃（占30%）、爱文（占15%）等，主要分布在漳州、厦门、泉州等地；云南主栽帕拉英达、凯特、台农1号等，主要分布在丽

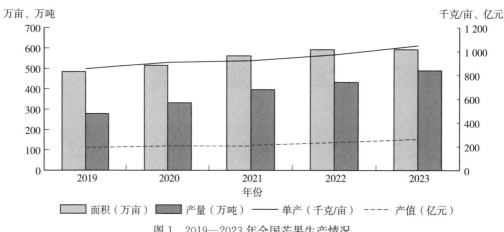

图 1　2019—2023 年全国芒果生产情况

数据来源：根据产业监测和调研数据整理。

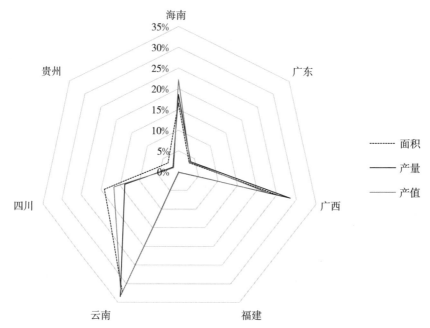

图 2　2023 年全国芒果各主产区面积、产量、产值占比情况

数据来源：根据产业监测和调研数据整理。

江、红河、玉溪、普洱、保山、楚雄等地；四川主栽凯特、金煌、椰香、红贵妃、吉禄等，主要分布在攀枝花、凉山等地；贵州主栽品种为金煌（占 60%）、台农 1 号（占 30%）等，主要分布在黔西南、安顺、黔南等地。

3. 生产技术不断改进。为加快芒果产业绿色高效发展，部分主产区遴选芒果产业相关技术纳入 2023 年农业主推技术。如海南主推芒果高效催花技术、芒果蓟马综合防控技术，广西主推低糖芒果果脯加工技术，云南主推芒果园周年生草栽培技术。各主产市县在芒果绿色高效生产技术方面也取得显著成效，如海南省东方市获批的农业绿色发展先行先试支撑体系建设项目"芒果绿色防控技术应用试验项目"，在2023年建成植物生长调节剂合理使用、水肥一体化、花果综合调控、蓟马等病虫害综合防控和田间生草等集成技术示范基地100亩，制定相关技术标准3项，培训果农300人次；广西百色积极研究和制定适合当地芒果生产的地方标准和生产技术规程，大力推广科学修剪、土壤改良、水肥一体化、果实套袋、病虫害综合防治、采后商品化处理等绿色标准化生产集成技术，建设一批无公害、绿色芒果生产基地，在2023年推广芒果标准化生产技术集成应用面积91万亩，新增良种繁育基地1500亩，推广绿色防控应用面积1.6万亩。

（二）加工流通

1. 精深加工少。据调研，芒果初加工较多，精深加工较少。各主产区除广东有广东南派食品有限公司等10家深加工企业外，其余产区深加工企业只有寥寥数家。其中，海南三亚芒果年初深加工产值4.8亿元，深加工仅占17%，深加工企业有海南鹿宝绿色食品有限公司，主要加工芒果汁等，海南希源生态农业股份有限公司也建设一条深加工线待投产；广西、云南、贵州等主产区芒果深加工产品主要有芒果汁、芒果原浆、芒果丁、芒果块、芒果干、芒果酱、芒果酒、罐头、速冻果块、芒果脆片、芒果果昔等，深加工企业主要有广西冰客食品有限公司、广西果天下食品科技有限公司、百色市福膳食品有限公司、元江县瑞丰民特食品有限公司、丽江华坪金芒果生态开发有限公司、华坪县华农科技开发有限责任公司、贵州鲁容惠农科技有限公司等。

2. 冷链物流缺乏。为解决保鲜期短、运输损耗的难题，广西供销中集冷链有限公司于2023年正式运营，百色市芒果全程冷链加工示范中心是首个试点，拥有1 200平方米冷库，2条芒果处理分拣线，保鲜储存时间延长约2个月，可有效降低损耗，延长芒果货架期，实现错峰上市。但从全国看，具备完善的地头保鲜、临储和包装的基地寥寥无几，覆盖预空、分选、贮藏、运输和销售的全链条冷链设施仍很缺乏，采后损耗较大。

3. 线上销售发展显著。随着互联网技术普及和消费者购物习惯转变，线上销售已成为芒果销售的重要渠道。海南三亚与淘宝、京东、抖音等开展销售合作，2023年3月通过京东和抖音销售芒果5 684万元，当月21日抖音热榜排名第一，并在全国建立12个三亚驻外农产品流通办事处，销往国内100多个城市以及加拿大、德国、瑞士等国家和地区。广西百色2023年芒果寄递量1 402万件，较2022年增长126%，其下辖的田东县2023年线上销售额达5亿元，较2022年增长24%，田阳区2023年6月芒果销售电商额达6 760万元，并在国内100多个城市建立营销网点，芒果产品销往国内100多个城市以及东南亚等海外市场。云南丽江积极培养网红达人、孵化电商企业、打造网络直播基地，以新业态、新模式拓展芒果全网营销，2023年电商销售额达5.2亿元，销往全国各地。

（三）消费

当前芒果消费仍以鲜食为主，2023年芒果表观消费量为486.5万吨。据抖音电商数据，2023 年海南芒果是该平台最受欢迎的水果之一，从消费人群来看，女性下单海南芒果的人数是男性消费者的 3 倍，其中 30 岁至 35 岁左右的女性是主力；从消费地区来看，芒果较受干燥的西北地区欢迎，陕西、山西及甘肃三地的日均订单名列前茅；最受欢迎的前三个品种是凯特芒、金煌芒、贵妃芒，贵妃芒因口感浓郁，甜度高且多汁，备受平台白领女性、妈妈群体及 00 后用户的喜爱，水分含量最多的台芒通过直播开始出圈，海南台芒在平台芒果订单量中增长最快。

（四）进出口

从海关总署数据来看，近五年全国芒果出口额均大于进口额，贸易呈现持续顺差，出口较为稳定，进口波动较大（图 3）。

1. 进口量锐减。2023 年，全国芒果进口量 12 575.3 吨，进口额 1 390.4 万美元，同比分别减少 84.9%、76.2%。进口来源地有 18 个，进口量排名前三的国家是泰国、越南、缅甸，累计占总进口量的 72.4%，进口额排名前三的国家和地区是泰国、菲律宾、中国台湾，累计占总进口额的 63.5%（表 1）。进口鲜或干芒果的进口额占总进口额的 77.2%。

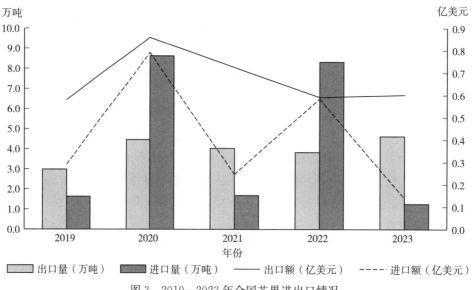

图 3　2019—2023 年全国芒果进出口情况

数据来源：海关总署。

表 1　2023 年全国芒果进出口额排名前十位情况

进口 国家和地区	进口量 （吨）	进口额 （万美元）	出口 国家和地区	出口量 （吨）	出口额 （万美元）
泰国	3 733.5	451.5	中国香港	12 293.3	2 103.1
菲律宾	997.6	231.5	越南	19 394.8	1 703.8
中国台湾	1 041.3	199.5	俄罗斯	9 497.4	1 390.2
越南	3 337.2	140.3	美国	108.7	217.4
秘鲁	148.5	116.9	马来西亚	1 007.3	127.2

（续）

进口 国家和地区	进口量 （吨）	进口额 （万美元）	出口 国家和地区	出口量 （吨）	出口额 （万美元）
以色列	343.8	90.9	新加坡	692.9	98.4
澳大利亚	110.9	67.1	韩国	68.3	80.1
缅甸	2 037.0	31.7	中国澳门	1 905.8	74.5
柬埔寨	692.3	28.7	尼泊尔	816.9	66.5
印度	70.4	23.0	捷克	28.2	43.0

数据来源：海关总署。

2. 出口量略增。 2023 年，全国芒果出口量 46 190.9 吨，出口额 6 011.5 万美元，同比分别增长 20.8%、1.7%。出口目的地有 37 个，出口量排名前三的国家和地区是越南、中国香港、俄罗斯，累计占总出口量的 89.2%，出口额排名前三的国家和地区是中国香港、越南、俄罗斯，累计占总出口额的 86.5%（表 1）。出口鲜或干芒果的出口额占总出口额的 98.9%。

（五）全产业链效益

1. 积极培育全产业链发展。 芒果是热带地区农民增收的重要产业，各主产区积极推进芒果全产业链培育发展，2023 年全国芒果一产产值 263.0 亿元，同比增长 11.8%。海南是全国唯一的早熟芒果产业带，芒果一产产值超 50 亿元，全产业链产值超 160 亿元。广西以桂西芒果产业集群建设为契机，2021—2023 年累计投入中央补助资金和各类社会资金 9.2 亿元，实施果园提质增效、加工营销拓展和组织支撑保障等工程项目，推动百色芒果全产业链产值达 192 亿元，百色近年来参与种植的农户超过 10 万户，覆盖 5.2 万脱贫户超 20 万的脱贫人口，带动脱贫户均增收超过 2 万元。

2. 部分主产区产地价格下跌。 2023 年，部分主产区产地价格下跌。如广西台农、金煌、贵妃、桂七产地平均价格分别为 3.35 元/千克、3.06 元/千克、3.25 元/千克、5.02 元/千克，同比分别下跌 44.5%、43.7%、37.0%、37.2%（图 4）。据调研，2023 年贵州芒果田头收购价为 3～4 元/千克，同比略有下降，广东芒果田头收购价为 5～16 元/千克，同比略有上涨。

3. 全国批发价格波动下跌。 全国芒果月均批发价 2023 年呈现两头高趋势，1—3 月批发价格最高，4—10 月中晚熟芒果大量上市，价格下跌，11—12 月芒果上市量减少，价格上涨。2023 年年均批发价格为 12.16 元/千克，同比下跌 8.2%，月均最高批发价为 13.49 元/千克，同比下跌 9.9%，月均最低批发价为 10.90 元/千克，同比下跌 4.0%（图 5）。

4. 人工成本上涨，净利润有升有降。 据调研，大部分主产区人工成本上涨，2021—2023 年，海南三亚果园固定员工月薪由 4 000～4 500 元涨到 4 000～5 000 元，临时工日薪由 150 元涨到 200 元，其中包装临时工日薪涨至 220～300 元；广东果园固定员工月薪由 3 000～5 000 元涨到 3 000～6 000 元，临时工日薪由 150 元涨到 200 元；贵州果园固定员工月薪 3 000 元变化不大，临时工日薪从 120 元涨到 150 元。

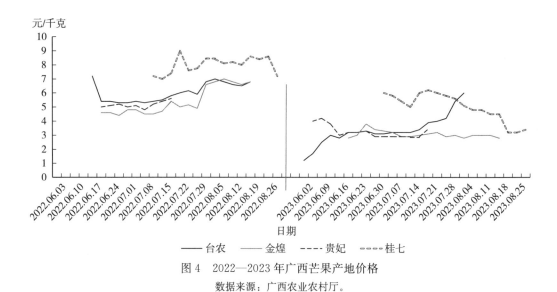

图 4 2022—2023 年广西芒果产地价格

数据来源：广西农业农村厅。

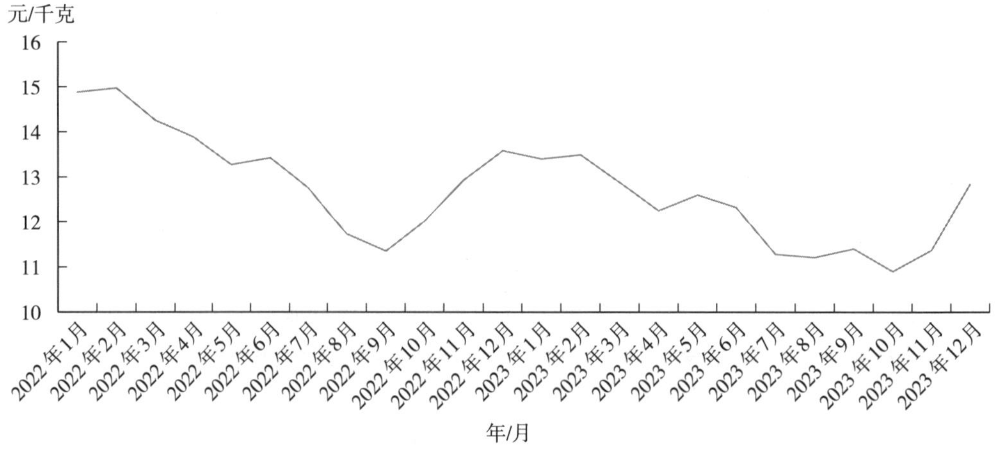

图 5 2022—2023 年全国芒果月均批发价格

数据来源：全国重点农产品信息平台。

各主产区亩产值和净利润有升有降，2021—2023 年，福建金煌、贵妃、爱文平均亩产值分别由 5 200 元、6 000 元、7 500 元涨到 8 400 元、9 000 元、9 000 元，亩净利润分别由 2 290 元、2 250 元、2 250 元涨到 5 490 元、5 250 元、5 250 元；贵州芒果亩产值由 3 200~4 800 元降至 3 000~4 000 元，亩净利润从 700~1 800 元降至 500~1 000 元。

（六）产业政策

各主产区政府依托优势制定相关的芒果产业发展支持政策。海南 2022 年制定《海南省芒果全产业链发展培育发展三年（2022—2024 年）行动方案》，计划到 2024 年基本建成覆盖三亚、东方、乐东、昌江等 7 个市县的结构合理、链条完整的海南早熟芒果优势特色全产业链。2023 年 10 月制定《芒果上市日管理指导意见》，进一步提高芒果鲜果上市品质。三亚持续加大芒果保险补贴力度，截至 2023 年 10 月 20 日，由三亚市政府提供财政补贴支持的芒果种植保险保费已突破 2 亿元，为芒果产业可持续发展提供坚实保障。

广西 2023 年出台《关于做好 2023 年全面推进乡村振兴重点工作的实施意见》，提出要扎实推进芒果国家育种联合攻关以及实施农业品牌精品培育工程，做大做强做优芒果等"桂字号"农产品品牌。百色市 2022 年印发《百色芒果产业发展"十四五"规划》，提出要以百色国家农业科技园区与百色市芒果研究中心为龙头，强化科研链，延伸产业链，集成农创链，科技赋能芒果产业高质量发展。

云南省丽江市 2022 年印发《关于印发丽江市农业现代化三年行动方案（2022—2024 年）的通知》，提出做精做优芒果、苹果、软籽石榴等大宗水果产业，着力推进标准化种植，大力推广现代设施栽培模式，建立健全分级分拣分销标准体系，积极培育具有市场影响力的区域公用品牌，建设全省中高端水果一流产区。2023 年制定《丽江芒果产业高质量发展十条措施》，整合全市资源力量推动华坪县建设"中国芒果第一县"，助力丽江市建设全省中高端水果一流产区。

此外，2023 年各主产区政府通过组织芒果大会、芒果节等活动助力芒果产业发展。如百色举行的第二届中国芒果产业大会、丽江举行的金沙江流域芒果产业大会、永德芒果节、华坪第十四届芒果文化节、第四届雷州覃斗芒果文化节、元江第二十届金芒果文化旅游节、第二届三亚芒果节、"向芒而生·共富仁和"中国晚熟芒果季、中国·望谟芒果节等，均对当地芒果产业发展起到较大的推动作用。

二、芒果产业发展存在的问题与挑战

（一）产业发展自身存在的主要问题

1. 品种结构不合理。当前全国芒果自主选育品种少，推广面积仅占总种植面积的 30% 左右，台农、金煌等主导品种果实成熟期有重叠，导致品种同质化现象严重，削弱了市场竞争力。而且种植品种多为鲜食品种，缺乏专用加工型品种。

2. 果园基础设施薄弱。芒果多种植在山地、坡地，水、电、路、机等设施匮乏，大部分果园无法满足浇灌需求，施肥、用药、除草、套袋、采收全靠人工，劳动力投入过高导致生产经营成本偏高，压缩了果农利润。

3. 冷链物流与深加工发展滞后。产地直发配套设施不足，采后商品化处理率较低，融芒果分拣、仓储、保鲜、初加工、包装、冷链物流和深加工为一体的产业链综合体缺乏，难以支撑芒果精品化发展。受项目用地问题等限制，冷库、分拣和加工用地较难配套，芒果深加工企业与种植面积发展速度较不匹配，仍需进一步加快发展。

4. 品牌挖掘与宣传不足。较多芒果生产经营主体缺乏打造、保护和宣传品牌形象的主动性和远见，生产上重产量轻质量，销售主要走低端批发路线，少数龙头企业产品虽已基地直发进入山姆超市、盒马鲜生等高端连锁品牌店，但与高端芒果品牌售价还有所差距，仍有较大挖掘空间。

（二）产业发展面临的外部挑战

1. 自然灾害增加生产不确定性。 芒果大部分种植在山地、坡地，台风、暴雨、山体滑坡等自然灾害会给芒果产量和品质提升带来一定程度的挑战。

2. 绿色发展影响种植。 部分果园生态环境恶化，土壤有机质减少，生态要求较高的地区会选择用肥用药较少的水果替代，以实现绿色发展，影响芒果产业稳定可持续发展。

3. 消费增长不足影响国内循环。 近四年社会消费品零售总额平均增长不到4％，国内面临消费增长不足的压力，对芒果产业供给质量优化支撑不足，容易导致果企经营困难，制约芒果深加工企业的发展。

4. 国际形势影响出口。 随着国际竞争加剧，许多发达国家和地区对进口农产品的农药残留量等指标要求越来越严格，中国芒果农药残留限量标准指标数量和农药种类与欧盟、日本、美国等发达国家和地区差距大，面临被提升检验检疫标准等风险，影响出口量及效益。

三、芒果产业发展趋势与前景展望

（一）前景展望

1. 芒果生产形势趋稳。 考虑到土地资源、市场需求等多种因素，预计全国芒果种植面积不会大幅增长，未来随着种植技术的发展，产量仍有望继续增长。根据课题组预测，预计2024年全国芒果种植面积为598.3万亩，总产量为541.4万吨。

2. 贸易价格呈波动下降趋势。 近五年，全国芒果出口价格持续下降，进口价格呈波动下降趋势。未来，随着国际竞争加剧，芒果贸易价格可能仍呈小幅波动下降态势。

3. "互联网＋"将为芒果产业升级提供强大动力。 未来，互联网技术的快速发展，将极大促进芒果线上直销、生产全程数字信息链建立、精准营销等，此外还能提升芒果产业信息化、智能化水平，助力芒果产业转型升级。

（二）值得关注的问题

一是生产成本不断上涨，降低了芒果种植利润。随着人工、生产资料、土地成本的不断上涨，芒果生产成本已占总产值的80％以上，受市场价格的天花板限制和成本价格地板提高的双重压力，芒果种植利润被不断压缩，致使种植户收益得不到保障。

二是芒果产期调节技术带来的质量安全隐患依旧存在。目前产期调节技术在早熟芒果和晚熟芒果中使用较多，对芒果风味和品质有一定影响，开发绿色、安全、高效的产期调节技术是当前需要解决的关键技术问题。

（三）政策措施建议

1. 加大品种培育力度。 加快培育自主当家品种，协调产期布局，避免集中上市；同时也要培育加工专用型品种，以降低生产成本，提高加工产品品质。

2. 推进采后保鲜和深加工。 加大芒果采后保鲜技术和深加工技术的研发和使用投入，延长芒果货架期，提高其商品率和附加值，满足消费者对芒果产品多样化的需求，推动芒果产业向高附加值转型。

3. 加快机械化、智能化应用。积极推广适宜芒果园使用的自动化采摘、智能化监测设备，以及芒果自动化分级和包装等加工设备，并提供购置补贴和优惠；促进研究机构、高校与企业在芒果机械化、智能化生产研究、示范与应用上的合作，加速科技成果转化。

4. 加强品牌引领。推进标准化种植，专业化打造和运作品牌，通过品牌故事、文化内涵、芒果衍生品开发等方式发掘芒果产业的多层级消费价值，提升产业整体效益。利用线上线下资源，强化品牌宣传和推广，打开高端芒果商业品牌大门，使产业获得更多定价权，以确保其竞争优势。

报告撰写人：

叶　露	中国热带农业科学院科技信息研究所	副研究员
李玉萍	中国热带农业科学院科技信息研究所	研究员
王丹阳	中国热带农业科学院科技信息研究所	助理研究员
邓春梅	中国热带农业科学院科技信息研究所	助理研究员
梁伟红	中国热带农业科学院科技信息研究所	副研究员
刘燕群	中国热带农业科学院科技信息研究所	副研究员
谢铮辉	中国热带农业科学院科技信息研究所	助理研究员

菠萝产业发展报告

菠萝是我国热带特色高效农业产业之一，在热带水果生产及进出口贸易中均扮演着重要的角色。2023 年，我国菠萝产销两旺，产量约 190 万吨，进口 24.49 万吨，进口额 1.87 亿美元，出口 0.67 万吨，出口额 0.12 亿美元，市场价格 2～8 元/千克。未来，菠萝种植面积将保持稳定，但随着消费结构不断优化倒逼产业升级，优良高值品种结构占比将不断增长。值得关注的是随着国际贸易发展，与东盟的进口贸易将更加活跃，我国菠萝品牌培育体系仍比较薄弱，应积极做好产业升级，应对市场消费结构变化及国际市场冲击。

一、菠萝产业发展现状

（一）生产

1. 全国菠萝生产情况。 我国菠萝主产区有广东、海南、广西、福建、云南及台湾等省份。据项目组调研估算，2023 年我国菠萝产量约为 190 万吨，种植面积约 100 万亩，单产约 2.4 吨/亩。主栽品种'巴厘'占总种植面积 70% 以上。其他主栽品种还有'台农 16 号（甜蜜蜜凤梨）''台农 17 号（金钻凤梨）''台农 4 号（手撕凤梨）''台农 22 号（西瓜凤梨）'。菠萝喜欢气候温暖、水源充足、pH4.5～5.5 酸性土壤的种植环境，适合坡度小于 15°的地块建园。菠萝田间生产循环可分为土地耕整—菠萝种植—催花壮果—套袋护果—果实采收—种苗采收—茎叶回收等环节。

2. 广东菠萝生产情况。 广东省菠萝种植面积和产量常年稳居全国首位，拥有省级菠萝跨县集群产业园。主要产区集中在湛江市徐闻县，被誉为"中国菠萝之乡"，2023 年广东徐闻县菠萝种植面积有 35 万亩，收获面积达 24 万亩，年产量有 70 万吨，约占全国菠萝的 1/3。徐闻菠萝产业集聚，规模化程度高，有上千亩连片菠萝地，是徐闻县的支柱产业之一。

3. 海南菠萝生产情况。 海南是全国第二大产区，种植面积仅次于广东，上市时间早，经济效益好。主要产区为万宁、琼海、海口、文昌、定安、澄迈、临高等市县。2023 年全省种植面积已超过 27 万亩，总产量 56 万吨。近年来，凤梨产业在海南各市县蓬勃发展，海南菠萝品种结构不断优化，目前全省凤梨良种规模化种植覆盖率约 40%。

（二）加工流通

1. 加工产品种类丰富。 我国菠萝加工率较低，约为总产量的 10%。菠萝加工过程人工依赖度高，经筛选—清洗—去皮—去黑眼—分切等步骤，之后再根据不同的产品需求进行细分。加工产品以菠萝罐头、菠萝汁、速冻菠萝为主，也有鲜切菠萝、菠萝饼、菠萝糖等，菠萝茎叶、菠萝皮渣也可以综合利用提取生物酶、菠萝纤维、畜牧饲料等，菠萝加工产品不断丰富。原果经简易加工后，经济价值可以提升 1.5～2 倍。菠萝加工厂多分布在广东及广西两省（区）。仅徐闻就有各类菠萝加工企业 31 家，年加工能力可达 24 万吨，其中鲜切菠萝加工企业有 17 家，年加工量 6 万吨，产值约 8 亿元。

2. 销售渠道不断拓宽。 主要流通模式有两种，一种为传统渠道，也是我国菠萝最主要的流通渠道。多由收购商集中在田头收购后，转销生鲜批发市场，再进入零售市场进行二次分销。另一种为网上电商平台营销渠道。随着淘宝、京东等网络销售平台及抖音、快手等新媒体平台逐步兴起，"电商＋物流公司＋基地＋农户""合作社＋电商＋农户"等模式有效补充了菠萝的销售途径，销售规模占比也不断扩大。据徐闻县农业农村局数据，2023 年徐闻菠萝销往批发市场占 80%，商超占 15%，电商平台占 5%。

3. 冷链物流体系不断完善。 2023 年 7 月，广东天闻冷链物流产业园落地徐闻曲界镇，进一步完善了菠萝骨干冷链网络建设，为菠萝加工企业和专业合作社提供冷链仓储服务和冷链运输服务，通过多温区储存和全自动仓储系统，满足市场需求。而建成的徐闻县菠萝 RCEP 国际采购交易中心，可以结合物联网大数据技术，有效实现菠萝智能化分选分级、降温预冷、仓储物流、冷链储运等功能，加速菠萝物流效率。

（三）消费

1. 消费市场范围广。 我国菠萝每年的 1 月底至 2 月初少量上市，3—4 月份大批量采摘销售，随着产业技术进步，已经基本可做到全年上市。菠萝消费主要集中于生鲜食用，占比 85% 以上。菠萝含有丰富的维生素 C、维生素 A、钾、锰和叶酸等，含有一定量的膳食纤维，有助于消化和维持肠道健康。市场流向主要供给国内市场，消费地区遍布全国各地。据项目组测算，2023 年我国菠萝消费量约 210 万吨。

2. 品牌体系发展进行时。 广东、海南等主产区正积极培育菠萝区域公用品牌。如徐闻菠萝有近百年的种植历史，目前拥有"愚公楼菠萝"和"徐闻菠萝"两个地理标志，区域品牌建设具有良好的基础。海南临高生产菠萝的海南天地人生态农业股份有限公司入选"海南鲜品"品牌名录。在海南省，凤梨被澄迈县列为大力推广的"6＋2"品牌农产品之一，被昌江列为"1＋5＋N"的区域品牌 5 个主导产业优先发展重点之一，也被临高县列为"五光十色"特色品牌之一。

（四）进出口

1. 进口贸易情况。 2023 年我国鲜干菠萝进出口贸易量皆有所上涨，进口贸易值仍大幅高于出口贸易值，我国菠萝的国际贸易依旧为贸易逆差。据海关总署统计，2023 年，我国鲜干菠萝累计进口量 24.49 万吨，同比上涨 17.63%，进口额 1.87 亿美元，同比上涨 27.19%。我国菠萝进口贸易主要发生在 3—7 月，此时也为我国菠萝的主产季（表 1）。主要进口来源地为菲律宾、泰国及印度尼西亚。

表 1　我国菠萝进口贸易情况

年月	进口量（千克）	进口额（美元）
202301	18 580 373	15 957 790
202302	17 015 481	14 839 971
202303	21 943 774	19 316 343
202304	19 700 025	16 845 039
202305	21 009 659	17 738 214
202306	20 663 252	17 772 040
202307	20 672 773	17 502 693
202308	18 170 892	15 385 411
202309	13 523 706	11 365 231
202310	11 294 591	10 973 130
202311	14 570 415	14 364 923
202312	16 589 975	14 642 561
202311	14 570 415	15 957 790
202312	16 589 975	14 839 971

数据来源：海关总署统计数据。

2. 出口贸易情况。 据海关总署统计，2023 年，我国鲜干菠萝出口量 0.67 万吨，同比上涨 30.37%，出口额 0.12 亿美元，同比下跌 22%。我国菠萝出口贸易量 7—9 月较少，出口贸易多发生在 12 月，但此时非我国菠萝主产季（表 2）。主要出口国家和地区为中国香港、中国澳门、哈萨克斯坦及朝鲜。

表 2　我国菠萝出口贸易情况

年月	出口量（千克）	出口额（美元）
202301	286 436	1 325 387
202302	558 539	1 537 178
202303	575 797	1 648 672
202304	432 503	810 478
202305	334 723	851 682
202306	212 817	290 973
202307	64 763	143 615
202308	59 833	197 924
202309	64 638	115 461
202310	151 260	363 922
202311	482 166	616 251
202312	3 514 612	4 129 553

数据来源：海关总署统计数据。

（五）全产业链效益

1. 价格稳定带动农民增收。 近几年来，我国菠萝价格稳定，菠萝（包括凤梨）田头收购均价达 2～8 元/千克，据团队测算，2023 年菠萝总产值约 50 亿元；海南省达 20 多亿元；广东徐闻县达 25 亿元，同比增加 4 亿元，带动近 5 万农户，14.6 万人增收，稳住了农民"钱袋子"，实现增产增收，增强了产业发展信心。因菠萝种植户多为小农户自用劳动力，一亩经济收益高可达 5 000 元，甚至上万元，有效带动农民增收。如海南临高南宝光吉村，采取"企业＋合作社＋农户"种植发展模式，凤梨种植面积达 500 亩，亩产达到 3 000 千克。产业销售收入约 625 万元，增加村集体收入92 万元，带动农户 18 户，解决 300 人（次）就近就业问题。

2. 产业链不断延展。 近几年来，菠萝产业链条不断延展，在鲜果市场品种结构不断优化的同时，鲜切小菠萝、菠萝预制菜、菠萝精深加工业也方兴未艾。多条机械化、标准化、智能化的自动鲜切菠萝生产线投产，有效地突破了菠萝销售的季节性局限，实现了产业向"节庆化、食品化、国际化、工业化"发展，提高了菠萝产业附加值产品，拉动菠萝产业链发展。

（六）产业政策

1. 菠萝全产业链培育政策。 海南作为菠萝主产区之一，积极调整产业结构，2023 年 9 月，印发了《海南省凤梨全产业链培育发展三年行动方案（2023—2025年)》，高站位高起点谋划推动全省凤梨产业高效发展。

2. 促进菠萝加工业发展政策。 广东徐闻发布 2022 年 1 号文件《徐闻县促进菠萝加工业发展的十条措施》，从用地厂房、设备装备、品牌创建、人力资源、原材料供应、行政服务、金融服务、供水供电、科研、出口等十方面给予扶持，促进菠萝一二三产业融合发展，做大做强徐闻菠萝产业，振兴徐闻乡村经济。

二、菠萝产业发展存在的问题与挑战

（一）产业发展自身存在的主要问题

1. 品种结构单一。 菠萝产业面临的一个主要问题是品种结构单一且老化。海南和广东等主要产区的'巴厘'品种占主导地位，该品种种植历史较长，种性退化严重，导致上市期集中、品质不高。这不仅影响了菠萝的市场价格和销售，也限制了产业的进一步发展。此外，新优品种种苗费用高，对种植技术要求高，'巴厘'菠萝可自留种，管理相对粗放，成本相对低，且'巴厘'菠萝果农有传统的种植习惯，导致菠萝优良新品种的种植面积仍然相对较小。

2. 品牌效益未充分体现，产业结构与市场需求不匹配。 菠萝产业的品牌效益未能充分体现，品牌附加价值低，导致市场认知度有限。尽管愚公楼菠萝、中山神湾菠萝等拥有国家地理标志，但缺乏有影响力的品牌，难以在市场中形成竞争优势。同时，产业结构与市场需求不匹配，产品同质化严重，缺乏特色和差异化，难以满足消费者多样化的需求。此外，菠萝产业链条短，主要以鲜食为主，加工产品占比偏少，缺乏高附加值的产品，影响了产业的整体效益。

3. 种植技术推广困难，加工效率低下。 菠萝产业在种植技术推广方面存在困难，多数农户还未掌握先进的种植技术和管理知识，导致生产效率低下，产品质量参差不齐。此外，标准化、机械化种植困难，影响了菠萝产业的规模化和现代化发展。在加工方面，菠萝加工业受原料及技术制约，加工技术落后，机械化水平低，导致加工效率低下，成本高，影响了菠萝加工产品的市场竞争力。

4. 市场价格易波动，信息共享平台不完善。 菠萝市场受季节性影响较大，易出现价格波动，影响了种植户的收益稳定性。权威性的市场信息共享平台的缺乏，导致种植户难以及时获取市场信息，影响了产销对接和市场预测的准确性。

（二）产业发展面临的外部挑战

1. 气候条件与资源禀赋。 全球气候变化导致极端天气事件频发，如台风、干旱、洪涝等，对菠萝的生长和产量均会造成不利影响。菠萝对土壤和气候条件有特定要求，适宜种植区域有限，同时土地资源的紧张和水资源的短缺也对菠萝产业的可持续发展构成威胁，限制了产业的扩张潜力。

2. 国际风险。 全球贸易不确定性频发，可能导致国际贸易壁垒增加，影响菠萝的进出口贸易。此外，国际市场的价格波动也对菠萝产业的稳定发展构成威胁。而我国菠萝产业风险管理能力较弱，亟须提高对国际市场的适应能力。出口市场和贸易渠道相对依赖单一市场，难以应对国际环境的不确定性。

三、菠萝产业发展趋势与前景展望

（一）前景展望

1. 短期趋势分析。 未来几年，我国菠萝种植面积仍将维持约 100 万亩，产量 200 万吨，单产约 2.4 吨/亩，主栽品种仍为'巴厘'。加工能力提升缓慢，流通环节仍以传统方式为主，国际及国内消费市场短期内将保持稳定。政策支持将集中在品种改良、品牌建设等方面，以提升产业竞争力。

2. 中长期趋势分析。 随着品种改良和种植技术的提升，预计菠萝种植面积和产量将稳步增长。且为迎合消费者对健康食品需求的增加，预计菠萝高端消费市场将进一步拓展。加工及保鲜技术将促进菠萝出口贸易进一步加大。

（二）未来产业发展需要引起关注的问题

1. 缺乏品牌体系培育。 我国菠萝生产模式分散，标准化质控难，缺乏强有力的品牌营销，在一定程度上限制了菠萝产品附加值的提升和市场竞争力的增强。尽管菠萝市场消费规模不断增长，但品牌建设的不足，使得消费者难以识别和选择高质量的国产菠萝产品，制约了我国高品质菠萝的市场推广和品牌忠诚度的建立。因此，加强品牌培育，提升品牌价值，是我国菠萝产业值得关注的问题之一。

2. 进口国际贸易增长快。 我国菠萝产业与东盟贸易的活跃度不断提升且进口量增长明显，2018 年我国鲜干菠萝进口量 18.6 万吨、出口量 0.6 万吨，2023 年分别增长了 31.67％和 11.67％，进口量远大于出口量，进口量增长速度快于出口量增长速度。因此，提升产业应对国际贸易能力，是我国菠萝产业未来发展值得关注的问题之一。

（三）对策措施与政策建议

1. 建立全产业链信息系统。 建立菠萝产业信息化服务平台，加强种植户、科技人员与市场之间的联系，提高信息流通效率，支持菠萝产业的监测预警工作，提前预估产量及价格波动信息，锁定未来用户及价格。

2. 培育菠萝品牌体系。 借鉴成功农产品区域公用品牌培育经验，加强菠萝领域的品牌布局，实施区域菠萝整体品牌形象塑造工程，形成"品质—产业—文化"品牌培育矩阵，并制定适宜的菠萝区域公用品牌推进计划，积极对外宣传。

3. 积极优化产业结构。 调整菠萝种植品种结构，加快优质品种推广，规范种植技术，统一种植标准，提高菠萝的品质和产量，专项研发菠萝种植及加工机械，减少集中上市竞争风险及用工，保护和改善生态环境，实现菠萝产业的可持续发展。

4. 利用好"两种资源两个市场"。 鼓励菠萝种植公司"走出去"，深耕东南亚菠萝种植领域，在对内返销回国的同时积极利用发达国家给予发展中国家的外贸优惠政策，扩大菠萝的全球销售网络。

报告撰写人：

金　琰　中国热带农业科学院科技信息研究所　副研究员

李　娜　中国热带农业科学院科技信息研究所　助理研究员

荔枝产业发展报告

我国是荔枝的原产地，也是全球荔枝产业第一大国，荔枝种植面积及产量均占全球第一位。2023 年，全国荔枝面积约 810.29 万亩，同比增加 3.6％，产量约为 340.42 万吨，同比大幅增加 53.2％，受产量增加及新冠疫情后消费降级影响，荔枝市场价格较 2022 年有所下跌，荔枝及其制品进出口贸易额较上年增加 23.8％。我国荔枝产业整体呈现良好发展形势，不仅为果农带来了直接的经济收益，还通过旅游业、文化活动等间接方式促进了当地经济的多元化发展。预计未来我国荔枝种植规模基本稳定在 810 万亩，产量将稳中有增，高端消费市场及出口贸易将不断增长，但气候造成产量的不稳定、生产成本的上涨以及荔枝品牌建设和市场开拓不足仍是荔枝产业需要关注的问题。

一、荔枝产业发展现状

（一）生产

据国家荔枝龙眼产业技术体系数据，2023 年全国荔枝面积约 810.29 万亩，同比增加 3.6％（图 1），其中，广东 416.66 万亩、广西 301.27 万亩、海南 34 万亩、福建 20.94 万亩、四川 18.09 万亩、云南 14.86 万亩（图 2），全国荔枝生产面积基本保持稳定。2023 年荔枝各主产区雨水充沛，促进了荔枝的生长，使得全国荔枝迎来了产量大年，全国荔枝产量约为 340.42 万吨，同比增加 53.2％（图 1），其中广东 182.58 万吨，同比增加 64％；广西 102.57 万吨，同比增加 58.8％；海南 28.87 万吨，同比增加 37.7％；福建 12.52 万吨，同比减少 3.3％；云南 6.48 万吨，同比减少 2.8％；四川 3.51 万吨，同比减少 39.7％（图 2）。荔枝平均亩产 463.8 千克。

分品种看，荔枝品种多达 200 多个，5 大主栽品种妃子笑、黑叶、桂味、怀枝、白糖罂产量共计占总产量的 75.7％，优质品种面积占比一半以上。全国基本形成了海南特早熟和特色荔枝产区；粤西早中熟荔枝优势区；粤中、桂东南、闽南晚熟荔枝优势区和四川、闽中特晚熟荔枝优势区等七大优势区，产期从过去的 4—7 月延长至 3—8 月，延长 60 天以上，缓解了荔枝上市集中度高、供应周期短的问题。

目前，荔枝生产技术涵盖了从种植、管理到采后处理等多个环节，如在绿色生产方面广东省推广有机替代及药肥双减技术，构建了荔枝绿色安全生产及病虫害综合解决方案，在智慧农业生产技术方面利用物联网技术监测荔枝生长环境，实现精准灌溉

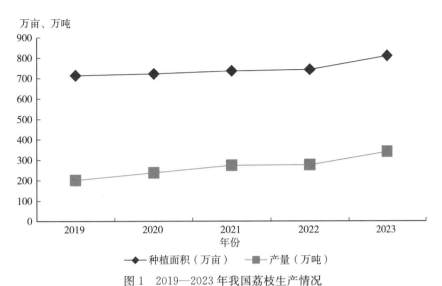

图 1　2019—2023 年我国荔枝生产情况

数据来源：农业农村部农垦局、国家荔枝龙眼产业技术体系。

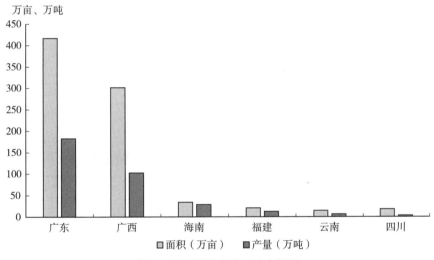

图 2　我国荔枝主产区生产情况

数据来源：国家荔枝龙眼产业技术体系。

和施肥，通过大数据分析，优化生产管理决策。

（二）加工流通

近年来荔枝的加工品类不断丰富，主要包括荔枝干、荔枝罐头、速冻荔枝、荔枝酒、荔枝果汁、荔枝调味品、荔枝护肤品，荔枝加工率仅为 5%。据天眼查数据，2023 年，全国荔枝加工企业约有 920 家，主要分布在荔枝主产省区，其中广东 346 家，海南 253 家，广西 158 家。茂名市是国内荔枝批发交易的主要集散地，茂名市荔枝国家现代农业产业园是全国唯一一个以荔枝为主导产业的国家级现代农业产业园，规划总面积为 143.46 万亩，覆盖 3 个区（市）11 个镇，园内荔枝种植面积 39.6 万

亩。在冷链物流建设方面，茂名市建设了"田头小站"，实现田头预冷，保鲜期延长
3天以上。荔枝产品的销售主要通过传统的供销模式和电商模式，2023年以来荔枝定
制模式在各地兴起，定制模式不仅让荔枝价格更高，也减少了市场波动风险。

（三）消费

2023年荔枝总消费量约为337万吨，荔枝消费以鲜食为主，约占总消费量的
95%，且在产区和非产区消费比例约为7∶3，尤其是荔枝的主产区，如广东、广西、
海南等省份。由于荔枝的保鲜期短，大部分荔枝在省内和周边消费，这些地区通过批
发市场将荔枝分销到全国各地。东北市场主要消费荔枝青果，各大中城市和海外市场
主要消费荔枝熟果。消费者倾向于少量多次购买荔枝，主要购买渠道包括家门口的水
果店、大型商超、生鲜电商和品牌水果连锁店等，随着电商的发展，线上销售占比也
在逐年提升，据报道，2023年，各产区荔枝线上销售占比为15%～36%。

（四）进出口

据海关总署统计显示，2023年我国荔枝及其制品进出口贸易额为11 519万美元，
其中进口额1 266万美元，出口额10 253万美元，净出口8 987万美元。

从进口看，2023年我国进口鲜荔枝31 019吨，同比增加约11倍，进口额
1 197万美元，同比增加约9倍，主要从越南和泰国进口，其中从越南进口量占比
99%。荔枝干进口638吨，进口额58万美元，主要从越南进口。荔枝罐头进口
55吨，同比增加83.3%，进口额11万美元，同比增加59.4%，主要从泰国、越南、
法国进口，进口量占比分别为64.8%、33.2%、2%。

从出口看，2023年我国出口鲜荔枝21 684吨，同比增加49.1%，出口额
5 408万美元，同比增加24.2%，主要出口国家和地区为柬埔寨、中国香港、印度尼
西亚，出口占比分别为26.1%、20.6%、16.1%。荔枝干出口26吨，同比减少
10.3%，出口额25万美元，同比增加38.9%，主要出口国家和地区为中国香港、以
色列、马来西亚，出口占比分别为35.7%、15.3%、13.9%。荔枝罐头出口35 009
吨，同比增加6.1%，出口额4 820万美元，同比减少0.9%，主要出口国家和地区为
文莱、塞浦路斯、中国香港，出口占比分别为42.8%、10.5%、10%（表1）。

表1　2023年我国荔枝进出口情况

类型	进口量（吨）	进口金额（万美元）	出口量（吨）	出口金额（万美元）
鲜荔枝	31 019	1 197	21 684	5 408
荔枝干	638	58	26	25
荔枝罐头	55	11	35 009	4 820

数据来源：海关总署。

（五）全产业链效益

据国家荔枝龙眼产业技术体系数据，2023年，全国荔枝总产值（一产）约为
336.04亿元，同比减少2.2%，受荔枝产量增加及新冠疫情后消费降级影响，荔枝综
合平均价格均有所下跌，其中，荔枝综合地头价为12.83元/千克，同比下跌

16.1%，综合收购价为7.90元/千克，同比下跌36.4%，综合批发价为16.37元/千克，同比下跌38%，综合零售价为43.65元/千克，同比下跌23.4%。据调研，2023年荔枝每亩总成本约为3 800元，每亩总收入约为8 500元，每亩净利润约为4 700元，其中人工成本及化肥农药费用仍是主要的支出部分。

（六）产业政策

荔枝产业是我国热区重要的农业产业之一，近年来，各级政府出台了一系列政策以支持和规范荔枝产业的发展。广东省发布了《广东省荔枝产业高质量发展三年行动计划（2021—2023年）》，计划到2023年，全省荔枝种植面积稳定在400万亩以上，荔枝总产量、优质品种率增长50%，全产业链总产值、龙头企业数量、鲜果处理加工能力、出口基地认证数量、鲜果出口总量、电商销售额、名优品牌产品数量增长100%，形成全球最具竞争力的荔枝优势产业带。2017年广东省出台《广东省荔枝产业保护条例》，条例提出了荔枝产业发展应遵循的原则，包括因地制宜、市场主导、政府引导、科技引领、绿色高效，并强调了经济效益、社会效益和生态效益的统一。2021年，广州市增城区出台《增城荔枝产业高质量发展十条措施意见》，推进增城荔枝中国特色农产品优势区建设、示范带动扩大仙进奉荔枝种植、挖掘保护增城荔枝重要农业文化遗产等。

二、荔枝产业发展存在的问题与挑战

（一）产业发展自身存在的主要问题

1. 生产标准化程度有待提升。荔枝品种结构不合理，传统品种占比较大，比较效益较低。生产以分散农户为主，经营能力有限，部分荔枝园失管，果园建设标准化程度低或技术不到位，缺少采后保鲜等必要基础设施设备。

2. 流通环节较多。荔枝产业常采用的营销渠道是以多层中间商销售模式为主，流通链条过长，流通层次较多。虽然利用网络平台对荔枝进行宣传，但网络销售效果不明显。

3. 保鲜技术落后。荔枝采后多以冰块储存保鲜、传统冷链储运为主，果品变色及腐烂率占总产量20%。尽管近年来冷链物流技术有所发展，但高昂的成本和有限的保鲜手段仍难以满足荔枝长途运输的需求。大量荔枝在采摘后短时间内便因保鲜不当而损耗，这不仅造成了资源的极大浪费，也严重制约了荔枝产业的市场拓展。

4. 产业链附加值低。鲜果消费是当前荔枝主要消费形态，加工量占总产量的比例较低，加工主体规模小，形式单一，高附加值产品不多，这不仅限制了荔枝产品的多样性和市场竞争力，也导致整个产业链的附加值较低，荔枝产品精深加工有待加强。

（二）产业发展面临的外部挑战

1. 气候和环境限制。荔枝的生产受气候变化影响较大。近年来，全球气候变化导致的极端天气事件频发，干旱、洪涝、台风等自然灾害接踵而至，给荔枝生产带来了巨大的不确定性。一方面，干旱年份可能导致荔枝减产甚至绝收；另一方面，暴雨和洪水又容易引发病虫害的暴发，严重影响果实品质。

2. 市场竞争和价格波动。 随着全球化和信息化的加速推进，荔枝市场的竞争日益激烈。不仅国内各地荔枝产区之间为了争夺市场份额而展开激烈角逐，来自泰国、越南等国的进口荔枝也凭借其价格优势和较长的保鲜期，对国内荔枝市场构成了不小的冲击。消费者在选择荔枝时，除了关注口感和品质，还越来越注重品牌、包装和营销手段的创新。

三、荔枝产业发展趋势与前景展望

（一）前景展望

1. 生产规模稳中有增。 我国是全球荔枝产业第一大国，2021 年，栽培面积及产量在全球所占的比重分别约为 61.5％和 61.4％。2023 年，尽管受到不利气候条件的影响，中国荔枝产量仍保持在较为理想的水平，属于产量较高的"中大年"。预计未来几年，我国荔枝种植规模基本稳定在 810 万亩，产量将稳中有增，产业链将不断扩宽延长。

2. 市场消费量不断增长。 据相关研究，我国荔枝人均消费量约为 1.2 千克，相对于苹果、梨等大宗水果来说较低，近年来随着消费者对健康饮食的重视，荔枝等天然、健康的水果更受欢迎，尤其在夏季，荔枝成为市场上的热销水果，消费者对荔枝的新鲜和健康要求较高，并已形成"少量多次"的消费习惯，在荔枝上市期间，超过83％的受访者每周都会购买（食用）荔枝，表明荔枝已成为日常消费的一部分，预计未来一段时间荔枝人均消费量将增长至 2 千克。

3. 荔枝及其制品进出口贸易差不断扩大。 近年来，中国荔枝的产量和品质提升，以及全球市场需求的增加，推动了荔枝出口贸易的快速增长，2023 年荔枝及其制品进出口贸易差较 2022 年扩大，在区域全面经济伙伴关系协定（RCEP）的机遇下，荔枝出口企业在海外市场知名度不断增加，优质品种需求量提升，荔枝出口量、出口额增长势头强劲。

（二）值得关注的问题

1. 市场竞争加剧，生产成本上涨。 一方面，随着荔枝种植规模的不断扩大，市场竞争也日趋激烈。尤其是在一些主产区，荔枝的同质化竞争尤为严重，同时受天气影响，荔枝生产仍存在"大小年"不稳定性，种植户收益存在波动风险。另一方面，劳动力成本上升、农药化肥等生产资料价格上涨，尤其是荔枝产业面临劳动力短缺问题，老龄化的农户群体导致人工费用在生产要素投入中的占比持续走高，荔枝产业的盈利空间进一步缩小。如何在激烈的市场竞争中保持优势，提升荔枝产品的附加值，成为摆在农户和企业面前的难题。

2. 品牌建设和市场开拓不足。 在品牌塑造和市场营销方面，荔枝产业同样存在诸多问题。许多地区的荔枝虽然品质上乘，但由于缺乏有力的品牌支撑和有效的营销策略，往往难以走出地域限制，打入更广阔的市场，只能在产地和周边销售。如何加强品牌建设，提升荔枝产品的知名度和美誉度，同时运用多元化的营销手段，拓宽销售渠道，是荔枝产业实现高质量发展的重要一环。

（三）对策措施与政策建议

1. 加强产业规划与政策引导。在荔枝主产省份制定荔枝产业发展规划，明确发展目标、区域布局和重点任务，引导荔枝产业有序发展。出台扶持政策，加大对荔枝产业的投入力度，支持荔枝种植、加工、销售等环节的发展。建立荔枝产业发展协调机制，加强部门之间的协作配合，形成推动荔枝产业发展的合力。

2. 推进荔枝标准化种植与技术创新。一是加强荔枝标准化种植基地建设，推广先进的荔枝种植技术和管理模式，提高荔枝的产量和品质；二是鼓励和支持科研机构、高校和荔枝企业开展荔枝新品种选育、病虫害绿色防控等技术攻关，提升荔枝产业的科技创新能力；三是加强荔枝种植技术培训与推广，提高荔枝种植户的技术水平和管理能力。

3. 加强荔枝产业组织化与品牌建设。积极推进荔枝产业组织化进程，鼓励成立荔枝专业合作社、行业协会等组织，提高荔枝产业组织化程度。加强荔枝品牌建设，统一品牌包装和宣传口径，提升荔枝产品的市场竞争力。

报告撰写人：

丁　莉　中国热带农业科学院科技信息研究所　　　　副研究员

卢　琨　中国热带农业科学院科技信息研究所　　　　副研究员

杨子琴　中国热带农业科学院热带作物品种资源研究所　副研究员

龙眼产业发展报告

  龙眼是重要的热带亚热带水果,生产主要集中在中国、泰国和越南。我国龙眼种质资源丰富,种植面积和产量均居世界第一,主要集中在广东、广西、福建。2023年我国龙眼主产区种植面积为444.13万亩,同比减少0.69%;总产量190.91万吨,同比增加55.60%;单产449.66千克/亩,同比增加82.16%;龙眼贸易依然呈逆差状态,但进口有所减少、出口则有所增加。预计短期内我国龙眼种植面积将稳中略降,总产量将下降一成左右。龙眼产业发展不仅面临品种结构有待优化、利润空间变窄、采后保鲜加工薄弱等产业自身问题,也面临气候变化带来的生产不确定性和风险的增加,土地资源缺乏刚性约束和产业提质升规发展空间受限的问题,以及国际市场竞争日益激烈等外部挑战。但是,在内外双重驱动力的作用下,我国龙眼产业总体逐步向资本技术型生产方式变革,产业整体素质不断提升。下一步应从产业、市场、科技、文化四个方面入手,切实推进龙眼产业的高质量可持续发展。

一、龙眼产业发展现状

(一)生产

1. 区域布局。我国龙眼产区主要分布在广东、广西、福建、四川、海南、重庆、云南、贵州等省域。广东、广西、福建种植面积稳定排名前三,其中广东龙眼产区主要集中在茂名、阳江、惠州、广州等地区,广西龙眼主要分布在南宁、钦州、崇左、玉林、贵港和梧州,福建龙眼产区集中在沿海地区。

2. 面积。根据国家荔枝龙眼产业技术体系各试验站报送及推算数据,2023年龙眼主产区种植面积约444.13万亩,同比减少0.69%。四川、云南种植面积变动不大,分别约占总面积的7.76%、0.98%;广东、广西种植面积均有所缩减,分别约占总面积的42.06%、34.85%,其中广西种植面积下降的幅度比较大,同比减少9.64%,广东同比减少0.24%;福建则有所增加,约占总面积的11.63%,同比增长3.65%(表1)。

3. 产量和单产。2023年龙眼产量约为190.91万吨,相较2022年产量上升55.57%,其中广东和广西产量均上升显著,同比增幅分别为73.40%、95.80%,四川、云南和福建产量均有所下降,同比降幅分别为41.50%、25.00%、6.31%;龙眼平均亩产为449.66千克,同比增加82.16%。其中,亩产减产的是泸丰和福眼,减产幅度分别为 43.15％和 19.79％；而其余品种呈增产态势，广眼增幅最为明显，为 311.68％，其次为大乌圆、石硖和储良，增幅分别为 127.2％、98.07％和 72.54％。

表 1　2023 年体系试验站覆盖区域和各省种植面积、推算产量及变动情况

省份	体系试验覆盖区域				全省（推算）			
	种植面积（万亩）	变动幅度（％）	产量（万吨）	变动幅度（％）	种植面积（万亩）	变动幅度（％）	产量（万吨）	变动幅度（％）
广东	130.86	−0.24	68.96	73.40	186.78	−0.24	98.43	73.40
广西	73.87	−9.64	23.63	95.80	154.77	−9.64	49.51	95.80
福建	10.5	3.65	6.237	−6.31	51.67	3.65	30.69	−6.31
海南	6.9	—	4.11	—	12.07	—	7.19	—
四川	23.9	0.00	2.065	−41.50	34.48	0.00	2.98	−41.50
云南	0.62	0.00	0.3	−25.00	4.36	0.00	2.11	−25.00
合计	246.65	−0.37	105.30	68.68	444.13	−0.69	190.91	55.57

数据来源：国家荔枝龙眼产业技术体系。

表 2　2022—2023 年体系试验站覆盖区域主要龙眼品种生产规模及变动情况

品种	种植面积（万亩）				产量（万吨）			
	2022 年	2023 年	变动数量	变动幅度（％）	2022 年	2023 年	变动数量	变动幅度（％）
储良	96.10	95.72	−0.38	−0.40	26.77	46.01	19.24	71.87
石硖	85.42	85.28	−0.14	−0.16	21.27	42.05	20.79	97.74
大乌圆	11.20	11.36	0.16	1.43	1.45	3.33	1.89	130.34
广眼	6.08	5.17	−0.91	−14.97	0.45	1.56	1.11	246.67
泸丰	7.10	7.10	0	0	0.89	0.51	−0.38	−42.70
福眼	2.70	2.78	0.08	2.96	2.01	1.66	−0.35	−17.41
合计	208.60	207.41	−1.19	−0.57	52.84	95.12	42.28	80.02

数据来源：国家荔枝龙眼产业技术体系综合试验站报送数据。

4. 主栽品种及其品种结构。龙眼品种资源很多，但商品化品种的集中度非常高。2023 年生产规模排名前六位的龙眼品种分别是：储良、石硖、大乌圆、广眼、泸丰、福眼。按照国家荔枝龙眼产业技术体系统计的试验站辖区数据计算，2023 年六大品种种植面积为 207.41 万亩，占试验站辖区总面积的 84.09％，产量为 95.12 万吨，占总产量的 90.33％（表 2）。

（二）加工流通

我国龙眼产业规模化、产品系列化正在形成，产品形式以鲜果、龙眼干、龙眼罐头、龙眼果汁、龙眼酒和龙眼肉干等产品为主。2023 年，全国龙眼年加工量 25.0 万～30.0 万吨，占总产量的 10％～15％，同比下降 10％左右。各主产区都有零散龙眼干加

工，但成规模的加工企业主要集中在福建省莆田市；龙眼肉加工主要分布在广东高州、广西博白和岑溪、福建莆田和潭州。

各地也在积极开展多元化加工产品研发，龙眼冻干、龙眼糕、龙眼冲饮等产品已陆续上市。广东省茂名市丰盛食品公司和合作社深耕荔枝龙眼精深加工领域，开展多元化产品研发，给产品注入了新的附加值。目前，荔枝黄酒、龙眼糕、荔枝糕等新产品已陆续上市。同时，该公司还与本地高校深化产学研合作，借助高校力量提升研发能力，打造"智能化烘干设备"，能耗降低约30.0%，成本降低约20.0%，荔枝干、龙眼干产业加工得以降本增效，高州市根子柏桥龙眼荔枝专业合作社8户社员采用了该设备，为当地加工机械化提供了良好的示范作用。

尽管传统的批发零售模式仍然是龙眼最主要的流通模式，但是多种形式的电商渠道在龙眼销售中扮演越来越重要的角色，特别是针对礼品市场以及青年人市场的销售。目前，高州市已形成了龙眼肉加工镇、加工村和集散市场，龙眼加工、交易一年四季不断档，年交易量超2.0万吨。

近3年广西在荔枝龙眼等主产区新建成地头冷库约11.7万立方米，县县有物流配送中心，行政村"快递天天送"。广西还创建了3个国家数字农业创新应用基地、40个数字化产地仓，还开通了面向京津冀、长三角、成渝地区双城经济圈的农产品冷链专列，生鲜农产品可以快速抵达这些主要消费市场。北部湾港航线基本实现了东盟国家及全国主要沿海港口的全覆盖，打通了柑橘、龙眼等优势大宗农产品出桂、出海的快速通道。

（三）消费

龙眼富含氨基酸等多种营养成分，具有清热解毒、润肤美容、降血糖、调节血压、增强免疫力等药用价值功能，其果胶和膳食纤维有助于消化，降低胆汁分泌，改善脾胃功能，增强体质。世界龙眼鲜果及其加工品的消费市场相对集中在亚洲国家和地区。其中，我国是龙眼消费第一大国，年消费量220.0万吨左右，鲜龙眼消费总量占比85%以上，约占世界龙眼鲜果总消费量的50%。而泰国、越南和印度等主产国本身也是龙眼消费主要市场，纯消费国家主要是北美和欧洲国家。

（四）进出口

1. 贸易量和贸易金额。我国龙眼总体贸易格局尚未发生改变，2023年依然是龙眼鲜果和龙眼干、肉呈现净进口状况，龙眼罐头贸易仍然保持净出口状况。

我国龙眼各类产品进口总量43.2万吨，同比减少17.0%；进口总额58 252.2万美元，同比减少19.1%。其中，龙眼鲜果进口量最多，为34.4万吨，占总进口量的79.7%；进口额为45 483.4万美元，占总进口额的78.1%。龙眼干、肉进口量为8.7万吨，占总进口量的20.1%；进口额12 700.7万美元，占总进口额的21.8%。龙眼罐头进口量最少，仅为395.3吨，占总进口量的0.1%；进口额68.0万美元，占总进口额的0.1%。

我国龙眼出口总量6 388.8吨，同比增加25.4%；出口总额为1 690.4万美元，同比增加14.0%。龙眼鲜果出口量为4 893.4吨，占总出口量的76.6%；出口额

1 118.8万美元，占总出口额的 66.2%。龙眼干、肉出口量为 755.0 吨，占总出口量的 11.8%；出口额 442.8 万美元，占总出口额的 29.2%。龙眼罐头出口 740.4 吨，占总出口量的 11.6%；出口额 128.8 万美元，占总出口额的 7.6%。

2. 主要进出口国家和地区。根据海关总署数据显示，泰国、越南、柬埔寨、马来西亚、印度尼西亚、缅甸 6 个国家拥有对中国出口龙眼的市场准入权。2023 年我国龙眼鲜果进口主要来自泰国、柬埔寨和越南。其中，泰国进口量 32.7 万吨，同比减少 14.0%，进口额为 43 123.6 万美元，同比减少 18.8%；柬埔寨进口量 16 723.1吨，进口额为 2 326.8 万美元；越南进口量 497.0 吨，同比增加 163.2%，进口额为33.0 万美元，同比增加 271.0%。我国龙眼干、肉进口主要来自泰国和越南。2023年，中国从泰国进口龙眼干、肉 8.6 万吨，同比减少 37.2%，进口额为 12 508.8 万美元，同比减少 32.0%；从越南进口龙眼干、肉 771.2 吨，同比下降 33.7%；进口额为 191.9 万美元，同比下降 25.9%。我国龙眼罐头进口主要来自泰国，进口量为376.5 吨，同比增加 205.8%，进口额为 64.8 万美元，同比增加 306.4%（表3）。

表3 2023 年我国龙眼进口数量及金额

类型	进口国家和地区	进口数量 （吨）	进口金额 （万美元）
龙眼鲜果	泰国	327 191.3	43 123.6
龙眼鲜果	柬埔寨	16 723.1	2 326.8
龙眼鲜果	越南	497.0	33.0
龙眼干、肉	泰国	86 172.7	12 508.8
龙眼干、肉	越南	771.2	191.9
龙眼罐头	泰国	376.5	64.8
合计		431 731.8	58 248.9

数据来源：海关总署。

表4 2023 年我国龙眼鲜果主要出口市场及所占份额

出口国家和地区	数量 （千克）	金额 （美元）	数量所占市场份额 （%）	金额所占市场份额 （%）
中国香港	3 558 120.0	8 083 951.0	72.8	72.3
中国澳门	316 175.0	121 153.0	6.5	1.1
美国	730 135.0	2 130 865.0	14.9	19.1
加拿大	266 728.0	810 498.0	5.5	7.2
俄罗斯	19 676.0	36 129.0	0.4	0.3
合计	4 893 445.0	11 188 120.0		

数据来源：海关总署。

2023 年，我国龙眼鲜果主要出口国家和地区为中国香港、中国澳门地区和美国、加拿大、俄罗斯，出口量分别占总出口量的 72.8%、6.5%、14.9%、5.5%、

0.4%，出口额分别占总出口额的 72.3%、1.1%、19.1%、7.2%、0.3%（表4）。我国龙眼干、肉主要出口国家和地区为中国香港、马来西亚、新加坡、美国、日本、加拿大、澳大利亚、韩国、意大利、荷兰和印度尼西亚等国家和地区，出口量分别占总出口量 40.0%、14.6%、13.2%、9.3%、7.1%、5.8%、3.3%、1.9%、1.2%、1.2%、1.1%；出口额分别占总出口额的 25.8%、16.7%、13.0%、13.2%、12.0%、7.1%、5.4%、1.1%、0.7%、1.0%、1.2%。我国龙眼罐头主要出口至马来西亚、文莱、印度尼西亚、意大利、法国、荷兰、澳大利亚和德国，出口量分别占总出口量的 38.8%、26.7%、14.2%、5.9%、3.4%、3.1%、3.0%、1.9%，出口额分别占总出口额的 37.5%、27.4%、14.9%、5.7%、3.4%、3.1%、2.9%、1.9%。

（五）全产业链效益

1. 产值。 2023年龙眼生产端总产值为 151.1 亿元，同比增加 11.8%。从主产区来看，除了贵州、云南和重庆外，福建、海南、四川、广西、广东等其他主产区的产值同比均是增长的。

2. 价格情况。

（1）年度综合价格变动情况。根据国家荔枝龙眼产业技术体系监测数据显示，2023年龙眼产地价格上涨明显，销地零售价有所上涨，批发价则下跌迅速。其中，龙眼综合地头价为 8.56 元/千克，同比增长 11.6%；综合收购价为 10.11 元/千克，同比下降 0.4%；综合批发价为 9.69 元/千克，同比下降 31.5%；综合零售价为 42.29 元/千克，同比增长 4.7%（表5）。其中，储良的地头价涨幅为 7.54%，相反，收购价和批发价较大幅度下降，降幅达 32.30%、34.72%。石硖的地头价、收购价和批发价分别下降 16.22%、18.24%、52.68%。

表5　2022—2023 年我国龙眼年度综合价格及变动情况

价格类别	2022年（元/千克）	2023年（元/千克）	变动情况（%）
综合地头价	7.67	8.56	11.6
综合收购价	10.15	10.11	−0.4
综合批发价	14.15	9.69	−31.5
综合零售价	40.38	42.29	4.7

数据来源：国家荔枝龙眼产业技术体系中国龙眼市场价格监测与分析系统数据。

（2）主栽品种价格变动情况。根据国家荔枝龙眼产业技术体系监测数据显示，与2022年相比，2023年储良龙眼的地头价和零售价出现了上涨，涨幅分别为 7.5%、43.0%，与此相反的是，收购价和批发价出现了较大幅度的下降，降幅分别达到了 32.3%、34.7%。而石硖龙眼的地头价、收购价和批发价也都出现了较大幅度的下降，分别下降 16.2%、18.2%、52.7%，零售价则是出现较大幅度上涨，涨幅为 54.0%。除了储良和石硖，福眼、大乌圆和古山二号等品种的地头价也都出现了大幅下降。福眼的地头价下降了 27.3%，大乌圆下降了 51.5%，古山二号下降了 44.5%

（表6）。这些下降可能是由于市场供应过剩、消费者需求减少或者其他因素导致的。这些市场变动可能反映了消费端对龙眼需求结构的影响以及龙眼流通渠道的调整。

表6　2023年我国主栽龙眼品种市场价格年度同比变动情况

品种	地头价变动 （％）	收购价变动 （％）	批发价变动 （％）	零售价变动 （％）
储良	7.5	−32.3	−34.7	43.0
石硖	−16.2	−18.2	−52.7	54.0
福眼	−27.3	—	—	—
大乌圆	−51.5	—	—	—
广眼	—	—	—	—
古山二号	−44.5	—	—	—

数据来源：国家荔枝龙眼产业技术体系中国龙眼市场价格监测与分析系统数据。

3. 成本收益情况。国家荔枝龙眼产业技术体系产业经济团队固定农户调研所收集到的储良、石硖、古山2号、大乌圆、广眼、草埔6个品种的投入产出数据显示，2023年草埔的亩均产量、亩均收入、亩均利润在所有品种中最高。除了广眼的亩均产量相比上年下降、均价相比上年增长，调查区域其他龙眼品种亩均产量相比上年明显增长、均价都出现不同程度的下降。

从亩均产量来看，草埔亩均产量最高，为831.1千克；广眼亩均产量最低，为97.4千克，同比下降49.0％；储良的亩均产量为422.7千克，同比增长76.8％；石硖的亩均产量为273.9千克，同比增长14.5％；古山2号的亩均产量为422.7千克，为2022年亩均产量的2.5倍；大乌圆的亩均产量为264.4千克，同比增长62.9％（表7）。

从亩均收入、亩均利润来看，各品种亩均收入都在1 500元以上，储良、古山2号、其他品种的亩均收入和亩均利润与上年相比都有增长，而石硖、大乌圆的亩均收入、亩均利润相比上年出现下降情况。具体而言，草埔的亩均收入和亩均利润最高，分别为3 986.4元、3 100.7元；储良的亩均收入和亩均利润位居第二，分别为2 913.3元、1 591.4元，同比增长36.4％、125.2％。石硖亩均收入和亩均利润与上年相比出现下降情况，亩均收入和亩均利润分别为1 541.8、925.2元，同比下降31.4％、2.5％；古山2号的亩均收入和亩均利润相比上年有所增长，分别为2 732.3、1 417.6元；大乌圆的亩均收入和亩均利润比上年低，分别为1 629.7、1 354.8元，同比下降8.1％、6.7％；广眼的亩均收入比上年高，为1 788.4元，同比增长75.0％，而其亩均利润出现负值，为−21.8元，相比上年减少360.6元。

从均价来看，大乌圆均价最高，为6.16元/千克，相比去年的4.78元/千克，上涨1.40元/千克；广眼的均价最低，为2.00元/千克，相比去年的2.86元/千克，下降0.86元/千克；储良、石硖、草埔的均价都在4.00元/千克左右，储良均价为5.74元/千克，相比去年下降3.72元/千克；石硖均价为4.34元/千克，相比去年下降 2.64 元/千克；草埔均价为 4.80 元/千克；古山 2 号为 2.72 元/千克，相比去年约下降 7.10 元/千克。

从品种商品率来看，石硤和大乌圆商品率和去年差不多，储良、古山 2 号、广眼的商品率相比去年较低。其中，草埔的商品率最高，为 98.7%；大乌圆的商品率其次，为 99.6%；广眼的商品率最低，为 44.1%。

表 7 分品种龙眼投入产出情况

品种	亩均株数 （株）	亩均产量 （千克/亩）	亩均收入 （元/亩）	亩均利润 （元/亩）	均价 （元/千克）	商品率 （%）
储良	16.1	422.7	2 913.3	1 591.4	5.74	51.0
石硤	18.2	273.9	1 541.8	952.2	4.34	95.2
古山 2 号	16.5	342.98	2 732.33	1 417.6	2.72	81.8
大乌圆	17.5	264.4	1 629.7	1 354.8	6.16	99.6
广眼	29.3	97.4	1 788.4	−21.8	2.00	44.1
草埔	18.4	831.1	3 986.4	3 100.7	4.80	98.7

数据来源：国家荔枝龙眼产业体系产经岗农户调研数据。

（六）产业政策

党的二十大报告明确提出发展乡村特色产业，拓宽农民增收致富渠道，为包括龙眼产业在内的乡村特色产业发展提供了政策导向。2023 年 4 月 11 日，习近平总书记在广东茂名视察时指出发展荔枝种植有特色有优势，是促进共同富裕、推动乡村振兴的有效举措，也为龙眼等"土特产"产业发展指明了方向。

1. 多地优化龙眼产业布局。 广西在 2022 年 6 月印发了《广西推进水果产业高质量发展实施方案》，提出优化龙眼产业结构、建设优势区等内容，明确要求提高龙眼的优质品种比例，划定了龙眼优势区域及建议品种，对健全龙眼全产业链发展作出部署。

广东茂名 2022 年印发了《茂名市龙眼产业提升行动方案（2022—2025 年）》，推动龙眼产业在区域内的合理布局与发展，通过明确各地各单位的重点工作任务，促进产业资源的有效整合和利用，实现产业的集聚发展，全产业链打造提升龙眼产业，提升整体产业效益和市场影响力。

福建莆田市农业农村局 2023 年发布莆农综〔2023〕53 号、莆农综〔2023〕70 号文件，明确城厢区确立"沿木兰大道花果蔬菜产业区"总体布局，搭建"6＋1＋N"体系，通过实施产业区布局规划和项目建设，推动龙眼产业的集聚发展和加工能力提升，实现龙眼产业的区域化、规模化发展，促进产业集群化发展，提高产业附加值和经济效益，增强区域内龙眼产业的市场竞争力和抗风险能力。

2. 品种品质改良行动广泛开展。 广东茂名市通过产业提升行动方案，加强龙眼品种改良工作，同时利用省科技创新战略专项资金项目，2023 年开展"龙眼加工关键技术研发及成果示范推广""功能性龙眼汁加工关键技术研究与应用""高州龙眼深加工关键技术研究与产业化"等项目，从种植技术和加工技术两方面入手，提升龙眼品质和产品附加值，增强产业竞争力。

广西贵港市 2018 年出台《贵港市荔枝龙眼品种品质改良三年（2018—2020 年）行动实施方案》，大力实施龙眼品种品质改良行动，通过高接换种优化品种结构，提升产量和品质；2021 年继续出台《贵港市龙眼品质改良实施方案（2021—2025 年）》，推广矮化回缩修剪、增施有机肥等综合技术，促进产业高质量发展，不断适应市场需求，提高果农收益。

福建省云霄县 2023 年印发《云霄县荔枝、龙眼、枇杷高接换种实施方案》，对自 2022 年 7 月 1 日至 2025 年 12 月 31 日实施高接换种且成活的龙眼等果树给予补贴，明确补助对象、推荐品种、奖补标准和申报程序，推动品种改良工作的实施，优化当地龙眼品种结构，提升产业基础。

四川泸州江阳区积极推进农业科技创新转化行动。2023 年与福建省农科院、广西大学等科研院所签订合作协议，引进翠香、秋香、醇香等新品种，优化本地品种结构；针对本区龙眼种植户，开展技术培训，讲授龙眼土肥水管理技术，提高种植户的种植和管护水平，提升龙眼的产量和品质，推动产业可持续发展。

3. 各地积极推进标准化进程。广东茂名市积极完善龙眼产业标准，2023 年立项起草《丘陵山地龙眼轻简栽培技术规程》和《地理标志产品茂名储良龙眼》两项标准，推动龙眼栽培和产品标准化建设，有利于打造区域品牌，提升产品附加值和市场竞争力，规范产业发展秩序。

广西壮族自治区 2022 年发布《绿色食品 龙眼生产技术规程》和《地理标志产品 博白桂圆肉加工技术规程》等一系列龙眼产业行业标准。广西贵港市早在 2021 年就制编《贵港市荔枝龙眼品质改良主要技术规程》和《荔枝龙眼品质改良技术手册》。旨在加强品改技术指导，为龙眼生产和加工提供标准化技术支持，促进产业规范化发展，保障果品品质的稳定性和一致性，提高市场认可度。

福建省 2012 年颁布的《福建省人民政府关于推进现代果业发展的若干意见》提出，推广果园规范化、标准化栽培与品质提升技术，建立病虫监测与预报系统，开展绿色防控和产品可追溯体系建设，从果园管理到产品质量追溯等方面进行标准化规范，提高龙眼产业的整体质量安全水平和市场信誉度，保障产业可持续发展。

4. 产业融合举措多样。广东茂名市发布的《茂名市龙眼产业提升行动方案（2022—2025 年）》提出，通过挖掘龙眼文化内涵，打造品牌拓展市场，开展产销对接活动，同时发展果品深加工，延伸产业链条，促进龙眼产业与文化、旅游、加工等产业的深度融合，提升产业的综合效益和市场竞争力，实现产业的转型升级和可持续发展。

《广西推进水果产业高质量发展实施方案》（2022 年）鼓励拓展果业休闲观光、文化传承等新功能，实现一二三产业融合发展，推动龙眼产业多元化经营，增加产业附加值，创造更多就业机会和经济效益，促进产业可持续发展和乡村振兴。

《福建省人民政府关于推进现代果业发展的若干意见》（2012 年）提出，推进产后处理加工，鼓励建设商品化处理中心和冷链体系，发展果品深加工；完善市场体系建设，扶持水果批发市场建设，鼓励企业参与展销会开拓市场，加强产业上下游的协同发展，促进龙眼产业的融合发展，提高产业的整体效益和市场竞争力。

5. 科技与物流投入增加。广东茂名市在 2023 年省科技创新战略专项资金项目中，立项开展龙眼加工关键技术研发及成果示范推广等项目，支持资金用于提升龙眼产业的科技水平；大力推进农产品产地冷藏保鲜设施建设，将智慧物流快线茂名试验区"村村通"项目，高州农产品加工冷链物流产业园项目纳入省和市新型基础设施项目储备库，推进供销系统农产品冷链物流骨干网建设，通过科技研发和物流设施建设，提升龙眼产业的现代化水平，保障产品品质，降低损耗，提高产业效益和市场响应速度。

《福建省人民政府关于推进现代果业发展的若干意见》（2012 年）提出，加大果业科技创新力度，开展新品种引进选育等工作，安排购机补贴专项资金用于果业机械化；鼓励建设商品化处理中心和冷链体系，从科技研发、机械化推广和物流体系建设等方面为龙眼产业提供支持，提升产业的科技含量和物流效率，增强产业的市场竞争力和可持续发展能力。

6. 品牌与市场建设力度加大。广东茂名市 2022 年印发《茂名市龙眼产业提升行动方案（2022—2025 年)》，通过强化科技支撑、打造品牌拓展市场等措施提升产业竞争力，推动"高州龙眼"等品牌建设，开展产销对接活动，扩大市场份额，提升产品附加值，促进产业增效、果农增收，增强产业在市场中的知名度和美誉度，提高市场占有率。

《福建省人民政府关于推进现代果业发展的若干意见》（2012 年）提出，完善市场体系建设，扶持水果批发市场建设，鼓励企业参与展销会开拓市场，通过市场体系建设和品牌推广活动，提升福建龙眼的市场影响力和品牌知名度，促进产品销售，提高产业效益，增强产业的市场竞争力和可持续发展能力。

7. 金融与政策扶持持续加强。广东茂名市出台《关于金融支持"五棵树，一条鱼"特色农业产业的指导意见》，引导各银行保险机构向"五棵树，一条鱼"经营主体开展有针对性的特色金融服务，为龙眼产业发展提供金融支持，解决产业发展中的资金问题，助力推进构建现代农业产业体系，促进产业的稳定发展和壮大。

广西贵港市制定出台了《2021 年荔枝龙眼等品种改良发展特色水果项目申报指南》，进一步加大了对荔枝龙眼品改项目的财政支持。2021 年全市共落实荔枝龙眼品改项目资金 847 万元，通过财政资金支持，引导产业发展方向，促进龙眼品种改良和品质提升，保障产业可持续发展，提高果农积极性和产业发展活力。

《福建省人民政府关于推进现代果业发展的若干意见》（2012 年）提出，加大政策扶持力度，省级财政安排专项资金扶持果树品种结构调整等，创新金融产品和服务，开展果园保险试点等，通过财政和金融政策扶持，降低产业发展风险，促进龙眼产业的健康稳定发展，提高果农的抗风险能力和产业发展的可持续性。

总体而言，我国各地在龙眼产业政策上呈现出全方位、多角度的特点，从产业布局、品种改良、标准化建设、产业融合、科技物流、品牌市场以及金融政策扶持等多个方面发力，旨在提升龙眼产业的整体竞争力和可持续发展能力，但仍需进一步加强政策的协同性和落地实施效果，以推动龙眼产业向更高水平迈进。

二、龙眼产业发展存在的问题与挑战

（一）产业发展自身存在的主要问题

1. 品种高度集中，品种结构有待优化。 我国龙眼以储良和石硖为主，龙眼品种结构有待进一步优化。从种植面积看，2023年储良占比为46.07%，石硖占比40.95%；从产量来看，2023年储良占比为50.67%，石硖占比40.26%。石硖和储良产期集中在7—8月，导致短期内销售压力巨大。有待开发更多新品种，拉长产期、缓解销售压力。

2. 成本走高、价格偏低，挤压利润空间，影响投入积极性。 龙眼生产成本呈逐年上涨的趋势，一方面是化肥、农药等生产资料价格逐年上涨，另一方面是人工成本的上涨，尤其是在龙眼集中采摘期，"请工难、请工贵"的问题一直很突出。同时，来自泰国、越南、柬埔寨等国家进口冲击，导致国内市场龙眼价格偏低，难以为果农带来较好的经济效益，从而打击了果农种植的积极性，对龙眼生产管理造成了一定的影响。

3. 采后保鲜、加工薄弱。 龙眼是典型的鲜活易腐烂产品，对保鲜和运输要求较高，货架销售寿命短。当前我国龙眼产业在产后处理和保鲜技术方面相对落后，导致龙眼在采后运输和储存过程中损耗较大，影响了产品的市场竞争力和果农的收益。目前龙眼大规模运输基本采用竹篓与树叶保鲜、泡沫箱加冰保鲜等传统保鲜方式，冷链运输条件不达标，难以适应远距离运输要求，绝大部分龙眼在南方产地销售，北方市场空间拓展不够。龙眼生产以小规模农户和客商为市场流通主体，专业种植大户、农民合作组织发展缓慢，鲜果采后商品化处理简单，发展潜力不足。龙眼加工产品以龙眼干、龙眼罐头为主，附加值较低，年加工量占鲜果产量的比例很低，对缓解鲜果销售压力的作用有限。

（二）产业发展面临的外部挑战

1. 气候异常加大了龙眼生产的不确定性和风险性。 龙眼是典型的热带果树，其生产对自然条件依赖较大，气候变化或异常等自然灾害对产量具有决定性的影响。龙眼生产周期中面临的主要自然灾害有台风、高温干旱、低温冷害、阴雨和突发暴雨等。不同地区不同年份自然灾害的发生种类和影响程度难以预知。近年来气候异常已具有常态性和无法预测性的特点，加剧了龙眼生产的不确定性和风险性。这给龙眼生产的产前规划、产中管理以及产后处理都带来较大困扰，给龙眼产业的持续健康发展提出了严峻的挑战。

2. 土地资源缺乏刚性约束和产业提质升规发展空间受限。 在确保"粮食安全"国家战略实施的大背景下，尤其是经济发达地区地势平坦地块的果园面积将面临越来越大的减少风险。因而这些区域的龙眼产业想要扩大土地规模则缺乏资源空间。同时在农业土地资源有限的情况下，龙眼产业设施用地的强烈需求又会遭遇耕地资源保护的刚性约束。目前农产品交易物流中心、大型多功能冷库、田头小站、移动仓储冷链物流设施等龙眼产业配套基础设施的建设都严重受限，抑制了龙眼产业提质增速发展。

3. 国际市场出口面临较大的外部竞争。尽管我国是世界上最大的龙眼生产国，但在国际市场上，中国龙眼的知名度和影响力相对较低。国外市场对龙眼的认知度有限，品牌建设和市场开拓工作不足，缺乏具有影响力的品牌，导致市场竞争力不强，限制了龙眼产品的出口潜力和市场扩张。目前，有6个国家拥有对中国出口龙眼市场准入许可。泰国、越南龙眼大量出口，不仅通过进入中国市场而对中国龙眼产生竞争，而且其积极拓展海外市场也对中国龙眼出口造成威胁。

三、龙眼产业发展趋势与前景展望

（一）前景展望

1. 种植面积将稳中有降。根据各省区龙眼产业发展动态，预计短期内全国龙眼种植面积将有4.0%～5.0%的降幅。具体来看，广东、广西和福建省龙眼种植面积将会下降，其中广西和福建将有超过10%的降幅，广东龙眼种植面积将有4%左右的下降，四川和云南两省龙眼种植面积将有明显增加，增幅预计超过50%。

2. 产量将下降一成左右。受2023年暖冬气候影响，各地龙眼成花情况不是很乐观，特别是晚熟区域龙眼成花率下降10%左右。因此预计在不出现大规模自然气候灾害的情况下，2024年龙眼产量将有10%左右的减产。

3. 总产值将有所提升。鉴于2024年全国龙眼总产量将出现下降，市场压力减缓，预计市场价格将有一定幅度提升。基于价格机制作用，总产值相较2023年甚至可能有所提高。

（二）产业发展趋势

从龙眼种植区域和从业人员结构来看，龙眼生产已经从"遍地开花"向集中区域发展，也从兼业化生产转向专业化生产。小规模生产的农户在逐步退出市场，通过非农收入弥补家庭开支，而龙眼生产的专业化和规模化水平在不断提高。这将逐步推动区域性产业集群形成，优势产区将形成其区域性特色龙眼产业。同时，龙眼一二三产业融合发展开始提速，产业链条和多功能性不断延展。总体来看，在内外双重驱动力的作用下，龙眼产业总体逐步向资本技术型生产方式变革，产业整体素质不断提升。

其中，外部驱动力主要来自于：①近年来，我国农业现代化推进步伐加快，农业科技扶持政策的实施力度持续增强；②国内外农业产业现代化特别是高度生产机械化的现实案例层出不穷，起到了示范引领的标杆作用；③"人民日益增长的美好生活需要"所迸发出的对绿色优质农产品的消费需求也在不断推动农产品供给侧结构性改革。

而产业内部驱动力则主要来自以下几个方面：①产业从业人员总体老龄化趋势明显、劳动力获取难度加大、人工费用持续提升挤压果农获利空间的产业现实困境，威胁着龙眼产业劳动密集型生产方式的可持续性发展。②农业农村部园艺作物（龙眼）标准园、热作（龙眼）示范园和产业技术体系试验示范基地经过多年来的建设，已在单产、品质以及经济效益等方面树立起产业的标杆，示范效应明显。③经济适用的中小型果园生产管理机械以及采后处理设施设备不断推陈出新，为龙眼产业现代化发展提供了可能的装备基础。④作为龙眼产业发展需求驱动下的市场自发供给行为，社会化专业服务日益发展并逐步规范化和专业化。⑤新型经营主体的发展以及来自其他产业具有市场意识和经营资本、经验、能力的人才转战龙眼产业而形成的"新农人"、受了良好教育具备市场意识和系统专业知识而返乡就业的"农二代"队伍的壮大，为龙眼产业的现代化发展提供了人才的基础保障。

（三）对策措施与政策建议

基于龙眼产业发展状况以及所面临的机遇与挑战，应从龙眼产业、市场、科技、文化入手，切实推进龙眼产业的高质量可持续发展。

1. 强基提质，促产业可持续发展。龙眼产业发展目标的实现，也务必从夯实产业基础（面）、提质产业经营主体（点）以及促进产业链成员协同链接（网）来着手。

（1）政府搭台撑"面"，构造产业高质量发展的大环境。政府管理部门应该明确并长期坚持龙眼产业发展目标定位，同时大力宣传推广使龙眼产业界达成共识。政府管理部门应围绕龙眼产业发展目标定位来配备资源，搭建发展平台，引领产业发展方向。政府管理部门应明确自身在龙眼产业发展中的职能定位，扮演好初期架构师（规划）、基本规则制定者（规范）、后台支援者（服务）的角色，明确认知产业经营者才应占据舞台的中心。

（2）聚焦产业经营主体，强点韧网。通过加大果园基础设施建设、优化品种结构来提升硬实力，提高果园生产管理水平来增强软技能，构建"示范区—专业镇—专业村—示范果园—中小果园"的"金字塔式"层级递进示范辐射的产业运营结构，通过"传帮带"促进先进农技农艺、生产管理模式的扩散，形成产业集群效应。而高素质农民以及新型经营主体不仅能使得上述纵向产业运营结构真正发挥作用，而且能推动各层次实体的横向链接，由此构建出颇具韧性的龙眼产业协作网络。

2. 科技赋能，促产业提质升档。国家级现代农业产业技术体系、省级科研院所、区域农技研发推广部门、社会化专业服务组织以及"土专家"等各类科技服务主体合理分工、各司其职、有效协作，形成一套良性高效的龙眼产业科技服务机制，持续为龙眼产业提供既能因应需要又能牵引发展的科技服务，从而确保持续加大优新品种选育与推广力度，加强龙眼良种苗木繁育基地建设，切实提高果园日常管理技术服务水平。

（1）持续加大优新品种选育与推广力度。多方协力加大优新品种选育，力图达到每个时期都同时拥有在研发、在试验、在示范、在推广、在普及的优质新品，层递衔接，源源不断，保持持续而旺盛的创新能力，确保龙眼产业竞争力。因应优质新品种和地方特色品种的及时推广和普及需要，加大力度建设良种采穗圃，推进良种苗木繁育。

（2）构建高效的科技服务机制，提高科技服务水平。匹配产业主体结构，探索一套完善的科技服务体系，构建一支国家级现代农业产业技术体系＋省级科研院所＋本土农技研发推广部门＋社会化专业服务组织＋"土专家"有效协作的科技服务队伍。通过统一制定基础性的果园管理指导手册，开展专项培训、田间课堂和现场交流分享等活动，切实提高果园日常管理技术服务水平。同时，大力推动龙眼生产管理新技术的研发、试验、示范以及推广应用。尤其要重点关注克服龙眼生产"大小年"技术、适用机械机具研发引进和选型、与农机具相适应的果园农艺条件研究以及高效节水灌溉、病虫害绿色防控和节本增效技术集成。

3. 聚合多方力量，构建开放多元的市场体系。

（1）深耕产区市场拓宽销区市场，延展市场空间纵深。深耕挖潜，不仅提高产区单位和个人自身对龙眼的吸纳消费能力，而且借力将优质荔枝外溢传导到产区之外。通过积极开展一系列"走出去""引进来"活动，建立并不断加深与各类采购商、电商平台甚至终端消费者的密切合作共赢关系。关注并积极开拓出口市场，在中国国际影响力不断增强的大背景下，随着国际物流行业的发展以及以中荔集团为代表的出口企业实力增强，逐步实现出口战略转型。

（2）统筹规划，以一产市场为原点不断拓展二产和三产市场。二产和三产既是一产的市场，即会吸纳消化龙眼鲜果的销售，同时也是整个龙眼产业链增值的路径。应适度发展"二产"加工业，重视"三产"，创新运营模式，在发展过程中应遵循市场规律，轻资产重运营循序渐进。

（3）稳定区域外销售网络的同时大力发展本土销售力量。在布局全国多元化多层次的销售网络时，不仅要不断建立和加深与区域外各类采购商和电商平台的链接，而且需同时大力扶持本土两支销售力量的成长。其一是本土经纪人队伍以匹配"走进来"活动落地，链接前来的区域外采购商和电商平台与本土龙眼果农的桥梁和纽带，促成采购商和电商平台适品采买与果农鲜果销售的供需链接。其二是本土经销商队伍以对应"走出去"市场策略，将果农鲜果销售与销区（也包括产区）市场直接链接的力量。

（4）建设市场支撑服务体系，推动完善产业供应链高效运行。龙眼产业的有效运行不仅仅需要产业链主链条成员组织或个人（生产者和销售者）各强筋骨，而且需要相互之间建立稳定高效的协作关系，以及包括产业信息共享服务体系、物流服务体系、营销服务体系、金融保险等一整套为之顺利运行而服务的市场支撑体系。

（5）塑品牌重宣传，构建线上线下联动的多媒体营销平台。龙眼产业应构建区域公用品牌＋企业品牌＋产品品牌的品牌体系，在深研消费市场的基础上提炼恰当的品牌定位和品牌内涵，打造鲜明的品牌形象，各品牌之间相互支撑又各具特色。未来应在持续推进举办龙眼节和主题宣传推介等线下活动的同时，加大利用新媒体的宣传活动，线上线下联动，提升宣传推广的力度、广度和深度。

4. 文化赋能，促产业价值增值。

（1）传承——挖掘龙眼的历史文化。中国龙眼生产历史悠久，龙眼文化源远流长。收集整理这些历史文化资料，深入挖掘龙眼的历史文化符号意义与人文价值，不仅可以传承龙眼文化，也可以增强龙眼消费内涵，提升其市场价值。

（2）创新——丰富龙眼内涵，演绎文化新符号。因应社会文化发展动态和消费市场需求变动，龙眼产业发展也需与时俱进，不断创造新的文化作品，丰富产品内涵，赋予其新的文化符号。

报告撰写人：

贺梅英　华南农业大学经济管理学院　副教授
齐文娥　华南农业大学经济管理学院　教授
姜晨晓　华南农业大学经济管理学院　硕士研究生
简　红　华南农业大学经济管理学院　硕士研究生

椰子产业发展报告

    我国 99％的椰子集中在海南种植，是海南省重点发展的经济类作物"六棵树"之首，椰子产业被列为海南自由贸易港鼓励类发展产业，并专门成立了推进椰子产业发展的联席会议制度。我国椰子种植面积仅占全球的 0.29％，占亚洲的 0.32％，尽管椰子生产未排在全球前十名，但是加工业较发达，在椰子贸易中占据重要地位。我国椰子产业的主要特点：一是生产种植高度集中；二是进口依存度很高；三是产品类型多元化，深加工研发水平较高。

    2023 年，海南椰子种植面积约 58.6 万亩，同比增长 3.08％，产量 2.85 亿个，同比增长 27.80％，一产年产值约 5 亿元，同比增长 25.5％；椰子批发均价 7.72 元/个，同比下跌 2.12％；我国进口椰子（未去壳）118.20 万吨，同比增长 10.38％，进口来源地分别是泰国、印度尼西亚和越南；出口量 44.02 吨，俄罗斯是唯一的出口市场。预计短期内我国椰子产量增加，产值增加，地头价和批发价保持稳定运行，市场零售价或有小幅上涨，进口量达 80 万～90 万吨。未来，我国椰子产业发展仍面临对外依存度大的问题，应加强原料市场建设，提升产业链配套能力。

一、椰子产业发展现状

（一）生产

1. 椰子种植区域集中。 我国 99％的椰子集中在海南种植，据海南省统计年鉴数据，2023 年海南椰子的种植面积约 58.6 万亩，同比增长 3.08％。海南椰子当年产量 2.85 亿个，同比增长 27.80％；据农业农村部的南亚办数据，近五年，我国椰子种植面积、产量和单产在世界范围排名分别为第 20 名、第 16 名和第 12 名。海南椰子生产从东部沿海向中西部地区递减，文昌的椰子种植面积占比最大，达到 40.21％，琼海排名第二，占比 17.33％，万宁排名第三，占比 7.91％，此外，在海南的陵水、海口和三亚等沿海地区也较集中地种植椰子树。

2. 椰子主推品种。 2023 年海南椰子主推品种分别是文椰 2 号（黄椰）、文椰 3 号（金椰）和文椰 4 号（香水椰），都是中国热带农业科学院椰子研究所培育的高产矮化品种。经过试种试验证明，文椰 3 号在云南省玉溪市元江的适应性及生长状况良好，成为当地海拔 500 米以下适合扩种的椰子优良新品种。

3. 椰子生产技术。 海南的椰子种苗繁殖，主要采用预备苗圃催芽法，刚种下的椰子幼苗要适当遮阴和灌水保湿，1～3年的幼龄椰园，可以间种薯类和豆类，或者养鸡养鹅。中国热科院椰子所首次发布了椰子基因组精细图谱，揭示了椰子株高差异的遗传基础。构建了优良种苗标准化繁育技术体系，创建了"椰子全根苗培育法"，缩短育苗时间约120天。在椰子抗寒机制、应对钾胁迫和无损非侵入观测等方面取得了明显进展。

（二）加工流通

1. 椰子加工产品种类丰富。 我国椰子加工产业的年产值200亿元，开发椰子产品260余个，已初步形成了种植—科研—加工—贸易—农文旅为一体的产业链条。文昌南国实业有限公司和文昌春光食品有限公司等5家椰子加工企业被海南省政府确认为农副产品加工龙头企业。随着研发技术的不断提高，椰子产业链也在不断延伸，椰子加工产品种类涉及食品、化妆品、医药品、化工原料及板材等。主要加工产品有椰子汁、椰子糖、椰子粉、椰丝、椰蓉和椰子酒等特色食品，以及椰子油、椰子水运动型饮料、椰子花序汁液系列功能性食品，椰衣、椰壳、椰糠和椰子种皮等废弃物可加工椰壳活性炭和椰纤维网等产品。

2. 自贸港的政策优势加速了海南椰子的流通。 海南以其独特的地理位置和丰富的椰子资源，成为椰子市场主要集散地，文昌和琼海等主产区是椰子鲜果的主要集散地。海南自由贸易港建设总体方案提出了"加工增值30％免关税政策"和"两个15％"所得税优惠政策，对于椰子产业来说是重磅的利好消息。据海关总署统计，海南椰子产品加工的原料主要依靠进口，以加工用去皮老椰子为主，从东盟国家进口的椰子对冷链物流的需求较高，海南已建立300万立方米田头冷库，覆盖全省18个市县，基本满足产地农产品保鲜和冷藏的需要。各市县指定了专人负责冷库管理，指导农户和收购商就近调配田头冷库储存农产品，为鲜椰果的流通和贸易提供冷库仓储贮藏条件。

3. "生椰＋"网红椰子饮品有效带动了加工需求。 目前在消费市场影响力最大的椰子产品依然是椰子汁。国际市场上椰子水和椰纤维的加工规模在扩大，椰糠产品也被逐步开发，椰子油等高端产品的市场潜力很大，以椰子水为配料的功能饮料、以椰子为核心的植物蛋白饮品、以椰子汁为基底的厚椰乳等系列产品的研发和热销，如佳沃集团的"超微椰乳"、瑞幸咖啡的"生椰拿铁"等，提升了椰子加工产品的档次和消费空间。

4. 打造了椰子精深加工产业聚集区。 海南定安塔岭工业园区打造了椰子精深加工产业集聚区，吸引了椰乳、椰果、椰汁等新型高端椰子产品生产企业入驻，这个园区通过基地集采等方式有效降低了椰子产品的生产成本，在当地成立海南省椰乳产业协会，工业园区和协会联合牵头制定了"椰乳团体标准"，引导和提升了全国椰子加工企业产品标准化和规范化水平，并计划筹建椰子共享实验室，优化产业技术创新链条，打造海南椰子区域公用品牌，产业聚集效应将刺激国内椰子产品中下游企业的加工需求，加速延伸了椰子产业链、供应链和价值链。

（三）消费

椰子的采收期和保鲜期都长，消费形式是鲜食为主，随着加工研发技术的提升，加工消费占比逐年攀升。多年来，我国椰子加工业和种植业发展不协调，当年产量无法满足加工业的需求，2023年椰子产量2.85亿个，而每年椰子鲜食和加工需求约30亿个，国产椰子满足不了需求，因此，近九成的椰子依赖印度尼西亚和泰国等东南亚国家进口。主要消费地区的第一梯队是以广东、广西和海南为主，华南地区是椰子主产区，也是传统消费市场。第二梯队是浙江、江苏和上海等长江三角洲地区。第三梯队是京津冀等华北地区和川渝等西南片区，呈现出鲜椰果和椰子加工产品消费增长趋势。

（四）进出口

1. 椰子进口大于出口，保持逆差态势。 我国椰子进口贸易呈现逐年递增的趋势，椰子的出口量远低于进口量，呈现明显的贸易逆差态势。2023年我国进口椰子（未去壳）118.20万吨，同比增长10.38%，进口额58 085.38万美元，同比增长1.67%。进口来源地分别是泰国、印度尼西亚和越南，进口占比分别为49.85%、30.76%和18.87%（图1）。出口量44.02吨，同比增长178.75%，出口

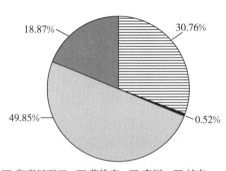

图1 2023年我国椰子进口来源地占比情况

数据来源：海关总署。

额仅为7.77万美元，同比增长70.47%，俄罗斯是唯一的出口市场。

海南加工用的去皮老椰子主要从洋浦口岸进口，2023年老椰子进口量突破了60万吨。椰浆82%以上都是来自印度尼西亚和越南，未去壳的鲜椰果主要来自泰国。海南椰子产品出口的主要类型有椰子粉、椰子汁、椰子糖果、饼干等，整体出口量很小。椰子产业的下游产品主要流向国内市场，出口国外市场的种类跟数量尚有很大的挖掘空间。

2. 柬埔寨、越南和印度尼西亚等国家加大椰子输华贸易。 随着多个主产国的椰果获准进入中国的政策放开，2023年，中国海关总署允许符合相关要求的柬埔寨鲜食椰子进口至中国市场。中印的"两国双园"产业合作模式，允许中国直接从印度尼西亚进口椰子，降低了进口成本，并优化了进口流程，一定程度上缓解了椰子加工的原材料供需矛盾。

（五）全产业链效益

2023年，我国椰子一产的年产值约4亿元，同比增长33.3%，加工产值约200亿元，有效带动了椰子产品加工、收购、仓储和运输等下游行业，农户、合作社和企业都参与椰子生产各环节的分工。椰子是热带特色旅游消费品，其他热带水果和温带水果都很难替代椰子，椰子的鲜食和加工需求旺盛。2023年椰子批发均价7.72元/个，同比下跌2.12%（图2）。第三季度的椰子批发价比其他时间段都高，由于夏季台风等极端天气的影响，人工采摘和运输成本较高，叠加椰子鲜食和加工消费需求大，椰子是不可替代的旅游消费产品。近年蓬勃发展的社区团购模式也拉动了

椰子水的消费需求。2022 年和 2023 年的第三季度椰子批发价都超过 8 元/个，7 月和 8 月的批发价都超过 9.00 元/个，11—12 月份，海南文昌和琼海等椰子主产市县有新一批的椰子采摘上市，市场供应量增长，椰果价格小幅回落。

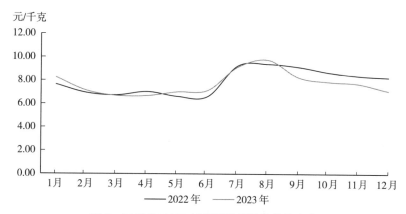

图 2　2022 和 2023 年我国椰子批发价格走势

数据来源：http://www.xinfadi.com.cn，以及项目组自建监测点。

2023 年，以海南文昌为例，每亩地种植椰子树 18～20 株，3～4 年挂果，每年每株树可挂果约 50 个。按 4 年正常结果计算，种植成本主要分摊在种苗、人工成本（栽种、施肥、打药和采摘等）、土地租金、水电费和化肥鸡粪等，每亩成本 4 000～4 500 元。种植后第 5 年，收获的椰子以鲜食为主，主要销往中大型商超、水果批发市场和专卖店以及景区的摊贩，市场售价较高。第 6 年进入丰产期，平均每株椰子树挂果 100 个，亩均收入可达 8 000～10 000 元。

（六）产业政策

为了促进椰子产业的高质量发展，我国从科研、贸易和加工等方面出台了扶助政策。一是 2023 年，中国热科院椰子所主持承担的国家重点研发计划"热带木本油料作物新品种培育及高效配套关键技术研究与示范"获得立项，以椰子、油棕和油茶为主的热带木本油料作物资源精准评价、育种创新和新品种培育、种苗繁育、绿色高效生产和加工技术方面开展了省部联合科研攻关。二是椰子进口贸易政策进一步放开，根据《海南省椰子产业高质量发展"十四五"规划》，为了推动海南发展双向加工贸易或"一头在内一头在外"的新型中高端加工贸易，来自泰国、柬埔寨、越南和印度尼西亚等国家的鲜椰果进入中国市场更畅通。椰子加工企业之前从"走出去"解决椰子原料问题，到"引进来"和"走出去"双轮驱动，中国和印度尼西亚的"两国双园"椰子产业合作模式，允许海南的洋浦口岸直接进口泰国椰子，从政策和通道上打通了椰子进出口贸易路径，有效优化进出口流程和解决原料不足的问题。

二、椰子产业发展存在的问题与挑战

（一）我国椰子供不应求，受极端天气影响大

尽管东盟多个国家椰子准入中国市场的政策进一步放开，但是我国椰子原料不足

的问题依然存在，进口量不足以补给加工缺口（每年椰子加工需求量近 30 亿个，但年产量不到 3 亿个）。随着极端天气发生频率提高，在坐花坐果期的低温寒害和强台风等自然灾害发生，将影响椰子树坐果，尤其是海南的文昌和琼海都处于东部沿海的台风多发地区，极端天气引发的椰子减产现象不容忽视，供需矛盾将制约椰子加工产业的高质量发展。

（二）椰子产品同质化现象普遍，低价竞争严重

除了食品和化工轻工行业之外，国外椰子加工还涉及医药和航海等高精尖端领域，而我国椰子产品主要为食品、活性炭和椰雕工艺品等，产品种类单一、创新能力不足、研发水平相对落后，仅是椰汁一种产品，国内类似的品牌多达 900 多个，椰子粉、椰子糖和椰子油等产品也存在同质化现象，多数中小企业对椰子食品的加工采取简单重复模仿的方式，导致椰子产品结构不平衡，低价竞争严重。

（三）椰子加工产品的原料对外依存度大，存在国际市场风险

我国椰子种植业与加工业的发展极不协调，椰子产品的原料供不应求，长期依靠进口。东盟国家的气候变化、劳动力价格、物流成本和汇率波动，对中国的出口贸易产生了影响。椰子对外依存度太大，一定程度上阻碍了椰子加工企业的发展。

三、椰子产业发展趋势与前景展望

（一）发展趋势与展望

1. 椰子生产较为稳定，地头价和批发价保持稳定运行，加工产值增长空间较大。 我国椰子种植面积和产量较稳定，将近九成需求量依靠进口。椰子产业链条在不断延伸，以椰子水和椰奶为主打原料的"生椰＋"椰子饮品成为新的消费风口，旅游和餐饮业对椰子鲜食和加工需求将稳中有增，推动椰子加工产值和市场规模逐年攀升。预计短期内椰子地头价和批发价保持稳定运行，为 5～6 元/个，市场零售价或有小幅上涨，为 8～10 元/个。未来 3～5 年，海南省将着力培育 5 家产值 10 亿元以上椰子产业龙头企业，重点培育 1 家产值超 50 亿元的椰子产业龙头企业，在加工产品的研发和消费的有力带动之下，椰子产业的二产产值增长空间较大。

2. 随着准入政策的进一步放开，椰子进口贸易或持续增长。 随着我国椰子产品的开发利用领域不断拓宽，椰子的加工需求量逐年增加，原料供应缺口仍很大。随着准入政策的逐步放开，海南从洋浦口岸直接进口泰国椰子，标志着海南自贸港进境新鲜水果渠道通畅。越南获批从外贸渠道向中国出口鲜椰果，中印的"两国双园"椰子产业合作模式，海南自贸港的加工增值超过 30% 免关税的优惠政策，为椰子加工企业的进口设备减免税收，支持企业技术升级和设备改造。

3. 科技赋能产业，以椰子为代表的热带木本油料科研水平将有较大提升。 随着国家级椰子产业集群的建设，以及国家重点研发计划和海南省重大、省重点研发计划等科研项目的立项和推进，逐步加大了在椰子种质资源保护、良种良苗繁育、新品种选育、绿色高效生产和精深加工技术研究、标准化生产技术集成等方面的投入，开展椰心叶甲、红棕象甲和椰子织蛾等病虫害的长期性监测预警工作，开展热带生物源农

药的研发与创制，研发高效低毒低残留的农药产品，也将有效联合椰树和春光等知名企业共同开展精深产品研发工作。

（二）对策措施与政策建议

1. 鼓励企业积极"走出去"，从政策层面给予大力支持。 经过调研，春光和椰树等企业为解决原料问题，在境外投资椰子种植和初加工业，对此，建议从政策层面给予大力支持，为椰子加工企业"走出去"提供审批、通关、融资、税收、保险等支持，对进口原料及半成品给予相应的税收优惠。对于建设椰子原料基地、加工园区和产品集散地的企业给予信贷资金或者降息等金融优惠政策，充分利用海南自贸港的利好和区域全面经济伙伴关系协定（RCEP），为椰子加工企业的进口设备减免税收，支持企业技术升级和设备改造。

2. 成立椰子国际交易中心，以推动椰子产业链的信息整合与价值提升。 在海南成立椰子国际交流中心，集商贸、仓储物流、综合配套、信息化服务等四大功能于一体，为全球椰子产业的合作伙伴提供高效便捷的合作机会，收集整理椰子供需、价格、贸易和消费等数据，提供更加精准的市场预测和策略建议，参与制定椰子产业标准和行业规范，为椰子产业优化供应链提供金融服务和市场开拓服务等。

3. 建设椰子文化博物馆等文创基地，促进产业融合发展。 积极培育具有影响力的椰子文创品牌，打造以东郊椰林和椰子大观园等为代表的特色旅游观光园区，在海南中部和东南部地区扶持新建或改建椰子主题旅游景区；结合条件好、特色强的生产基地和休闲农庄，建设椰子生态休闲农庄等。此外，海南要讲好椰子故事，引导发展椰子树农文旅结合模式，促进产业融合。

4. 加强对外交流合作，加快越南和印度尼西亚等国的鲜椰果准入。 鼓励椰子加工企业对外合作，开拓印度尼西亚、斯里兰卡和印度等国家的原料市场，优化中国的口岸基础设施，提升椰子加工原料进入中国市场的便利性，积极"走出去"，在东南亚、非洲、拉丁美洲建立椰子种植和初加工基地，为国内加工业提供原料保障。提升海南椰子产业链配套能力，促进国际加工贸易发展。

报告撰写人：

卢　琨　中国热带农业科学院科技信息研究所　副研究员
叶剑秋　中国热带农业科学院科技信息研究所　研究员
薛　刚　中国热带农业科学院科技信息研究所　助理研究员

百香果产业发展报告

百香果被誉为"致富果"，近年来产业规模迅速扩张，正逐渐成为促推乡村振兴的重要力量。2023 年我国百香果种植面积 93.4 万亩、总产量 101.9 万吨、单产 1 104.8 千克/亩。与上年相比，百香果种植面积略有缩减，单位面积产量有所提升，进口量减少，出口量呈现增长态势。预计短期内我国百香果种植面积将总体维持稳定，产能稍有提升，收购价格与市场批发价格均呈下跌趋势，进出口量均将呈现下滑态势。未来产业发展上应着重加强健康种苗基地建设和地方产业品牌的打造。

一、百香果产业发展现状

（一）生产

1. 生产规模下降，单产略有提升。百香果生产管理过程较为复杂，对种植技术要求较高，同时，受百香果市场价格波动以及地方政府产业结构调整的影响，近三年来，百香果的种植规模呈缩减趋势。2023 年全国种植面积为 93.4 万亩、总产量 101.9 万吨，同比分别下降 13.6% 和 0.7%，与 2021 年相比下降幅度更为显著，分别下降 29.5% 和 16.8%。尽管总体生产规模有所下降，但单产却略有提升，2023 年单产为 1 104.8 千克/亩，同比增长 5.5%（图 1）。

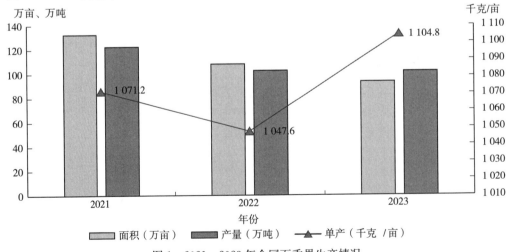

图 1　2021—2023 年全国百香果生产情况

数据来源：根据产业监测和调研数据整理。

206

2. 种植区域分布略有变化。从生产区域分布看，2023 年广西百香果种植面积达 39.1 万亩，占全国种植面积 41.9%，同比增长 7.1%，继续保持我国百香果第一大产区地位。云南取代广东成为第二大产区，种植面积为 16.7 万亩，占全国种植面积 17.9%，同比下降 6.2%，但较 2021 年增加 33.5%。广东退居第三，种植面积为 13.1 万亩，占全国种植面积 14.0%，同比下降 36.7%，较 2021 年减少 33.5%（图 2）。福建、贵州百香果种植面积 2021—2023 年显著减少，三年期间分别减少了 67.5%、59.4%。2023 年，广西、云南和广东总产量分别为 41.8 万吨、19.8 万吨和 16.3 万吨，同比分别增长 10%、下降 4.8% 和增长 8.7%。单产方面，广东最高，为 1 261 千克/亩，其次分别为云南的 1 183.6 千克/亩和广西的 1 112.2 千克/亩。

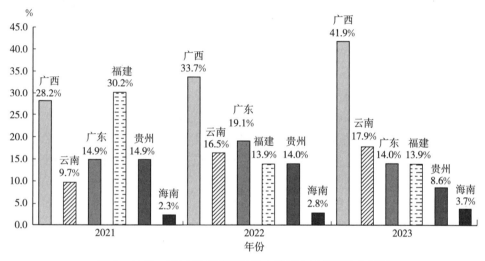

图 2　2021—2023 年我国百香果主产区种植规模分布情况

数据来源：根据产业监测和调研数据整理。

3. 主导品种和技术。2023 年，'钦蜜 9 号'成为主栽品种，种植面积超过 30 万亩，主要种植区域包括广西、海南、福建、广东和云南低海拔地区。作为百香果主产区的广西，'钦蜜 9 号'占种植面积的 85%，其他品种占 15%。广西还培育了'壮蜜 05'和'金都百香 3 号'。云南高海拔地区主要种植'台农 1 号'，贵州以'黔香 1 号'和'金香 2 号'为主，福建则主要推广'福建百香果 1 号'和'福建百香果 2 号'，并采用"百香果无病毒优质种苗繁育技术"。目前，主产区大多种植基地为了提高黄金百香果的单位面积产量，采用高密平棚垂帘式优质丰产栽培技术较为普遍。

（二）加工流通

百香果销售仍以鲜售为主，加工量相对比较少，且大部分为初加工。近年来各产区也逐步发展百香果深加工业，主要集中在果汁、果酱等传统领域。广西作为百香果的重要产区，拥有多家百香果深加工企业，如广西宏邦食品公司投资 3 亿元建设百香果深加工基地，加工基地拥有高效的果汁生产线，每分钟生产 1 200 瓶，年产量超 9 000 吨；桂林白石润东百香果开发有限公司则专注于百美香品牌饮料生产，拓展至醋和果酒，年产量超 25 000 吨。云南、贵州等省也不断推进百香果深加工产业发展，贵州华洋食品开发有限公司实现农业组织模式转型，云南共享生物科技有限公司引进先进设备，建立5条日产3.6万罐果汁的生产线，年产值达3 000万元。

随着消费者对新鲜水果需求的日益增长，百香果作为鲜食水果的佼佼者，其冷链物流建设现状备受关注。在基础设施方面，部分地区已建成现代化的冷链物流园区，配备先进的冷库和运输设备，其中，广西百香果冷链物流基地主要集中在北流市，北流市智能物流港是该地区冷链物流的重要枢纽。

当前，百香果的销售模式已呈现多元化态势。除传统电商平台销售外，直播带货亦已成为百香果销售的重要渠道。各地积极借助直播带货活动，大力打造百香果线上销售网络。被誉为"中国百香果之乡"的广西北流市，近年来从事线上销售百香果的电商企业及网店数量已超过2 000家，其总销量占据了全国百香果网络销量的70%以上。2023年，北流市农产品网络零售额高达11.86亿元，其中百香果销售额达4.24亿元，电子商务已成为推动地方特色产品销售的重要手段。

（三）消费

随着消费者健康饮食意识提升，百香果因营养丰富受到欢迎，不仅在鲜食市场中表现优异，而且在饮料、烘焙等多个领域得到了广泛应用，市场需求旺盛，消费群体不断扩大。我国百香果鲜果消费量一般约占百香果总产量的8%，2023年百香果鲜果消费量约为80万吨，主要依托京东、拼多多、抖音、视频号等电商直播平台进行销售。目前百香果的消费人群主要集中于年轻群体，其中女性占比较大。据艾媒数据，2023年中国新式茶饮市场规模达3 333.8亿元，同比增长13.5%，为百香果等原料使用提供了广阔的市场空间。

（四）进出口

1. 贸易逆差持续，进口减缓，出口增速明显。我国百香果贸易主要以百香果汁产品为主。2021年来，市场对百香果汁的需求持续增长，但我国的进口量有所下降，出口量则显著增加。根据海关总署数据，2023年百香果汁进口量为2.1万吨，进口额3 539.6万美元；出口量为161.9吨，出口额101.6万美元，出口额远低于进口额，贸易逆差显著。进口量和进口额同比分别下降12.5%、20.4%，而出口量和出口额同比分别增长63.5%、143.6%，显示出我国百香果汁在国际市场上的竞争力和影响力正在增强。

2. 进口单价下降，出口单价增长，进口来源地相对固定，出口目的地分散。2023年我国百香果进口单价为11.9元/千克，同比下降1.5%，出口单价为44.06元/千克，同比增长52.6%。2023年我国进口百香果汁99%来源于越南，进口量为2.08万吨，进口额为3 417.2万美元；出口主要目的地为澳大利亚、韩国、波兰和俄罗斯，出口量分别为44万吨、44万吨、34万吨和25.4万吨，占比分别为27.2%、27.2%、21%和15.7%；出口额分别为70.4万美元、15.3万美元、9.6万美元和3.9万美元，占比分别为69.3%、15.1%和9.4%和3.8%（表1）。2022年我国百香果汁出口额的70%集中在荷兰，与之相比2023年显示出了多元化的出口市场格局。

表 1 2023 年我国百香果汁主要进出口情况

类别	国家（地区）	数量（吨）	贸易值（万美元）
进口	越南	20 813.2	3 417.2
	厄瓜多尔	42.50	52.4
	以色列	84.2	40
	美国	50.0	24.5
	波兰	1.3	2.5
	中国台湾	7.8	2.2
	荷兰	1.4	1.9
出口	澳大利亚	44.0	70.4
	韩国	44.0	15.3
	波兰	34.0	9.6
	俄罗斯	25.4	3.9
	泰国	1.5	1
	中国澳门	2.9	1
	越南	10.1	0.5

数据来源：海关总署。

（五）全产业链效益

1. 百香果产业已成为多地乡村振兴的重要产业。 近年来，百香果产业在促进农民增收及推动乡村振兴的进程中，展现出了显著成效。2023 年，我国百香果总产值77.4 亿元，同比下降 3.5%。广西靖西市广泛推行黄金百香果的大规模种植，覆盖全市 19 个乡镇，惠及 562 户农户，年产量高达 2.68 万吨，产值超过 3.2 亿元，助农增收 6 000 万元以上。广西资源县猴背村通过发展百香果种植业，成功建立 4 个规模化种植基地，年产量达 70 万斤，销售额超过 450 万元；2023 年，猴背村凭借"小小百香果"成功转化为乡村振兴的"致富果"的故事荣膺全国乡村振兴优秀案例。此外，贵州从江县大力发展百香果特色产业种植，全力打造百香果产业示范基地，有效盘活了闲置土地资源，2023 年，该县百香果产值接近 4 亿元。

2. 鲜果产地收购平均价持续上涨，品种差异明显。 2023 年，全国百香果鲜果综合产地收购平均价为 16.59 元/千克，同比增长 29.2%。就品种来看，黄金系列百香果的全国产地收购平均价格为 20.76 元/千克，同比上涨 15.3%；紫香与台农系列百香果的全国产地收购平均价格为 5.50 元/千克，同比下降 26.7%。不同地区、不同品种的百香果收购价格存在较大的差异。海南 2023 年主要种植品种'钦蜜 9 号'，4 月份采收的产地收购价最高达 38 元/千克，同比上涨 35.7%，而海南百香果鲜果年度综合平均收购价为 23.60 元/千克，同比上涨 25.7%。相比之下，福建 2023 年百香果年度综合平均收购价为 16 元/千克，同比下降 5.7%；广东 15.49 元/千克，同比上涨 38.7%；广西 15.03 元/千克，同比上涨 37.4%。云南主要在高海拔地区种植紫果、台农系列，综合产地收购平均价 4.58 元/千克，同比下降 41%（图 3）。

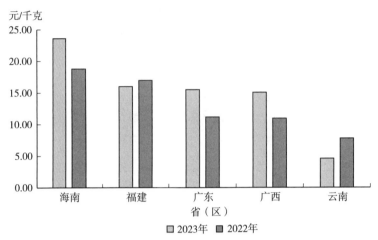

图 3　2022—2023 年各主产区百香果产地综合平均收购价

数据来源：根据百香果产销平台、优质百香果供应链及调研数据整理。

3. 鲜果市场批发价稍有回落。 根据北京新发地市场数据，2023 年百香果批发均价为 18.94 元/千克，同比下降 1.6%。2023 年月批发均价最高为 25.65 元/千克，同比下降 8.1%。2—4 月价格上升，5—8 月先降后升，9—12 月逐渐回落（图 4）。自海关总署于 2022 年 7 月 1 日起批准以试点形式进口越南百香果以来，由于进口果品标准及质量较高，导致越南产百香果在新发地批发价普遍高于国内产百香果，2023 年越南果批发均价 24.05 元/千克，国内果 18.42 元/千克。

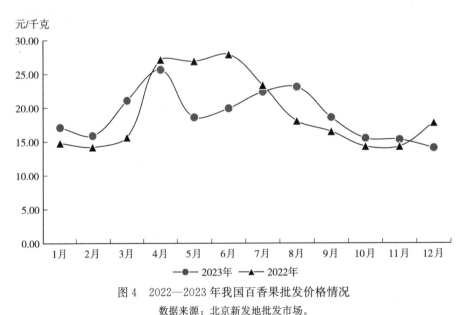

图 4　2022—2023 年我国百香果批发价格情况

数据来源：北京新发地批发市场。

4. ‘钦蜜 9 号’不同主体生产投入差距不大。 百香果种植成本受到地租、种植方式、管理方式和种植品种的差异会有所不同。课题组以'钦蜜9号'在广西种植成本情况进行调研分析，标准化生产基地投入成本每亩约8 700元，第一年每亩平均产值约2.2万元；农户简约式投入成本每亩约5 000元，第一年每亩平均产值1.8万元（表2）。两种模式的第一年收益潜力均较大，但标准化生产基地的投入及收益均略高于农户的简约种植模式，但第二年之后标准化生产基地的收益会更有优势。

表2 广西'钦蜜9号'种植成本及收益情况

经营主体类型	投入成本（元/亩）									总产值（元/亩）
	地租	种苗	开沟起垄	搭架	肥料农药	覆膜	滴灌设备	人工	其他	
标准化生产基地	600	900	300	1 500	1 300	500	600	2 000	1 000	21 600.0
农户	—	900	300	1 200	1 100	200	300	—	1 000	18 000.0

（六）产业政策

国家和地方政府出台系列扶持政策与规划，支持百香果产业的持续壮大，广西通过省级层面的推动与地方政策的紧密配合，有效促进了百香果产业的迅速扩张。2022年，广西发布《推进水果产业高质量发展实施方案》，旨在桂南、桂西南地区发展以火龙果、百香果等为代表的南亚水果优质产区。此后，广西各区和市县积极响应省级指导文件，纷纷出台支持百香果产业发展的政策措施与实施方案。如，钦南区于2022年发布了《钦南区万亩黄金百香果产业实施方案（2022—2026年）》；靖西市则在2023年制定了《2023年水果（百香果）实施方案》与《靖西市百香果产业先建后补实施方案》，将百香果种植任务明确分配至各乡镇，并加强对乡镇执行百香果种植工作的监督指导；德保县亦于2023年发布《德保县百香果产业发展工作方案》。此外，其他主产区市县也制定了相应的百香果产业发展政策。贵州从江县出台《从江县百香果产业发展工作方案（2023—2025年）》，明确提出通过优化奖补政策、加大项目扶持力度、加强示范引领等措施，推动百香果产业实现高质量发展。

二、百香果产业发展存在的问题与挑战

（一）产业发展自身存在的主要问题

1. 科技服务支撑不够。 首先，百香果产业具备专业种植技术与组织管理能力的复合型人才数量较少；其次，大多数百香果种植户的知识水平参差不齐，种植技术比较落后；同时，各地协会、合作社等社会组织带动力不强，对引导农户选苗、选地建园、规范种植以及提高品质等技术指导缺乏后续跟进服务，产业发展科技支撑力量明显不足。

2. 产品精深加工有待加强。 当前，我国百香果的加工技术水平相对滞后，加工产品主要局限于果汁、果酒、果脯、果酱等初级加工品类，诸如果胶、果籽油等具有高附加值的深加工产品比较少。

3. 品牌建设滞后，尚未形成显著的品牌效应。 在品牌建设方面，百香果产业面

临的主要挑战是缺乏统一的市场推广策略和有效的品牌传播。据调研，广西北流和贵港的百香果种植规模较大，北流的百香果也已拥有中国区域公用品牌，但部分主产区由于缺乏自己的品牌，百香果被收购之后，被外地的公司贴牌包装或者供应给其他商家零售。

4. 市场价格乱象波动较大。近年来，由于'钦蜜9号'品种广受欢迎，价格持续维持高位，众多散户纷纷效仿种植，形成盲目跟风的局面。同时，由于种植管理技术未能及时跟进，导致果品质量参差不齐，进而引发市场价格混乱，产地价格起起落落，如海南钦蜜大果地头收购价，高时达30元/千克，低时也有14元/千克。

（二）面临的外部挑战

1. 气候条件对百香果产业的挑战。百香果露天种植高度依赖自然环境，一旦遭遇持续性降雨、洪水内涝、高温干旱、台风及低温霜冻等极端天气，可能对百香果产量和品质造成严重影响。

2. 种植成本增加的挑战。百香果种植属于劳动密集型产业范畴，其在种植、管理维护以及采摘等各个环节均需投入大量的人力。鉴于当前我国农村劳动力老龄化现象较为严重，加之土地资源日渐紧张，两大因素叠加对百香果种植业构成了挑战，不可避免地将推动百香果种植成本的上升。

三、百香果产业发展趋势与前景展望

（一）发展趋势与展望

1. 产能稍有提升，单产水平有所提高。鉴于百香果市场需求持续攀升态势，预计短期内种植面积与上年持平；随着种植技术的提升及产业结构优化调整，预计短期内百香果的产量将实现小幅增长，单产水平略有提升。

2. 百香果汁进出口贸易量均呈下降趋势。随着国内百香果种植面积的扩大和产量的增加，预计未来几年内，我国百香果汁的进口需求将会减少。同时由于国内消费市场的扩张，出口也将有所下降，而且出口市场主要瞄准东南亚市场。

3. 市场价格下跌。在经历了种植热潮之后，预计短期内百香果的产地收购价格市场将呈现混乱状态，不同地区之间的百香果收购价格将存在显著差异。特别是黄金百香果的产地收购价格以及市场批发价格预计将出现下降趋势。

（二）值得关注的问题

1. 规范化健康种苗育苗基地较少，不能满足目前市场需求。适宜的百香果种苗对果品质量影响至关重要。而当前，国内种苗主要由小型育苗场生产，多数未备案且缺乏检疫和正式许可，导致高质量种苗供应不足。市场上品种繁多、价格混乱，新种植户常购买到劣质或带病毒的种苗。据调研了解2023年'钦蜜9号'种苗纯度不足40%。种苗问题已成为百香果产业高质量健康发展的主要障碍。

2. 农户种植经验不足，跟风种植现象普遍。许多百香果农户仅仅看到别人种植获得了收益，就盲目跟风种植，由于没有深入了解百香果的生长习性和市场需求，同时缺乏足够的种植经验，导致种植面积的盲目扩张和产量的不稳定，影响了百香果的品质和农户的经济效益。因此，农户们需要通过学习和培训，掌握科学的种植技术，避免盲目跟风，从而实现可持续发展。

（三）对策建议

1. 注重产量品质优先，合理规划种植。 各地应根据土地资源和气候条件，根据当地发展需求和农村劳动力情况，合理推广种植百香果，从质量与数量并重的角度，合理规划产业发展规模。

2. 加强品牌谋划创建。 为维持市场竞争优势，各主要产区必须强化品牌构建与推广工作。鼓励并支持企业及合作社组织创建具有地方特色的百香果品牌，并设计相应的品牌标识。通过走精品化品牌发展道路，以品牌战略带动产业进步，实现产品价值提升，增强各主产区百香果的知名度和品牌效应。

3. 做好产业监测预警服务。 依托现代信息技术及平台管理资源，融合政府管理与经营主体的资源优势，构建百香果产业监测信息服务综合性平台，为百香果种植户提供信息查询、市场产品交易、病虫害预警及风险预测等一系列服务。此外，积极鼓励并支持企业与科研院所携手共建产学研深度融合的示范区，专注于收集、分析并研究百香果产品在国内外的市场动态及风险信息，以期有效降低百香果种植所面临的风险。

报告撰写人：

梁伟红	中国热带农业科学院科技信息研究所	副研究员
李玉萍	中国热带农业科学院科技信息研究所	研究员
叶 露	中国热带农业科学院科技信息研究所	副研究员
邓春梅	中国热带农业科学院科技信息研究所	助理研究员
刘燕群	中国热带农业科学院科技信息研究所	副研究员
谢铮辉	中国热带农业科学院科技信息研究所	助理研究员
李 珍	广西壮族自治区水果生产技术指导总站	高级农艺师

大樱桃产业发展报告

大樱桃被誉为"北方春果第一枝",对增加农业产值和农民收入起到了显著的推动作用。在烟台、大连等地区,大樱桃产业已经成为乡村振兴战略中的特色主导产业。近年来,我国大樱桃的种植面积和产量均呈现出稳步增长的态势,2023年,种植面积为289.5万亩,同比增长7.2%;产量达80.0万吨,同比增长17.7%;消费总量为118.8万吨,同比增长1.5%。随着冷链物流的逐渐完善,我国大樱桃流通线上线下销售渠道协同发展。作为全球最大的樱桃进口国,2023年进出口贸易总量达到35.1万吨,总贸易额为25.4亿美元。现阶段,我国大樱桃产业存在种植结构尚待优化、标准化建设不足、全产业链运营模式尚未完善等问题,面临恶劣天气频发、劳动供给紧张、国际市场冲击等外部挑战。预计未来短期内我国大樱桃产业形势总体向好、种植规模持续扩大。从长期来看,大樱桃种植生产将逐步实现规模化、标准化,市场需求的持续增长可能会加剧对国际市场的依赖。

一、大樱桃产业发展现状

(一)生产

1. 种植规模稳中有增。我国大樱桃种植面积继续扩大,但速度有所放缓。据布瑞克数据统计,2022年我国大樱桃总种植面积达270.0万亩,产量达68.0万吨;2023年种植面积达289.5万亩,产量达80.0万吨,同比分别增长7.2%、增长17.6%。较高的市场收益激励西部和西南省份的果农在山区或丘陵地区开展大樱桃种植,山东、辽宁等东部传统产区的大樱桃种植面积也持续扩大。以辽宁省大连市为例,2019—2023年,大樱桃的种植面积由31.7万亩增至36.0万亩,增长13.6%,产量由24.9万吨增至26.5万吨,增长6.4%。

2. 优势产区相对集中。我国大樱桃主要产区主要分为渤海湾栽培区(约占70%)、陇海铁路沿线栽培区(约占20%)和西南、西北高海拔产区(约占8%)三个。其中,山东省烟台市和辽宁省大连市是渤海湾大樱桃栽培区的典型代表,2023年烟台市的大樱桃种植面积约33万亩,产量为35.7万吨,遍布福山、栖霞、牟平、蓬莱、海阳等地。辽宁大连市的大樱桃种植面积约36.0万亩,产量约26.5万吨,主要分布在金州区、旅顺口区、普兰店区和瓦房店市(图1)。陇海铁路沿线大樱桃栽培区包括陕西、河南、甘肃、山西等省份,2023年陕西大樱桃种植面积达

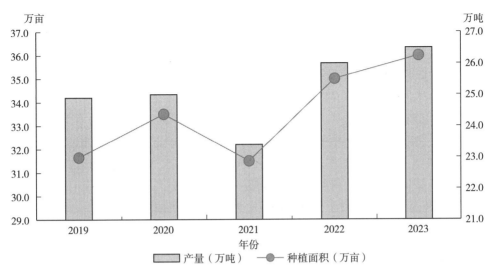

图 1　大连大樱桃种植面积和产量变化图

数据来源：辽宁省人民政府、辽宁省农业农村厅。

30.7 万亩，产量约 16.15 万吨，甘肃天水大樱桃种植面积 10.0 万亩，产量约 3.5 万吨。四川、青海和新疆等西南、西北高海拔地区的大樱桃种植虽发展起步晚，但凭借自然条件优势，所种植大樱桃含糖量较高，受到越来越多消费者认可。其中，2023 年四川省大樱桃种植面积达 36.7 万亩，主要种植分布在川西、攀西和川东北高海拔地区。

3. 主推品种多样。 目前我国大樱桃主栽品种有红灯、美早、萨米脱、先锋、拉宾斯等。渤海湾栽培区露地栽培以红灯、美早、先锋、萨米脱为主，陇海铁路沿线栽培区以红灯、早大果、布鲁克斯为主，西南、西北高海拔产区以拉宾斯、红灯、早大果为主，设施栽培以俄罗斯 8 号、美早、布鲁克斯、红灯为主。

4. 设施种植发展加快。 为避免极端天气影响，实现丰产稳产，近 20 年来我国设施樱桃栽培迅速发展，2023 年全国设施樱桃栽培面积达 20.0 万亩，产量 24.0 万吨左右。以烟台市张格庄镇为例，2022 年该镇大樱桃种植面积已超过 2.0 万亩，年产量高达 3 000.0 万斤，年产值接近 3.0 亿元。在大连市，种植户对建设樱桃温室、大棚、避雨棚的积极性不断高涨，设施栽培面积已接近 9.0 万亩，水肥一体化设施普遍应用，物联网、果实分选设备、冷藏保鲜设施正在加快装备。

（二）加工流通

1. "采鲜卖鲜" 为主，加工制品为辅。 我国大樱桃产业以鲜食消费为主导，仅有少数以加工制品销售。加工制品中，大樱桃果干、果汁、果酱、果酒、果醋、果脯、果冻和罐头等产品广受青睐。据布瑞克数据显示，大樱桃干市场在 2023—2030 年预计将实现年均增长 8%。随着果酒文化的兴起，大樱桃酒在年轻消费群体中的受欢迎程度不断攀升，2023 年市场增长率达到 12.0%。大樱桃果酱以其独特的口感和丰富的营养价值，成为许多消费者的早餐首选，山东省和陕西省是我国大樱桃果酱的主要生产基地。

2. 冷链物流建设逐步完善。大樱桃对保鲜要求较高，通常储存期不超过 10 天，经过标准预冷技术处理的大樱桃货架期可以达到 2～3 周。为了进一步提升大樱桃的保鲜能力，我国各大樱桃产区持续优化完善 "物流基地＋集配中心＋田头仓储设施" 三级节点的农产品冷链物流网络体系建设。其中，烟台市福山区在张格庄大樱桃市场内建设了一座 6 000 立方米的果品气调贮藏库，实现了农产品检测、预冷、加工冷藏、配货和收储等一体化服务。辽宁省瓦房店市政府在田间地头设立了可移动的保鲜仓，大樱桃采摘后可立即送入保鲜仓进行预冷，以尽可能保障大樱桃的口感和品质。物流企业如顺丰速运，也正在通过增加大樱桃全货机、排布核心城市冷运干线等方式，从抢鲜、智鲜、保鲜、优鲜四个方面提升寄递品质。

3. 流通渠道多样化，线上线下协同发展。传统的批发市场、超市和水果连锁店依然是大樱桃销售的主要渠道，约占总销售额的 70%。在这些渠道中，大樱桃经过分级、包装后，批发给各级分销商，最终到达消费者手中。电商平台如拼多多、天猫等成为重要的线上销售渠道，通过直播带货、预售、直采等多种方式，将大樱桃直接从产地销往全国各地。以 2023 年烟台樱桃季为例，依托电子商务平台和电商企业，构建了线上线下多元化的销售渠道，寄递大樱桃达 1 057 万单，销售额实现 4.5 亿元。

（三）消费

1. 国产大樱桃市场占有率提升。随着国产大樱桃品质和产量提高以及价格下降，其市场占有率不断提高，2023 年国产大樱桃的市场占有率约为 70%。与进口大樱桃相比，国产大樱桃在价格上具有明显优势，国产大樱桃平均每斤比进口大樱桃便宜约 20 元。此外，国产大樱桃的新鲜度和较短的运输时间也是其受到青睐的重要因素。北京、上海、广州和深圳等一线城市依旧是进口大樱桃的重要市场，二线城市如贵州、杭州和成都对进口大樱桃的需求也迅速增长。

2. 消费群体呈现年轻化。据布瑞克数据显示，2023 年国内大樱桃消费的主力军集中在 20～40 岁的城市年轻上班族，这一年龄段的消费者通常拥有稳定的收入和较高的消费意愿。其中 30～40 岁的消费者，他们对大樱桃的消费能力尤为突出，该年龄段中年度消费额超过 100 元的人数占比超过 80%。在这一消费主流群体中，女性消费者对进口大樱桃的偏好尤为显著，约占进口大樱桃买家的 60%，推动了对高品质大樱桃需求的持续增长。

3. 消费总量不断上升。全球大樱桃消费量整体呈上升趋势，据美国农业部数据显示，2022 年全球消费量达到 465.6 万吨，2023 年增至 475.8 万吨，同比增长 2.2%。我国是全球大樱桃消费量最大的国家，占比约 25%。2022 年我国大樱桃消费总量为 105.8 万吨，到 2023 年，大樱桃消费总量达到 118.8 万吨，同比增长 1.5%。

（四）进出口

1. 进口来源地集中和出口目的地相对分散。2023 年，我国进口的大樱桃中，来自智利的进口量占据了绝大多数，达到了 33.4 万吨，占总进口量的 96.1%；其进口金额为 24.3 亿美元，在全国大樱桃进口金额中占比约为 95.9%。与进口贸易相比，我国大樱桃的出口贸易伙伴相对分散，日本和俄罗斯分别位列第一和第二。出口到日本的大樱桃金额也最高，达 259.3 万美元，占全国大樱桃出口金额的约 33.7％，而出口量约为 0.1 万吨，占全国大樱桃出口量的约 31.3％；对俄罗斯的出口量为 0.04 万吨，出口金额为 71.6 万美元，在全国大樱桃出口量及出口金额中分别占据 12.3％ 和 9.3％（表1）。

2. 进口量额均降低，出口量额均增加。2023 年，我国大樱桃进口量为 34.8 万吨，同比下降 5.3％；进口额为 25.36 亿美元，同比下降 8.6％。出口量为 0.31 万吨，同比增长 6.9％；出口额为 0.08 亿美元，同比增长 14.3％（图2、图3）。

表 1　2023 年我国大樱桃主要进出口情况

国家（地区）	进口量（吨）	进口金额（万美元）	国家（地区）	出口量（吨）	出口金额（万美元）
智利	334 362.1	243 102.3	日本	976.5	259.3
美国	8 688.3	5 852.5	俄罗斯	383.4	71.6
新西兰	717.5	1 263.4	保加利亚	223.6	53.3
阿根廷	1 482.9	1 223.4	马来西亚	213.1	52.1
加拿大	1 511.7	987.9	韩国	218.2	48.0
澳大利亚	490.1	920.5	印度尼西亚	160.4	44.4
土耳其	310.6	57.4	新加坡	159.0	42.7
吉尔吉斯斯坦	117.6	47.0	美国	145.8	32.3

数据来源：海关总署。

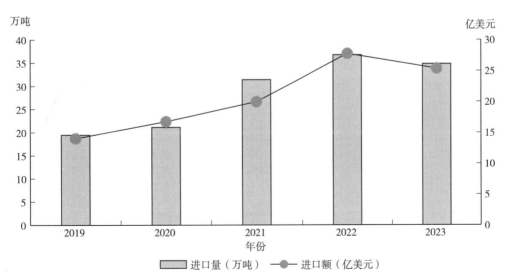

图 2　2019—2023 年中国大樱桃进口情况

数据来源：海关总署。

从贸易规模来看，2023 年我国大樱桃的进出口贸易总量达到 35.1 万吨，总贸易

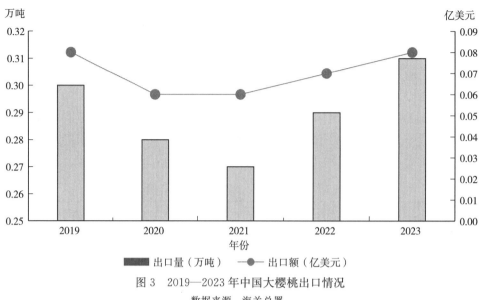

图 3　2019—2023 年中国大樱桃出口情况

数据来源：海关总署。

额为 25.4 亿美元。与 2019 年相比，全国大樱桃进出口贸易总量增加了 15.4 万吨，增幅约为 77.7%；进出口贸易总金额也增了 11.3 亿美元，增幅约为 80.3%（图 4）。

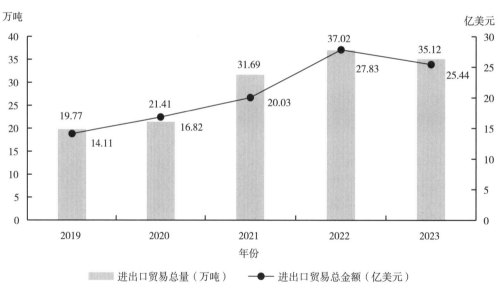

图 4　我国大樱桃进出口贸易总量及总金额变化趋势

数据来源：海关总署。

（五）全产业链效益

1. 大樱桃具有较高产值和经济效益。受不同种植区、经营主体类型、种植技术及种植品种等因素影响，大樱桃种植成本差异较大。据调研，2023 年山东省和辽宁省大樱桃每亩产值分别为 28 376.5 元和 36 629.2 元，在不考虑地租的前提下，种植成本每亩分别为 7 931.4 元和 11 001.6 元。其中占比较高的项目分别是人工成本和农资成本，分别占总成本的 30%～40%。

2. 市场价格呈现明显的季节性特征。每年 11 月至次年 2 月，近 90% 的智利大樱桃进口到我国，这期间国产大樱桃尚未上市，由于供应量有限，价格相对较高；3—4月，国产暖棚大樱桃开始上市，这些樱桃通常品质优良，因此价格也相对较高；5—6月，随着露地栽培大樱桃的大量供应，价格会迅速下降；7 月后，国产大樱桃供应进入尾季，同时美国大樱桃的进口量开始增多，价格可能出现上涨。整体来看，冬春季大樱桃供应相对紧张，价格较高，春节前后是消费高峰，而春末夏初时价格相对较低，市场供应也更为充足。

3. 年度价格略有攀升，不同品种价格差异明显。以每年 3—7 月份集中上市期间北京新发地批发市场的大樱桃价格为例，2023 年先锋、美早、红灯三个品种的大樱桃平均批发价格相较于 2022 年均有所上涨，分别为 18.84 元/千克、51.10 元/千克、21.12 元/千克。其中，美早大樱桃的价格最高，且涨幅最为显著。这三个品种的大樱桃在上市初期，即 3 月至 4 月间，价格普遍较高。2023 年 3 月，美早大樱桃的批发价格一度飙升至 102.87 元/千克，随后从 4 月开始逐渐下跌，直至 6 月降至 26.30 元/千克，之后价格有所回升（表 2）。

表 2　2022 年和 2023 年不同品种大樱桃 3—7 月平均批发价格

单位：元/千克

时间	先锋	美早	红灯
2022 年 3 月	—	50.73	27.00
2022 年 4 月	24.59	42.78	21.83
2022 年 5 月	20.48	33.13	17.39
2022 年 6 月	15.05	32.17	12.88
2022 年 7 月	13.00	45.13	—
2022 年平均价格	18.28	40.79	19.77
2023 年 3 月	—	102.87	—
2023 年 4 月	—	53.35	25.09
2023 年 5 月	22.67	38.61	17.15
2023 年 6 月	15.00	26.30	—
2023 年 7 月	—	34.38	—
2023 年平均价格	18.84	51.10	21.12

数据来源：北京新发地批发市场。

（六）产业政策

1. 国家层面政策。为推动大樱桃产业高质量发展，我国出台了一系列政策，包括农业农村部的"三品一标"政策，旨在提升品种、品质、品牌和标准化水平，以及《"十四五"推进农业农村现代化规划》中提出的农业标准化示范创建和全产业链标准化。《农业品牌精品培育计划（2022—2025年）》强调了农业品牌在现代化进程中的关键作用。在地理标志产品保护方面，通过登记保护，提升了烟台、大连等大樱桃品牌的市场影响力。交通运输部等部门通过印发《关于进一步提升鲜活农产品运输"绿色通道"政策服务水平的通知》，提高了生鲜农产品的物流效率。此外，财务部和商务部联合推动农产品供应链体系建设，印发《关于支持加快农产品供应链体系建设进一步促进冷链物流发展的通知》，促进了冷链物流的高质量发展，确保大樱桃等农产品的新鲜度和品质。

2. 地方层面政策。为推动大樱桃产业的高质量发展，各地政府出台了一系列政策措施，涉及新品种研发、设施栽培、品牌建设等多个环节，以提升产业的整体竞争力和市场适应性。山东省烟台市政府先后印发《关于扶持大樱桃规模化经营的意见》《福山区农产品"三品"认证奖励办法》等政策文件，对新改建温室栽培大樱桃示范基地给予补贴，全面激发烟台大樱桃产业活力。陕西省铜川市政府印发《铜川大樱桃生产技术规程》，进一步加强规范推广新建果园的基础建设条件，包括土壤、肥料、灌溉和花期管理，以及病虫害综合防治、果实采摘和采后处理等内容。辽宁省大连市印发《大连市金融支持乡村全面振兴工作要点》，进一步推广"大樱桃贷"等专属金融产品，助力乡村产业振兴。这些政策的实施，不仅为大樱桃产业的发展提供了有力的政策支持，也为产业的现代化转型和升级提供了坚实的基础。

二、大樱桃产业发展存在的问题与挑战

（一）产业发展存在的主要问题

1. 种植结构和种类尚待优化。从品种结构上看，当前尚未形成一个合理的早熟、中熟、晚熟品种的种植梯队。目前市场上主要是以美早、红灯、萨米脱、先锋和雷尼尔等早熟和中熟品种为主导，在山东等地占比超过80%，而晚熟品种的市场份额相对较小。这种不平衡的品种分布导致了上市期过于集中，使得大樱桃难以在产量和价格上形成竞争优势。从品种种类来看，具有丰产性好、果个大、果肉硬、口感好、耐贮运等综合性状好的优质新品种较少，没有被大量引进或广泛栽培。特别是桑提娜这一综合性状最佳的早熟品种，因其比美早更出色的口感风味，已经被智利、美国等国家作为替代美早的品种进行大规模种植，成为了我国每年大量进口的"车厘子"中的主要品种之一。美早、红灯等主栽品种由于果实皮薄、肉软、多汁且水分含量高，导致极不耐贮运，栽培范围受限，产量难以大幅提升。这些因素不仅限制了国内市场需求的满足，也影响了大樱桃在国际市场上的竞争力和拓展能力。

2. 产业标准化建设不足。当前大樱桃产业普遍存在重产量轻质量的问题。在种植阶段，由于部分果农规范化生产意识不强、缺乏专业系统化的学习培训以及考虑到生产成本控制，未能严格按照规定的生产标准执行，盲目修剪、滥用化肥等现象较为普遍。以四川省为例，红灯、美早等主栽品种在低海拔地区产量低、效益差，部分种植户为了提高产量和经济效益，滥用植物生长调节剂进行促花、保果、膨果，导致果实变软、品质降低，耐贮运性大幅度降低。在采收阶段，为了延长果实的保质期，提

前采收的做法相当普遍，这种做法可能会导致苗木过早衰竭，影响产量的稳定性。在采后处理阶段，果品的分级、储存、包装主要依赖人工操作，尚未形成统一标准，造成果品储存中损失率高、包装混乱及坏果率高等问题。

3. 全产业链运营模式尚未完善。 受"重基地轻市场、重生产轻销售、重产量轻品牌"的思想影响，我国大樱桃产业的全产业链运营模式尚未完善，这主要表现在上游种植环节的分散化、小规模和低组织化，导致行业集中度不足；中游缺乏专业化、规模化、标准化的采后处理和加工企业；下游销售主要由销售商或批发商构成，品牌建设和直销能力有待加强。此外，产业链各环节之间易出现断链或脱节的风险，特别是大樱桃货架期短，采收期正值高温，果实易受损，若采收后的水冷和干燥处理不及时，易出现机械伤、皱缩、掉梗、褐变、腐烂等现象，严重影响商品率。

（二）产业发展面临的外部挑战

1. 恶劣天气频发，抵御灾害能力弱。 我国大樱桃以露天种植为主，与设施栽培相比，露天种植的大樱桃更易受到温度波动、降雨不均等气候因素影响。近年来，春季霜冻和成熟期降雨引发的裂果问题日益严峻。例如2022年6月和7月的连续阴雨导致露地大樱桃大量裂果，部分地区产量减少了30.0%以上，2023年的倒春寒和冰雹天气又造成了大面积大樱桃受损。大樱桃产业频繁遭遇春季低温、晚霜、倒春寒、冰雹以及成熟期降雨等极端气候的挑战，这些因素不仅导致"十年四不收"的现象，也严重制约了产业的稳定发展。

2. 劳动供给紧张，成本增加。 随着人口老龄化的加剧和劳动力供给的减少，大樱桃产业在种植、收获、包装等环节的人工成本显著上升，特别是在修剪、摘果、授粉等劳动密集型环节，雇工成本已成为农业生产中的一项重要开支。据课题组调研数据显示，2023年大樱桃种植户的人工成本约占总成本的31.1%。

3. 国际市场冲击明显。 随着全球大樱桃产量的增加，我国大樱桃产业受到来自智利、土耳其、美国等大樱桃主产国的影响。智利鲜大樱桃出口在过去十年翻了两番，其中约90%出口到我国，成为我国重要的反季节供应国。美国是我国进口大樱桃的第二大来源国，但美国的市场份额受制于高关税，且与我国国内产季相同，因此存在竞争。这些国家在大樱桃种植、采后处理、冷链物流等方面具有明显优势，能够以较低的成本生产高质量的大樱桃，对我国大樱桃产业构成了挑战。

三、大樱桃产业发展趋势与前景展望

（一）短期

1. 生产形势总体向好。 据布瑞克数据预测，得益于我国西北和西南地区种植面积的显著扩大，产量增加，预计2024/2025年度全国大樱桃的种植面积将达到约298.5万亩，产量将达到约85万吨。

2. 设施种植将持续扩大。 相比露地大樱桃，设施大樱桃的亩均效益要高出10倍左右。中国大樱桃行业报告显示，除大连和烟台等大樱桃主产区积极发展设施栽培外，大樱桃设施生产在内蒙古、新疆、黑龙江和西藏等高海拔和较冷地区发展迅速，未来越来越多的私营公司和个人将投资设施大樱桃生产。

（二）中长期

1. 种植生产逐步规模化、标准化。受市场需求增长和政策支持的双重推动，专业合作社和家庭农场等新型经营主体将不断壮大，我国大樱桃产业趋于向规模化发展。同时，设施种植规模的不断扩大以及科技示范和专业培训的大力推广，使得水肥一体化、自动放风等标准化技术的应用越来越广泛，极大地提高了大樱桃产量和商品率。预计这种趋势将长期持续，将进一步推动大樱桃产业的高质量发展。

2. 持续保持对国际市场的高依赖性。我国大樱桃进出口贸易金额保持与进出口贸易量相适应的态势，2023 年，我国大樱桃进出口贸易金额逆差为 25.3 亿美元，与 2019 年相比中国大樱桃进出口贸易逆差增长了 11.3 亿美元，增幅约为 80.7%，年均复合增长率约为 16.0%，略高于净进口量增速。预计未来较长一段时间，国际进口仍将是解决国内大樱桃产需缺口的主要途径，国内大樱桃需求强烈依赖国外市场的问题将更加突出。

（三）产业发展重点关注的问题

1. 优化品种改良与生产技术创新。消费者对于高品质、特色化大樱桃品种的需求日益增长，发展具有国内自主知识产权的大樱桃新品种刻不容缓。通过培育适应我国气候条件的优质大樱桃品种，提升果实的抗病性、耐寒性和丰产性，能够显著提升果实的市场竞争力和经济效益。同时，结合超低温冷冻脱毒技术、基因鉴定技术、设施及露地大樱桃高效栽培技术等，推动大樱桃的栽培管理，以期提高生产效率和果品质量。

2. 重视商品化处理。我国果蔬的采后损失率相对较高，达到 20%～30%，大樱桃果实不耐贮运，采后处理不当会导致果实腐烂，降低商品价值。近年来，我国在大樱桃采收、预冷、分级、储藏保鲜、包装方面取得了一定的进展，在海阳、大连等地完成田头仓储保鲜设施和冷链集配中心建设，但整体而言，仍缺乏系统化、规范化、标准化，技术环节之间无法有机衔接。

3. 拓展国外市场，提高国际竞争力。我国大樱桃出口规模较小，出口市场较为集中，出口竞争力受到内外部因素的共同制约。一方面，大樱桃产量和品质受限，就农药残留限量而言，难以满足 RCEP 成员国规定，产品达不到进口国家的检测和质量要求；另一方面，贮藏保鲜技术和冷链运输体系不够先进和完善、在国际市场上的品牌影响力和市场竞争力不突出。因此，如何通过提升产品质量、改善贮藏和运输条件、增强品牌建设来拓宽出口市场，将是我国大樱桃产业发展关注的重点。

（四）对策措施与政策建议

1. 加大良种培育和推广力度。发挥科研育种优势，大力推进新优品种选育和优质种苗开发。在保证现有优质品种的同时，增加晚熟品种种植比例，并加快推广本地自主繁育的优良品种。同时，适度发展适合设施栽培的品种，实现早中晚熟合理搭配、多色并存的品种结构。

2. 提升全产业链标准化程度。首先制定涵盖大樱桃种植、采摘、贮藏、运输和销售等各个环节的标准化操作规程，确保每个环节都有明确的质量标准和操作规范。其次，通过组织培训班、技术交流会等形式，向农户和相关从业人员普及标准化种植、管理和加工技术，定期对土壤和水质进行检测，确保农产品没有农药残留，保证大樱桃质量安全。

3. 加强产业链上下游协作。 推动种植户、加工企业、物流公司和销售渠道之间的紧密合作，形成利益共同体，从种植到销售的各个环节高效衔接，减少中间环节的损耗，提高整体运作效率。一方面，鼓励各方共同参与技术研发与培训，提高产品质量和加工水平。另一方面，探索联合采购和销售模式，降低成本，提高市场竞争力。

报告撰写人：

赵俊晔　中国农业科学院农业信息研究所　研究员
耿闻轩　中国农业科学院农业信息研究所　初期助研
张雅雯　中国农业科学院农业信息研究所　硕士研究生

西瓜产业发展报告

西瓜是葫芦科西瓜属草本植物，是典型的经济作物。我国西瓜产量占全球的六成以上，已成为乡村振兴和农民致富的重要抓手。目前，我国西瓜产业以一产为主，产业链有待于进一步延伸。2023年，全国西瓜播种面积1 494.8千公顷，同比增长0.67%，总产量为6 415.3万吨，同比增长1.79%，单产为42.9吨/公顷，同比增长1.11%。我国的西瓜产业以鲜食为主，人均消费量达到44.6千克，是世界人均消费量的4.6倍左右，西瓜已经成为广大消费者餐饮中必备的水果，鲜食产业发展进入饱和期。西瓜产业形成全国大流通、地方小流通和城镇微循环的三级物流网络，保障西瓜资源在全国高效配置。预计短期内我国西瓜产量和消费量保持稳定，进出口小幅增加。未来产业发展需要关注产业结构调整与升级、国际贸易竞争与合作、区域布局与优化、品质提升与品牌建设以及环保与可持续发展。这些问题相互关联、相互影响，需要综合考虑、协同推进，促进西瓜产业高质量发展。

一、西瓜产业发展现状

（一）生产

我国是全球最大的西瓜生产国，西瓜生产规模大、集中度高，单户种植面积大。2023年，全国西瓜播种面积1 494.8千公顷，同比增长0.67%，总产量为6 415.3万吨，同比增1.79%，单产为42.9吨/公顷，同比增长1.11%（图1）。

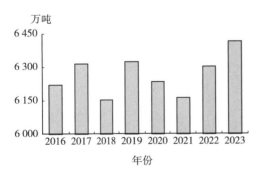
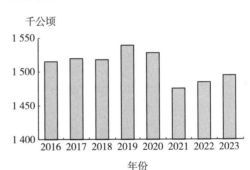

图1　全国西瓜产量和种植面积

数据来源：全国重点农产品市场信息平台，2023年为估计数。

224

我国西瓜四大产区分别为中部地区、西部地区、东部地区和东北地区，2023 年，四大产区播种面积分别为 594 千公顷、432.8 千公顷、408.7 千公顷和 59.3 千公顷，中部地区、西部地区为主产区，分别占总面积 40.0％和 29.0％；四大产区产量分别为 2 536.8 万吨、1 584 万吨、1 951.5 万吨和 343 万吨，占总产量比例分别为 39.5％、24.7％、30.4％和 5.35％（图 2）；单产分别为 42.7 吨/公顷、36.6 吨/公顷、47.7 吨/公顷、57.8 吨/公顷，其中东北产区单产最高。从主产省看，河南、山东、河北、江苏和新疆的西瓜播种面积居于全国前列。

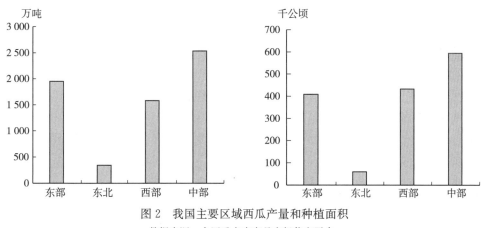

图 2　我国主要区域西瓜产量和种植面积

数据来源：全国重点农产品市场信息平台。

我国西瓜种质资源丰富，西瓜品种特性各异，在全国不同地区存在一定的差异。中部地区品种类型比较丰富，以中小果型为主要品种，其中中果型西瓜以美都类型西瓜为代表，小果型以京美 2K 类型西瓜为代表；东部地区以中小果型为主要品种，其中中果型西瓜以 8424 类型西瓜为代表，小果型以皇冠和黑晶类型西瓜为代表；东北地区以大果型西瓜为主，代表性的品种包括地雷西瓜系列、京欣系列和甜王系列为主；西部地区以大果型西瓜为主，代表性的品种包括金城 5 号、京美 10K 和西农 8 号类型。

（二）加工流通

我国西瓜产业呈现以一产为主、二产开始起步发展，三产几乎处于空白的格局。西瓜加工行业处于起步阶段，产品类型比较单一，产品的市场占有率还比较低。截至 2023 年，西瓜加工产品主要包括鲜切西瓜、冷冻西瓜块、西瓜汁和西瓜酱，生产总量大约 34 万吨，西瓜使用量约占西瓜总产量的 0.5％。鲜切西瓜是以新鲜西瓜为原料，进行清洗、削皮、切分、包装等步骤生产的快速消费品，主要用于营养配餐、休闲娱乐和餐后甜点，现在已经成为各类果盒和果盘中必备品。冷冻西瓜块是近年来加工量快速增加的产品，该产品经过清洗、削皮、切块、冷冻和包装等步骤生产而成，主要是作为奶茶和鲜榨果汁的配料，广泛运用于各类餐饮业。西瓜汁包括两类，一类是采用超高压技术生产的非还原高品质果汁，该产品有效维持西瓜原有的清新香气和滑爽口感，产品在冷藏状态下货架期在一个月左右，深受消费者喜爱；另一类是调配类西瓜汁，该产品以西瓜浓缩汁为原料，通过调配风味和颜色，制成可以常温贮藏、保质期长的西瓜汁。西瓜酱是河南、山东和陕西等地的一种传统食品，已有上千年的历史，该产品通过降低盐分、丰富口味和融入健康元素，已开发出香菇西瓜酱、黑豆西瓜酱和枸杞西瓜酱等系列产品，销售量呈现快速增长的趋势。

西瓜产品流通已形成全国大流通、地方小流通和城镇微循环的三级物流网络。在大流通网络中，西北向东南沿海、东北向东南沿海以及黄淮海流域向北上广大都市圈的物流是主要的物流方向，担负我国西瓜大流通体系中的主动脉运输职能；地方小流通主要包括西瓜从北上广、省会城市或中心城市向下一级城市运输的物流网络，承担西瓜分销的主要物流渠道；城镇微循环是将西瓜运输至消费终端的过程，在物流体系中是最重要的一环。通过全国大流通、地方小流通和城镇微循环的三级物流网络相互结合的物流方式，西瓜资源在全国高效配置。

西瓜的物流运输方式和集散地已经趋于成熟稳定。西瓜主要是采用常温运输的方式，仅有少部分的精品西瓜，尤其是小西瓜采用冷链物流的方式运输以维持果实的新鲜品质。西瓜产区的集散地主要包括新疆昌吉老龙河产区、宁夏中卫产区、陕西渭南产区、河南通许产区、山东昌乐产区等全国西瓜主产县的批发市场，主要的集散市场包括北上广、省会城市或中心城市的果蔬批发市场。西瓜经过批发市场交易，来到了销售终端的农贸市场、商场超市以及餐饮企业等。同时，西瓜的电商销售模式，尤其是小果型的精品西瓜，电商销售比例快速提高，成为传统运输方式的有效补充。

（三）消费

2023年西瓜消费量约为6 500万吨。西瓜消费区域广泛，全国各地均大量消费西瓜，尤其是华北、华东、华南等地区；城市消费集中，一线和二线城市如北京、上海、广州、深圳等，消费量相对较大，市场需求旺盛；季节性强，夏季是西瓜消费的高峰期，市场需求量显著增加。

西瓜的消费结构以鲜食为主，加工产品为辅。鲜食消费是西瓜主流消费方式，消费者一般会购买整瓜或切块，直接食用，鲜食消费占总消费量的绝大部分。家庭、学校、工作场所、餐饮业等均有大量西瓜的鲜食消费。加工消费比例相对较小，西瓜加工产品消费量占比不高，但随着人们生活方式的改变，这一消费方式呈逐年上升趋势。其他消费，如西瓜在餐饮业中多被用于制作沙拉、甜品、饮料等，提高了其附加值。西瓜还具备一定的工业用途，如提取西瓜中的功能性成分，用于保健品、化妆品等领域。

西瓜消费群体覆盖广，无显著年龄和性别差异。从年龄层面看，对儿童而言，西瓜口感甜蜜，易于消化，深受儿童喜爱；对成年人而言，作为消暑解渴的水果，是成年人夏季的常备水果；对老年人而言，西瓜富含水分和营养，适合老年人食用。从性别层面看，男性和女性均喜爱西瓜，无明显性别差异。随着居民生活水平提高和栽培技术发展，西瓜在春季、秋季甚至冬季水果市场占有的份额越来越大，反季节消费特征日益显著。此外，伴随着人们健康意识的提高，消费者更加关注西瓜的营养和健康价值。

（四）进出口

我国西瓜主要进口来源地为东南亚国家。2023年，我国西瓜进口来源地主要为越南和缅甸，总交易额达到 1 092 万美元，其中与越南、缅甸的交易额分别为 752 万美元与 340 万美元。根据联合国商品贸易统计数据库数据，2023 年我国西瓜进口量为 7.36 万吨，2022 年为 1.13 万吨，2023 年较 2022 年增长 5.51 倍。

我国西瓜主要出口目的地为周边地区和共建"一带一路"国家。2023 年我国西瓜出口国家和地区主要为中国香港、越南、俄罗斯、中国澳门、蒙古国和韩国，总交易额达到 5 300 万美元，其中交易额最多的为中国香港和越南，交易额分别为 4 241 万美元、680 万美元，分别占总交易额的 80.0%、12.8%。根据联合国商品贸易统计数据库数据，2023 年我国西瓜出口量为 5.63 万吨，同比下降 2.60%。2023 年我国西瓜出口额为 5 426.87 万美元，同比下降 12.15%。

（五）全产业链效益

1. 西瓜产业以一产为主。西瓜产业以鲜食为主，占产业生产量的 99.5% 左右，按照周年的加权价格 5.17 元/千克，产值达到 3 241 亿元。

由于西瓜具有产量大、产期集中、不耐贮存等特征，加工业发展较为缓慢，目前仍缺少加工企业配套和高附加值产品开发。现有的鲜切西瓜、西瓜酱和西瓜汁等产品占产业生产量的 0.5% 左右，产值为 6 亿～10 亿元。

2. 西瓜产业带动农民增收效果显著。西瓜产业在我国多个主要产区显著推动了瓜农的增收。特别是在河南、山东、新疆等地，通过种植、销售西瓜等环节创造了许多就业机会，提高了瓜农收入。通过政府的政策支持等措施，西瓜产业提升了瓜农的生产效益。同时，随着电商、冷链物流等现代化产业链的不断完善，西瓜产业的增值空间还将进一步扩大，推动更多瓜农通过西瓜产业实现持续增收，其中山东省潍坊市昌乐县西瓜产业带动农民增收效果较为典型。2023 年 8 月，2022 中国果品区域公用品牌价值评估榜在上海发布，昌乐西瓜荣登瓜果类品牌价值榜首，连续 13 年位居全国西瓜第一品牌。13 年间，昌乐西瓜品牌价值从 24.23 亿元翻跃至 46.64 亿元，成为我国西瓜产业知名的龙头品牌。目前，昌乐县西瓜栽培面积 16 万亩，年产量 60 万吨，产值突破 20 亿元。西瓜品种转型带动瓜农每亩增收 1 万元，实现了从生产到采收销售的闭环工作，成就瓜农的"黄金梦"。

北京市大兴区庞各庄镇素有"中国西瓜之乡"的美誉，为促进低收入农户增收工作，庞各庄镇结合产业优势，依托西瓜专业种植技术开展低收入农户精准帮扶工作，有效促进低收入农户增收。2017—2020 年，庞各庄镇相继开展了"适用新技术小西瓜集中种植扶贫计划""西甜瓜产业示范项目""西瓜及蔬菜种植产业提升项目"等产业项目，长期的技术培训及实战经验帮扶使得 30 余户低收入农户已完全掌握小西瓜栽培技术，每年成熟的时候向合作社提供符合验收标准的西瓜，同时引导带动农户学习礼品经济，实现更高的销售效益。自 2017 年项目建设起，2018—2020 年共计帮销 12.49 万斤西瓜，平均亩增收约 4 620 元，实现户均收入 9 273 元，确保了低收入农户增收工作平稳有效。

3. 西瓜价格呈现周期性波动，整体呈现下降趋势。西瓜的生产受到温度、光照和水分的影响，具有季节性，西瓜的价格出现明显的季节性特征。2023 年西瓜平均批发价格整体呈现 N 字形趋势波动，西瓜上半年价格明显高于下半年价格（图 3）。从具体分月价格比较来看，2023 年 1—4 月全国西瓜批发市场价格分别为 5.64 元/千克、6.05 元/千克、7.27 元/千克、6.59 元/千克，价格明显高于 7 月（3.05 元/千克）、8 月（2.40 元/千克）、9 月（2.28 元/千克）、10 月（2.87 元/千克），至年底 11 月、12 月，价格有所回升。由于西瓜市场供给充分，2023 年我国西瓜批发价格相较于 2022 年整体呈下降趋势，全国西瓜平均批发价格月平均价格均值为 5.15 元/千克，较 2022 年下降 0.62 元/千克、下降 11.96%。

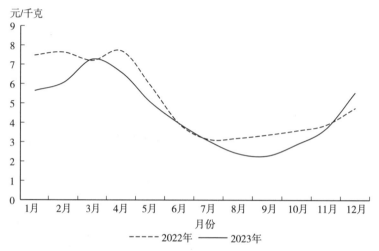

图 3　2022 年、2023 年全国西瓜批发价格变动趋势

数据来源：全国重点农产品市场信息平台。

以西瓜主产省山东省为例，2022 年与 2023 年山东省西瓜价格走势与全国相近，呈现 N 字形波动，西瓜上半年价格明显高于下半年价格（图 4）。2023 年，西瓜批发月平均价格均值为 5.86 元/千克，较 2022 年下降 1.17 元/千克，下降 19.95%。

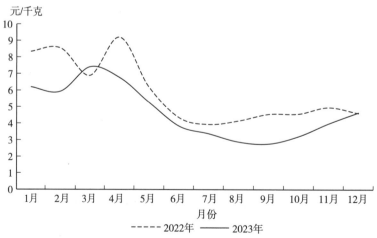

图 4　2022 年、2023 年山东省西瓜批发价格变动趋势

数据来源：全国重点农产品市场信息平台。

（六）产业政策

1. 国家出台支持西瓜产业发展的有关政策。 为引导西瓜甜瓜产业稳定发展，农业农村部制定了《全国西瓜甜瓜产业发展规划（2015—2020 年）》，指出：一是完善扶持政策，强化我国西瓜甜瓜产业健康发展的政策投入与扶持；二是建立多元投融资机制，进一步强化政府对西瓜甜瓜产业公益性研究与推广体系建设投入，重点加强国家西瓜甜瓜产业技术体系与国家西瓜甜瓜改良中心的建设，加强对五大优势区主产县西瓜甜瓜基地基础设施、产品安全监管及技术推广系统的支持；三是创新体制机制，完善多元化投融资机制，引导社会资本参与；四是加强基础设施建设，充分发挥政府资金和政策的引导作用，鼓励有关企业、个人等社会资本投入，改善西瓜甜瓜生产的基础设施条件；五是健全法律法规，进一步完善我国西瓜甜瓜市场质量监管制度，推进西瓜甜瓜检验监测体系建设，确保西瓜甜瓜安全生产。

为加快发展乡村产业，依据《国务院关于促进乡村产业振兴的指导意见》，农业农村部编制了《全国乡村产业发展规划（2020—2025 年）》，提出坚持融合发展。发展全产业链模式，推进一产往后延、二产两头连、三产走高端，加快农业与现代产业要素跨界配置。坚持绿色引领。践行绿水青山就是金山银山理念，促进生产生活生态协调发展。健全质量标准体系，培育绿色优质品牌。坚持创新驱动。利用现代科技进步成果，改造提升乡村产业。这一规划为西瓜产业高质量发展明确了方向和重点。

2. 地方出台支持西瓜产业发展的有关政策。 2017 年，河南省商丘市夏邑县成立了夏邑县西瓜协会，并通过标准化示范区创建，形成了一套极具夏邑特色的西瓜种植标准体系，实现了西瓜生产标准化、生态化生产模式。制定生产标准，提高西瓜品质。夏邑县政府部门牵头制定了《8424 西瓜大棚生产技术规程》，该标准推出的"七项技术"和"八有措施"成为当地西瓜种植的指导范本。山东省潍坊市昌乐县将提升西瓜产业作为推动产业振兴的切入点和突破口，聚焦品种培优、品质提升、品牌打造和标准化生产，大力实施单品提升攻坚行动，推动西瓜产业全链条提质增效。先后与中国农科院、新疆农科院等联合成立科创平台 3 处，引进高端人才 20 余人，培育西瓜新品种 14 个，连续 6 年举办西瓜新品种展示活动，引进示范西瓜、甜瓜新品种4 200余个，推广密植吊蔓栽培等新技术 20 余项，培育育苗企业 10 余家，年育苗能力近 5 000 万株，万物城、沃泰种苗、群信种苗等育苗企业规模化、标准化、智能化育苗水平显著提升。

2021 年，浙江省台州市黄岩区政府研究制定了《扶持黄岩西瓜产业在全国高质量发展的政策意见》。一是开展"红耘"西瓜品牌建设；二是构建黄岩瓜农司法保障体系；三是开展黄岩瓜农政策性保险；四是开展黄岩瓜农特色金融服务；五是开展黄岩瓜农技术培训工作；六是支持瓜农天下场景维护推广工作。

3. "十四五"发展规划或相关战略规划。《中华人民共和国国民经济和社会发展第十四个五年规划和 2035 年远景目标纲要》强调要提高农业质量效益和竞争力。一方面，要深化农业结构调整。优化农业生产布局，建设优势农产品产业带和特色农产品优势区。积极发展设施农业，因地制宜发展林果业。完善绿色农业标准体系，加强绿色食品、有机农产品和地理标志农产品认证管理。强化全过程农产品质量安全监管，健全追溯体系。另一方面，要丰富乡村经济业态。推动种养加结合和产业链再造，提高农产品加工业和农业生产性服务业发展水平，壮大休闲农业、乡村旅游、民宿经济等特色产业。加强农产品仓储保鲜和冷链物流设施建设。这一发展规划对西瓜产业结构升级、提质增效意义重大。

二、西瓜产业发展存在的问题与挑战

（一）产业发展自身存在的主要问题

1. 西瓜品种同质化严重，产业存在无序竞争。2022、2023 和 2024 年，全国西瓜登记品种分别为 299、207 和 144 个。登记品种的总数逐年提高，但是，种质资源的差异小，品种之间存在同质性严重的问题，导致产业恶性竞争，并且产品类型较为单一。

2. 技术依赖人工，机械化水平低。西瓜种植对人工的依赖程度较高，尤其在授粉、整枝、采瓜等用工量大的环节。然而，随着种植规模的扩大和农村劳动力的转移，用工难、工价贵的矛盾日益凸显。同时，西瓜生产中的机械化应用水平较低，这也限制了生产效率和品质的提升。

3. 生产波动性大。由于西瓜种植周期相对较短，部分农户会根据市场行情来种植西瓜。这导致生产供需关系快速变化，进而导致价格出现大起大落。这种生产波动性不仅影响了农户的收入稳定性，也影响了整个西瓜产业的健康发展。

4. 区域发展不平衡。我国西瓜种植范围广泛，但区域发展严重不平衡。优势产区的西瓜品质好、价格高，市场供不应求，而非优势产区的西瓜难以与之竞争，常出现滞销的现象，并且该现象呈现加速趋势，西瓜生产集中度逐年提高。

5. 西瓜产业链短，品牌经营意识有待于进一步提升。西瓜产业以鲜食为主，二产占比在 0.5% 左右，有待于进一步提升。目前，西瓜的加工产品以鲜切西瓜、冷冻西瓜块、西瓜汁和西瓜酱为主要产品，产品的形式单一，未能有效满足消费者对西瓜加工产品风味、方便和营养的需求。西瓜产业基本上依赖于销售平台的口碑进行宣传，鲜有全国知名的西瓜品牌。

6. 西瓜产业的标准化生产程度有待于提高。西瓜的生产还主要是以农户或合作社为基本单位，缺乏专业化的生产企业或资本介入，产业发展处于比较原始的状态，有待于专业化生产企业或新型生产主体提高产品的品牌化发展意识。

（二）产业发展面临的外部挑战

我国西瓜产业体量大，抵御国内外宏观经济社会发展环境和市场变化的能力强，总体风险处于可控局势。但是，全球贸易、地缘政治以及环境变化等已经成为影响产业发展的重要因素。贸易关系演变、贸易保护主义兴起和地缘政治紧张局势也为我国西瓜产业发展带来一定挑战。

1. 气候变化。极端天气事件如暴雨、干旱、高温等频发，对西瓜的生长和品质造成了严重影响。同时，气候变化也导致了病虫害的频发和防治成本的上升。

2. 地缘政治冲突。 东亚、东南亚和西亚是我国西瓜的主要贸易地区，其中部分国家存在地缘政治冲突，从而影响社会的正常运行秩序，影响正常的国际贸易，为西瓜产业的发展增加一定风险。

3. 贸易集中度高。 我国西瓜的所有出口国家和地区中，中国香港、越南、俄罗斯、中国澳门、蒙古国和韩国的贸易量排列居前，贸易集中度高，对未来西瓜产业贸易发展存在安全隐患。

4. 出口目的地家庭结构变化和人口老龄化变化。 随着消费者对健康、营养和口感的追求不断提升，对西瓜的需求也呈现出多元化和品质化的特点。我国西瓜出口产品类型较为单一，以中果型西瓜为主，大果型和小果型出口比例小于 30％。随着东亚、东南亚和西亚家庭结构变化和人口老龄化加重，对西瓜需求会出现结构性变化，逐步分化为对大果型和小果型的西瓜产品的需求。

三、西瓜产业发展趋势与前景展望

（一）发展趋势与前景展望

1. 西瓜产量与品质双重提升。 在保持产量稳定的基础上，我国西瓜产业正朝着品质化、多样化的方向发展。未来，小型化、精品化、口感独特的西瓜品种将更受市场欢迎。随着农业技术的不断进步，如设施栽培、节水灌溉、病虫害绿色防控等技术的推广应用，西瓜的产量和品质有望实现双重提升。

2. 西瓜产业链延伸。 2022 年，我国西瓜的产量已经达到 6 302.3 万吨，以鲜食为主，人均西瓜消费量达到 44.6 千克，是世界西瓜人均消费量的 4.6 倍左右，西瓜已经成为广大消费者餐饮中必备的水果，鲜食产业发展进入饱和期。下一步，西瓜产业链延伸将为产业发展带来新动能和新机遇。通过深加工技术，研发系列西瓜加工产品，以加工产品生产带动西瓜生产，形成西瓜产业链新动能。

3. 生产重心西移与区域布局优化。 随着我国西瓜生产技术的不断提高和栽培模式的创新，生产重心正逐渐西移，西北地区成为新的生产热点。区域布局的优化将有助于提高生产效率和降低成本，同时也有助于形成各具特色的西瓜产区，增强市场竞争力。

4. 销售渠道多样化与品牌建设。 线上线下融合发展的销售模式将成为主流，为西瓜销售带来更多便利和机遇。电商平台、直播带货等新兴销售渠道的兴起，将拓宽西瓜的销售渠道，提高产品的市场覆盖率。通过加强品牌宣传和推广，提升产品的知名度和美誉度，有助于形成具有市场竞争力的西瓜品牌。

5. 拓展国际化市场。 随着国际贸易的不断发展和我国西瓜品质的不断提升，我国西瓜的出口市场有望进一步扩大。通过加强与国际市场的联系和合作，推动西瓜产业的国际化发展。

（二）未来产业发展需要引起关注的几个问题

1. 气候变化对西瓜产业的影响。 我国西瓜设施生产的比例在 30％ 左右，大部分的西瓜采用陆地栽培方式生产，气候变化对西瓜的生长和产量具有重要影响。未来需要密切关注气候变化趋势，加强气象灾害预警和防控，确保西瓜生产的稳定。

2. 西瓜产业结构调整与升级。 我国西瓜产业虽然仍维持着较高的生产规模，但种植面积均呈现波动的下降趋势，反映了产业结构调整与升级的紧迫性。未来产业发展需要关注如何通过科技创新和模式创新，推动产业向更高质量、更高效益的方向发展。

3. 国际贸易竞争与合作。 我国是西瓜贸易的主要进出口国，2015—2022 年，中国西瓜进出口贸易总额增长了 767.29 万美元，增幅约为 12.18%，整体呈现国际贸易增加的趋势。未来需要关注国际贸易环境的变化和竞争对手的动态，加强国际合作与交流，共同促进西瓜产业健康发展。

4. 区域布局与优化。 我国西瓜生产主要集中在河南、山东、江苏等省份，特别是河南省，其种植规模与产量均居全国前列。然而，随着栽培技术的发展和市场需求的变化，西瓜生产正逐渐向西部和西南地区扩展，产业重心有西移和南移趋势。未来产业发展需要关注区域布局的优化和调整，充分利用各地资源和优势，推动产业协同发展。

5. 品质提升与品牌建设。 我国西瓜产业在品质提升方面也取得了显著成效，共有 63 个西瓜地理标志农产品、116 家获得有机产品认证的组织以及 92 个名特优新西瓜产品。这些认证和标志为产业的可持续发展提供了坚实基础。然而，在品牌建设方面仍有待加强。未来产业发展需要关注如何通过品牌建设提升产品附加值和市场竞争力，实现产业的可持续发展。

6. 环保与可持续发展。 随着消费者对食品安全和品质要求的提高，以及环保意识的增强，未来产业发展需要更加关注环保和可持续发展。这包括采用生态友好型的种植技术来减少化学农药的使用、探索自根栽培等综合技术措施以提高西瓜的产量和品质、推动农产品加工机械化水平的提升以减少损失和增强农产品加工转化能力等。

综上所述，未来产业发展需要关注产业结构调整与升级、国际贸易竞争与合作、区域布局与优化、品质提升与品牌建设以及环保与可持续发展。这些问题相互关联、相互影响，需要综合考虑、协同推进，为制定科学合理的产业发展策略提供有力支撑。

报告撰写人：

张　超　北京市农林科学院　　　　　　　　　研究员
毛世平　中国农业科学院农业经济与发展研究所　研究员

甜瓜产业发展报告

　　甜瓜作为我国重要的特色经济作物，是促进农业增效、农民增收的重要产业之一；甜瓜产业在优化农业结构、推进乡村振兴方面也具有重要地位。2023年，我国甜瓜产量达1 756.37万吨，创历史新高；单位面积产量达36 123.18千克/公顷；种植区域分布相对稳定；线上销售量占比、出口量和产业总产值持续增长；市场价格与上年度基本持平；生产成本及收益均小幅增长。随着市场需求的变化，生产加工水平持续升高，消费市场不断扩大，产业逐步向规模化、标准化、智能化方向发展，产业整体发展态势良好。随着甜瓜产业布局的进一步优化，短期内我国甜瓜种植面积将保持平稳，标准化绿色生产技术推广应用面积将持续增加，种植区域分布稳定，产量变化趋于平缓，单位面积产量小幅增加，甜瓜采后初加工和精深加工占比略有提高，产业附加值也将随之稳步提升。甜瓜产业仍面临优异特色品种少、信息化应用水平低、精深加工程度低、生产成本上升等问题，今后需从科技赋能、成本优化、风险管控等多维度破解产业发展瓶颈，推动甜瓜产业高质量发展。

一、甜瓜产业发展现状

（一）生产

　　1. 甜瓜种植面积和产量显著增长，单产稳中有升。2010—2022年，我国甜瓜年种植面积保持平稳发展；2023年种植面积出现大幅提升，达486.22千公顷，同比增长27.7%。同时，2010—2023年，甜瓜年产量稳中有升，并在2023年达到最高水平，为1 756.37万吨，同比增长26.6%。甜瓜单产从2010年的30 631.49千克/公顷逐渐增长到2023年的36 123.18千克/公顷（图1）。

　　2. 主产区年产量占比和单产呈升高趋势。我国甜瓜集中在华东、中南和西北等传统优势产区。2023年，河南、新疆、山东、海南和安徽五省份种植面积名列前茅，分别为70.3千公顷、56.6千公顷、50.2千公顷、35.3千公顷和23.3千公顷，占全国甜瓜种植面积的比例分别为14.5%、11.6%、10.3%、7.3%和4.8%，合计占全国总面积的48.5%，比上年增长8.54个百分点（图2）；五省份甜瓜产量总和达全国总产量的52.7%，比上年增长5.29个百分点；五省份甜瓜平均单产为37 890千克/公顷，同比增长1.5%。

　　3. 种植品种区域化。河南主栽的甜瓜品种为西州密25、西州密17、脆梨、九红

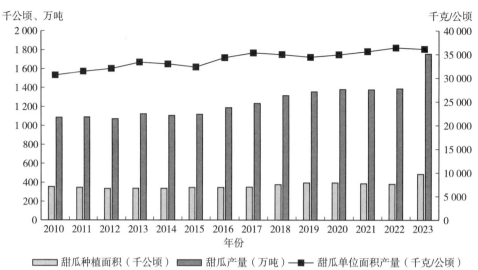

图 1 2010—2023 年全国甜瓜种植面积、产量及单位面积产量

数据来源：国家统计局，其中 2023 年数据来源于国家西甜瓜产业技术体系。

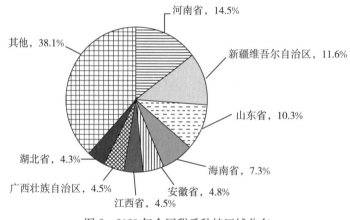

图 2 2023 年全国甜瓜种植区域分布

数据来源：国家西甜瓜产业技术体系。

瑞、珍甜 18、羊角脆和博洋系列等；新疆主栽的甜瓜品种为西州密 25、纳斯密、西州密 17、金色年华、白兰瓜、黄醉仙和伽师瓜等；山东主栽的甜瓜品种为玉菇、西州密 25、耀珑 25、都蜜 5 号、瑞红、鲁厚甜 1 号、黄梦脆、博洋 9 号、博洋 61、星甜 20、绿宝和羊角蜜等。

4. 甜瓜产业的生产技术情况。当前，我国西北产区的甜瓜生产主要以露天种植为主，其中，"西北露地甜瓜轻简机械化栽培与水肥高效利用技术"的建立和推广，极大程度提升了甜瓜产区的种植水平，2023 年累计示范推广面积达 200 余万亩。设施甜瓜栽培优势区为解决设施甜瓜面临的种植问题，"设施西甜瓜绿色高品质简约化生产技术"和"设施西甜瓜优质高效生产及土传病害防控技术"应运而生。

（二）加工流通

甜瓜加工产品种类逐渐丰富，近些年涌现出甜瓜脆片、甜瓜干、甜瓜汁、甜瓜罐头、甜瓜浓浆、甜瓜粉等多种加工产品。但加工量占比仍较低，约占总产量的0.5%，规模以上的加工企业更是寥寥无几。目前，甜瓜的流通模式仍旧以零售商、批发商、商超和合作社等传统模式为主。近年来，依托"互联网＋流通"的信息化和数字化优势，结合物流系统升级和各地冷链物流设施的建设完善，电商零售、直播带货等流通模式占比逐渐上升；此外，甜瓜批发市场、集散地遍布全国，例如内黄县、莘县和伊吾县分别是河南豫北地区、山东和新疆的重要甜瓜集散地，进一步促进产业发展。

（三）消费

甜瓜因低热量、高纤维以及营养价值高等特点，深受广大消费者喜爱。目前，甜瓜国内消费以鲜食消费为主，消费总量为1 745.6万吨，约占总产量的99%，主要通过超市、农贸市场和线上平台销售，家庭消费占主导地位，餐饮业和食品加工也有一定需求。在北京、上海、广州等一线城市，甜瓜消费市场相对成熟，消费者对高端品种和高质量产品的需求较强，更倾向于购买便利包装甜瓜、有机甜瓜等。近年来，在健康、绿色消费推动下，甜瓜消费结构呈现多元化趋势，甜瓜果浆和鲜切甜瓜逐渐赢得年轻消费者的青睐，未来将具有较大增长潜力。

（四）进出口

1. 持续保持贸易顺差。我国甜瓜进口量相对较低，进口产品主要为鲜食甜瓜和种用甜瓜子。根据海关总署数据，2018—2021年甜瓜进口量额均较低，2022年达到最高点，进口量额分别为24 307吨和1 284.3万美元。2023年，甜瓜进口量和进口额分别为4 680.4吨和1 045.1万美元，同比减少80.7%和18.6%。2018—2023年，我国甜瓜出口量整体呈稳步上升趋势。2023年，甜瓜出口量达11.3万吨，同比增长19.6%；出口额为15 721.9万美元，同比增加8.9%（图3）。总体来看，我国甜瓜产业持续保持贸易顺差。

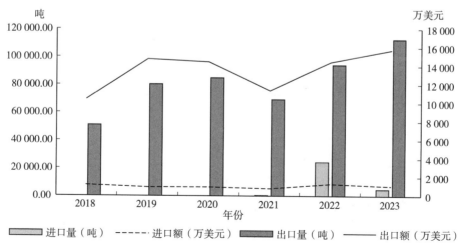

图3 2018—2023年甜瓜进出口情况

数据来源：海关总署。

2. 贸易主要集中在亚洲。 2023 年，我国甜瓜主要进口来源地是泰国、缅甸和秘鲁，进口量分别占总进口量的 0.3%、99.5% 和 0.01%，进口额分别占总进口额的 44.1%、35.7% 和 10.1%（表 1），进口产品主要是：从泰国和秘鲁进口种用甜瓜子，从缅甸进口鲜食甜瓜和种用甜瓜子。我国甜瓜主要出口国家和地区为越南、中国香港和荷兰，出口量分别占总出口量的 63.6%、15.0% 和 0.1%，出口额分别占总出口额的 51.7%、15.9% 和 7.8%（表 2），出口产品主要是：向越南和中国香港出口大量鲜食甜瓜及少量甜瓜子，向荷兰出口种用甜瓜子。

表 1　2023 年中国甜瓜进口额前六位国家

国家（地区）	进口量（千克）	进口额（万美元）
泰国	16 204	461.22
缅甸	4 655 230	370.12
秘鲁	623	105.51
日本	290	58.05
印度尼西亚	552	24.14
印度	776	9.85

数据来源：海关总署。

表 2　2023 年中国甜瓜出口额前六位国家和地区

国家（地区）	出口量（千克）	出口额（万美元）
越南	71 646 365	8 101.36
中国香港	16 923 484	2 500.54
荷兰	71 156	1 239.20
马来西亚	7 449 358	851.72
泰国	6 838 019	670.43
新加坡	5 496 872	642.68

数据来源：海关总署。

（五）全产业链效益

1. 产业总产值及一二产值均持续增长。 2023 年我国甜瓜产业总产值达到 1 055 亿元，同比增长 23.2%。其中，第一产值在总产值中占据主导地位，占比约 95.4%；第二产值虽然占比相对较小，但呈现上升趋势；第三产业的产值目前相对较低，但具备显著的增长潜力。

2. 甜瓜大宗价格呈现季节性波动。 全国范围内，甜瓜平均价格通常在 1—4 月间较高，3 月平均价格最高，2023 年为 9.3 元/千克；5—6 月逐渐下降，7—9 月为全年最低水平，2023年8月甜瓜全国平均价格为3.4元/千克；从10—12月逐渐回升，2023年12月全国平均价格是7.2元/千克。2023年，全国甜瓜平均价格为6元/千克，相比2022年的6.2元/千克略有下降，但整体仍保持平稳。甜瓜主产省份山东和新疆的价格变化趋势与全国平均价格基本一致（图4）。

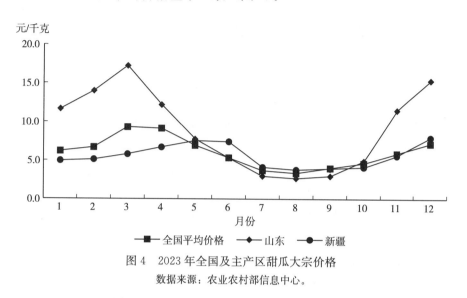

图4 2023年全国及主产区甜瓜大宗价格

数据来源：农业农村部信息中心。

3. 生产成本上升，收益小幅增长。 根据国家西甜瓜产业技术体系调研数据，以河北唐山市和廊坊市为例，2022年河北唐山市和廊坊市甜瓜生产成本分别为3 000元/亩和2 903元/亩，平均成本2 952元/亩。2023年，河北两地甜瓜生产平均成本上升至3 032元/亩，同比增长2.7%。河北两地甜瓜的平均收益从2022年的14 976元/亩升至2023年的15 680元/亩，增长了4.7%。

（六）产业政策

1. 国家相关支持政策。 围绕《"十四五"全国农业农村科技发展规划》《"十四五"全国种植业发展规划》要求，2023年相关部委相继印发了《全国现代设施农业建设规划（2023—2030年)》《乡村振兴标准化行动方案》《关于继续做好农产品产地冷藏保鲜设施建设工作的通知》《关于加快推进农产品初加工机械化高质量发展的意见》和《中央财办等部门关于推动农村流通高质量发展的指导意见》等多项文件，对优化甜瓜产业布局、促进甜瓜产业高质量发展与提质增效产生了积极作用。

2. 地方相关支持政策。 各地也积极响应国家号召，出台相关支持政策，如河南省发布了《河南省人民政府关于加快推进农业高质量发展建设现代农业强省的意见》，提出以"六高""六化"思路推进农业高质量发展；新疆集中力量打造优势特色产业，高质量建设"九大产业集群"，助力新疆绿色果蔬产业高效发展，如针对种植户提供每亩地数百元至数千元不等的资金支持，在一定期限内对甜瓜生产企业购置设备、研发创新给予不同程度的免税优惠，为甜瓜产业提供低息贷款和保险保障；浙江省嘉善县印发《嘉善甜瓜振兴计划三年行动方案（2023—2025 年）》，引导扶持发展专业合作组织，推行"企业＋基地＋合作组织＋农户"的模式，通过集约化、规模化、产业化经营激活甜瓜产业发展潜能等，上述意见、规划的提出，进一步推动了主产区甜瓜产业的发展。

二、甜瓜产业发展存在的问题与挑战

（一）产业发展自身存在的主要问题

1. 优质特色品种相对匮乏。当前，甜瓜在种植过程中面临多种细菌、真菌、害虫和病毒的侵害及来自环境的多重胁迫，但具有综合抗性的甜瓜主栽品种较少；同时，缺乏具有创新性和地域特色的优质品种，如针对高海拔地区、寒冷地区与多雨地区的特色优品种缺乏；另外，育种目标与快速变化的市场需求契合度不高，适用于简约化栽培的品种缺乏，这在一定程度上制约了产业高质量发展和综合市场竞争力的进一步提升。

2. 生产信息化应用程度不高。我国是世界甜瓜种植大国，但甜瓜在产前、产中、产后环节均存在信息化水平待提升等不足，如环境监测调控、整地播种、水肥药科学管控、绿色植保、无人巡检、机械化采收、分等分级、质量安全智慧监管等，亟待大幅提升甜瓜产业数字化、智能化、信息化水平。

3. 加工环节有待完善。2022 年，我国大宗水果，如苹果加工量约占总产量的 9%，小众水果，如荔枝加工量约占全国总产量的 5%，而 2023 年我国甜瓜加工量仅占总产量的 0.5%，明显低于其他大多数水果加工水平，亟须大幅提升加工利用占比。

4. 品牌建设能力有待提升。我国甜瓜品牌创建工作取得了良好成效，哈密瓜、阎良甜瓜、饶阳甜瓜、八里营甜瓜等品牌大量涌现，但品牌的市场辨识度和影响力不够，导致甜瓜优质不优价，阻碍了甜瓜产业经济效益的提升。

（二）产业发展面临的外部挑战

1. 绿色发展难度较大。甜瓜主产区存在长期连年连作及设施重茬现象，导致土壤肥力下降，土传病虫害问题日益严重，病虫害的发生频率显著增加。目前，主要采取了种植抗病或者耐病品种、轮作倒茬、施用微生物菌肥及喷洒或者灌根等综合措施应对土传病害，取得了较好的成效。在绿色可持续发展政策的大背景下，整体防控效果仍有待提升，亟须更高效的生态防治方案加以突破。

2. 生产成本持续攀升。随着我国城镇化进程持续加快，农村劳动力老龄化问题愈加凸显，同时甜瓜播种、育苗、栽培种植及采收等环节机械化程度较低，导致用工成本逐年攀升，这已成为产业未来发展亟须克服的重要挑战。

3. 消费需求变化。随着经济的快速发展，我国城乡居民农产品消费需求由"吃得饱"向"吃得好"、"吃得营养健康"转变；此外，国内外市场对优质特色甜瓜的需求量正在快速增长，如何促使产业迎合该消费需求的变化，是甜瓜产业面临的挑战之一。

三、甜瓜产业发展趋势与前景展望

（一）发展趋势与前景展望

从短期发展来看，随着甜瓜产业布局的进一步优化，我国甜瓜种植面积将保持平稳，种植区域分布稳定，产量变化趋于平缓，单位面积产量预计呈小幅增加。在消费需求引导下，甜瓜生产将从追求高产量逐步向提升品质转变，未来高品质产品的标准化绿色生产技术推广应用面积将持续增加。随着甜瓜精深加工技术的不断开发与完善，甜瓜采后初加工和精深加工占比预计略有提高，产业附加值也将随之稳步提升。

从中长期发展来看，品牌已经成为提高农产品综合市场竞争力的重要抓手，在此背景下，我国甜瓜品牌知名度将不断提升，在"一带一路"倡议引领下，将进一步增强知名品牌国际影响力。在政策引导和市场需求的双轮驱动下，围绕甜瓜产业发展过程中的基础性、关键性以及战略性问题，我国将稳步推进特色甜瓜新种质、新品种的培育及绿色简约化栽培等技术集成示范，并大幅增强企业参与研发的深度与广度。同时，数字化、信息化、智慧化管控设施与系统将逐步应用于甜瓜全产业链，大幅提升产业智能化水平。

（二）未来产业发展需要引起关注的几个问题

1. 育种的研发工作需加强。 种子是农业的"芯片"，解决好种子问题，才能更好地促进农业的发展。当前我国甜瓜面临抗多种病害品种少、耐储藏耐运输品种少和特色品种少等问题；此外，虽然甜瓜部分品种实现了自主研发，但在一些特定的种类中，国外引进品种仍具有很大的竞争力，且在育种过程中，存在原创少而模仿多的现象。因此，要加强具有自主知识产权的甜瓜品种与个性化、特异化和独有化甜瓜品种的研发。

2. 质量安全风险监测与防控能力待提升。 农业农村部印发的《"十四五"全国农产品质量安全提升规划》中指出：农产品风险隐患依然存在。但目前甜瓜中关键危害因子在种植、采收、贮藏、加工、销售全链条中的迁移转化规律不清，相关的防控技术缺乏，因此，亟须提升甜瓜风险监测和防控能力。

3. 加工水平不足。《中共中央 国务院关于学习运用"千村示范、万村整治"工程经验有力有效推进乡村全面振兴的意见》中指出：推进中国式现代化，必须坚持不懈夯实农业基础，推进乡村全面振兴。当前甜瓜产业存在鲜食甜瓜价格低、损耗大等问题，增加产品附加值是产业创收和乡村振兴的重要渠道之一。而当前甜瓜加工产品形式相对单一，精深加工的加工技术和工艺水平较低，甜瓜加工水平有待进一步提升。

（三）对策措施与政策建议

1. 科技赋能有待加强。 建立稳定长效的甜瓜科研资金投入机制，加快现代育种方式与传统育种手段融合，推动高品质特色品种选育，加强育繁推一体化。同时，加快先进实用技术集成推广，如工厂化育苗、水肥药一体化灌溉等。加大数字化技术应用，如物联网、大数据、人工智能等数字化技术在甜瓜产业链中的应用，实现全链条的智能化和精准化。

2. 成本优化力度不足。 用足用好财政扶持、信贷支持、税费减免等优惠政策，大力扶持规模较大的合作社、加工流通企业、种植大户等，强化新型经营主体和农户的利益联结机制。围绕甜瓜全链条各环节的要素供给和服务需求，加快培育专业化、综合性农业生产服务主体，提升服务效益。加强甜瓜物流网络和冷链物流体系建设，降低生产资料和流通成本，提高市场竞争力。

3. 风险管控水平需提升。 在产销模式上进行创新，以市场需求"逆向"推动甜瓜产业链、供应链、价值链"三链重构"，推动产销一体化，加快实现产业优质优价、功能拓展和价值增值。完善自然风险和市场风险的保险制度，推进甜瓜产业上下游的深度整合，形成集种植、加工、销售于一体的产业链，增加附加值，促进可持续发展。

报告撰写人：

王　成　国家现代农业产业技术体系（西甜瓜）质量安全与营养品质评价岗岗位
　　　　科学家、新疆维吾尔自治区农业科学院　特聘研究员

毛世平　国家现代农业产业技术体系（西甜瓜）产业经济岗岗位科学家、中国农
　　　　业科学院农业经济与发展研究所　研究员

崔　醒　国家现代农业产业技术体系（西甜瓜）质量安全与营养品质评价岗岗位
　　　　成员、新疆维吾尔自治区农业科学院农业质量标准与检测技术研究所
　　　　助理研究员

何伟忠　国家现代农业产业技术体系（西甜瓜）质量安全与营养品质评价岗岗位
　　　　成员、新疆维吾尔自治区农业科学院农业质量标准与检测技术研究所
　　　　研究员

杜江涛　国家现代农业产业技术体系（西甜瓜）质量安全与营养品质评价岗岗位
　　　　成员、新疆维吾尔自治区农业科学院农业质量标准与检测技术研究所
　　　　助理研究员

李彬彬　国家现代农业产业技术体系（西甜瓜）质量安全与营养品质评价岗岗位
　　　　成员、新疆维吾尔自治区农业科学院农业质量标准与检测技术研究所
　　　　助理研究员

刘峰娟　国家现代农业产业技术体系（西甜瓜）质量安全与营养品质评价岗岗位
　　　　成员、新疆维吾尔自治区农业科学院农业质量标准与检测技术研究所
　　　　研究员

范盈盈　国家现代农业产业技术体系（西甜瓜）质量安全与营养品质评价岗岗位
　　　　成员、新疆维吾尔自治区农业科学院农业质量标准与检测技术研究所
　　　　副研究员

丁建国　新疆维吾尔自治区农业科学院农业经济与科技信息研究所　副研究员

夏　咏　新疆现代农业产业技术体系（西甜瓜）产业经济岗岗位科学家、新疆农
　　　　业大学经济管理学院　教授

第四篇

特色蔬菜

马铃薯产业发展报告

马铃薯，作为全球第四大粮食作物，具有适应性强、生长期短、产量高、营养丰富等特点，在全球农业生产中占有重要地位。2023年，马铃薯种植面积6732.0万亩，同比减少1.0%，产量8922万吨（折粮1784.4万吨），同比减少0.2%。价格先高后低，1—8月马铃薯市场供不应求，价格持续高位运行，9月后一作区马铃薯大量上市，价格开始走低。加工原料薯价格飞涨，带动成品价格也居十年最高，全产业链效益显著提升。预计短期内我国马铃薯种植面积会略有增长，增长量主要集中在加工薯订单种植方面，商品薯消费平稳，继续保持在6000万吨左右，进出口方面，商品薯和冷冻薯条出口会增长，预计超过10%，淀粉进口也会增长，以弥补本年度淀粉产能不足的情况。未来，在保障粮食安全和农业现代化的推进下，马铃薯产业将迎来更广阔的发展前景。同时，市场波动、气候变化等产业发展中的潜在风险仍旧不容忽视。

一、马铃薯产业发展现状

（一）生产

1. 马铃薯产业种植区域分布。 近年来，我国马铃薯种植面积维持在7050万亩左右，位列全球第一，分为北方一作区（黑龙江、吉林、内蒙古、甘肃、宁夏、辽宁大部、河北北部、山西北部、青海东部、陕西北部、新疆北部）、中原二作区（河南、山东、江苏、浙江、安徽、江西，辽宁、河北、山西、陕西四省南部，湖南、湖北两省东部）、西南混作区（重庆、四川、贵州、云南）、南方冬作区（广东、广西、海南、福建）等四大区域。北方一作区是中国最大的马铃薯产区，种植面积占全国的49.0%；西南混作区种植面积占全国的39.0%左右；中原二作区种植面积占全国的5.0%左右；南方冬作区种植面积占全国的7.0%左右。种植区域也更为广泛，全年都有马铃薯新薯在不同的产区上市（表1）。

表1　全国马铃薯生产上市时间

地区	1月	2月	3月	4月	5月	6月	7月	8月	9月	10月	11月	12月
北方一作区												
中原二作区												
西南混作区												
南方冬作区												

2. 种植面积。 2023年，马铃薯种植面积6 732.0万亩，同比减少1.0%（图1）。其中，贵州省种植面积最高，达1 059.9万亩；之后二至五名是四川省（1 034.0万亩）、甘肃省（869.0万亩）、云南省（840.0万亩）、重庆市（398.4万亩）。

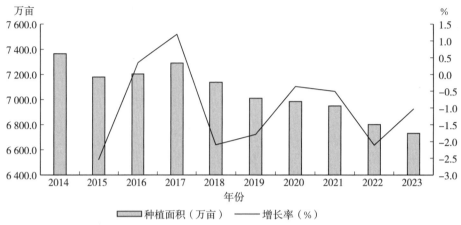

图1　2014—2023年我国马铃薯播种面积及增长情况

数据来源：国家统计局。

3. 单产。 2023年马铃薯单产折粮265.1千克/亩（按5千克马铃薯折粮1千克计算），同比增加0.8%（图2）。

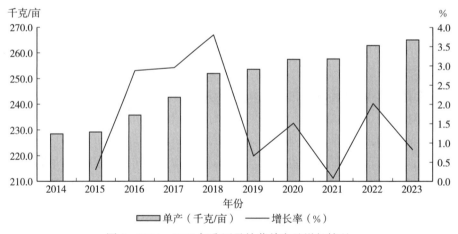

图2　2014—2023年我国马铃薯单产及增长情况

数据来源：国家统计局。

4. 产量。 2023年马铃薯产量折粮1 784.4万吨（按5千克马铃薯折粮1千克计算），同比减少0.2%（图3）。

5. 主推品种情况。 截至2023年9月，全国共登记马铃薯新品种524项，其中鲜食型品种（包含特色鲜食品种）336个，种植面积占比84.6%；加工型（包含兼用加工型）品种61个，种植面积占比15.4%，其中，中薯早39、东农310、克新30和云薯304等4个特专型品种收录进2023年农业农村部首次发布的《国家农作物优良品种推广目录》。

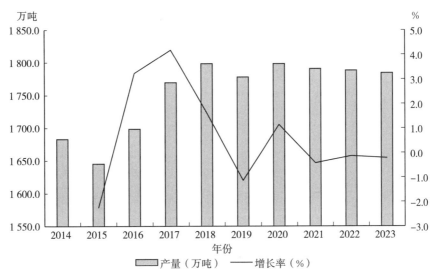

图 3 2014—2023 年我国马铃薯产量及增长情况

数据来源：国家统计局。

6. 生产技术情况。智能温室和自动化设备在马铃薯原原种培育过程中应用最为广泛，通过 AI 智能监控、气象监控、自动喷淋设备、温湿感应器等设备，在"5G＋数字农业"场景应用平台实现了数字化管理；大田生产中，通过物联网技术、卫星遥感技术等手段实现数据集成、分析和应用，提高了农技人员管理水平、降低了管理难度。高标准农田建设将信息化纳入其中，马铃薯四情检测、晚疫病数字化监控、水肥一体化等智能化生产技术普及较快；采用雾培技术生产原原种的智能化设施大棚规模增长较快；替代大量人工的采收一体等机械应用更为普遍，机械化程度不断提高，马铃薯生产综合效益明显提升。

（二）加工流通

1. 主要加工产品种类及现状。马铃薯加工产品主要有淀粉、全粉和冷冻薯条三类。在我国马铃薯加工产品结构中，淀粉加工占 44.7％、全粉加工占 8.9％、薯条加工占 46.4％。

（1）马铃薯淀粉。内蒙古、宁夏、甘肃、河北四省份马铃薯淀粉产能占比超过70.0％。根据中国淀粉工业协会发布的有关数据，近几年中国马铃薯淀粉产量保持在45 万～70 万吨。2023 年春季生产开机率为 13％左右，较 2022 年同步下跌了 27.0％，市场以消耗 2022 年秋季加工库存为主。2023 年马铃薯淀粉产量 56.0 万吨（图 4）。

（2）马铃薯全粉。近年来，我国马铃薯全粉实际产量和市场需求量维持在 10 万吨左右。2022 年下半年以来，国内市场对马铃薯全粉的需求量激增，价格持续上涨，从2023 年春节期间的 1.3 万元/吨不断涨到年底的 1.6 万元/吨，产量增长到 11.1 万吨（图 5）。

（3）马铃薯薯条。我国薯条行业发展迅猛。根据数据显示，2023 年我国薯条市

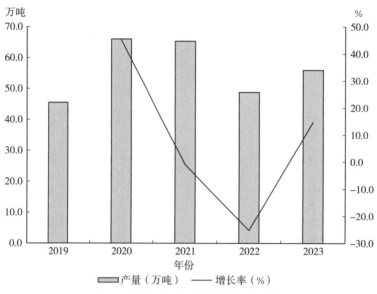

图 4　2019—2023 年马铃薯淀粉产量

数据来源：中国淀粉工业协会。

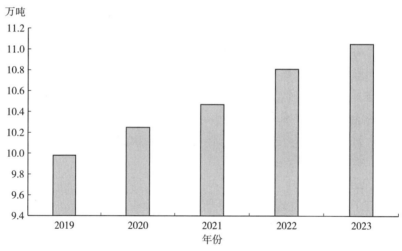

图 5　2019—2023 年中国马铃薯全粉产量

数据来源：智研产业研究院。

场规模超过 400 亿元，较 2018 年的 30 亿元有大幅提升。近两年，除了在内蒙古、甘肃等地新增的大型马铃薯薯条生产线外，山东、河北等地食品加工中小微企业也在利用现有设备改造薯条加工线，总产能接近 120 万吨。2023 年薯条产量和需求量为 58.1 万吨和 54.8 万吨，市场规模达 487.1 亿元，较 2021 年增长 24.5%。目前，我国冷冻薯条产销占比高达 98.6%，休闲（油炸）薯条/片约占 1.4%。

2. 规模以上加工企业分布。 我国有马铃薯加工企业 4 000～5 000 家。据中国科学院兰州化学物理研究所统计，大中型马铃薯淀粉生产企业 194 家、变性淀粉生产企业 13 家、脱水马铃薯全粉生产企业 38 家、薯条生产企业 35 家、薯片生产企业 38 家，主要分布在内蒙古、甘肃、宁夏、陕西、黑龙江等地。目前发达国家的马铃薯加工业 70% 是食品加工，我国马铃薯加工食品尚属新兴市场，综合加工利用率只有 15% 左右，马铃薯加工产品的市场潜力巨大。

3. 流通渠道、流通模式。我国马铃薯流通以批发市场、集贸市场、商超等为载体，以种植户或种植企业、采购经纪人、批发商、物流企业、零售商、加工企业以及电商等为主体，形成了全产业链流通体系。马铃薯产区集散流通功能进一步加强，如河北省围场县马铃薯库容达 220 万吨；内蒙古多个马铃薯主产县利用京蒙帮扶等衔接资金建设现代化存储库，应用进销存信息化管理和智能分级分选设备，提高了流通效率，推动了现代农业数字化的发展。

（三）消费

马铃薯含有丰富的维生素及钙、钾等微量元素，且易于消化吸收，营养丰富，每 148 克马铃薯产生的热量仅为 100 卡[①]，真正的淀粉含量不到 2%，只含 0.1% 的脂肪，在欧美地区特别是北美，马铃薯已成为第二主食。

马铃薯深受消费者喜爱，受消费者的年龄和性别影响小。在我国马铃薯消费结构中，鲜食消费占 63%、种用消费占 11.4%、加工消费占 8.8%、饲用消费占 5%、损耗及其他消费占 11.8%（图 6）。我国是马铃薯淀粉消费占全球需求量的 60% 以上，主要应用于食品行业，消费占比 56% 左右。

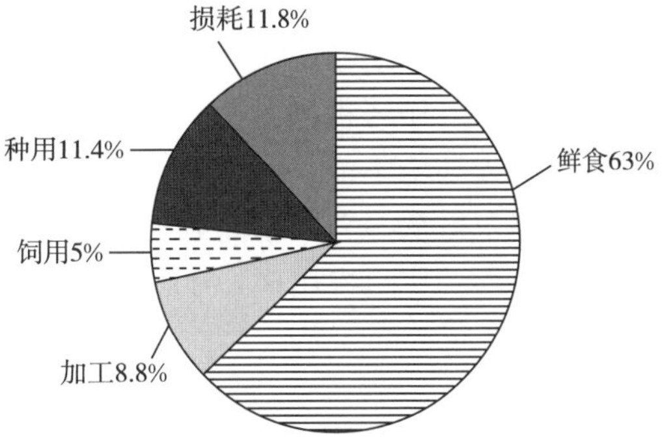

图 6　马铃薯消费结构

数据来源：华经产业研究院。

（四）进出口

根据海关总署统计数据，2023 年进口马铃薯产品中，马铃薯淀粉 2.2 万吨，同比下降 35%；马铃薯细粉及粗粉、粉末 5 566.4 吨，同比增长 19.4%；冷冻马铃薯 25.2 吨，同比增长 15.4%。出口产品中，鲜或冷藏的马铃薯（种用除外，下同）39.0 万吨，同比下降 11.2%，出口鲜或冷藏的马铃薯金额共约 229.6 百万美元，与上年同期的出口金额 248.4 百万美元相比，同比减少约 7.6%；马铃薯细粉及粗粉、粉末出口 122 吨，同比增长 274.4%；冷冻马铃薯出口 2.1 万吨，同比增长 7.6%。

2023 年，我国马铃薯制品进出口总额为 6.2 亿美元，比 2022 年增加 0.8 亿美元，增幅为 11.4%。其中，出口金额 4.9 亿美元，同比增长 0.6 亿美元，增长 14.5%，创历史新高；进口金额 1.4 亿美元，同比增长 0.2 亿美元，增长 6.9%。出口产品中，除鲜马铃薯持续下降 7.9% 外，其他制品均有不同程度增长。

---

① 卡为非法定计量单位，1 卡≈4.184 焦耳。——编者注

从出口目的地来看，我国鲜或冷藏的马铃薯出口前三位的依次是越南、马来西亚、泰国。2023年我国鲜或冷藏的马铃薯出口越南的数量约为15.1万吨，较上年同期增加12.1%，金额约为88 501.9万元，较上年同期增加8.3%；我国冷冻马铃薯出口前三位的分别为日本、韩国和新加坡。其中，出口日本的数量为1.5万吨，同比增加3.5%，出口金额约为11 843.9万元，同比增加13.4%；我国马铃薯淀粉出口前三位的国家和地区分别为俄罗斯、孟加拉国和美国。其中，出口俄罗斯的数量约为0.1万吨，同比减少59.9%，出口金额约为1 062.8万元，同比减少53.9%。

我国进口马铃薯淀粉主要来自德国、荷兰、丹麦、日本等地，在反倾销、反补贴措施的影响下，近年来，中国马铃薯淀粉进口量持续维持在7万吨以下，有力地保护了国内马铃薯淀粉产业发展。

（五）全产业链效益

1. 近十年价格变化情况。马铃薯市场供应可以分为上年库存薯供应阶段、当年春季马铃薯供应阶段和秋季马铃薯供应阶段。近年来，我国马铃薯产地价格、批发价格和零售价格总体呈现波动上升趋势。2023年我国马铃薯市场行情特征则可概括为薯价前期高企、后期同比偏低、年度价格处于近10年最高位等3个显著特点（图7）。一方面是北方一作区种植面积和秋收整体单产及产量较2022年出现双增；另一方面，疫情后经济大环境不佳，马铃薯工地、食堂需求群体数量的减少，"供大于求"矛盾突出；冬储主体从一直以来商贩存储逆转为种植户自存，主要原因是价格高企、种植户惜售，商贩担忧再次出现2017年存储马铃薯出库价格腰斩的情况。

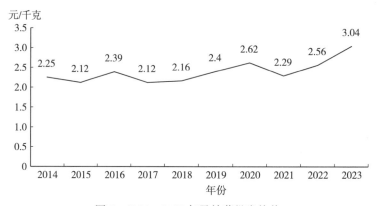

图7　2014—2023年马铃薯批发均价
数据来源：农业农村部农产品批发市场监测信息网。

2. 成本收益情况。2023年马铃薯种植单位面积产值为52 237元/公顷；现金收益为32 660元/公顷。单位面积总成本为29 998元/公顷；现金成本为19 578元/公顷；单位面积利润为6 701元/公顷，成本利润率为74.14%。成本利润率出现明显的回升，明显高于其他粮食作物种植收益率，较高单产是实现较高利润率的关键。

（六）产业政策

为了促进马铃薯产业的发展，国家和地方出台了一系列支持政策，尤其是信息化发展方面，重点是强化科技创新，提升农业农村信息化支撑能力。

2021年5月26日，农业农村部发布《农业农村部关于加快农业全产业链培育发展的指导意见》，要推进农业全产业链数字化，包括马铃薯等主要农产品的数字化转型，以提高农业生产效率和质量；2022年1月26日，中央网信办等十部门印发《数字乡村发展行动计划（2022—2025年）》，该行动计划提出了"智慧农业创新发展行动"，旨在加快推动智慧农业发展，其中包括马铃薯等主要农产品的数字化转型，完善国家农产品质量安全追溯管理信息平台，推进农产品质量安全信息化监管，探索建立追溯管理与风险预警、应急召回联动机制。

2023年内蒙古自治区人民政府办公厅发布《2023年自治区推动产业优化升级促进经济高质量发展工作要点》，明确继续加大马铃薯产业链建设支持政策措施。同年，内蒙古自治区人民政府办公厅发布《关于推进马铃薯产业链发展六条政策措施的通知》，包括支持种薯繁育产业做强、实施单产提升工程、扶持产地建设现代化冷藏保鲜设施、提升马铃薯品牌影响力、加强马铃薯产业科技支撑以及强化全产业金融支持等。

2020年甘肃省农业农村厅发布《关于进一步加强马铃薯生产保障粮食安全的通知》，提出紧紧抓住国家实施乡村振兴战略和马铃薯主食化开发战略机遇，推进农业供给侧结构性改革，实现由马铃薯生产大省向马铃薯强省跨越。2023年甘肃省农业农村厅发布《关于印发2023年马铃薯产业集群项目实施方案的通知》，提出做足"农头工尾、粮头食尾"的文章，全力推动甘肃马铃薯布局区域化、种植标准化、经营产业化、加工精深化、营销品牌化，构建马铃薯绿色高质高效发展体系。

2021年山西省人民政府办公厅印发《关于加快推进马铃薯产业发展的实施意见》，提出到2025年，山西省马铃薯种植面积达到450万亩，其中现代加工型马铃薯种植基地发展到50万亩以上，总产量达到800万吨，单产高于全国平均水平，力争马铃薯全产业链产值突破170亿元，把山西省打造成优质马铃薯产业基地。同年印发《山西省"土豆革命"行动方案》，明确实施细则。2022年山西省政府办公厅印发《山西省"十四五"马铃薯产业发展规划》，提出聚焦农业"特""优"战略，加快发展有机旱作农业，推动马铃薯主粮化，深入开展"土豆革命"。

二、马铃薯产业发展存在的问题与挑战

（一）产业发展自身存在的主要问题

1. 生产方面。马铃薯种植基地标准化、机械化、信息化程度不高；科技成果推广市场效益与研发单位关联度低，积极性不高；政策性保险对抵御自然灾害和市场价格波动风险的覆盖面小，商业保险的收费高、理赔手续烦琐，种植抗风险能力弱，种植规模和种植效益忽高忽低。

2. 加工方面。同质化的初级产品多，高附加值的精深加工产品少，加工产品处在价值链低端；加工原料的质量、数量不稳定，加工的产能、质量不能满足市场对高品质、多样化马铃薯加工产品的需求；具备先进技术的大型加工企业少，技术设备简陋的小型加工企业多，产业链条短、规模小，加工转化率低。

3. 产业结构方面。 鲜食品种多、加工专用品种少，与市场需求脱节；从种植到加工、销售等环节之间博弈的多、协同的少，马铃薯产业上下游利益脱节；马铃薯产业主要集中在种植环节，对产业链延伸和农耕文旅开发不足，经营与文化脱节。

4. 品牌建设方面。 产区地标品牌多，企业商品品牌缺，更缺乏有国际影响力的马铃薯品牌。从业者大多关注产量和短期利益，普遍忽视品牌建设对产品附加值提升和产业可持续发展的重要性。

（二）产业发展面临的外部挑战

1. 气候条件变化方面。 气候变化对马铃薯产业的影响较大。干旱、洪涝、霜冻等自然灾害会影响马铃薯的生长和产量。

2. 资源禀赋方面。 我国马铃薯种植地区多为干旱、半干旱地区，水资源短缺，土地贫瘠，对马铃薯产业的发展造成了一定的制约。

3. 宏观经济方面。 宏观经济形势变化和政策调整会增加马铃薯产业发展的不确定性，影响马铃薯的市场需求和价格。

4. 国际风险方面。 供应链风险、地缘政治冲突等外部因素可能对马铃薯进出口造成不利影响，导致市场波动和风险增加。

三、马铃薯产业发展趋势与前景展望

（一）发展趋势与前景展望

从短期来看，马铃薯种植面积将保持稳定，种业创新和机械化、标准化种植将使单产和产量继续提高。智慧仓储、智能分级分选将得到长足发展，产销直连的马铃薯集散、配送的流通渠道将更加畅通。马铃薯加工自动化程度将不断提高，产品种类将更加丰富，供应链体系更加高效。马铃薯的消费市场将不断扩大，鲜食消费、加工消费和其他消费的比例趋于合理。与"一带一路"沿线的亚洲国家马铃薯进出口贸易将持续增长。融合发展成为马铃薯产业的主旋律，各产区准确定位产业优势和构架一二三产业比例，带动马铃薯产业总产值持续增长。

从中长期来看，我国马铃薯种植将向规模化、集约化、信息化方向发展，从种到收的无人农场将引领种植基地的发展。集散、转运、配送更加流畅，马铃薯损耗降低至7%以内。加工产品更加多样化，附加值也将更高；产业链条不断延伸，产业链协作更加紧密。人均消费量从42千克/年提高到60千克/年以上，马铃薯加工食品占比不断提高，消费结构将更加合理。国际经济环境趋于好转，随着我国马铃薯品牌影响力逐步增强，我国马铃薯加工品的出口市场将不断扩大。马铃薯产业将以二三产深度融合的方式实现可持续发展，总产值将大幅增长。同时，产业的深度融合也将体现在与一产共享和分享利益。

（二）未来产业发展需要引起关注的问题

1. 种业创新。 种业是马铃薯产业发展的基础。未来，要加大对马铃薯种业研发的投入，尤其是对科研＋产业创新联合体的投入，重点培育产业需要的优良品种，提高我国马铃薯产业效益和竞争力。

2. 加工技术水平提升。加工技术水平的提高是马铃薯产业发展的关键。一方面提高装备自动化、智能化水平；一方面提高产、储、加、销全过程的信息化水平，实现安全生产、生产安全食品的目标。

3. 市场需求变化。一方面国家层面高度关注粮食安全，把马铃薯按5∶1折算为主粮，并将马铃薯全粉列入了国家粮食储备体系；一方面日益增长的马铃薯休闲食品消费，鲜切薯条、薯片、薯角，以及复合薯片等每年以超过5％的速度增长，在引导健康饮食新观念的同时，马铃薯从业者要及时调整产业结构和产品结构。

4. 绿色发展。绿色发展也是马铃薯产业发展的必然趋势。未来，需要加强对马铃薯绿色生产种植基地的建设，推广绿色种植技术，建立耕地档案，开展合理轮作，形成长效机制。

5. 国际市场竞争。从"产业保护"转变为"产业走出去"参与国际竞争，从农产品输出转变为加工品和技术服务输出，不断提高我国马铃薯在国际市场上的竞争力。

（三）对策措施与政策建议

1. 加强种业创新。加大对马铃薯种业的研发投入，支持科研机构和企业组建创新联合体开展马铃薯品种选育和改良工作。建立马铃薯种质资源库，加强对马铃薯种质资源的保护和利用。加强国际合作与交流，引进国外先进的马铃薯种业技术和品种。

2. 提高产业信息化技术水平。建设从耕地档案到马铃薯种植全过程的溯源信息平台，建立马铃薯种植"一张图"。建立马铃薯大数据平台，重点开发农业模型算法，推动人工智能模型应用，推动马铃薯全产业链数字化改造。探索马铃薯智慧农技创新和智能农机创新。

3. 优化产业结构。优化产业融合发展结构，有计划开展马铃薯种植，提高单产和品质，降低损耗浪费。鼓励马铃薯精深加工，规范和支持马铃薯加工企业原料基地建设，建立加工和种植环节的利益连接，提高企业竞争力、提高种植者收益、提高产业总产值。建立马铃薯高效流通渠道，降低在途损耗，提高消费满意度。

4. 推进绿色发展。加大绿色种植技术培训指导服务，建立投入品市场管理体系，从产业源头推动绿色发展。建立"有身份证"马铃薯的流通渠道，推动绿色种植基地建设，从产业终端推动绿色发展。

5. 国际合作与交流。通过组织和参加专业国际会议、国际会展，把国际先进的技术、理念"引进来、融起来"。组合中国马铃薯品牌矩阵，把中国味道、中国礼仪的产品、服务"输出去、链起来"。

报告撰写人：

郑　健　内蒙古金豆农业科技有限公司　　　　常务副总经理、高级经济师
黄德林　中国农业科学院农业经济与发展研究所　研究员、博士生导师
周向阳　中国农业科学院农业信息研究所　　　副研究员

曹先维　华南农业大学　　　　　　　　　研究员
张　峰　甘肃农业大学　　　　　　　　　教授、博士生导师
江丽华　内蒙古金豆农业科技有限公司　　董事长、金融分析师

辣椒产业发展报告

辣椒作为我国特色农业经济作物，是世界第 3 大蔬菜作物。自 20 世纪 90 年代，我国辣椒产业快速发展，呈现出标准化、规模化和区域化特征。2017 年以来，我国辣椒种植面积超 1 100 万亩，占全球种植面积的 30% 以上，是世界辣椒种植的主要国家；年产量超 1 600 万吨，常年位列世界第一，是全球最大的辣椒主产国。2023 年我国鲜辣椒种植面积和产量稳中有增，种植面积达 1 147.5 万亩，同比增长 0.6%，产量达 1 696.4 万吨，同比增长 0.8%；以初加工为主，精深加工为辅，其中生产干辣椒 32.4 万吨；约 90% 通过批发市场集散，电子商务营销量逐步增长。预计短期内我国辣椒种植面积稳中有增，约 1 150 万亩，产量有所增加，约 1 700 万吨；消费呈增长趋势，且更具多元化；进出口规模有所扩大，进口量约 22 万吨，出口量约 54 万吨，产业竞争力进一步增强。随着农业信息化和机械化的快速发展，我国辣椒产业将形成市场规模稳步增长、全产业链提档升级、区域布局优势显著的新格局。我国辣椒产业仍存在种植成本上升、种植水平参差不齐、产业链开发不足、市场价格波动较大等问题，面临着国际贸易风险高、劳动力紧缺等的外部挑战，需完善市场调控机制、优化调整产业布局、加大科学技术投入、推进标准化体系建设，促进我国辣椒产业机械化、品牌化、产销一体化的高质量发展。

一、辣椒产业发展现状

（一）生产

1. 种植范围广泛。 我国辣椒种植遍布全国各地，已形成 6 大产区：南方北运主产区、京北及东北主产区、高海拔主产区、西南主产区、北方保护地生产区以及华中主产区。南方北运主产区包括海南、广东、广西、云南、福建等；京北及东北主产区包括河北省张家口、承德，内蒙古赤峰、开鲁，辽宁，吉林，黑龙江等；高海拔主产区包括甘肃、新疆、山西、湖北长阳等；西南主产区包括湖南、贵州、四川、重庆等；北方保护地主产区包括山东、河北等；华中主产区包括河南、安徽、陕西等。据调研，目前贵州种植面积约占 29%，远高于其他省份（图 1）。2023 年，贵州、湖南、江西、四川、陕西、河北、河南、湖北等省份辣椒种植面积均超 100 万亩。

2. 品种类型多样。 随着我国居民消费水平的持续提升，人们对于蔬菜品种多样化的需求愈发强烈，促使特色辣椒产业朝着差异化方向发展，各类辣椒品种不断涌

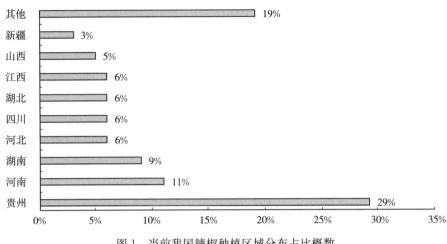

图 1　当前我国辣椒种植区域分布占比概数

数据来源：调研数据。

现。据调研，世界上最大的辣椒种子供应中心为湖南省蔬菜研究所，目前保存有3 200多个辣椒品种种子。当前我国辣椒广泛种植的品种有数百种，常见品种有甜椒、尖椒、杭椒、线椒、青圆椒、二荆条、螺丝椒、小米椒、朝天椒、螺丝椒、灯笼椒、樱桃辣椒、魔鬼椒等，具有一定的地域差异性（表1）。

表 1　我国辣椒主产区分布区域及主要品种

主产区	分布区域	品种
南方北运主产区	海南、广东、广西、云南、福建	主要为冬季辣椒生产，包括尖椒、线椒、指天椒、羊角椒、甜椒等品种
京北及东北主产区	河北省张家口、承德，内蒙古赤峰、开鲁，辽宁，吉林，黑龙江	主要为露地夏秋辣椒生产，包括厚皮甜椒、粗黄绿皮尖椒、麻辣椒、沈椒等品种
高海拔主产区	甘肃、新疆、山西、湖北长阳等	主要为夏延辣椒生产，包括加工干椒、大果型螺丝椒、厚皮甜椒等品种
西南主产区	湖南、贵州、四川、重庆	主要为高辣度辣椒生产，包括线椒、朝天椒、薄皮泡椒、干椒等品种
北方保护地主产区	山东、河北等	主要种植牛角椒、高品质的大果型黄皮椒、厚皮甜椒等品种
华中主产区	河南、安徽、陕西	主要种植线椒、朝天椒、三樱椒等诸多品种

数据来源：调研数据。

贵州是我国干辣椒种植面积最大的省份，以单生朝天椒、线椒种植为主。河南是全国最大的朝天椒种植区，以柘城县三樱椒种植基地最为著名。新疆因独特的气候条件，成为重要的制干辣椒产区和工业辣椒生产加工基地，是全球最大的色素辣椒种植基地。我国干辣椒品种多样，根据果实形状，有线椒、朝天椒、羊角椒、牛角椒、小米椒等，根据品种划分，包括子弹头、天鹰椒、二荆条、新一代、艳椒、益都红、七星椒等，适应不同的市场需求和加工用途。

3. 面积产量稳中有增。近 10 年来，我国鲜辣椒种植面积及产量均较为稳定，年均增长率均为 0.7%。据联合国粮农组织（FAO）统计，2022 年我国鲜辣椒种植面积 1 139.7 万亩，同比增长 0.4%；产量 1 683.7 万吨，同比下降 0.3%。据测算，2023 年我国辣椒种植面积约为 1 147.5 万亩，同比增长 0.6%；产量 1 696.4 万吨，同比增长 0.8%（图 2）；其中用于生产干辣椒的种植面积约为 72.3 万亩。

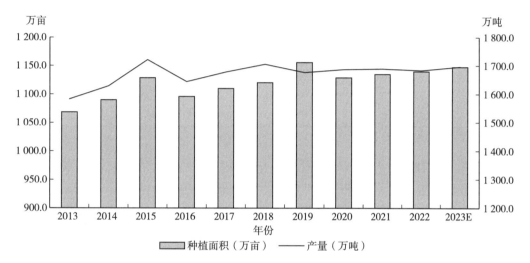

图 2 2013—2023 年我国辣椒种植面积、产量变化趋势
数据来源：联合国粮农组织（FAO）、调研数据。
注：E 代表预测的 2023 年辣椒种植面积，暂无官方公布的数据。

4. 节水节肥等绿色技术广泛应用。我国在辣椒种植过程中广泛应用滴灌、微喷灌等节水技术，提高水资源利用率；推广测土配方施肥技术，依据土壤养分状况精准施肥，降低肥料浪费与污染；采用绿色防控病虫害技术，如利用诱虫灯、防虫网等物理手段以及生物天敌防治等方法减少化学农药使用。辣椒采摘后通过自然晾晒、热风烘干等进行干燥，其中一些地区采用太阳能与热泵结合的干燥技术，既节能又能保证干辣椒的品质。

（二）加工流通

我国辣椒加工以初加工为主，精深加工为辅。初加工产品主要为干辣椒、辣椒粉、辣椒片等，也是重要的出口贸易产品；深加工产品中多为辣椒酱、辣椒油、泡辣椒、剁辣椒等，高附加值的综合深加工制品如辣椒色素、辣椒树脂、辣椒籽油、辣椒碱等产品较少。

2013—2022 年，我国初加工干辣椒总产量相对稳定（表 2）。2013 年，干辣椒总产量最低，为 30.00 万吨，2018 年最高，为 32.34 万吨。2023 年，预计干辣椒总产量 32.44 万吨，单产 448.62 千克/亩。初加工干辣椒的主要区域为贵州、河南、新疆、云南、山东、内蒙古等省份。

表2　2013—2022年我国干辣椒生产情况

年份	总产量（万吨）	单产（千克/亩）
2013	30.00	454.55
2014	30.73	455.11
2015	30.58	445.58
2016	30.91	441.07
2017	31.61	439.82
2018	32.34	441.24
2019	31.62	440.71
2020	31.86	440.59
2021	31.94	440.85
2022	31.81	440.72

数据来源：联合国粮农组织（FAO）。

近年来，随着辣椒产品市场需求的变化，辣椒加工产品需求量快速攀升，据统计，目前我国有近1.2万家辣椒加工企业，主要分布在贵州、湖南、四川、山东、河南等省份。贵州省和山东省的辣椒加工企业数量在全国所占的比重均超过10%。随着市场需求的增长和加工技术的不断进步，越来越多的干辣椒被加工成各种高附加值产品。以吉林省白城市为例，全市辣椒加工转化率达到73%，贵州省的加工转化率达到77%。

销售渠道呈多样化格局，主要通过批发市场、农贸市场、超市、蔬菜店、电商等渠道进行销售，其中约90%以上通过批发市场集散。近年来，电子商务营销量逐步增长，众多餐饮、辣椒酱生产企业均开设了网络店铺进行辅助营销。位于贵州省遵义市的"中国辣椒城-虾子辣椒批发市场"不仅是全国最重要的辣椒集散地，也成为国内规模最大的辣椒专业批发市场。此外还有河南商丘辣椒大市场、山东金乡辣椒市场等。这些市场集散地不仅汇聚了大量的辣椒供应商和采购商，交易量大，辐射范围广，还建设了完善的交易设施，包括交易大厅、仓库、物流配送中心等，为辣椒的交易提供了便利条件。

（三）消费

辣椒味辛香，性温热，富含维生素C和其他营养成分，具有很高的营养价值和保健功能，食用有助于健胃消食、活血消肿、增进食欲，是重要的蔬菜、调味品、食用色素和工业原料作物。此外，干辣椒还具有抗菌和防腐的特性，可以用于食品的保鲜。在工业应用中，干辣椒提取物可用于化妆品原料和船舶涂料。

我国辣椒消费历史悠久、地域广泛，特别是贵州、湖南、四川等地区，深受广大城乡居民的喜爱。成人是干辣椒的主要消费人群。随着人们口味的多样化，老人和儿童也会在一定程度上消费干辣椒加工产品。我国辣椒消费主要包括鲜食消费、加工消费等。鲜食消费约占辣椒消费总量的 52%；其次是加工消费，包括食用辣椒干、辣椒粉、食用辣椒制品、辣椒提取物等，约占辣椒消费总量的 48%。

从干辣椒的消费结构来看，干辣椒产品呈现出不同占比态势。就直接消费而言，家庭厨房日常烹饪以及部分餐饮小店零散使用约占总消费量的 30%，消费者直接购买干辣椒用于自制辣椒油、泡菜等，满足家庭饮食对辣味的基本需求；加工消费占比较高，约为 60%，各类辣椒制品加工厂大量采购干辣椒用于生产辣椒酱、辣椒油、辣椒调味品等深加工产品，以满足市场多样化需求，广泛投放至商超、电商平台等渠道；剩余 10% 归为其他消费，涵盖辣椒工艺品制作、农业科研用种等小众领域。

（四）进出口

近年来，我国鲜辣椒产品进口规模整体小于出口规模，进口量呈下降态势、出口量稳中有增（图 3）。2023 年我国鲜辣椒进、出口量均有所增加。据海关总署数据显示，2023 年我国鲜辣椒进口量 3.0 万吨，同比增长 22.1%；进口额 2 350.2 万美元，同比减少 45.6%。进口来源地有越南、缅甸、泰国和韩国，从越南进口鲜辣椒数量占进口总量的 99.8%。2023 年我国鲜辣椒出口量 15.9 万吨，同比增长 39.5%；出口额 19 806.1 万美元，同比增长 37.1%。前 4 位的出口国家和地区为泰国、俄罗斯、中国香港、蒙古国，分别占我国鲜辣椒出口总量的 23.6%、20.9%、15.1% 和 10.4%。

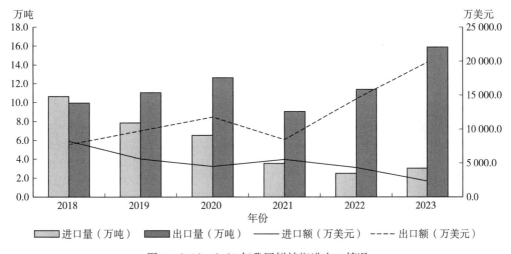

图 3　2018—2023 年我国鲜辣椒进出口情况

数据来源：海关总署。

2023 年我国干辣椒进口量为 14.44 万吨，进口金额为 39 631.73 万美元。其中，从印度进口数量为 14.10 万吨，占比 97.61%。印度干辣椒因其较高辣度与较低价格，是我国干辣椒第一进口国。此外，中国也开始从非洲国家如卢旺达进口干辣椒，进口来源地呈现多元化发展趋势。我国干辣椒进口量和进口额从 2017 年开始大幅上升，2021 年达到最大。2022 年的进口量和进口额较 2021 年分别下降 8.79 万吨、16 486.2 万美元，同比下降高达 39.35%、32.11%（图 4）。

干辣椒产品出口量和出口额呈波动上升的趋势，2015 年以后开始较大幅度波动

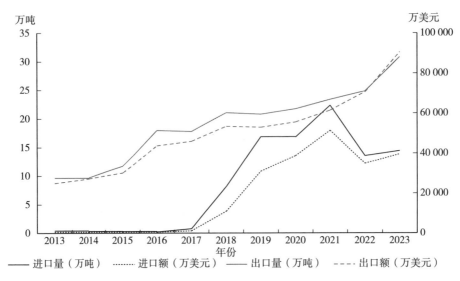

图 4　2013—2023 年中国干辣椒产品进出口情况

数据来源：联合国粮农组织（FAO）。

增长，2022 年我国干辣椒产品出口量和出口额分别较 2021 年增加 6.28% 和 14.86%（图 4）。2023 年我国干辣椒出口至 114 个国家（地区），较 2022 年增加 5 个国家（或地区），其中西班牙是我国出口干辣椒的第一市场，占比 21.63%；墨西哥排名第二，占比 10.40%；美国排名第三，占比 9.79%（图 5）。

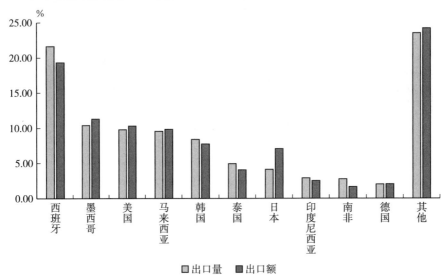

图 5　2023 年中国干辣椒主要出口市场占比

数据来源：海关总署。

（五）全产业链效益

据调研，2018—2022 年，我国辣椒产业市场规模从 2 713.9 亿元增长到 3 885.9 亿元，2023 年估计 4 175.1 亿元，同比增加 7.4%。2014—2022 年，河南、贵州、云南、山东、新疆5大产区干辣椒总产值和净利润整体均呈波动上升趋势（表3），其中云南和新疆波动比较大，其余三省相对平稳，山东总产值和净利润明显偏低。各省份产值和净利润增长率在不同年份有正有负，波动较大。

表3 2014—2022年主产区总产值、净利润及同比增长率

省份	年份	总产值（元/亩）	净利润（元/亩）	产值增长率（%）	净利润增长率（%）
河南	2014	6 834.36	2 616.16	−2.81	−13.18
	2015	6 643.33	2 386.21	−2.80	−8.79
	2016	6 789.66	2 592.85	2.20	8.66
	2017	6 749.05	2 597.98	−0.60	0.20
	2018	7 104.38	2 915.54	5.26	12.22
	2019	7 742.05	3 374.38	8.98	15.74
	2020	7 224.34	2 999.04	−6.69	−11.12
	2021	7 096.59	2 874.53	−1.77	−4.15
	2022	7 034.66	2 678.93	−0.87	−6.80
贵州	2014	5 271.79	2 494.88	−11.13	−22.84
	2015	4 770.00	1 968.73	−9.52	−21.09
	2016	4 774.92	1 847.99	0.10	−6.13
	2017	5 483.55	2 380.47	14.84	28.81
	2018	6 463.32	3 332.65	17.87	40.00
	2019	7 422.03	4 428.68	14.83	32.89
	2020	5 997.38	3 054.92	−19.19	−31.02
	2021	—	—	—	—
	2022	6 289.77	3 365.68	—	—
云南	2014	3 366.12	289.54	−25.08	−81.55
	2015	5 244.05	2 244.21	55.79	675.09
	2016	4 652.79	1 376.80	−11.27	−38.65
	2017	5 151.33	1 900.56	10.71	38.04
	2018	6 054.81	2 461.09	17.54	29.49
	2019	7 623.34	3 843.51	25.91	56.17
	2020	7 997.75	3 437.91	4.91	−10.55
	2021	11 380.91	3 766.10	42.30	9.55
	2022	9 132.61	1 919.38	−19.76	−49.04
山东	2014	3 237.90	−447.31	−48.17	−115.84
	2015	4 604.53	864.46	42.21	−293.26
	2016	2 799.62	−513.85	−39.20	−159.44
	2017	3 941.20	743.79	40.78	−244.75
	2018	4 377.16	1 572.38	11.06	111.40

（续）

省份	年份	总产值 （元/亩）	净利润 （元/亩）	产值增长率 （%）	净利润增长率 （%）
山东	2019	4 496.78	1 224.22	2.73	−22.14
	2020	5 689.08	1 834.45	26.51	49.85
	2021	6 176.94	2 116.15	8.58	15.36
	2022	4 495.50	651.20	−27.22	−69.23
新疆	2014	5 502.56	2 186.94	−3.50	−1.55
	2015	6 565.05	3 268.93	19.31	49.48
	2016	6 576.23	3 221.31	0.17	−1.46
	2017	6 822.58	3 281.44	3.75	1.87
	2018	5 156.01	1 648.79	−24.43	−49.75
	2019	5 457.73	1 745.78	5.85	5.88
	2020	6 653.10	3 005.20	21.90	72.14
	2021	6 702.19	2 849.45	0.74	−5.18
	2022	10 344.51	5 744.64	54.35	101.61

数据来源：2014—2023 年《全国农产品成本收益资料汇编》。

1. 价格上涨明显，存在品种及地域差异。近六年，我国鲜辣椒批发价格整体呈上升态势（图6），年内价格受季节因素和供需关系的影响具有较明显的季节性变化规律，近似呈 M 形波动，2—4月份出现年内价格高点，其后开始下跌，到6、7月份降至低位后小幅上升，10、11月份价格稳中稍降（图7）。据农业农村部信息中心价格监测数据，2023年全国批发市场鲜辣椒（包括尖椒、青椒、红椒、小椒、线椒、大辣椒、麻椒等17个辣椒品种）平均批发价格为 7.35 元/千克，同比跌 14.8%。从品种看，小椒类价格较高，年均价 22~28 元/千克；大辣椒类次之，年均价 8~14 元/千克，青椒、红椒、尖椒、麻椒价格较低，年均价 3~10 元/千克。从地域看，各省份批发市场销售品种侧重不同，均价各有差异，其中贵州、河南、山东等地作为辣椒主产区，同时也是重要的辣椒消费地区，消费品种多样，辣椒市场均价较高，均超 10 元/千克。

近十年来，干辣椒价格经历了显著的波动性增长。干辣椒价格具有明显的季节性特征，一般而言，每年的冬季到次年4月份左右是干辣椒价格的上升阶段，较易形成年内高点，之后缓慢下降，到6—7月份会有一个小幅反弹，9月左右又进入下滑阶段，直到11月左右开始反弹回升。以2023年朝天椒和子弹头南北方价格为例，北方武城朝天椒价格总体先升后降，7月份达到最高价格，为 33.91 元/千克；南方贵州朝天椒价格总体呈下降趋势，2月份价格达到最高，为 25.54 元/千克。柘城子弹头总体先升后降，也在7月份达到最高价格，为 36.30 元/千克；贵州子弹头价格上半年呈波浪式上升趋势，下半年呈先降后升趋势，且在6月份价格达到最高，为 25.28 元/千克（表4）。就全年平均价格而言，朝天椒在武城的平均价格为 22.82 元/千克，贵州为 22.83 元/千克，仅相差 0.01 元/千克；子弹头在柘城为 23.60 元/千克；贵州

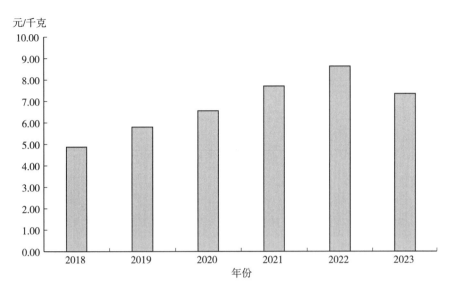

图 6　2018—2023 年我国批发市场鲜辣椒年平均批发价格变化

数据来源：农业农村部信息中心。

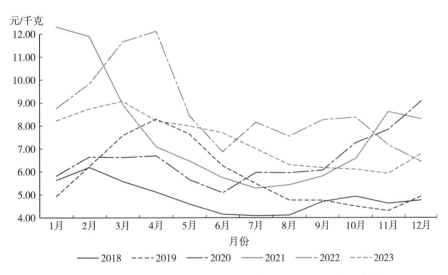

——2018 --------2019 ——2020 ——2021 ——2022 --------2023

图 7　2018—2023 年我国批发市场鲜辣椒月平均批发价格变化

数据来源：农业农村部信息中心。

的平均交易价格为 23.17 元/千克，价格相差 0.43 元/千克。整体而言，这些数据反映了中国干辣椒市场价格的地区差异和季节性波动。

表 4　2023 年朝天椒和子弹头在不同市场价格情况

月份	朝天椒交易市场价格		子弹头交易市场价格	
	武城	贵州	柘城	贵州
1	21.80	25.36	22.61	24.80

（续）

月份	朝天椒交易市场价格		子弹头交易市场价格	
	武城	贵州	柘城	贵州
2	23.19	25.54	24.00	24.95
3	23.61	24.64	24.40	23.91
4	24.44	24.58	25.34	23.98
5	26.51	25.12	27.24	25.06
6	27.31	25.28	27.99	25.28
7	33.91	23.89	36.30	23.55
8	26.02	22.66	26.64	23.25
9	20.20	19.87	20.80	19.32
10	17.85	19.48	18.32	20.57
11	14.94	19.10	15.26	21.66
12	14.09	18.40	14.35	21.68
平均值	22.82	22.83	23.60	23.17

数据来源：贵州省人民政府网、山东价格指数发布平台。

就干辣椒品种的差异性而言，市场区域对干辣椒价格的影响更大。以我国北方山东武城、南方贵州辣椒批发市场主要辣椒品种2023年1—12月的价格为例，同一市场不同品种的干辣椒价格变化虽有差别，但趋势相似。山东武城市场价格总体呈"稳定-上升-稳定-下降"的变化趋势；贵州干辣椒市场价格则上半年稳定，下半年下降。山东武城干辣椒价格在10.23～17.84元/千克区间波动，益都红、美国红和英潮红三种辣椒的平均价格分别为15.52、12.73、13.16元/千克，品种间价格差异较大；贵州干辣椒价格在18.40～25.36元/千克区间波动；小米辣、子弹头和艳椒的平均价格分别为22.03、23.17、22.71元/千克，品种间价格差异较小。以上数据表明，南北方干辣椒价格差异明显（表5）。

表5 2023年武城、贵州辣椒交易市场价格情况

月份	武城批发市场价格			贵州批发市场价格		
	益都红	美国红	英潮红	小米辣	子弹头	艳椒
1	15.12	10.53	12.83	21.20	24.80	25.36
2	13.98	10.38	12.82	21.35	24.95	25.28
3	14.00	10.41	12.91	21.48	23.91	23.80
4	14.95	10.55	13.11	21.20	23.98	24.24
5	16.39	12.51	13.58	21.39	25.06	25.07
6	17.66	15.44	13.72	22.93	25.28	25.21
7	17.23	15.25	13.76	22.59	23.55	23.87
8	17.84	16.27	13.86	24.22	23.25	22.68

（续）

月份	武城批发市场价格			贵州批发市场价格		
	益都红	美国红	英潮红	小米辣	子弹头	艳椒
9	15.42	16.34	13.51	22.21	19.32	19.87
10	16.74	13.37	12.94	22.20	20.57	19.52
11	13.83	11.43	12.48	22.31	21.66	19.19
12	13.09	10.23	12.42	21.24	21.68	18.40
平均值	15.52	12.73	13.16	22.03	23.17	22.71

数据来源：贵州省人民政府网、山东价格指数发布平台。

2. 鲜辣椒露地与设施种植成本差距较大，露地种植收益有所增长。我国鲜辣椒种植总成本增加较为显著，尤其是人工成本及土地成本，但随着科学技术的投入及进步，总成本增幅逐步收窄。我国辣椒栽培模式主要有露地栽培和设施栽培两种形式，设施栽培总成本及净利润均高于露地栽培。以菜椒为例，2023年，露地菜椒种植总成本为4 901.26元/亩，同比减少3.7%，其中，生产成本中物质与服务费用1 701.28元/亩，同比减少8.4%，人工成本2 827.58元/亩，同比增长1.9%，土地成本372.4元/亩，同比减少18.4%；净利润1 473.37元/亩，同比减少37.2%（表6）。设施菜椒总成本7 568.77元/亩，同比减少2.6%，其中，物质与服务费用2 601.32元/亩，同比增长7.8%，人工成本4 162.92元/亩，同比减少15.0%，土地成本804.53元/亩，同比增长75.5%；净利润2 988.31元/亩，同比增长25.4%（表7）。

表6 露地菜椒的成本收益

年份	总成本（元/亩）	物质与服务费用（元/亩）	人工成本（元/亩）	土地成本（元/亩）	产量（千克/亩）	产值（元/亩）	净利润（元/亩）
2016	3 568.16	1 664.33	1 697.98	205.85	2 217.72	5 123.58	1 555.42
2017	3 341.54	1 588.85	1 543.52	209.17	2 142.62	4 814.97	1 473.43
2018	3 557.80	1 723.56	1 618.87	215.37	2 222.50	5 015.86	1 458.06
2019	4 111.85	1 275.93	2 536.79	299.13	2 454.31	6 229.85	2 118.00
2020	4 574.97	1 675.38	2 533.27	366.32	2 279.66	6 616.34	2 041.37
2021	5 248.16	2 093.61	2 751.98	402.57	2 434.66	6 892.81	1 644.65
2022	5 088.88	1 858.18	2 774.48	456.22	2 423.25	7 434.86	2 345.98
2023	4 901.26	1 701.28	2 827.58	372.4	2 362.96	6 374.63	1 473.37

数据来源：《全国农产品成本收益资料汇编》。

表7 设施菜椒的成本收益

年份	总成本（元/亩）	物质与服务费用（元/亩）	人工成本（元/亩）	土地成本（元/亩）	产量（千克/亩）	产值（元/亩）	净利润（元/亩）
2016	6 142.35	2 060.78	3 740.66	340.91	3 889.54	9 226.49	3 084.14
2017	6 861.60	2 058.03	4 408.91	394.66	3 572.58	9 008.16	2 146.56
2018	6 783.05	2 187.45	4 255.66	339.94	3 889.59	9 789.65	3 006.60

（续）

年份	总成本 （元/亩）	物质与服务 费用（元/亩）	人工成本 （元/亩）	土地成本 （元/亩）	产量 （千克/亩）	产值 （元/亩）	净利润 （元/亩）
2019	7 408.17	2 223.09	4 753.15	431.93	4 031.66	10 565.30	3 157.16
2020	7 522.68	2 234.42	4 820.92	467.34	4 065.04	11 151.5	3 628.80
2021	7 868.98	2 372.25	5 014.23	482.50	4 091.44	10 661.38	2 792.40
2022	7 766.82	2 413.43	4 894.87	458.52	3 856.20	10 149.58	2 382.76
2023	7 568.77	2 601.32	4 162.92	804.53	3 659.64	10 557.08	2 988.31

数据来源：《全国农产品成本收益资料汇编》。

3. 生产干辣椒的种植成本整体呈上升趋势。 2014—2022 年，虽然河南、贵州、云南、山东、新疆 5 大产区干辣椒种植成本整体呈上升趋势（表 8），但地区差异性比较明显。如：河南省和贵州省干辣椒种植总成本稳中有升，增长缓慢。2022 年，河南和贵州的种植总成本分别为 4 355.73 元/亩和 2 924.09 元/亩，较 2014 年分别增长 3.26% 和 5.30%，但河南省种植成本明显高于贵州省，二者平均相差 1 300 元/亩。新疆维吾尔自治区总成本稳步上升，增长较快，2022 年总成本为 4 599.87 元/亩，较 2014 年增长 38.73%。山东省总成本呈波动上升趋势，其中 2018 年最低，仅为 2 804.78 元/亩，2021 年最高，达到 4 060.79 元/亩。云南省 2019 年种植总成本为 3 779.83 元/亩，较 2014 年增长 22.86%，但 2021、2022 年总成本大幅上升，分别为 7 614.81 元/亩、7 213.23 元/亩，较 2019 年分别增长 101.46% 和 90.83%。从近三年种植成本看，贵州省最低，云南省最高，河南、山东和新疆三省居中且差异较小，分别为 4 267.70 元/亩、3 919.91 元/亩和 4 033.50 元/亩。

从总成本构成来看，2014—2022 年，除云南（2022 年）和山东省（2019—2022年）个别年份外，人工占比高达 60.00% 以上；物质与服务费用占比波动较大，最低仅 22.68%，最高达 43.46%；土地成本占比最小，基本维持在 10.00% 以下。

表 8　主产区辣椒种植成本情况

省份	年份	总成本 （元/亩）	物资与服务费用		人工成本		土地成本	
			金额 （元/亩）	比重 （%）	金额 （元/亩）	比重 （%）	金额 （元/亩）	比重 （%）
河南	2014	4 218.20	1 199.96	28.45	2 664.71	63.17	353.53	8.38
	2015	4 257.12	1 162.52	27.31	2 733.11	64.20	361.49	8.49
	2016	4 196.81	1 134.40	27.03	2 706.86	64.50	355.51	8.47
	2017	4 151.07	1 055.62	25.43	2 760.83	66.51	334.62	8.06
	2018	4 188.84	1 044.03	24.92	2 812.99	67.15	331.82	7.92
	2019	4 367.67	1 046.29	23.96	2 988.05	68.41	333.33	7.63
	2020	4 225.30	993.90	23.52	2 911.89	68.92	319.51	7.56
	2021	4 222.07	1 016.80	24.08	2 849.39	67.49	355.88	8.43
	2022	4 355.73	1 148.62	26.37	2 860.28	65.67	346.83	7.96

（续）

省份	年份	总成本（元/亩）	物质与服务费用		人工成本		土地成本	
			金额（元/亩）	比重（%）	金额（元/亩）	比重（%）	金额（元/亩）	比重（%）
贵州	2014	2 776.91	718.60	25.88	1 726.18	62.16	332.13	11.96
	2015	2 801.27	790.78	28.23	1 728.45	61.70	282.04	10.07
	2016	2 926.93	744.53	25.44	1 899.39	64.89	283.01	9.67
	2017	3 103.08	740.18	23.85	2 053.61	66.18	309.29	9.97
	2018	3 130.67	771.65	24.65	2 053.17	65.58	305.86	9.77
	2019	2 993.35	697.27	23.29	2 018.08	67.42	278.00	9.29
	2020	2 942.46	667.44	22.68	1 946.46	66.15	328.56	11.17
	2021	—	—	—	—	—	—	—
	2022	2 924.09	758.29	25.93	1 894.00	64.77	271.80	9.30
云南	2014	3 076.58	806.37	26.21	2 021.59	65.71	248.62	8.08
	2015	2 999.84	815.01	27.17	1 898.05	63.27	286.78	9.56
	2016	3 275.99	872.60	26.64	2 107.31	64.33	296.08	9.04
	2017	3 250.77	939.36	28.90	2 015.93	62.01	295.48	9.09
	2018	3 593.72	960.06	26.71	2 337.96	65.06	295.70	8.23
	2019	3 779.83	1 068.90	28.28	2 418.00	63.97	292.93	7.75
	2020	4 559.84	1 222.10	26.80	2 902.47	63.65	435.27	9.55
	2021	7 614.81	2 577.45	33.85	4 848.26	63.67	189.10	2.48
	2022	7 213.23	2 706.29	37.52	3 918.21	54.32	588.73	8.16
山东	2014	3 685.21	966.61	26.23	2 438.73	66.18	279.87	7.59
	2015	3 740.07	964.98	25.80	2 477.86	66.25	297.23	7.95
	2016	3 313.47	877.06	26.47	2 143.44	64.69	292.76	8.84
	2017	3 197.41	868.21	27.15	2 018.27	63.12	310.93	9.72
	2018	2 804.78	823.09	29.35	1 690.08	60.26	291.61	10.40
	2019	3 272.56	1 138.79	34.80	1 801.32	55.04	332.45	10.16
	2020	3 854.63	1 655.45	42.95	1 842.50	47.80	356.68	9.25
	2021	4 060.79	1 764.94	43.46	1 935.68	47.67	360.17	8.87
	2022	3 844.30	1 538.62	40.02	1 945.51	50.61	360.17	9.37
新疆	2014	3 315.62	986.45	29.75	2 064.97	62.28	264.20	7.97
	2015	3 296.12	990.70	30.06	2 047.11	62.11	258.31	7.84
	2016	3 354.92	1 002.56	29.88	2 082.79	62.08	269.57	8.04
	2017	3 541.14	929.25	26.24	2 308.49	65.19	303.40	8.57
	2018	3 507.22	930.03	26.52	2 293.24	65.39	283.95	8.10
	2019	3 711.95	953.28	25.68	2 477.40	66.74	281.27	7.58
	2020	3 647.90	942.40	25.83	2 419.22	66.32	286.28	7.85
	2021	3 852.74	996.88	25.87	2 576.29	66.87	279.57	7.26
	2022	4 599.87	1 394.24	30.31	2 926.36	63.62	279.27	6.07

数据来源：2014—2023 年《全国农产品成本收益资料汇编》。

（六）产业政策

辣椒作为众多地区的支柱产业，备受国家和地方的高度关注。"十四五"发展规划中指出，需将特色产业发展作为重要内容，充分挖掘特色蔬菜资源，精心做好"土特产"这篇大文章。在国家层面，《全国乡村产业发展规划（2020—2025年）》着重于产业的整体规划与布局，通过宏观指导和资源调配，促进辣椒产业与其他相关产业的协同发展，提升产业的综合竞争力。例如，《关于加快推进农业科技创新持续增强农产品供给保障能力的若干意见》要求加大对农业科研的投入，鼓励科研机构开展干辣椒品种选育、栽培技术创新以及病虫害防治等方面的研究，为产业发展提供坚实的技术支撑。地方层面，湖南、贵州、重庆等辣椒主产地的地方政府积极出台了一系列的支持政策以及战略规划。2022年，湖南泸溪县制定出台物化补贴、基础设施、保底收购、品牌营销、产业保险等多方面的优惠扶持政策，推动当地辣椒产业稳步发展。贵州发布《贵州省2022年特色优势产业巩固提升行动方案》《2022年度贵州省辣椒产业发展实施方案》，优化加工辣椒及鲜食辣椒产业带，重点推广遵椒、遵辣、黔椒、黔辣等自育品种和地方名特优品种，打造全国辣椒优势产业集群，助力贵州从"辣椒大省"迈向"辣椒强省"。2023年，重庆制定《重庆市支持食品及农产品加工产业高质量发展十条政策》以支持农产品加工产业高质量发展，发布行业发展及分析报告，并对中国辣椒全产业链中的先进人物、先进企业和先进机构进行表彰，以此激励辣椒产业不断向前发展。

在金融支持方面，国家和地方政府采取了多种措施助力辣椒产业发展。一些地区的农村信用社、农业银行等金融机构为辣椒种植户和加工企业提供了小额信贷支持，贷款额度从几万元到几十万元不等，帮助其解决生产经营中的资金周转问题，如购买种子、化肥、农药，以及建设加工厂房和购置设备等。部分地方政府还与金融机构合作开展了特色农业保险项目，针对辣椒种植面临的自然灾害、市场价格波动等风险，开发了相应的保险产品。种植户只需缴纳少量保费，在遭受损失时便可获得保险公司的赔偿，降低了生产经营风险，提高了产业抗风险能力。例如，在河南省商丘市柘城县，保险机构推出的辣椒价格指数保险，当市场价格低于约定价格时，种植户可获得差价赔偿，保障了其基本收益。

在税收政策上，国家对从事农产品初加工的辣椒企业给予税收减免优惠，符合条件的企业免征企业所得税，减轻了企业负担，促进了产业发展。此外，对于引进先进技术设备、开展科技创新的辣椒企业，在增值税、关税等方面也有相应的减免政策，鼓励企业加大技术改造和研发投入，提升产业技术水平和核心竞争力，推动辣椒产业持续健康发展。

二、辣椒产业发展存在的问题与挑战

（一）产业发展存在的主要问题

1. 种植水平参差不齐，劳动力成本高。我国辣椒种植仍以农户分散种植为主，多采用传统的种植方式，在田间管理方面缺乏科学性。辣椒种植基础设施条件较差、标准化程度偏低。设施农业、精准灌溉等现代化种植技术应用范围有限，在合理施肥、病虫害防治等方面仍存在不足，影响了辣椒的高质量与品牌化发展。辣椒的采摘环节尚未实现技术性突破，绝大部分仍由人工采摘，农村地区的劳动力变得越来越紧缺，进一步增加了种植成本。

2. 产业链开发不足，产品附加值不高。 辣椒全产业链包含育种、种植、加工、销售等多个环节。产业链主体间联结松散、组织化程度低，缺乏健全的农业科技与市场化服务体系支撑。加工企业多为中小型企业，资金、技术、人才等方面投入不足，产业研发创新能力较弱，且缺乏合作与整合，不利于形成规模效应，难以将特色品种打造为有品牌特色的高附加值产品。这使得辣椒产品在国内外市场上的竞争力相对较低，无法充分挖掘其潜在的经济价值。

3. 市场价格波动较大，影响生产与消费。 辣椒价格受市场供需关系、品质优劣、季节更替、消费者偏好以及经济大环境等诸多因素的共同影响，市场价格波动明显。我国辣椒种植区域广泛，阶段性、区域性的灾害如干旱、洪涝、风雹、雨雪、大幅降温等时有发生，存在较大的不确定性，在一定程度上对辣椒的生产供应以及市场消费产生了严重影响。

4. 科技服务能力弱，监测预警不足。 首先，我国在辣椒种植和加工方面的科技研发相对滞后，对辣椒新品种的选育和栽培技术的系统研究投入较少。其次，农业科技推广服务体系不够完善，农业科技人才相对缺乏，导致先进的种植技术和加工技术难以在基层得到广泛推广和应用。此外，辣椒产业缺乏有效的信息监测和市场预警机制，使得生产者难以及时准确地掌握市场动态，影响了生产决策的科学性和产业的可持续发展。

（二）产业发展面临的外部挑战

1. 国际贸易风险较高。 我国在鲜辣椒出口市场中属于低价净出口国，出口产品较为单一，国际市场占有率较低，国际市场需求的变化对我国鲜辣椒的市场份额有显著的影响。新鲜辣椒保存时间较短，长途运输存在困难，与贸易伙伴之间的距离成为我国鲜辣椒出口的不利因素，导致我国鲜辣椒出口仅局限于周边国家和地区，对出口国的依赖性较强。我国虽是干辣椒的生产和出口大国，但在拓展国际市场时，也面临着诸多强劲对手，墨西哥、印度等国家的干辣椒产品，凭借其独特的品种优势以及价格特点，在我国及国际市场都占据了一定份额。此外，辣椒出口还面临着不同国家和地区的贸易政策、进口关税及质量标准、检验检疫以及消费者偏好差异等挑战。这些因素都可能提升我国辣椒的国际贸易风险。

2. 劳动力资源紧缺。 辣椒种植属劳动密集型产业，从育苗、移栽、管护到成熟后的采摘、运输阶段，各个环节均需要投入大量的劳动力，据调查，每亩辣椒用工量25～33个工日，且劳动强度较大。当前，随着城镇化进程的不断加快，大量农村青壮年劳动力向城镇转移，加之人口老龄化渐趋严重，有经验或具备新型种植技术、病虫害防治技术的劳动力相对不足，这已成为辣椒种植规模化发展的重大障碍。

三、辣椒产业发展趋势与前景展望

（一）发展趋势与前景展望

从短期看：生产规模方面，我国鲜辣椒种植面积可能会保持相对稳定，但由于辣椒种植水平参差不齐，产量或将有所波动，但整体基本平稳，预计短期内我国鲜辣椒种植面积稳中有增，约1 150万亩，产量有所增加，约1 700万吨。而用于生产干辣椒的种植面积预计将维持现有规模或小幅度微调。以近五年数据为参考，若市场价格稳定在当前区间，种植面积增长幅度在3%以内，在现有种植技术与气候条件下，若无重大自然灾害，依据近5年干辣椒平均单产区间440～450千克/亩来推算，年产量预计保持在31.8万～33.5万吨。

加工流通仍以中小型企业为主，加工能力、技术水平、流通效率等提升有限。干辣椒加工仍以传统初加工为主，如制作辣椒粉、辣椒油等，受餐饮外卖、方便食品等行业对辣椒调味品需求的拉动，初加工产品产量有望提升5%～8%。在流通环节，依托电商平台的发展，干辣椒线上销售量将持续上扬，预估未来1～2年，线上销售占比可从当前的30%提升至35%，加速产品从产地到消费者的流转速度，减少中间环节损耗。

消费呈增长趋势，且更具多元化。干辣椒消费将随餐饮市场复苏稳步增长，预计未来1～2年，餐饮行业对干辣椒的需求将以每年8%～10%的速率递增，家庭消费受烹饪便捷化需求驱动，干辣椒制品采购量有望上升5%～7%。

辣椒进出口规模有所扩大，进口量约22万吨，出口量约54万吨，产业竞争力进一步增强。干辣椒进出口受国际市场供需及贸易政策影响显著。预计未来1～2年，出口方面，基于现有贸易伙伴需求及新兴市场开拓，出口量有望增长8%～10%。进口层面，因国内高端辣椒制品需求渐长，进口量或维持3%～5%的小幅度增长，以满足特色餐饮、食品加工对高品质干辣椒的需求。

从中长期来看：生产方面，由于土地资源有限，我国辣椒种植规模基本维持稳定。各产区凭借独特的气候、地域和农业资源优势，结合自身栽培模式、消费习惯等特色，科学调节区域间分工与合作，持续提升辣椒生产效率，促使产量及单产稳步上升。随着消费市场对干辣椒需求的稳健上扬，特别是辣味食品加工产业扩张，干辣椒种植面积有望逐步拓展，预计未来5～10年，年均增长率可达3%～5%。同时，育种技术革新促使单产提升，基因编辑、杂交选育等手段或使单产在10年内提高10%～15%，按此趋势，干辣椒产量将迈向45.6万～58.7万吨新台阶，从根本上保障市场的充足供应。

加工流通方面，随着市场竞争的不断加剧，中小型企业将逐步整合形成一批实力强劲的大中型企业，并通过加大资金、科技、人才等要素的投入，充分延长产业链，推动鲜辣椒多样化、高附加值化产品加工。未来5年干辣椒精深加工产品占比有望从5%攀升至10%～12%，拓展产业盈利空间。同时，冷链物流、智能仓储等现代流通体系不断完善，将极大提升干辣椒流通效率，降低物流成本10%～15%，促使干辣椒市场辐射范围进一步拓宽，打破地域限制，实现全国乃至全球范围的高效配送。

消费方面，鲜辣椒消费将呈现更加多元化、个性化、品牌化、智能化的特点，为鲜辣椒产业的发展带来新的机遇和挑战。国内消费受健康饮食观念影响，高品质、有机干辣椒消费占比将从当前 15％提升至 25％～30％，推动产业消费结构优化升级，稳固干辣椒在全球调味品市场的重要地位。

进出口贸易方面，通过技术创新和贸易合作，我国鲜辣椒产品质量及国际市场占有率将大幅提升，出口规模进一步扩大，产业竞争力进一步增强。随着"一带一路"倡议深入推进和辣味文化全球渗透，干辣椒国际消费市场逐步拓展，未来 5～10 年，出口量年均增速有望达 12％～15％，出口额随之增长 15％～20％。同时，国内消费升级促使进口结构优化，高附加值干辣椒制品、特色品种进口占比将从当前 10％提升至 20％～25％，推动干辣椒进出口贸易迈向新高度，增强产业国际竞争力与影响力。

（二）政策措施建议

1. 完善市场调控机制，加强产销一体化。加强政府对辣椒产区的支持与扶植，建设鲜辣椒信息监测平台，推动建立统一的鲜辣椒供需信息发布制度。实时获取辣椒全产业链各环节信息，提高鲜辣椒市场监测预警信息的发布能力，从数据和模型驱动的角度促进鲜辣椒生产与市场的精准对接，合理调整淡旺季供给差异，做好鲜辣椒市场供需调整。

2. 多措并举加快推进，促进全程机械化。加强组织推动，深入实施辣椒生产全程机械化推进行动。聚焦短板弱项，探索具有区域特点的辣椒产业全产业链机械化解决方案。创新协同机制，配套良种、良法、良地、良机，为全程机械化发展创造良好的条件。积极推广辣椒全产业链机械化，加强对农民的机械化操作培训，提升整个产业的机械化水平。

3. 优化调整产业布局，助推经济品牌化。立足国内外市场需求，进一步优化辣椒主产区布局，通过土地流转、股份合作等方式，整合分散的土地资源，提升产业聚集度和规模效益。调整产业结构，推行标准化、规模化种植，大力发展辣椒加工产业、推进三产融合发展，延长产业链条，促进产业增值。立足区域优势，推进差异化发展，打造辣椒产业特色发展"新名片"，助推产业经济发展。

4. 加大科学技术投入，促进高质量发展。强化辣椒产业多元化科技投入和创新，支持辣椒品种选育、新品种开发、病虫害绿色防控、高效栽培技术、机械化种植、加工工艺提升改造等技术发展。发展壮大辣椒产业科技人才队伍，培育复合型辣椒产业人才，推动人才服务辣椒生产一线和产品研发，研究解决辣椒产业关键技术瓶颈难题，推进产业高质量发展。利用互联网、大数据、物联网等现代信息技术，搭建辣椒产业科技服务平台，实现线上线下相结合的技术培训、专家会诊等服务功能，提升产业科技水平和信息化服务能力。

5. 推进标准化体系建设，提升产品品质。制定完善的辣椒种植、加工、质量分级等标准化体系，明确各项技术指标和操作规范。在种植方面，规范种子质量标准、种植密度、施肥用药标准等，确保辣椒品质稳定；在加工环节，统一干燥、保鲜、包装等工艺标准，提高产品附加值；在质量分级上，建立科学合理的等级划分依据，便于市场交易和消费者选择。通过标准化生产，提升中国辣椒产品的整体质量形象，满足国内外市场对高品质辣椒产品的需求。

报告撰写人：

安　民　中国农业科学院农业信息研究所　　助理研究员

曹姗姗　中国农业科学院农业信息研究所　　副研究员

刘继芳　中国农业科学院农业信息研究所　　研究员

孙　伟　中国农业科学院农业信息研究所　　教授

李莉婕　贵州省农业科技信息研究所　　　　副研究员

岳延滨　贵州省农业科技信息研究所　　　　副研究员

赵泽英　贵州省农业科技信息研究所　　　　研究员

包维嘉　贵州省农业科技信息研究所　　　　研究实习员

胡明文　贵州省蚕业（辣椒）研究所　　　　研究员

朱文超　贵州省蚕业（辣椒）研究所　　　　副研究员

大蒜产业发展报告

　　大蒜产业是我国农业的重要组成部分，主要集中在山东、河南、江苏等主产区，具有劳动密集型和区域集中性特点。作为重要的调味品和保健食品，大蒜产业不仅在国内市场需求旺盛，也是国际市场中备受青睐的保健佳品，尤以高附加值的深加工制品备受瞩目，有力促进了产业链的深化拓展。2023 年，大蒜种植面积约 1 196 万亩，产量约为 1 342 万吨，出口量达 223.79 万吨，主产区价格明显上涨，冷链设施进一步完善。预计短期内大蒜种植面积和产量将持续保持稳定。目前，产业存在着人工成本上升、连作障碍和病虫害侵扰以及国际市场不确定性等问题，对农户收益和产业竞争力的提升构成一定压力。未来，大蒜产业应加强优良品种选育与蒜种推广，加快机械化与智能化种植管理转型，深化产品研发，着力打造品牌影响力，建立科学的产业大数据服务机制，推动我国大蒜产业的可持续发展。

一、大蒜产业发展现状

（一）生产

1. 种植面积相对稳定，种植区域相对集中。2014—2023 年，我国大蒜种植面积基本稳定在 1 200 万亩左右，种植规模相对稳定。2023 年大蒜种植面积约 1 196 万亩，同比增长 4.8%（表1）。

表 1　2014—2023 年我国大蒜各省种植规模

单位：万亩

地区	2014 年	2015 年	2016 年	2017 年	2018 年	2019 年	2020 年	2021 年	2022 年	2023 年
山东	299.8	292.9	295.1	393.3	306.2	364.9	271.88	273.66	243.6	262.03
江苏	157.4	149	148.8	161.4	119.1	153.6	164.05	173.11	164.36	168.65
河南	175.5	196.5	182.3	225.8	153.3	186.4	167.64	154.31	143.509	152.82
河北	52.3	52.1	53.5	60.6	48.5	35.5	24.6	23.5	20.031	21.86
其他	490	485.5	489.3	598.9	452.9	542.7	553.83	578.42	569.5	590.64
合计	1 175	1 176	1 169	1 440	1 080	1 283.1	1 182	1 203	1 141	1 196

　　种植区域相对集中，主要分布在山东、河南、江苏、河北四省，且四省种植面积占全国 50% 以上。从近几年走势来看，山东省始终是四省中种植面积占比最大的省

份（图1）。

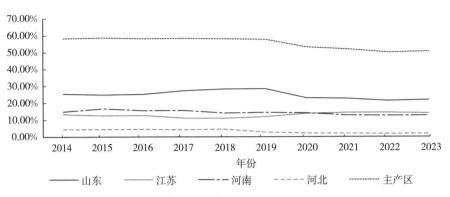

图1 2014—2023年各主产区省份占全国大蒜种植面积比例变化

数据来源：2014—2019年数据来自《中国农村统计年鉴》，2020—2023年数据来自山东农业大学农业大数据研究中心遥感测量。

2023年山东省大蒜种植面积约262.03万亩，同比增长7.54%；江苏省种植面积约168.65万亩，同比增长2.61%；河南省种植面积约152.82万亩，同比增长6.49%；河北省种植面积为21.86万亩。从总量上来看，主产区四省的种植面积从2022年的571.5万亩增加到2023年的605.36万亩，种植面积增加了5.92%（表2）。

表2 山东、河南、江苏、河北四省份大蒜种植面积

省份	2022年（万亩）	2023年（万亩）	变化率（%）	增加数量（万亩）
山东	243.65	262.03	7.54	18.38
江苏	164.36	168.65	2.61	4.29
河南	143.509	152.82	6.49	9.311
河北	20.031	21.86	9.15	1.829
合计	571.5	605.36	5.92	33.86

数据来源：课题组遥感测量。

2. 种植品种多样。在山东省，鲁西南大蒜种植区以金乡县为核心，主要种植太空早熟、杂交晚熟及金乡白皮大蒜；鲁南大蒜种植区则以兰陵县为核心，主要种植苍山大蒜和二水早；鲁中、西北大蒜种植区如济南莱芜、聊城、济南商河等地，主要种植红皮大蒜、白皮大蒜及苍山大蒜等。河南省杞县主要种植紫皮蒜和白皮蒜；中牟县则主要种植中牟大白蒜、牟蒜1号及早熟蒜。在江苏省，邳州大蒜种植区主要种植邳州白蒜、杂交红蒜及金乡白皮大蒜；盐城大蒜种植区则以青龙白蒜为主。在河北省，永年种植区主要种植传统的四、六、八瓣白皮蒜；大名主要生产蒜种。云南省主要生产鲜蒜，品种包括多瓣紫皮蒜和独头蒜。四川省则以生产独头蒜蒜种而出名，品种有二水早、红七星等。

3. 产量持续微减。由于2022年秋播面积减少，且2023年年初天气异常出现冻害，致使2023年总产量减少到1 392万吨，同比跌6.7%。尽管近几年我国大蒜产量

整体稍有所下降，但仍维持在 1 400 万吨左右，稳居世界首位。

4. 单产同比下降。我国单产水平高于世界平均值，2022 年世界单产 1.17 吨/亩，我国大蒜主产区平均亩产 1.24 吨/亩。2023 年大蒜主产区平均亩产为 1.22 吨/亩，同比下跌 1.61%。主要原因为冬季气温骤变，导致部分区域出现冻害，有冻苗现象。

5. 机械化生产水平低。我国大蒜产业机械化生产水平较低，特别是在正芽播种、蒜薹收获和蒜头收获方面仍然是技术难点。目前，我国大蒜生产多采取以人工为主的种植管理模式。

（二）加工流通

1. 加工产业从初加工向高附加值领域延伸。国内大蒜加工以初加工为主，初加工在加工总量中占比约 70%，主要生产蒜米、蒜片、蒜泥和蒜粉等基础产品。近年来，随着国内外市场对大蒜深加工产品的需求增加，产业正在向高附加值领域延伸。结合现代食品加工技术、生物发酵和提取技术，开发新的大蒜功能性食品和大蒜医药保健品，如黑蒜、大蒜精油、大蒜素软胶囊等新产品，极大地提升了产业的经济效益，同时推动了技术革新，如真空冷冻干燥、节能烘干和智能化生产技术。目前金乡县大蒜加工转化率高达 80%，杞县大蒜加工转化率为 60%。

2. 加工企业及冷库分布与主产区相同。以 2023 年爱企查统计数据为例，山东省大蒜相关企业占全国的 58%，江苏省占全国 9%，河南省占全国 11%，河北省占全国 5%。2023 年，我国大蒜冷库存储总库容近 1 000 万吨。其中山东省冷库存储能力占总库容的 73%，河南省占总库容的 17%，江苏省占总库容的 8%。

3. 流通以规模化批发市场为主，呈多样化发展。我国大蒜主产区建立了一批规模化批发市场，如山东金乡国际大蒜交易市场、河南杞县批发市场等。这些市场设施完善，具备仓储、交易和信息发布等功能，成为大蒜交易的重要枢纽。以蒜贩和经纪人网络为核心，蒜贩负责收购农民大蒜，经纪人则连接蒜贩、存储商、加工企业，共同构建了高效的大蒜流通网络，推动产业发展。随着电商和供应链管理的发展，"产地直供"模式、线上线下融合销售模式逐渐兴起，优化了交易效率并扩大了市场覆盖范围。

（三）消费

1. 大蒜营养丰富，用途广泛。大蒜作为我国重要的农产品，具有多种功能属性。大蒜素具有抗菌、抗病毒功效，对多种病菌有广谱抑制作用。还有助于降低胆固醇和血糖水平，预防心血管疾病。大蒜中富含的微量元素硒和硫化物能增强人体免疫功能。蒜米因便捷性受到消费者青睐，适合家庭和餐饮行业广泛应用。黑蒜含有丰富的抗氧化物质，具有抗衰老和调节血脂血压的作用。大蒜精油作为保健品，具有增强免疫和辅助治疗心血管疾病等功效。

2. 消费结构以鲜食为主，南北方消费习惯差异明显。2023 年国内大蒜消费量为 1 118 万吨，同比下跌 3.1%，鲜食消费量为 479 万吨，占国内消费总量的比例约为 42.8%；加工消费量为 362 万吨，占国内消费总量的比例约为 32.3%。南北方消费者对大蒜的消费习惯差异明显。北方地区以鲜食为主，大蒜作为家庭日常食材需求量大。南方地区以调味品用途为主，近年来南方城市大蒜销量增长显著。大蒜消费产品中占比最大的是蒜头，其次是蒜米料和蒜片，其他产品如蒜黄、黑蒜、蒜泥、深加工等占比相对较小。

3. 主产区内销与出口占比不同。大蒜按照不同的规格品类输送到不同的地区和市场。山东金乡大蒜的出口比例较大，高达80%，其余20%用于满足国内市场需求。河南产区的混级蒜则主要以内销为主，占比高达80%，出口占20%。江苏邳州70%的净蒜主要销往国内的北上广深以及江浙沪地区的大型批发市场和商超，30%则用于出口。

（四）进出口

1. 进口规模小，主要品类为干大蒜。我国大蒜进口量较少，主要来源于邻近国家，以东南亚和南亚为主。2023年，我国大蒜相关商品进口量及进口额分别为382.1吨、73.72万美元，同比分别增长2.52%、31.18%（图2）。干大蒜是主要进口品种，2023年进口量及进口额分别为288.76吨、65.97万美元，分别占大蒜进口总量及总额的75.57%、89.48%。

2. 出口占主导地位，出口贸易伙伴广泛。我国大蒜产品出口涉及183个国家，其中印度尼西亚和越南为主要出口目的地（图2）。据海关总署统计，2015—2023年，我国大蒜相关商品出口量呈现波动增长态势，维持在200万吨左右。2023年大蒜出口量为223.79万吨，出口总额为29.61亿美元，同比分别增长0.5%、25.31%（图3）。"一带一路"国家和地区是我国大蒜主要出口的目的地，2015—2023年，出口占比从68.14%上涨到74%。

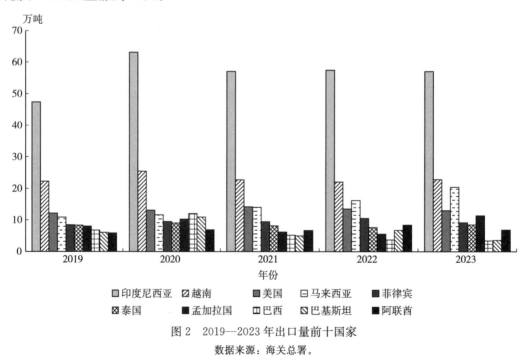

图2　2019—2023年出口量前十国家

数据来源：海关总署。

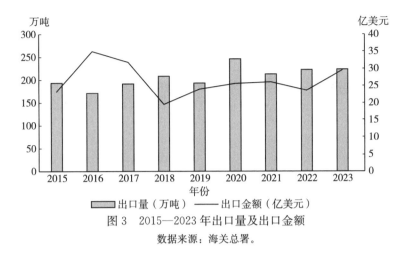

图3 2015—2023年出口量及出口金额

数据来源：海关总署。

3. 出口省份集中，品类丰富。 2023年我国大蒜出口量排名前三的省份依次为山东省、江苏省、河南省。山东省出口量为145.66万吨，占比65.08%；江苏省出口量为26.49万吨，占比11.83%；河南省出口量为16.14万吨，占比7.21%。鲜或冷藏的蒜头主要以山东省、江苏省、河南省出口为主；干大蒜主要以河北省出口为主；用醋或醋酸制作或保藏的大蒜主要以山东省、湖北省出口为主；冷冻蒜头主要以辽宁省出口为主；盐水大蒜主要以山东省、江苏省、福建省出口为主。

（五）全产业链效益

1. 价格呈现波动上升趋势。 金乡是大蒜重要的主产区，2023年金乡大蒜批发均价为1.75元/斤，同比增长79%。总体看，近年来金乡大蒜市场批发价格波动明显，呈现出三次波峰特征。自2013年5月至2017年4月期间，大蒜价格持续攀升，直至2017年4月达到历史峰值，随后价格急剧下跌，形成"断崖式"态势。进入2018年，大蒜市场陷入低迷，价格持续走低。到2019年，大蒜价格开始回升，于7月份达到新的波峰。2023年初，大蒜价格较为低迷，但自3月下旬起，价格开始显著上升，并在6月达到全年的最高点。此后，尽管价格有所回落，但整体趋势呈现稳定（图4）。

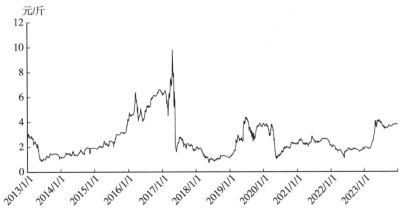

图4 2013—2023年金乡大蒜批发价格

数据来源：大蒜产业链大数据平台。

2. 种植总成本呈现波动上升的趋势，各主产区种植成本有差异。从 2014 年至 2023 年，大蒜种植总成本呈现波动上升的趋势，其中蒜种和人工成本是成本变化的主要因素。2014—2016 年，主要受人工和蒜种价格上涨影响，成本从每亩 2 400 元逐步攀升至 5 000 元的高峰。2018 年成本下降至每亩 3 000 元左右，但随后因蒜种价格和人工费用的上涨再次增长。2023 年成本为每亩 4 400 元，同比增长 4.7%（图 5）。

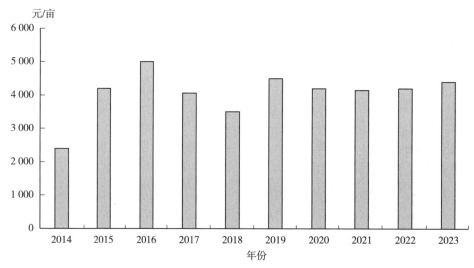

图 5　2014—2023 年中国大蒜种植成本趋势
数据来源：课题组实地调研、蒜通天下。

不同产区种植成本有所差异。2023 年江苏邳州种植成本最高，每亩约 4 900 元；山东金乡次高，每亩约 4 400 元；中牟、杞县、兰陵地区种植成本处于中间水平（图 6）。

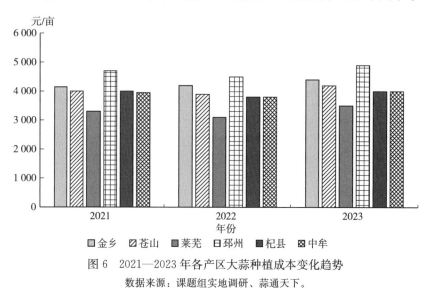

图 6　2021—2023 年各产区大蒜种植成本变化趋势
数据来源：课题组实地调研、蒜通天下。

3. 一二三产业融合发展格局逐步形成。2023 年我国大蒜产业总产值稳步增长，约为 1 245 亿元。其中第一产业产值约为 629 亿元，占总产值的 50.5%，加工产业产值约为 322 亿元，占总产值的 25.8%。山东金乡县实施"农工科贸一体化"发展战略，推进一二三产业融合发展，构建起了集标准化种植、科研开发、保鲜储存、精深加工及国际市场流通等于一体的大蒜全产业链发展格局。2023 年，金乡县主营业务年收入在 200 亿元以上，可提供就业岗位 12.4 万人，带动人均收入 3 400 元。江苏省邳州市则形成了一条集种植、深加工、贸易、研发、市场服务等于一体的百亿级完整产业链条，年销售收入 50 亿元，吸纳劳动力 20 余万人。河南杞县大蒜产业总产值达 242 亿元。

（六）产业政策

1. 国家层面支持政策。 2023 年中央 1 号文件提出加强高标准农田建设、推动农业关键核心技术攻关、完善农村金融服务体系等政策措施，为大蒜产业的发展提供了全方位的支持和保障。在《"十四五"推进农业农村现代化规划》中，国家重点支持包括大蒜在内的特色农业产业发展，规划强调通过政策支持和科技创新，提升特色农产品的附加值和市场竞争力。

2. 财政与金融支持。 政府为蒜农提供多项财政补贴，包括种植补贴和农资补贴等，以减轻农民生产负担。自 2015 年以来，金乡县被山东省列为大蒜目标价格保险试点县；2023 年广饶县出台《广饶县 2023 年大蒜蒜薹目标价格保险工作实施方案》；2023 年为深入贯彻《关于创新发展农业保险 促进农民有效增收的若干措施》《关于完善地方优势特色农产品保险以奖代补政策的通知》及《河南省农业保险保费补贴管理办法》等文件精神，河南省杞县人民政府组织开展杞县大蒜种植收入保险试点工作方案制定工作，保障大蒜种植户持续开展大蒜种植，推动当地大蒜产业的可持续发展。

二、大蒜产业发展存在的问题与挑战

（一）产业发展自身存在的主要问题

1. 人工成本高。 大蒜作为劳动密集型产业，人工成本在总成本中占比大，约为 32.7%，尤其体现在种植、收获环节。随着主产区雇工成本逐年攀升，种植利润逐渐被压缩，尤其是在农忙时节，这一问题尤为突出。人工成本的上升，导致产业利润空间缩小，种植户的积极性受到影响。

2. 重茬连作障碍。 长期在同一块地种植大蒜会导致病害增多、产量与质量下降，此障碍主要由土壤中病原微生物累积、养分失调及化肥过量引起的盐碱化所致。重茬种植使得土壤养分流失加快，病害更易传播，降低了生产效益。

3. 技术发展滞后。 大蒜产业的生产和加工技术相对滞后，产业链相对较短。与发达国家相比，我国大蒜生产的机械化水平较低，不仅效率低下，还增加了生产成本。在加工工艺方面，我国大蒜产业创新能力有待增强。大多数企业仍停留在初级加工阶段，如蒜片、蒜粉等，而深加工产品如大蒜油、大蒜素等高附加值产品则相对较少，影响了产业竞争力。

4. 市场波动风险大。 大蒜市场价格受供需关系失衡、气候条件多变、政策调整不确定性、市场波动以及投机行为等多重因素的叠加影响，导致价格波动频繁且幅度较大，给产业发展带来了较大的不确定性和风险挑战。

5. 品牌化不足与国际市场无序竞争。我国大蒜产业的品牌化程度较低，有竞争力的品牌产品较少，影响了我国大蒜在国际市场的竞争力。价格战频发、质量标准不一、市场行为不规范等现象，不仅损害了产业的整体利益，还破坏了国际市场的公平竞争环境。低价竞销导致优质大蒜难以获得应有价值，而低质产品却充斥市场，严重影响了我国大蒜产业的国际声誉和可持续发展。

（二）产业发展面临的外部挑战

1. 宏观经济与市场变化。当前全球经济环境错综复杂，宏观经济形势的不稳定成为大蒜产业发展的一大外部挑战。经济增长放缓、全球经济政策的不确定性以及金融市场波动等因素，都会直接或间接影响大蒜市场的供需关系和价格走势。此外，消费者偏好的快速变化、市场需求的多元化以及新零售模式的兴起，也对大蒜产业的市场定位、产品创新和营销策略提出了新的要求。

2. 绿色发展要求。随着国家对农产品的生产标准、环保要求逐渐提高，大蒜产业的部分生产和加工环节面临环保压力，尤其是化肥、农药的使用受到限制。如何在提高产量的同时减少环境压力，成为产业发展的新挑战。

3. 国际风险和竞争。在国际市场上，我国大蒜产业面临其他国家的竞争，如印度、埃及等地的大蒜产业崛起，分流了部分国际市场份额。此外，供应链中的国际风险（如政策变动、国际贸易保护主义）也增加了产业的不确定性。

三、大蒜产业发展趋势与前景展望

（一）短期（未来1～3年）发展前景

1. 种植生产。由于2023年大蒜价格的增长，农户收益增加，种植意愿增强，2024年总体种植面积将增长5%左右。尽管大蒜种植技术在不断提升，但天气因素仍对产量产生重要影响。气候变化，尤其是低温和极端天气，会影响大蒜的生长和越冬，需密切关注这些因素对产量的影响。

2. 加工流通。大蒜加工业预计将逐步从初加工向高附加值产品转型。目前，国内大蒜加工以生产蒜米、蒜片、蒜泥和蒜粉等基础产品为主，随着对深加工产品的需求增加，如黑蒜、大蒜精油、大蒜素软胶囊等逐渐受到青睐，提升了产业经济效益。预计未来大蒜产业整体加工转化率达到80%。流通方面，大蒜通过规模化批发市场和电商平台等多元化渠道快速流通，各大批发市场等设施将会进一步完善，成为交易的重要枢纽，流通效率将会得到提升。

3. 消费需求。大蒜消费需求预计将稳中趋增。2024年国内消费量预计为1 119万吨，其中鲜食消费量预计为482万吨，加工消费量预计为364万吨。2025年国内消费量预计为1 148万吨，其中鲜食消费量预计为499万吨，加工消费量预计为376万吨。

4. 进出口。中国大蒜在国际市场上具有较强的竞争力，贸易顺差明显，预计未来短期内大蒜出口量将继续保持在 200 万吨左右，有望稳定增长。随着出口政策的支持，大蒜出口将更加便利化，但国际贸易环境的复杂多变也给出口带来了不确定性。

（二）中长期（未来 3~5 年及以上）**展望**

1. 种植生产。大蒜种植面积和产量将实现稳步增长，特别是在适宜种植大蒜的地区，将形成规模化、集约化的种植模式。随着农业技术的进步和优良品种的推广，单产水平将逐步提高。

2. 加工流通。大蒜加工产业将更加成熟和完善，深加工产品种类将更加丰富多样，满足不同消费者的需求。同时，冷链物流体系将更加完善，确保大蒜产品的新鲜度和品质。

3. 消费需求。大蒜作为日常调味品和保健食品的需求将持续增长，特别是在健康食品和功能性食品市场中的份额将不断扩大。随着消费者健康意识的提升，大蒜的功能性食品市场份额有望进一步增长。

4. 进出口。长期来看，预计中国大蒜出口量将有望保持增长态势。随着中国大蒜产品出口结构的优化和产品附加值的提升，未来中国大蒜出口"量多额少"的问题将逐步缓解。高附加值的大蒜制品出口将呈现逐年增加的态势。

5. 全产业链效益。大蒜全产业链效益预期将实现高质量增长。科技创新将继续推动大蒜产业向高端化、智能化、绿色化方向迈进，提升大蒜产品的质量和附加值。未来在品牌加持和科技助力下，将实现从调味品到食品、保健品、医药品的全产业链生产。

（三）对策措施与政策建议

1. 加强优良品种选育与蒜种推广。长期依赖自留蒜种使大蒜抗病能力和品质下降，未来需通过选育抗病虫害、耐重茬、适应极端天气的优良品种，提升单产和产品质量。同时结合区域气候和土壤条件，建立高效的蒜种推广体系，确保优质蒜种广泛应用，推动大蒜产业的可持续发展，增强国际市场竞争力。

2. 加快机械化与智能化种植转型。当前大蒜种植对人工的高依赖性限制了生产效率，未来需研发并推广适合正芽播种、精细收获的大蒜专用机械。通过加大农机购置补贴力度，降低使用门槛，鼓励农户采用现代智能农业机械，提高种植和收获的效率，减少劳动成本，从而推动产业向机械化、智能化和精细化管理方向转型。

3. 推广绿色种植与土壤改良技术。连作问题导致土壤退化和病害加剧，影响产量和品质。未来需推广轮作轮耕、深耕增施有机肥等土壤改良措施，改善土壤结构与养分平衡，恢复生产力。同时，推行无农药或低农药栽培技术，采用生物防治和有机肥料，构建绿色种植体系，推动碳标识和国际绿色认证，增强中国大蒜在国际市场的认可度与竞争力。

4. 发展规模化种植与现代农场模式。大蒜种植地块分散限制了机械化和现代化管理的应用，未来应通过土地流转、托管等方式整合资源，促进规模化种植。发展家庭农场模式，集中生产力与资本投入，实现集约化管理和资源优化配置。通过规模化种植模式，提升产业生产效率和抗风险能力，推动大蒜产业向现代农业发展迈进，进一步增强市场竞争力。

5. 建立科学的产业大数据服务机制。通过集成全产业链的数据，实现数据驱动的决策支持，优化资源配置，提升产业链透明度，增强国际竞争力。通过有效的大数据运行和高效的服务模式，为大蒜产业提供精准的市场预测、风险管理、产销对接，以及环境监测，从而引导大蒜产业健康、高效、平稳及可持续运行，全面提升大蒜产业的竞争力和经济效益。

报告撰写人：

柳平增　山东农业大学信息科学与工程学院　农业农村部黄淮海智慧农业技术重点实验室　副院长、主任、教授

张洪奇　山东农业大学信息科学与工程学院　农业农村部黄淮海智慧农业技术重点实验室　硕士研究生

郭鸿雁　山东农业大学信息科学与工程学院　农业农村部黄淮海智慧农业技术重点实验室　硕士研究生

香菇产业发展报告

香菇产业是农业的重要组成部分，因其具有投资回报周期短、土地产出效益高、资源利用率高、劳动生产率高、技术成熟等生产特点，成为我国巩固拓展脱贫攻坚成果，推动乡村全面振兴的重要抓手，受到党中央、国务院和地方各级政府的高度重视。2023年，我国香菇生产量和消费量分别为1 303.8万吨和1 271.1万吨，同比分别增加0.6%和0.1%；但受到全球消费低迷、产能过剩等原因影响，出口量和收益率同比下滑；鲜香菇和干香菇名义价格和实际价格同时下跌。2024年，预计我国香菇产量和出口量分别下降到1 250万吨和30万吨左右，消费量将有所回升。我国香菇产业发展面临政策支持体系不健全，国内外市场开拓乏力，技术创新水平不高等问题有待解决。从发展前景来看，香菇供给减少，外贸规模萎缩，但消费需求增加、深加工产业链延展和生产模式将持续优化。建议完善产业政策扶持体系、提升行业组织服务能力、加强地域品牌建设和加快发展新质生产力。

一、香菇产业发展现状

（一）生产

改革开放以来，随着栽培区域扩大，新菌种新农艺的推广普及，我国香菇产量快速增加。2022年，我国香菇产量为1 295.5万吨，占全球香菇总产量的98.3%，已成为全球最大的香菇生产国；产量与2021年基本持平，占食用菌总量的比例由31.3%下降到了30.7%（表1）。2023年，受到上年价格下跌、锅炉节能环保管理、严格控制耕地和基本农田调整等影响，部分香菇主产区减产约30%，但考虑到陕西北部、甘肃东北部、新疆、西藏新产区产量增加，全年产量为1 303.8万吨，较上年增加0.6%。

2023年，我国香菇生产形成了以河北、辽宁和贵州为主的夏菇产区和以福建、浙江、河南、湖北、陕西为主的冬菇产区，基本实现了对大中城市的周年供给。2023年，我国香菇前十大产区的香菇产量占香菇总产量的88.8%，较2014年增加了2.2个百分点。主产区分别是河南省，产量为430.9万吨，占全国香菇总产量的33.1%，其次是河北（190.5万吨，14.6%）、福建（127.2万吨，9.8%）、湖北（113.0万吨，9.7%）、辽宁（79.0万吨，6.1%）、贵州（74.1万吨，5.7%）、陕西（44.5万吨，3.4%）、江西（35.2万吨，2.7%）、四川（33.7万吨，2.6%）和浙江（29.3万吨，

2.2%）。从香菇产区的结构变化来看，2023年各产区平均产量为43.5万吨，较2014年增加52.6%，各产区之间的产量差距进一步缩小，但市场集中度依然较高，河南、河北、福建和湖北仍是我国最为重要的香菇产区。2023年虽然有部分新产区产量增加，但香菇产区整体分布未出现大的波动。

表1　我国香菇产量、消费量和出口量的变化

年份	食用菌总产量（万吨）A	香菇产量（万吨）		香菇消费量（万吨）		香菇出口量（万吨）	
		数量 B	占比（%）B/A	数量 C	占比（%）C/B	数量 D	占比（%）D/B
2003	1 038.7	222.8	21.4	202.8	91.0	20.0	9.0
2005	1 334.6	242.5	18.2	215.6	88.9	26.9	11.1
2010	2 201.2	427.7	19.4	379.5	88.7	48.2	11.3
2015	3 476.3	766.7	22.1	687.4	89.7	79.3	10.3
2016	3 480.1	835.4	24.0	742.1	88.8	93.3	11.2
2017	3 712.0	925.1	24.9	794.9	85.9	130.2	14.1
2018	3 791.7	1 043.1	27.5	906.0	86.9	137.1	13.1
2019	3 933.9	1 155.9	29.4	1 059.7	91.7	96.2	8.3
2020	4 061.4	1 188.2	29.3	1 127.6	94.9	60.6	5.1
2021	4 133.9	1 295.6	31.3	1 239.9	95.7	55.7	4.3
2022	4 222.5	1 295.5	30.7	1 260.2	97.3	35.3	2.7
2023	4 334.2	1 303.8	30.1	1 271.1	97.0	32.7	2.5

数据来源：中国食用菌协会、海关总署《中国海关统计年鉴》历年数据汇总。

据中国食用菌协会香菇分会开展的《全国香菇经营主体（企业）综合实力与经营发展情况调研》（以下简称"分会调研"）结果显示，2023年我国香菇生产企业主要使用的品种有L808、912、939、9608、L26、937和沪香F2。其中，L808菇形好，大小适中，符合市场对香菇外观的要求，同时对常见病害具有较强的抵抗力，在产量和适应性方面表现卓越得到企业认可，推算市场份额在40%～50%。近年来，随着菌种营商环境改善，大型食用菌企业相继着手菌种研发，其中山东七河生物科技股份有限公司与山东农科院、上海农科院、华中农业大学等科研院所、高校合作设立七河生物技术研究院，相继研发出七河1号、7号、9号等高质量、高效率、周期短、高收益的优质香菇品种，攻克了香菇菌种长期依赖日本进口菌种的"卡脖子"问题，市场份额逐年扩大。另外，1513、1504、申香215等菌种具有不同出菇特点，使用量也在逐步提升。从菌种来源来看，香菇生产企业采用自己扩繁方式的，占样本总数的33%，从其他企业购买栽培种占23%，从科研院所购买占21%，从菌种企业购买母种和从其他渠道获得菌种的，各占20%和3%。

（二）加工流通

2023年，在消费领域多元化趋势与个性化要求下，大型香菇企业将精深加工产品研发作为工作重点，我国香菇深加工产业整体呈上升趋势，加工需求占香菇总产量

的比例提升到了约 30%。我国香菇规模以上加工企业主要集中在浙江、河南、河北、山东等主产区，其中河南省西峡县集中了 500 多个加工企业，生产 6 大类 200 多个香菇品种，是全国香菇加工企业最为集中的地区。根据品牌网发布的"香菇行业品牌排行榜"显示，我国香菇行业排名前 8 位的企业是：大山合集团有限公司、湖北裕国菇业股份有限公司、浙江天和食品有限公司、黑龙江垦区北大荒集团、湖北中兴食品有限公司、北京粮食集团有限责任公司、湖北森源生态科技股份有限公司、浙江百兴食品有限公司等公司，这些公司在市场上表现出色，香菇产品受到消费者的广泛认可。

香菇加工品主要采用中低品级香菇和香菇菌柄、香菇粉等边角料，据分会调研显示，香菇切片占加工品总量的 29.0%，市场对于易加工的香菇原料需求较为旺盛；固态调味品（16.7%）和半固态调味品（21.1%），合计占到约 40%，显示出调味品市场对香菇的高需求；香菇酱油、调味汁等液态调味品占 11.4%，表明市场对液态调味品有一定的需求，但由于两者的香菇味感并不突出，需求有限；香菇饮料类占 6.1%，反映出市场对液态香菇饮品的探索；膨化食品占 5.3%，显示市场对具有差异化，香菇味膨化食品的喜爱。另外，加工品还有加工方便食品类（1.8%）、糖果蔬菜制品（1.8%）、饼干罐头类（0.9%）、水果制品（0.9%）、功能性产品（0.9%）和其他（1.9%）等产品。总体来看，我国香菇加工总体还处于比较粗放的水平，鲜菇保鲜和干制品的初加工产品占市场份额较大，精加工和深加工产品相对市场份额比较少，研究水平偏低。

香菇流通渠道较为多样，主要有加工企业、批发市场、菜市场、超市、电商等，各渠道有其特点和优势，企业或菇农往往根据自身产品定位和市场需求选择合适的流通渠道。据分会调研显示，将香菇通过消费地批发市场流通销售的企业占总数的 11%，说明香菇企业希望缩短销售环节，更为有效地接近终端市场，及时获得市场需求信息和高额收入；之后依次是产地批发市场（9%）、加工企业（9%）、超市（8%）、菜市场（8%）、同行企业（7%）、零售商店（6%）、农民专业合作社（6%）、餐饮店（6%）、电商（5%）、机关食堂（5%）、含宅配或观光农场的直销（4%）、宾馆（4%）、出口商（4%）、国外进口商（3%）、菇农（3%）、封装商（1%）和其他（1%）。

批发市场流通仍然是香菇最为重要的流通渠道。在产地市场中，浙江庆元香菇市场、浙江古田香菇批发市场、湖北随州三里岗香菇市场、河南西峡双龙镇香菇批发市场、河南泌阳香菇批发市场等属于全国或者地区性批发市场，不仅吸引本地香菇上市交易，还吸引了周边产业香菇入市中转销往全国各地，极大地促进了香菇产业的繁荣和发展。消费地主要以本地综合性农产品批发市场为主，如北京新发地农产品批发市场、上海江桥批发市场等具有完善的设施，不仅可满足本地消费需求，还向周边城市转销，发挥着重要的供需调节作用。另外，近年来，香菇电商发展速度较快，在中央和地方政府支持下香菇企业通过建立自己的官网，或者入驻淘宝、天猫、京东、抖音、快手等电商平台，突破地域限制，将产品推向全国乃至全球市场，在香菇流通中的占比逐年增加。

（三）消费

随着经济快速发展和城乡融合速度加快，我国香菇消费量显著增加，已成为全球第一大香菇消费国。2023 年，香菇消费量约为 1 271.1 万吨，同比微增 0.1%；我国人口 140 967 万人，人均年香菇消费量为 9.0 千克，较 2003 年增加 462.5%。同期，传统香菇消费国日本和韩国的人均年香菇消费量分别约为 1.1 千克和 1.5 千克，仅是我国香菇人均消费量的 12.2% 和 16.6%。

我国香菇消费可细分为 4 类市场，即：家庭消费市场、餐饮消费市场、加工消费市场和礼品消费市场。香菇家庭消费量约占市场消费总量 30%，以安全及高品质香菇消费为主。香菇餐饮消费量约占消费总量的 35%，受到经济疲软等因素影响，高档餐饮消费量下降，高品级干香菇需求减少；中低端餐厅的香菇消费有所增加，但由于利润率较低且需要快速烹饪，更为青睐价格较低和便于烹煮的鲜香菇。香菇礼品消费量约占香菇消费总量的 5%，主要使用中高品级干香菇和少量鲜香菇；消费时间主要集中在元旦、春节、中秋等传统节假日前后；企事业单位和私营公司发放福利和赠送礼品约占 70%、馈赠亲朋好友约占 30%；礼品香菇大多采用精美的包装盒或者塑料桶，需要大量人工进行筛选、摆放、塑封，人工成本和包装成本偏高，销售价格较高，整体利润中等偏上。加工消费约占市场消费总量的 30%。

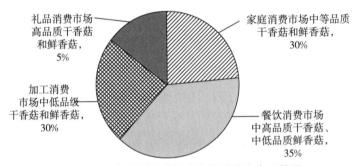

图 1　2023 年我国香菇消费市场分类和占比情况

（四）进出口

我国香菇进口以干香菇为主，但数量极少，可忽略不计。我国香菇出口以鲜香菇、干香菇为主，还有少量的冷冻香菇，是重要的出口农产品之一。加入 WTO 之后，我国香菇出口快速增长，2003 年干香菇和鲜香菇合计出口量为 20.0 万吨[①]，占香菇总产量的 9.0%。2006 年，受到日本发布《肯定列表制度》提升非关税比例的负面影响，我国香菇出口量减少。但随着香菇企业积极开拓东南亚和俄罗斯等新兴市场，出口量逐步恢复。近年，受到新冠疫情、中美贸易摩擦、俄乌冲突等多重因素的影响，香菇出口量持续减少。2023 年香菇出口量减少到 32.7 万吨，同比下降 7.8%，较 2018 年减少 761.5%；出口额为 52 834.1 万美元，同比下降 10.5%，较 2018 年减少 772.2%（表2）。其中，鲜香菇出口总量略有上涨，2023 年为 2.0 万吨，同比上涨

---

　　① 本文将出口干香菇以 1∶10 的比例折算成鲜香菇后，与出口鲜香菇合并计算出口香菇数量。

5.3%；出口金额为 6 046.7 万美元，同比上涨 8.2%；出口单价为 3.0 美元/千克，同比上涨 3.4%。然而干香菇出口量下滑突出，2023 年出口量、出口金额和出口单价，同比分别下降 12.5%、7.8% 和 5.0%。

表 2　我国干香菇和鲜香菇出口额、出口量和出口单价的变化

年份	干香菇			鲜香菇			总出口量（万吨）
	出口额（万美元）	出口量（万吨）	出口单价（美元/千克）	出口额（万美元）	出口量（万吨）	出口单价（美元/千克）	
2018	226 780.5	135.2	16.8	5 194.4	1.8	2.8	137.1
2019	159 452.7	94.4	16.9	4 654.7	1.8	2.6	96.2
2020	95 361.8	58.9	16.2	4 148.3	1.7	2.4	60.6
2021	86 007.5	53.5	16.1	4 990.1	1.8	2.7	55.3
2022	53 414.2	33.3	16.0	5 589.1	1.9	2.9	35.3
2023	46 787.4	30.7	15.2	6 046.7	2.0	3.0	32.7

资料来源：海关总署《中国海关统计年鉴》。

注：干香菇按照 1∶10 的比例折算为鲜香菇；香菇合计数量按鲜香菇计算。

2023 年我国香菇出口金额占比前三的地区分别为越南、日本和泰国，占比分别为 18.7%、13.6% 和 12.0%。除亚洲市场外，其他主要出口市场还包括欧盟、美国、俄罗斯等国家和地区。从不同商品的出口市场分布来看，鲜香菇保藏期间较短，2023 年出口到 25 个国家和地区，前三位的分别是韩国（4 941.2 吨）、马来西亚（3 917.3 吨）和美国（2 549.8 吨），共占鲜香菇总出口量的 57.1%。干香菇耐储，有利于长途运输，出口到 97 个国家和地区，但受到消费习惯影响，出口市场前三位国家和地区分别是中国香港（6.9 万吨）、越南（6.2 万吨）和日本（4.5 万吨），共占干香菇总出口量的 57.3%。其中，越南除部分本地消费以外，主要转口到东南亚地区和中国台湾。另外，新兴市场进口量也在增加，特别是澳大利亚，因气温高、香菇种植难度大、人工成本高，对我国香菇需求量正逐年上升，已提升为我国第 11 位的出口目的国。

（五）全产业链效益

综合我国 84 家批发市场和部分生产基地数据（表 3），2015—2022 年，受到精准扶贫政策影响，大量欠发达地区引入香菇生产，全国香菇产量快速增加，市场价格波动下降。2023 年，部分产区供应紧张，端午节之后价格上涨，较往年提早了近 3 个月。但由于市场信息偏差，以及雨水过多导致香菇品质下降等原因，部分地区的香菇价格仍然出现了一定幅度的下跌。2023 年我国鲜香菇平均批发价为 12.1 元/千克，同比下滑 1.6%。2023 年，由于鲜香菇销售和外运受阻，部分农户将鲜香菇干燥处理后储存销售，导致干香菇市场供给量增加，价格跌幅较大，已达到历史最低点，平均批发价格为 68.9 元/千克，同比下降 2.8%。需要注意的是，我国香菇实际价格的年均增幅低于通货膨胀率（0.2%），说明香菇名义价格和实际价格同时呈现下降趋势。

表3 我国鲜香菇和干香菇批发价格变动情况

年份	鲜香菇		干香菇	
	批发价格（元/千克）	增幅（%）	批发价格（元/千克）	增幅（%）
2011	9.9	—	76.7	—
2015	11.5	−6.5	81.3	−17.8
2016	11.5	0.0	79.9	−1.7
2017	12.2	6.1	87.4	9.4
2018	10.7	−12.3	74.7	−14.5
2019	11.1	3.7	84.5	13.1
2020	11.5	3.6	85.0	0.6
2021	10.7	−7.0	76.2	−10.4
2022	12.3	15.0	70.9	−7.0
2023	12.1	−1.6	68.9	−2.8

数据来源：中国食用菌商务网（http：//mushroommarket.net）。

我国香菇生产和消费具有较强的区域性和季节性变化特点。2023年全国主要城市的鲜香菇市场价格之中，上海最高为12.3元/千克，其次是广州（12.1元/千克）、郑州（11.8元/千克）、西安（11.4元/千克）、成都（10.7元/千克）、北京（9.9元/千克）和哈尔滨（9.7元/千克）。各地价格变动呈现出9—12月价格最高，之后逐渐下降，直至次年8月后价格反弹的变化趋势，各地价格波动具有一定的差异性，北京、上海波动较小，西安波动较大。

近年来，我国香菇经营效益下降，对于菇农增收造成了一定影响。以传统香菇产区陕西省宁强县为例（表4），2023年该县生产香菇约6 000万棒，产量5.5万吨，从业人员4 000余人，采用17厘米×57厘米菌棒，棒重2.4～2.6千克。2017—2023年，该地区香菇销售价格维持在8元/千克左右，2022年曾达到最高值，10.0元/千克；棒菌生产成本由3.3元/棒上升到4.3元/棒，其中，木屑成本从每棒0.8元涨到1.12元，增长40.0%；菌袋和麸皮等菌用物资需要外购，成本由每棒0.7元涨到0.9元，增长28.6%；劳动力以妇女和老人为主，包三餐的日工资由60元上涨到100元，折算到菌棒上，每棒人工成本从0.6元上涨到0.9元，增长50.0%；其他成本从1元上升到了1.2元，增长20.0%。以上各项成本合计由每棒3.3元涨到4.5元，增长36.4%。受成本上涨影响，同期，棒均收益由2.3元下降到1.4元，降幅为37.6%。

表4 2017—2023年陕西宁强县香菇栽培收益变化

项目	2017年（a）	2018年	2019年	2020年	2021年	2022年	2023年（b）	（b−a）/a（%）
年均销售价格（元/千克）	8.0	8.0	9.2	7.6	9.6	10.0	8.0	0.0
年收益（元/棒）	2.3	1.5	1.9	1.9	2.2	2.3	1.4	−39.1

（续）

项目	2017 年 (a)	2018 年	2019 年	2020 年	2021 年	2022 年	2023 年 (b)	(b−a) /a (%)
总成本（元/棒）	3.3	3.5	4.1	4.25	4.45	4.5	4.32	30.9
木屑成本	0.8	1	1.2	1.3	1.3	1.35	1.12	40.0
其他原料成本	0.7	0.7	0.9	0.9	0.9	0.9	0.9	28.6
人工成本	0.6	0.6	0.8	0.8	0.8	0.8	0.9	50.0
设备成本	0.05	0.05	0.05	0.05	0.05	0.05	0.05	0.0
租地成本	0.05	0.05	0.05	0.1	0.1	0.1	0.05	0.0
管理成本	0.1	0.1	0.1	0.1	0.1	0.1	0.1	0.0
其他成本	1.0	1.0	1.0	1.0	1.2	1.2	1.2	20

资料来源：根据陕西省宁强县提供资料核算。

（六）产业政策

近年来，我国香菇产业发展得到了党中央、国务院和各级地方政府的高度认可和重视。2017 年、2019 年中央 1 号文件相继把包括香菇在内的食用菌产品列为提倡大力发展的"优势特色产业"，明确提出"加快发展乡村特色产业因地利宜发展多样性特色产业""积极发展果菜茶、食用菌等产业"。2023 年中央 1 号文件再次提到"要构建多元化食物供给体系，培育壮大食用菌和藻类产业"。之后各主产区相继出台文件支持产业发展，其中，福建省发布《关于做好 2023 年全面推进乡村振兴重点工作的实施意见》，提出"提高食用菌工厂化生产、设施化栽培水平，推广移动智慧菇房、立体层架式栽培、光伏菇棚等模式"、"树立大食物观，念好'山海经'，构建粮经饲统筹、农林牧渔结合、植物动物微生物并举的多元化食物供给体系。推进珍稀特色菌类产业化发展"；广西壮族自治区发布《关于做好 2023 年全区食用菌产业发展工作的通知》，要求"贯彻新发展理念，以市场为导向，加快设施食用菌发展，打造食用菌全产业链，强化食用菌产业科技支撑，进一步培育壮大广西特色食用菌产业"；云南省楚雄州制定了《楚雄州食用菌产业发展三年行动方案（2023—2025 年)》。在全国各级政府的支持下，香菇产业发展外部环境得到大幅度改善。

二、香菇产业发展存在的问题和挑战

（一）产业发展存在的主要问题

从消费视角来看，国内市场仍然是香菇主要消费市场，但存在信息不对称、消费者对香菇不了解、市场开拓乏力等问题；在国际市场上，非关税壁垒进一步提升，加强市场宣传以及协力加强反制将成为开拓国际市场的重要问题。从生产角度来看，香菇产业尚处于劳动密集型向技术密集型转型阶段，技术对劳动力的替代速度加快，但设施用地紧缺、环保压力加大等政策原因限制了产业规模扩张。从延长产业链条视角来看，香菇产品仍以生鲜产品及初级加工产品为主，技术含量不高，产品品种单一，产品同质化严重，精深加工的产品开发较少，市场份额相对较低问题还未能得到解决。从行业管理角度来看，行业组织在推进香菇产业做大、做强、做精、做优方面还缺乏系统性和前瞻性引导，产业发展波动性较大，产量忽多忽少的现象仍存在。

（二）产业发展面临的外部挑战

1. 相关支持体系不健全。国家层面还没有建立完善的产业政策支持体系，主产区受制于地方财政财力限制，支持力度有限，不具备系统性和稳定性，难以支持香菇产业长期稳定发展。耕地保护、环保整治等也限制了香菇产业规模扩张。香菇品级多，不同级别之间价格差异大，各地批发市场品级标准大相径庭，可参考的官方数据较少，难以支撑建立监测预警体系；香菇生产统计完全依靠相关行业协会发动会员自愿上报，尚未被列入官方统计目录，漏报、错报等问题难以避免。香菇大灾保险制度还不健全，金融支持体系尚不完善。

2. 国内外市场开拓乏力。香菇新产区逐渐增加，但新产区附近的香菇消费习惯尚未成形，需要提升香菇社会知名度，传播香菇消费方式，开拓市场规模。对于香菇各类细分市场的特征研究刚刚起步，缺乏稳定的市场信息供给，难以支撑行业企业以销定产。全球经济一体化进程受阻，国内相关机构处理贸易纠纷的能力不足。

3. 技术创新水平不高。我国香菇种业科技研发起步晚、起点低，菌种育繁推严重脱节，品种更新慢、数量少、稳定性差，技术支撑不足，菌种市场混乱。随着香菇产业发展环境的深刻变化，用地、用工、原料等成本的上升，对于高产高效适用强的新品种需求增加。香菇产业正在由一家一户的传统农法栽培向先进工厂化栽培模式转变，但工厂化生产投资高，栽培技术和工艺标准化程度低，数智化发展水平较低等问题急需解决。

三、香菇产业发展趋势与前景展望

（一）发展趋势与前景展望

1. 产量将持续下降。2024 年，预计我国香菇产量下降到 1 250 万吨。在保障粮食安全的大背景之下，各地政府将严守底线，恢复粮食种植。同时，在保护生态环境压力下，各地政府将持续推动使用节能锅炉，这些政策导致香菇外部政策环境变化，小菇农参与香菇生产门槛提升。预计除部分新产区之外，现有产区将很难扩大香菇栽培规模，且有持续减少的发展趋势。

2. 外贸规模将持续萎缩。在我国加强严打力度，逐步取消出口退税的情况下，香菇出口将逐渐挤出泡沫并恢复原本水平。考虑到东亚和东南亚地区的香菇消费习惯，上述地区是我国香菇出口的主要目的地，预测香菇出口量将逐步稳定在 20 万～30 万吨。

3. 消费需求将持续增长。香菇含有丰富的多糖、蛋白质和膳食纤维，具有一定的增强免疫力、降血脂、抗血栓等功效。加之香菇口感鲜美，价格适中，特别是新鲜香菇食用方便，随着居民康养意识的不断增强、香菇加工品的多元化发展，预期我国香菇需求将会持续增长。但受到国内外经济环境影响，以及香菇社会认知度偏低，市场开拓难度较大，如何全方位扩大内需将成为未来一段时期的重要课题。

4. 深加工产业链将延展。随着消费市场多元化以及香菇企业经营收益下降，迫使企业延长产业链条。今后，随着加工工艺及技术的不断发展，生物技术、酶工程技术以及超高压处理、超临界萃取、膜分离、超微粉碎、微胶囊、真空处理、微波技术等高新技术在香菇加工和新产品研发中逐步得到应用，将促进香菇加工业发展，产业链不断延展。

5. 生产模式将逐渐优化。由于菇农老龄化及劳动力减少问题日益突出，香菇生产模式将逐渐从传统家庭小作坊转型到"公司＋菇农""合作社＋菇农"，再到"企业集中制棒＋农户分散出菇"模式，进而转向香菇工厂化生产，即从设施制棒、生态出菇向设施制棒、环控出菇方向升级。

（二）对策措施与政策建议

1. 完善产业政策扶持体系。编制《香菇产业"十五五"发展规划》，由中央财政设立支持香菇产业发展的专项资金，地方各级政府配套，加大政策引导力度，推动香菇产业有序发展。不断提升菇农组织化水平，支持新型农业经营主体加强基础设施建设。建立香菇监测预警体系，完善大灾保险制度，提升菇农灾后重建能力。加大金融扶持力度，引入动产担保制度，扶持产业平稳发展。

2. 提升行业组织的服务能力。提升行业组织搜集和分析国外市场信息的能力，及时掌握香菇国内外消费市场发展动向和发展趋势，帮助会员制定合理的经营规划。充分发挥"香菇大数据中心"作用，通过互联网应用、大数据分析等信息化手段，为香菇生产、价格、交易、融资、技术和风险监控等提供服务。推动把香菇生产统计列入官方统计的主要农作物目录，为产业发展提供必要的信息支撑。举办烹饪比赛、优秀菇农评选、优质香菇产品评选，以及农产品推介会、博览会、展销会等活动，宣传香菇，增加产销互动机会。设立外文网页，对外宣传香菇发展历史、香菇产品特征，扩大中国香菇的国际影响力。

3. 加强地域品牌建设。鼓励香菇主产地申报地理标志产品，以市场细分策略提升香菇产品附加值。深入挖掘本地香菇产业发展的历史传承、文化底蕴，并以理化指标为基础明确品牌内涵。采取政府引导与行业自主相结合的方式，制定本地香菇品牌准入标准，开拓市场，打击假冒伪劣。提高出口香菇的食品质量安全水平，从源头建立符合国内外消费者需求的全过程可追溯、可监控的产销履历制度和标准体系。通过短视频、网站等方式提升品牌影响力。

4. 提升农业新质生产力水平。围绕栽培模式、品种选育、催生新产业等重要方面，以科技创新推动香菇产业稳步发展。因地制宜推广"企业集中制棒＋农户分散出菇"模式，以香菇栽培技术水平和劳动力供给能力为约束条件，适度控制农户的香菇生产经营规模，同时在具备条件的地区，推动智慧菌业发展，依托物联网、大数据、人工智能、区块链等科技手段，推动信息技术在香菇生产、管理、经营、销售等环节的深度应用，逐步实现香菇全产业链数字化、智能化发展，让香菇生产者从"会"种向"慧"种转变。加快香菇特色品种选育，实现基础研究突破，发展以香菇栽培为核心纽带的绿色循环农业经济，延长产业链条，开发基于香菇的大健康产品，如药物、保健品、护肤品；以菌丝体为基础开发建材、包装材料、菌丝体皮革等新材料。

报告撰写人：

曹　斌	中国社会科学院农村发展研究所（中国食用菌协会香菇分会，副会长）副研究员
高茂林	中国食用菌协会	会长
李欣欣	中国食用菌协会香菇分会	秘书长
原嘉毅	中国农业大学经济管理学院	本科
高　博	北京林业大学理学院	本科

黑木耳产业发展报告

中国是黑木耳的故乡，是世界上黑木耳生产第一大国，产量占世界的 90％以上。黑木耳作为我国特色优势农产品，生产地域广泛，黑龙江、吉林、福建、浙江、陕西等地都有生产，其在农业增效、农民增收、产业扶贫等方面起到了重要作用。2023 年我国黑木耳干品产量 71.45 万吨，同比 2022 年减少 4.61％；黑木耳出口持续下滑，2023 年出口量、出口额分别为 19 364.67 吨和 27 303.68 万美元，较 2019 年分别下滑 49.89％和 53.74％；我国黑木耳消费主要以干品为主，消费量与产量基本匹配。预计未来 3～5 年内，我国黑木耳的产量与生产规模呈现回落再平稳发展态势，黑木耳的精深加工量有所增加、加工形式多样，以满足消费者对多样化、高附加值产品的需求；在经济状况趋于稳定后，我国黑木耳的出口数量有望迎来回升。未来应重点关注黑木耳的集约化生产、精深加工、品牌建设、市场服务、质量安全等问题，不断提升黑木耳产业发展水平。

一、我国黑木耳产业发展现状

（一）生产

我国是全球最大的黑木耳生产国，产量占全球 90％以上。近年来，随着种植技术的进步和规模的扩大，我国黑木耳年产量稳步增长。黑木耳的主要产区集中在黑龙江、吉林、福建等地，其中黑龙江省因昼夜温差大、气候独特，所产黑木耳品质上乘，2023 年干品产量高达近 35 万吨，位居全国第一；吉林排名第二，干品产量为 11.1 万吨。

2014—2023 年，我国黑木耳产量整体呈现升高的变化态势（图 1），黑木耳干品年产量在 57.91 万～75.19 万吨。2014—2017 年，在国家产业扶贫政策的推动下，西部及西南地区黑木耳产量增长较快，2017 年我国黑木耳干品产量达到峰值，为 75.19 万吨，比产量最低年份 2014 年增加了 29.84％；2018 年干品产量下降明显，为 67.40 万吨，同比降低 10.36％；2019—2022 年，我国黑木耳种植规模呈现相对稳定的状态，2023 年我国黑木耳干品产量 71.45 万吨，同比 2022 年减少 4.61％。

（二）加工流通

加工产品方面，黑木耳的加工过程涵盖初级加工与深度加工两大领域，其中初级加工占据主导地位，占黑木耳总量的 94％。当前市场上已推出或正处于研发阶段的

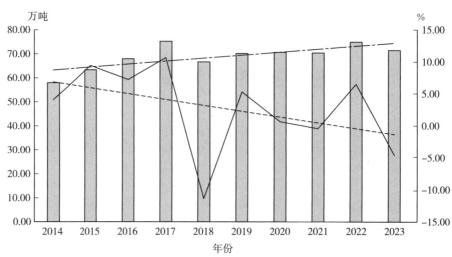

图1　2014—2023年我国黑木耳干品产量

数据来源：中国食用菌协会。

黑木耳深度加工产品，主要可归为以下三大类别：休闲食品类，如黑木耳饮料、黑木耳脆片、黑木耳冰激凌及黑木耳软糖等；功能性产品类，涵盖黑木耳超微粉、黑木耳菌草茶以及黑木耳口服液等；便捷食品类，如黑木耳粥、糊及面向航空领域的即食黑木耳产品。在这些深加工产品中，黑木耳饮料以28％的市场份额高居榜首，显著超过其他同类产品；黑木耳营养粉市场份额为8％，排名第二；黑木耳粥与即食黑木耳，两者均占有6％的市场份额。采用常规粉碎或超微粉碎的黑木耳粉往往具有更高附加值。木耳粉产品及其结合燕麦、灵芝、杂粮、面包、饼干等形成的产品在医疗保健、食品、保健品领域已获得较多应用。但目前黑木耳产品研发仍存在新产品生产研发滞后、消费量有限、缺乏可持续发展能力等问题。目前我国黑木耳精深加工产品量每年在4万吨左右，仅占黑木耳（干品）总产量的6％。

加工技术方面，随着食品加工研究的不断深入，目前许多高新设备和先进技术被应用于木耳加工行业，进一步完善了木耳加工产业链。如通过将物料冻结到共晶点温度以下，在高度真空环境下，通过冰晶升华除去物料中水分的真空冷冻干燥技术；对木耳提取物利用雾化器将样品溶液分散为小液滴，并在热空气的作用下迅速干燥成粉的喷雾干燥技术；利用机械或流体动力的原理将较大颗粒的物料粉碎至微米级的超微粉碎技术；对黑木耳多糖进行提取的热水浸提法、酸碱浸提法、酶法提取、辅助提取法等工艺。

流通主体方面，我国的黑木耳销售以农产品批发市场、零售摊点以及超市零售为主，微商、电商等新兴渠道为辅。在全国范围内，五个主要的黑木耳大型批发市场——黑龙江东宁市雨润绥阳木耳大市场、吉林蛟河黄松甸食用菌批发大市场、黑龙江尚志市苇河黑木耳批发大市场、浙江龙泉浙闽赣食用菌交易中心以及福建古田食用菌批发市场，已经形成了广泛的影响力，是推动黑木耳流通的重要力量。其中，

2023 年黑龙江尚志市苇河黑木耳批发大市场年交易量达 13 万吨，交易额达到 150 亿元。黑龙江东宁市雨润绥阳木耳大市场交易额超 60 亿元；吉林蛟河黄松甸食用菌批发大市场年可销售黑木耳 3 万余吨，销售额达 21 亿元；福建古田食用菌批发市场主要经销银耳、香菇、茶树菇、黑木耳等种类的食用菌，年交易额 9 亿元以上，其中黑木耳年交易额在 3 亿元左右。浙江龙泉浙闽赣食用菌交易中心也已成为南方最大的食用菌集散中心，年交易额高达 35 亿元。

流通方式方面，黑木耳主要以干品的形式进行销售，超市常见的是以塑料袋或精美礼盒包装的干黑木耳，而批发市场则更多以散装形式出售。此外，有些黑木耳加工企业会对干黑木耳进行二次泡发处理（也称为泡发菜），随后作为冷鲜产品在超市或批发市场进行销售。

（三）消费

2019—2023 年，我国黑木耳的消费量（干品）每年在 62.57 万～69.80 万吨，其中 2019 年最低，消费量为 62.57 万吨。随着人们膳食结构的改善，黑木耳的消费量逐年增加，2021 年增至最高 69.80 万吨，2022 年降至 68.74 万吨，2023 年与 2022 年基本持平。消费群体以城镇居民为主，包括家庭消费和餐饮消费，人均年消费量逐年上升。消费区域比较广泛，全国各地均有销售，消费形式近几年呈现多样化趋势，以凉拌、炒菜、火锅、煲汤、速食加工等方式为主。

黑木耳的保健属性使得其加工衍生品越来越受到市场的青睐，从市场消费情况来看，用于生产辅助降血脂的黑木耳保健品，占整个黑木耳保健品市场的 40%；有助于增强免疫力的黑木耳保健品占比为 36%。根据国家药品监督管理局的数据，2019 年中国医药保健品行业的总产值约为 6.5 万亿元，其中黑木耳多糖类产品的市场份额占比约 3%，即 2 000 亿元，预计在未来七年（2024—2030 年）这一市场规模将以年均 8% 的速度增长。

（四）进出口

我国既是世界最大的黑木耳主产国，同时也是世界主要的黑木耳出口国，进出口贸易一直保持着较大的贸易顺差水平。但是，由于近几年新冠疫情导致全球消费疲软、海外市场需求急剧收缩、企业出口成本大幅增加、市场价格持续低迷等一系列连锁反应和负面因素的叠加效应，我国黑木耳出口贸易发展势头出现明显下滑。

2020—2023 年我国黑木耳的出口贸易规模出现了断崖式下跌，出口数量和出口金额分别由 2019 年的 38 643.63 吨及 59 022.09 万美元大幅缩减至 2023 年的 19 364.67 吨和 27 303.68 万美元（图 2），减幅分别高达 49.89% 和 53.74%。

从我国黑木耳出口国家和地区来看，2019—2023 年主要出口至越南、泰国、中国香港、日本、马来西亚、韩国、缅甸、印度尼西亚、美国等。2023 年出口目的地前 3 位分别是越南、日本和泰国，其中出口数量最大的为越南，占我国总出口数量的 42.95%；其次为日本和泰国，占比分别为 11.25% 和 8.32%。

我国黑木耳干品出口贸易价格持续低迷，出口平均单价从 2019 年的 15.28 美元/千克逐步跌至 2023 年的 14.11 美元/千克，下跌幅度达到了 7.66%，其中 2020 年 1 月最高，

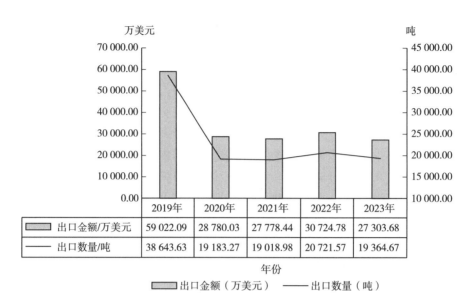

图 2　2019—2023 年我国黑木耳出口金额和出口数量

数据来源：海关总署。

为 15.86 美元/千克，2023 年 12 月跌到了近 5 年的最低值，仅 12.79 美元/千克（图 3）。

图 3　2019—2023 年我国黑木耳干品出口平均单价

数据来源：海关总署。

　　我国黑木耳进口来源国家和地区较集中，主要是朝鲜与中国香港。2023 年进口数量和进口金额分别为 8.63 吨、137 405 美元，比 2019 年的 15.01 吨、262 869 美元分别降低了 42.50% 和 47.73%。

（五）全产业链效益

　　2023 年黑木耳市场价格节日效应明显，1、2、5 月由于恰逢春节、五一劳动节等节日导致价格相对较高，均价在 38 元/斤以上。全年黑木耳最高价为 1 月的

38.25 元/斤，最低价为 7 月的 36.63 元/斤。

2019—2023 年，我国黑木耳月批发价格整体呈现波动降低的趋势（图 4），2019 年 2 月最高，达 40.46 元/斤；2023 年 7 月最低，仅 36.63 元/斤。年均批发价整体呈现降低趋势，2019—2023 年批发价格在 37.46～38.78 元/斤，其中 2021 年最高，为 38.78 元/斤；2023 年最低，仅 37.46 元/斤。2021 年 1 月批发价环比增幅最高，为 2.38%，2019 年 5 月环比降幅最大，为 -3.13%。

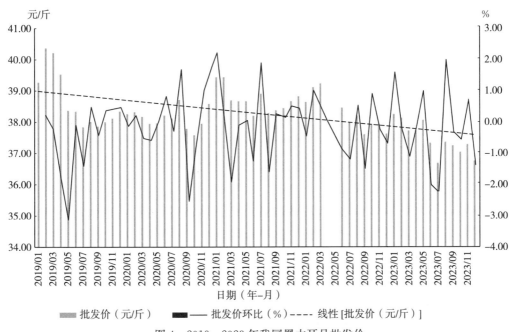

图 4　2019—2023 年我国黑木耳月批发价
数据来源：国家发展和改革委员会。

成本收益方面，以黑龙江省东宁市黑木耳种植基地为例，2023 年生产总成本与 2022 年持平，均为 1.85 元/袋；纯收益 2023 年略有增加，为 1.5 元/袋，较 2022 年的 1.3 元/袋，增加了 0.2 元/袋，农户收益可以得到保障，种植积极性增强，菌农的收益尚可。

产值方面，以黑龙江省东宁市为例，2022 年黑木耳种植规模 9 亿袋，产量 4.3 万吨，产值 36.6 亿元；2023 年黑木耳种植规模 9.1 亿袋，产量 4.5 万吨，产值 37.1 亿元，较 2022 年增加了 1.36%。

(六) 产业政策

近年来，随着国家扶贫政策的持续推进，黑木耳已经发展成为促进地方县域经济增长、优化调整农业产业结构的重要食用菌品种。食用菌产业以其自身独有的优势和价值，成为我国农业产业中继粮食、蔬菜、果树、油料之后的第五大产业，受到党中央、国务院高度重视。目前已相继出台了一系列政策措施支持食用菌产业发展。

表 1　历年明确支持食用菌产业发展的中央 1 号文件

年度	1 号文件名称	支持食用菌产业发展相关内容
2017 年	关于深入推进农业供给侧结构性改革加快培育农业农村发展新动能的若干意见	实施优势特色农业提质增效行动计划，促进果菜茶、食用菌、中药材和特色养殖等产业提档升级，把地方土特产和小品种做成带动农民增收的大产业。
2019 年	关于坚持农业农村优先发展做好"三农"工作的若干意见	加快发展乡村特色产业。积极发展果菜茶、食用菌、中药材、特色养殖等产业。
2023 年	关于做好 2023 年全面推进乡村振兴重点工作的意见	构建多元化食物供给体系。树立大食物观，培育壮大食用菌和藻类产业。

国家层面：中央 1 号文件三次提到食用菌产业（表 1），分别为 2017 年将食用菌产业列为提倡大力发展的"优势特色产业"之一；2019 年再次明确"因地制宜发展多样性特色产业"、"积极发展果菜茶、食用菌等产业。支持建设一批特色农产品优势区"；2023 年提出要"树立大食物观，培育壮大食用菌产业"。

2020 年 6 月 9 日，农业农村部印发《关于促进贫困地区食用菌产业稳定发展的指导意见》，意见指出食用菌是贫困地区脱贫致富的重要产业之一，对增加农民收入、加快脱贫进程发挥了重要作用。同年 6 月 16 日，农业农村部种植业管理司组织全国农业技术推广服务中心和农业农村部相关专家指导组有关专家制定并印发《贫困地区黑木耳绿色高质高效技术模式》，该文件为黑木耳生产提供技术指导，有效促进产业提质增效，推进贫困地区的黑木耳特色产业健康发展。国家政策的支持，为食用菌产业的持续健康发展注入了强大动力。

地方层面：黑龙江省高度重视农业资源环境保护和改善，坚持把乡村振兴战略作为新时期建设"三农"工作的总抓手。2016 年，黑龙江省出台《黑龙江省林业产业发展规划（2016—2020 年）》，要大力发展以黑木耳为代表的食用菌产业，尤其要加快开发香菇、灵芝等木腐型食用菌，双孢蘑菇、杏鲍菇等草腐型食用菌，打造一批食用菌产业基地，形成百亿袋生产规模。2023 年，黑龙江省印发《黑龙江省加快推进农产品加工业高质量发展三年行动计划（2023—2025 年）》，重点在哈尔滨、牡丹江、佳木斯、伊春、鹤岗、黑河、大兴安岭等区域建设食用菌加工产业集群。积极发展复合菌饮品、即食食品、保健品等精深加工产品，推进黑木耳、猴头菇、平菇、香菇、金针菇、双孢菇等食用菌加工产品总量持续提升。目标在 2025 年全省食用菌产业营业收入达到 360 亿元，比 2022 年增长 33.3%，年均增长 10.1%。

黑龙江省东宁市建有全国最大的黑木耳生产基地、批发集散中心，被誉为"中国黑木耳之乡""全国黑木耳第一市"。该地市委、市政府将黑木耳产业作为域内经济发展战略和新农村建设的核心内容，高度重视，强力推进。2019 年设立"东宁市黑木耳产业发展基金"，每年总额确保 1 000 万元以上，采取以奖代投的形式，重点对园区建设、精深加工、广告宣传、追溯体系建设、科技创新等方面予以支持。

吉林省高度重视优势特色产业发展，助力乡村振兴。2021 年印发《吉林省黑木耳产业"十四五"发展规划》，重点在延边朝鲜族自治州、吉林市、白山市、辽源市、通化市、松原市、四平市和白城市等区域建设形成"一区一基地一中心"产业发展新格局。目标在 2025 年全省黑木耳产业规模发展到 35 亿袋，产值达到 130 亿元，实施"吉林长白山黑木耳"品牌发展战略，"两品一标"种植面积达到 80% 以上。

二、黑木耳产业发展存在的问题与挑战

（一）产业发展存在的主要问题

1. 生产方式粗放，标准化程度低。黑木耳的产业化进程已初步形成，涵盖了菌包制作与黑木耳种植两大关键环节。然而，从农户视角审视，当前的分工体系尚不够清晰，多数农户仍沿用着"小而散"的家庭作坊式生产模式。黑木耳种植和生产中工厂化、集成化、机械化和自动化水平比较低，多数都是以农户简单、粗放的生产方式为主，自行进行包装。在这种背景下，不仅无法达到无菌生产和包装需求，也谈不上标准化生产。同时，因为黑木耳生产环境可控性比较差，导致黑木耳生长中病虫害的发生率增加，也增加了病虫害防治难度，最终造成黑木耳减产，影响了农户收入。

2. 加工产业链条短，品类和口感有待提升。目前黑木耳产业链条延伸不足，加工方式仍以干品粗加工为主，在食用上采取冷水泡发方式，初加工产品占比仍然很大。精深加工的功能性、保健型及休闲食品的研发处于起始阶段，新开发产品例如黑木耳糖、黑木耳饮料、膨化食品等开发时间短，口感不良，市场消费量比较有限。

3. 品牌建设投入不足，市场品牌辨识度不高。农产品品牌既是农产品质量的重要保障，也是推动农业产业向价值链中高端跃升的重要手段。但是，由于全方位品牌化建设投入不足导致消费者对于市场上不同黑木耳产品品牌的辨识度普遍不高。一方面，产业基础薄弱、乡村数字技术设施建设滞后、现代化物流和智能仓储布局缺失是目前制约我国黑木耳主产区品牌化发展的主要瓶颈；另一方面，虽然目前具有一定规模的黑木耳生产企业（合作社）对品牌建设比较重视，大多数已注册黑木耳相关品牌商标，但是由于缺乏完善的品牌监督和管理机制，导致黑木耳农产品品牌"多而不精、大而不强、无序竞争"的问题比较突出。加之，品牌建设渠道单一、宣传力度不够、辐射群体有限，不能真正地全面体现出地域产品优势，导致普通消费者往往对黑木耳产品的品牌认知程度不足、市场认可度低、市场占有率不高。

4. 基础建设相对滞后，市场服务不充分。黑木耳的生产设备目前尚未被纳入农业机械购置补贴的范畴，这导致种植户在申请贷款时面临较大难度。此外，部分地区的基础设施建设相对滞后，主要表现为生产规模"小而散"，园区内的基础设施不够完善，且规范化管理的水平有待提高。在防灾抗灾方面，现有的能力尚不足以满足标准化生产、集约化经营以及产业化发展的需求。

同时，批发市场、现代化的仓储物流体系、电子交易结算平台等市场配套服务功能有待提升。

5. 生产成本逐年增加，产品价格持续走低。近几年，木屑等原料供应紧张，黑木耳生产成本逐年增加，废弃菌包处理成本增高。随着黑木耳产量的增长，供求市场基本饱和，黑木耳价格偏低。成本趋高价格降低，导致农户收益大幅度下降，严重影

响了黑木耳产业的健康发展。

6. 质量问题频现，质量安全不够重视。 当前"大食物观"和"大健康"背景环境下，人们不再局限于温饱充饥，而对食品安全和营养健康有了更高层次的需求：吃得好、吃得安全、吃得健康。但由于农药残留和添加剂、硫黄熏制、染色和增重等，当下市场黑木耳质量安全问题频频出现。在生产过程中，如果黑木耳接触到农药或其他化学物质，可能会导致农药残留问题。此外，一些生产商可能会添加消毒杀菌剂、除草剂、促生长剂等物质，这些都可能对消费者的健康造成威胁。由于黑木耳含有较高的多糖，容易长虫，因此一些生产商会选择用硫黄熏制黑木耳，以此来防止虫害。然而，这种加工方式会使黑木耳的表面残留较多的二氧化硫，长期食用可能对健康产生不利影响。一些不法商贩为了使黑木耳看起来更黑更有光泽，会对黑木耳进行浸泡染色，使用红糖、硫酸镁等物质，这不仅破坏了黑木耳的营养成分，也可能影响消费者的健康。此外，为了增加利润，不法商贩还会通过给黑木耳增重的方式来增加销量，他们利用黑木耳的吸附性，将其浸泡在糖水、盐水、硫酸镁等溶液中，然后再晒干，这样可以使黑木耳的重量比之前高很多。以上这些现象使消费者的安全保障权益受到严重侵害。由于缺乏相关的质量标准、监管力度不够等问题，黑木耳质量安全仍面临着不容忽视的隐患和挑战。

（二）产业发展面临的外部挑战

1. 资源环境约束加剧，主要原材料供给压力凸显。 黑木耳产业发展较大程度上依赖于林木资源供给，虽然近年来在生产原料、品种结构、栽培技术等方面开展了一系列科研攻关，在一定程度上拓宽了生产资源来源范围，包括锯末、木屑、秸秆、糠麸、棉籽壳等在内的杂木资源也得到了有效开发与利用，但是目前以林木为主原料的种植结构依然没有得到根本性改变。而且，随着我国全面停止天然林商业性采伐政策的制定实施以及黑木耳生产规模的逐步扩大，生产资源供给压力也日益凸显，直接导致原材料市场价格持续走高，种植生产成本上升速度加快，制约了我国黑木耳产业的可持续发展。

2. 黑木耳出口疲软，面临转型升级挑战。 我国是世界主要的黑木耳出口国，进出口贸易一直保持着较大的贸易顺差水平。但是，由于近几年海外市场需求急剧收缩、企业出口成本大幅增加、市场价格持续低迷等一系列连锁反应和负面因素的叠加效应影响，对我国黑木耳出口贸易造成了巨大冲击，发展势头出现明显下滑，黑木耳行业正面临着转型升级的挑战。

三、黑木耳产业发展趋势与前景展望

（一）黑木耳发展趋势预测

2024年，我国黑木耳种植规模与产量因上年度价格提升而有所增加，生产成本随之走高，但由于低温等气候因素造成了产量与质量降低，价格偏低和收益损失。加工消费量与产量平衡，产地黑木耳的价格将有所上涨，贸易量在下调后增加。

（二）黑木耳产业发展前景

未来黑木耳行业将呈现以下趋势：一是产量和种植规模受市场价格影响大，呈波动发展态势；二是优质黑木耳市场供应量将加大；三是精深加工量将增加；四是出口量将在经济回稳之后上升；五是消费者对黑木耳精深加工产品的需求日益旺盛，将推动产业链向纵深方向发展。

（三）推进黑木耳产业高质量发展的相关建议

黑木耳作为重要的"菌物"资源，其在生态循环、食物保障、医药卫生等方面具有重要的意义。推进我国黑木耳产业高质量发展的政策建议主要有：

一是加快黑木耳产业由传统的以自然禀赋和产业规模为主体的比较优势向以技术进步和管理创新为核心的比较优势转变。

二是完善基础配套设施建设和专款专项补贴制度，同时加大对专用农机具购置补贴政策的支持力度，促进科技性、实用性兼备的农业机械在制料、拌料、装袋、灭菌、接种、菌丝培养、出耳管理、采收烘干、产品包装、废菌棒回收等各个生产环节的推广与应用，推动黑木耳产业由粗放型生产向规模化、集约化、标准化生产转变。

三是提升加工水平，增加产品附加值，加速黑木耳即食品、保健品等关键技术创新转化，创造新消费。挖掘黑木耳文化底蕴，拓展休闲旅游、科普等功能，建设黑木耳综合体，推动产业向二三产业延伸，让农户在三产融合中分享增值收益。

四是支持区域公用品牌建设。构建"政企联动、市场运作"长效机制，鼓励黑木耳主产区利用独特资源，做强公共品牌，探索"品牌＋文旅""品牌＋大健康"等模式，推动黑木耳产业向效益型转变，完善品牌监督与管理。加强黑木耳产业标准化体系建设，推广质量追溯制度，实现二维码追溯，探索产品数字化管理。

五是集聚各方优势，拓宽营销渠道。依托媒体资源优势，利用多元化、可视化的新兴营销宣传模式，将黑木耳产品的优质、特色等信息有效传递给广大消费者，在优质优价的基础上形成产品品牌溢价效应，并依托电商平台瞄准国内外市场，加快黑木耳产业电商化发展速度。

六是强化资源节约与环保，推动产业可持续发展。一方面，加速黑木耳菌包替代料及技术的研发，减少木屑等不可再生资源依赖，降低生产成本。另一方面，加强废弃物高效利用技术研发与推广，突破生物质发电、固体燃料等关键技术，建立废弃菌袋回收保证金制度，形成奖惩机制。加强政策扶持，在税收、用电、信贷等方面支持废弃物回收企业，构建回收产品销售网络。

报告撰写人：

李晓晨　黑龙江省农科院农业遥感与信息研究所　助理研究员
黄峰华　黑龙江省农科院农业遥感与信息研究所　研究员
孔　鹏　中国食用菌协会黑木耳分会　秘书长
单嘉瑶　黑龙江省农科院农业遥感与信息研究所　研究实习员

05

第五篇

特色畜禽产品

蜂蜜产业发展报告

　　我国地大物博，养蜂历史悠久，蜂蜜品种繁多，蜂群数量、蜂蜜产量和蜂蜜出口量等指标均居于世界前列。2023 年，我国蜂蜜产业继续保持世界领先优势，展现出"规模大、优势产区集中"等特点，总产量约为 46.35 万吨，占全球产量的 20% 以上，稳居世界第一；消费量同比增加 1.58%，呈现多元化；加工流通领域产品形式丰富；蜂蜜的出口量约为 15.3 万吨，同比下降 8.4%，平均单价同比下降 6.4%。预计短期内蜂蜜产量与消费需求进一步增长，出口量有所回升。未来，随着消费者对健康食品需求的增长，我国蜂蜜产业有望进一步拓展国内外市场，并通过技术智能化创新和品牌建设提升竞争力，打造蜂蜜产业链，推动产业质量全面提升和标准化发展，最终实现可持续发展。

一、蜂蜜产业发展现状

（一）生产

　　1. 蜂蜜产量保持稳定态势。从近 10 年的蜂蜜生产情况看，2016—2017 年为生产阶段性高点，年产量超过 50 万吨，近年小幅下降，保持在 45 万吨左右的水平。2023 年全国蜂蜜产量 46.35 万吨，同比增长 0.3%，与 2012 年 43.84 万吨相比，10 年间增量约为 2.51 万吨，增幅 5.73%。而我国单群蜂蜜产量始终保持全球前列，近年保持在 49 千克，与巴西、加拿大维持在同一水平，高于新西兰、墨西哥等国。

　　2. 我国蜂蜜产业继续保持世界领先地位。近年来，我国蜂群数量呈现平稳增长态势，从 2018 年的 914.02 万群增加到 2023 年的 949.24 万群，占亚洲蜂群存量的 20.8%，占全球蜂群存量的 9.3%，仅次于印度，排名全球第二（图 1）。2023 年，我国天然蜂蜜产量占全球天然蜂蜜产量的 25.94%，居于世界第一，远超其他国家，排名第二的土耳其占比仅为 6.07%（图 2）。总体而言，蜂蜜产量的增长与蜂群数量的增加相辅相成，反映了我国蜜蜂产业在国内外市场日益增长的潜力。

　　3. 蜂蜜生产存在地域差异。从产量来看，河南、浙江、四川是我国传统的养蜂大省，蜂蜜产量居全国前三位，其产量之和超过全国总产量的一半，专业蜂农也较多。此外，广东、浙江、云南、重庆、湖北、河南蜂群数量都超过了 60 万群。从产品来看，浙江、江西一带蜂农生产蜂王浆比例较高，河南、山西、甘肃一带蜂农以生产蜂蜜为主，四川、湖北蜂农以生产蜂蜜和花粉为主。经过多年发展，养蜂业优势区域不断发展，逐步形成了秦岭、太行山洋槐蜜，大小兴安岭椴树蜜，北疆山花蜜等具

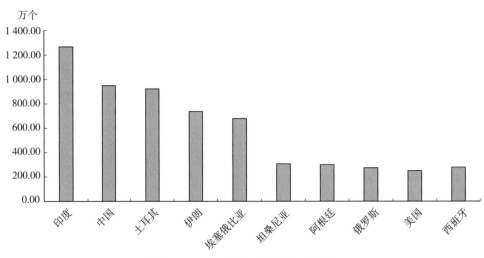

图 1　2023 年世界主要国家蜂群数量

数据来源：联合国粮农组织。

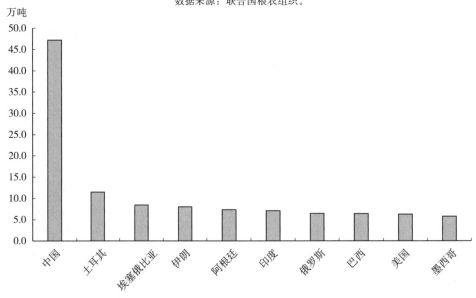

图 2　2023 年世界主要国家天然蜂蜜产量

数据来源：联合国粮农组织。

备一定规模的优势产区，这些地区蜜源集中连片、产品特征明显，相应的物流、集散、收购、加工等服务完备。

4. 蜂蜜生产技术推动产业发展。 多箱体生产技术、营养强化饲养、病虫害生物防控和数字化蜂场管理等技术的推广，显著提升了生产效率与产品质量。2023 年我国蜜蜂产业在品种培育、健康养殖等方面均实现了高质量发展，为全球蜂蜜市场提供了更丰富的产品选择。

（二）加工流通

1. 蜂蜜加工产品类型多样。 蜂蜜产品日趋多样化，包括蜂蜜棒、蜂蜜制品、蜂蜜饮品及蜂蜜泡腾片等新型产品，自 2023 年以来，我国蜂蜜初级产品与深加工产品种类日益丰富，涵盖蜂蜜饮品、护肤保健品、膳食补充剂、特色食品及药用蜂蜜等多种形态。

2. 蜂蜜加工产业向规模化与专业化发展。 2023 年，中国蜂蜜加工产业继续显示出规模化和专业化的趋势。目前，全国已有蜂产品加工企业超过 2 000 家，遍布各省市。蜂产品的生产和加工企业主要集中在浙江、江苏、北京、湖北、安徽、上海、山东、四川等地区。国内华东、华中、西南地区蜂产品企业占比超过 75%，分别为30.6%、28.2%、16.8%，华南、华北地区占比分别为 7.4%、7.4%，西北地区占比为 5.1%，东北地区占比为 4.6%。近年来，蜂蜜加工技术不断发展，低温稳态加工、低温后成熟等新技术已在产业中得到应用。

3. 蜂产品流通呈现出主体多元化、体系现代化和流通平台多元化特征。 冷链仓储设施快速发展。冷藏冷库的建设和管理水平显著提高，其广泛应用实现了蜂蜜从产地到市场的全程冷链保鲜，确保了蜂蜜在储存过程中的品质和安全性。流通主体面临价值链重构局面，蜂产品流通主体分工更细，要求参与者具备核心能力和竞争资源。互联网技术的发展，推动网络购物流行和快递物流业快速发展，蜂蜜的网络销售已成为一种新销售渠道，借助电商平台和自媒体平台，生产者能够实现直接面对消费者的自产自销。

（三）消费

1. 蜂产品消费需求日益多样化。 目前，我国蜂蜜消费主要集中在北京、上海、广州等一线城市。蜂蜜饮品（如蜂蜜柠檬水、蜂蜜饮等）因其天然营养成分和促进免疫功能的特性，在年轻消费者中受到广泛欢迎；护肤品（如蜂蜜面膜、护唇膏等）则利用蜂蜜的保湿和抗氧化特性，在护肤和抗衰老方面展现出显著效果；膳食补充剂中，党参蜂蜜等产品因其独特的保健作用被广泛应用于免疫增强领域。与此同时，蜂蜜糖果和烘焙食品等特色蜂蜜食品满足了消费者对天然甜味和营养的追求，而药用蜂蜜结合中草药配方，在缓解咽喉不适、促进睡眠和调理消化方面备受青睐。总体而言，我国蜂蜜消费人群以成年人为主，年轻消费者更倾向于蜂蜜饮品和补充剂，而老年人则偏好天然蜂蜜，认为其具备保健功能。

2. 蜂蜜市场需求总体稳定，但人均消费量相对较低。 我国蜂蜜消费中，自产蜂蜜消费数量一直大于 98%，进口蜂蜜消费数量不足 2%。中国是蜂蜜消费大国，蜂蜜消费总量逐年增加，2018—2023 年全国蜂蜜消费总量均超过 30 万吨，2023 年达到31.46 万吨，同比增长 1.58%。我国人口基数庞大，人均蜂蜜消费量相对较低，2023 年我国天然蜂蜜人均消费量约为 0.3 千克，远低于德国、美国和土耳其等主要消费国水平，这反映出我国蜂蜜产品在国民饮食中的渗透率仍较低，但随着人们健康意识的增强和对高品质蜂蜜的需求增加，中国蜂蜜市场具有显著的增长潜力。

（四）进出口

1. 中国天然蜂蜜进口来源地集中在新、俄、泰、澳四国。 2023 年，中国天然蜂蜜进口来源地主要是新西兰、俄罗斯、泰国和澳大利亚四个国家，中国从这四个国家进口天然蜂蜜量占天然蜂蜜进口量的 81.7%，进口额占中国天然蜂蜜进口额的93.8%（图 3 和表 1）。俄罗斯在 2021—2023 年成为我国蜂蜜第二大进口来源地，澳大利亚在 2023 年由第二变为第四。无论是在进口量还是在进口额上，新西兰都处于领先地位，且优势明显，自 2020 年以来，我国从新西兰进口的天然蜂蜜量连续四年超过总量的 40%，进口额连续多年超过总额的 70%。

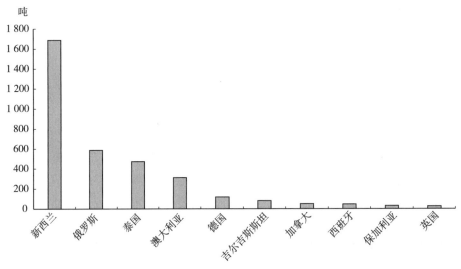

图 3　2023 年中国从前 10 位蜂蜜进口来源国进口的蜂蜜量

数据来源：海关总署。

表 1　2023 年中国从主要国家进口天然蜂蜜的情况

排序	国别	进口量 （吨）	进口量占比 （%）	进口额 （万美元）	进口额占比 （%）
1	新西兰	1 687.5	45.0	4 979.5	78.3
2	俄罗斯	588.5	15.7	202.6	3.2
3	泰国	472.3	12.6	223.3	3.5
4	澳大利亚	311.5	8.3	559.6	8.8
5	德国	117.8	3.1	100.5	1.6
6	吉尔吉斯斯坦	81.7	2.2	58.5	0.9
7	加拿大	50.4	1.3	40.3	0.6
8	西班牙	46.1	1.2	37.8	0.6
9	保加利亚	30.0	0.8	14.9	0.2
10	英国	26.5	0.7	26.5	0.4

数据来源：海关总署。

　　2. 中国天然蜂蜜主要出口目的地集中在英、日、比、波等。中国天然蜂蜜出口到 56 个国家，主要出口目的地是英国、日本、比利时、波兰和西班牙。2023 年，中国对这 5 个国家的天然蜂蜜出口量占到出口总量的 72.4%，出口额占到出口总额的 70.9%。其中，中国对英国的天然蜂蜜出口量和出口额均高于其他国家，占全国出口量和出口额比例均高于 20%（表 2）。

表2   2023年中国向主要国家出口天然蜂蜜的情况

排序	国别	出口量 （吨）	出口量占比 （%）	出口额 （万美元）	出口额占比 （%）
1	英国	39 109.8	25.6	5 612.4	22.1
2	日本	28 713.9	18.8	5 520.4	21.7
3	比利时	22 722.9	14.9	3 636.3	14.3
4	波兰	13 043.0	8.5	2 149.9	8.5
5	西班牙	7 016.7	4.6	1 083.1	4.3
6	葡萄牙	5 996.6	3.9	846.3	3.3
7	荷兰	5 623.4	3.7	905.7	3.6
8	南非	4 720.7	3.1	810.6	3.2
9	澳大利亚	3 364.6	2.2	626.9	2.5
10	沙特阿拉伯	3 240.6	2.1	736.8	2.9

数据来源：海关总署。

3. 中国天然蜂蜜出口量小幅下降，蜂蜜贸易顺差不断缩小。2023年，天然蜂蜜出口量为15.26万吨，同比减少2.11%。近五年，天然蜂蜜进口量呈波动变动趋势，2023年天然蜂蜜进口量达0.37万吨，与上年相比略有上升，同比增长0.57%（图3）。作为具有出口优势的农产品，我国蜂蜜产品一直维持贸易顺差，但近年来贸易顺差不断缩小，由2015年的2.14亿美元缩小至2023年的1.91亿美元。2015—2019年，我国蜂蜜出口额呈现下降态势（图4）。2019—2022年，蜂蜜出口额呈现增长态势，由2019年的2.35亿美元增长至2022年的2.77亿美元，2023年出口额为2.54亿美元，同比减少8.30%。蜂蜜进口额由2015年的7 483万美元增长至2021年高位的1.05亿美元，年均增长率达7.3%，2023年进口额回落到0.64亿美元，同比减少10.86%。由于进口的主要是高价值、高品质的蜂蜜，因此我国蜂蜜进口量与其他蜂蜜主要进口国相比，表现为进口额增速较快而进口量较小的特征。

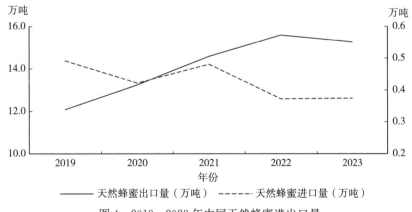

图4   2019—2023年中国天然蜂蜜进出口量

数据来源：海关总署。

4. 蜂蜜出口价格持续偏低。我国蜂蜜出口单价长期低于国际市场平均水平。

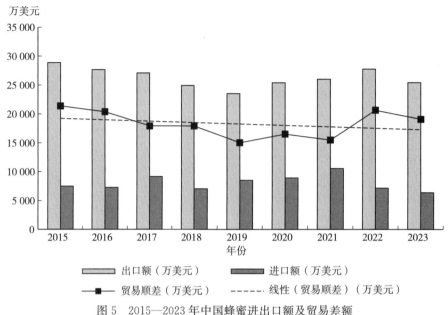

图 5　2015—2023 年中国蜂蜜进出口额及贸易差额

数据来源：海关总署。

2013—2023 年，我国蜂蜜出口价格从 1.97 美元/千克降至 1.67 美元/千克，而全球均价由 3.58 美元/千克降至 3.07 美元/千克。欧盟是我国蜂蜜第一大出口目的地，受新冠疫情和高通胀影响，2023 年对欧盟出口价仅 1.54 美元/千克。我国向欧盟出口的大多为大包装原料蜜，用于食品工业等，低价竞争策略明显。日本为我国第二大出口目的地，2015—2023 年，中国对日出口价从 2.19 美元/千克降至 1.92 美元/千克（图 5）。总体来看，尽管欧盟、日本对我国蜂蜜需求稳定，但经济疲软、进口商压价及低价策略导致我国蜂蜜出口价格持续下滑。

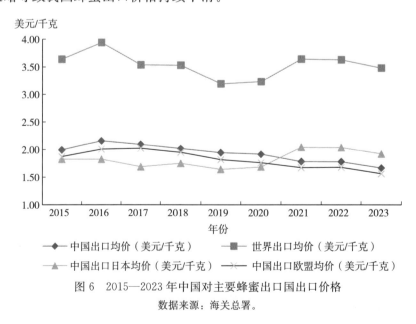

图 6　2015—2023 年中国对主要蜂蜜出口国出口价格

数据来源：海关总署。

5. 蜂蜜进口价格在近期首次下降，未来仍有下降空间。 近年来，新西兰蜂蜜进口激增推动了中国蜂蜜进口额增长，并提升了进口均价。2023 年，中国蜂蜜进口均价是全球均价的 5.93 倍，远超德国、日本、美国等蜂蜜主要进口国家 3~4 美元/千克的进口均价（表3）。

表3　2015—2023 年全球主要蜂蜜进口国家进口价格

单位：美元/千克

地区	2015 年	2016 年	2017 年	2018 年	2019 年	2020 年	2021 年	2022 年	2023 年
全球平均	3.56	3.12	3.62	3.28	3.05	3.27	3.58	3.86	3.22
中国	11.48	12.06	16.09	18.33	17.25	21.06	21.88	19.14	16.96
德国	3.73	3.18	3.52	3.60	3.05	3.04	4.10	3.98	3.43
日本	3.25	3.26	3.34	3.27	3.23	3.52	3.60	3.55	3.44
美国	3.45	2.54	2.81	2.52	2.28	2.24	3.03	3.87	2.97

数据来源：海关总署。

（五）全产业链效益

1. 蜂业总产值呈增长态势。 作为全球重要蜂蜜产区，中国共有 30 万户养蜂人，年产蜂蜜稳定在 45 万吨左右，根据 2023 年蜂蜜产量 46.35 万吨和每千克 80~150 元的市场均价情况，对总产值进行估算，中国蜂蜜的年产值为 370.8 亿~695.25 亿元。

2. 生产成本和收益分析。 养蜂成本受多种复杂因素综合影响，包括蜂群与封箱等投入、养殖环境、养殖规模、养殖方式（定地饲养和转地放养）、外部条件（气候条件、农药等）等。具体来看，养蜂的主要成本包括原材料（1 000~2 000 元/蜂箱）、设备投资（5 000~15 000 元）和人工成本（2 000~5 000 元），总成本在 30 000元左右。养殖收益较为可观，一个健康的蜂箱年产蜂蜜 20~30 千克，若以每千克价格 80~150 元计算，每个蜂箱的年收益可达 2 400~7 500 元。但养殖收益除了与养蜂成本相关，还与销售渠道、市场价格、品牌等因素相关。受地理环境、气候条件、蜜源植物种类、养殖技术水平、市场需求和成本结构等因素的影响，不同地区的蜂蜜成本收益有所差异。北方地区如内蒙古和河北的养蜂季节较短，产量较低，生产成本较高；而南方地区如四川和云南则因气候温暖，产量较高，生产成本较低。南方地区因蜜源丰富和技术应用，整体产量和收益普遍高于北方地区，而不同地区的市场环境和养殖模式决定了蜂蜜产业的发展潜力。

3. 蜂蜜需求回暖，价格水平有所上升。 2023 年，蜂产品市场需求有所回暖。受蜜源地气候变化、加工成本上升等因素的影响，蜂产品整体价格水平相较于 2022 年有所上升。国产蜂蜜的价格一般在每千克 60~160 元，而进口蜂蜜的价格更高，在每千克 160~400 元。从具体蜂蜜品种看，椴树蜜因其纯度不同而有不同定价，价格为 1.3 万~1.9 万元/吨；洋槐蜜在 40~41 波美度（°Bé）以上时收购价格为 1.2 万~1.3 万元/吨；荆条花蜜的收购价则高于常年。据中国蜂产品协会蜂胶专委会估计，与新冠疫情前相比，2023 年全国蜂胶市场的销售额进一步下滑了约 90%。但是，

2023 年超过 90％的蜂王浆原料的收购量较 2022 年有所增加，除了洋槐浆外，其他类型的蜂王浆原料收购价格比上年平均下降了大约 10 元/千克。根据中国蜂产品协会蜂王浆专委会的调查问卷，有 60％的蜂王浆企业 2023 年销售量有所上升，持平的企业占 30％，仅有 10％的企业销售量有所下降，这表明国内蜂王浆产品消费市场规模正在扩大。

（六）产业政策

为推动蜂蜜产业发展，我国自 2018 年起出台了一系列相关政策与规划（表 4）。我国蜂蜜产业政策通过一系列综合性的措施，包括强化蜂业质量提升活动、完善蜜蜂授粉机制、严格保障蜂产品质量安全、加强国际合作与交流以及推动蜜蜂遗传资源的保护与利用等，显著加速了蜜蜂产业的规范化、标准化与现代化进程。2023 年，工业和信息化部等十一部门出台《关于培育传统优势食品产区和地方特色食品产业的指导意见》，指出将蜂产品纳入特色食品产业扶持范畴，建设原料供应基地，旨在通过政策引导推动其健康发展，并提升整体竞争力。

长期以来，在这些政策的支持下，我国不断加强蜜蜂资源保护与利用，建成了国家蜜蜂基因库和蜜蜂资源保种场保护区；强化科技支撑，成立国家蜂产业技术体系，设立首席科学家、岗位科学家和试验站；围绕产业链做科技研发与推广，支持蜂蜜产业发展，加快授粉市场培育和技术推广；完善蜂业资源标准体系，发布成熟蜜农药残留标准，搭建国际蜂业交流平台。蜂业产业结构得到优化升级，国际竞争力与抗风险能力显著增强。

表 4　国家有关蜂蜜产业发展的相关政策与规划

发布时间	文件名称	发布部门	文件相关内容
2018 年 9 月	《关于实施蜂业质量提升活动通知》	农业农村部、财政部	要求提升养蜂业发展水平、完善蜜蜂授粉机制、保障蜂产品质量安全，并强化蜂产业科技支撑。中央财政将支持部分省份实施该行动，通过资金补助和政策引导推动蜂业质量提升。
2021 年 7 月	《2021 年重点强农惠农政策》	农业农村部、财政部	支持开展蜜蜂遗传资源保护利用、良种繁育推广、现代化养殖加工技术及设施推广应用、蜂产品质量管控体系建设，推动蜂业全产业链质量提升。
2022 年 1 月	《"十四五"农业农村国际合作规划》	农业农村部	强调了强化与中东欧国家的农业务实合作，推动建设农产品批发市场，并加强中国-中东欧国家在蜂业等产业的合作。
2022 年 5 月	《关于做好 2022 年农业生产发展等项目实施工作的通知》	农业农村部、财政部	支持蜜蜂遗传资源保护利用，改善养殖设施装备水平，支持蜂农开展防灾减灾，开展农作物高效蜂授粉试点。
2023 年 3 月	《关于培育传统优势食品产区和地方特色食品产业的指导意见》	工业和信息化部等十一部门联合发布	将蜂产业纳入特色食品产业扶持范畴，旨在通过政策引导推动其健康发展，并提升整体竞争力。

数据来源：公开资料整理。

二、蜂蜜产业发展存在的问题与挑战

（一）产业发展存在的主要问题

1. 蜜蜂优良品种少，种蜂育繁推体系尚不健全。目前，中华蜜蜂野生种群减少甚至消失，蜜蜂育种滞后，全国仅有种蜂场 68 个，种蜂生产规模约 19 万只，优良种蜂供给能力不足，还没有形成纯种选育、良种扩繁和商品生产三者有机结合的良种繁育体系。生产上蜜蜂优良品种主要依赖进口，本土化较少。对我国具有优异耐低温和抗螨等特性的本土蜂种中华蜜蜂并未很好地挖掘和选育，蜜蜂种蜂选育工作长期处于"引种—维持—退化—再引种"的恶性循环。

2. 养蜂生产全程机械化程度低，养殖生产方式落后。养蜂生产全程机械化程度低、劳动强度大，效率低下，基本以手工作坊式的生产方式进行生产，养蜂机具的研发一直是养蜂生产的制约瓶颈。从业人员专业技能水平低，饲养技术落后，蜂产品质量意识差，产品质量和卫生都达不到食品应有的要求。此外，养蜂技术人员年龄老化，30 岁以下的蜂农不到 5%，60 岁以上的蜂农占总数的 43%。养蜂生产中缺少互联网、自动化控制等技术，繁重的体力劳动迫切需要转变生产方式。

3. 蜜蜂病虫害监测体系不健全、防控技术不完善。蜜蜂病敌害始终是严重影响我国蜂产业发展的重要因素。蜜蜂病敌害主要有蜂螨、病毒病、细菌病、真菌及微孢子虫等几十种。每年全国养蜂业因病敌害造成的损失占所有损失的 30% 以上，所造成的直接经济损失达数亿元。目前我国蜂产业中存在着蜜蜂病虫害快速诊断技术缺乏、针对病原专一性的药物严重不足、蜜蜂病虫害监测网络体系不健全三大问题，严重影响了我国蜂产业的可持续发展。

（二）面临的主要挑战

1. 具有较强国际竞争力，但缺乏价格提升动力。我国作为全球最大的蜂蜜生产及出口国，近十年来蜂蜜产量稳定在 46.2 万～47.4 万吨，占世界总产量 1/4 以上，出口量自 2008 年起稳居世界第一，2023 年达 15.2 万吨，显著超过印度（8.6 万吨），展现出强劲的国际竞争力。然而，尽管出口量大，我国蜂蜜却面临价格提升乏力的挑战。这主要归因于我国蜂蜜产业长期以小规模、分散型农户生产经营为主，缺乏工厂化规模生产和集约化、标准化生产能力。高质量蜂蜜主要通过直销方式销售，市场影响力有限，而多数企业则采用低价策略，通过收购低浓度蜂蜜后浓缩降低成本，导致蜂蜜价格与质量关联度不高。2023 年我国天然蜂蜜进口平均价格为 17.21 美元/千克，出口平均价格为 1.67 美元/千克。这一现象的背后是品牌发展的滞后，使得国产蜂蜜在高端市场难以立足。

2. 出口质量标准提高，但贸易壁垒依然制约出口增长。我国蜂蜜产业在应对技术性贸易壁垒方面能力逐步增强。2000—2013 年，美国对我国蜂蜜发起多次反倾销调查，导致对美出口蜂蜜被征收高额反倾销税（21.61%～221.02%），出口量锐减。2002 年，受氯霉素事件影响，欧盟暂停进口中国蜂蜜，后经谈判于 2004 年恢复。2006 年，日韩实施肯定列表制度，对农药残留严格限制，导致我国蜂蜜出口量短期下降，后逐渐恢复。2019 年，欧盟因在中国有机茶叶中检测到苦参碱而提高进口农产品监测标准；2021 年，我国出口至欧盟的蜂蜜因检测到苦参碱及其代谢物氧化苦参碱而被退运，实际原因源于洋槐花期与野生狼牙刺花期重合，非人为添加。苦参碱及氧化苦参碱为我国传统中药成分，具有多种药理作用，但欧盟对此重视不足。近年来，我国应对技术性贸易壁垒的能力显著提升，促进了蜂蜜生产质量提高。针对苦参碱检测问题，我国应基于科学分析积极沟通协商，提升在农产品质量安全标准领域的话语权，减少技术性贸易规则对产业的影响。

三、蜂蜜产业发展趋势与前景展望

（一）短期产业发展趋势与前景展望

1. 蜂蜜消费需求增长，市场呈多元化发展。随着人们生活水平的提高和对健康养生的重视，对高品质蜂蜜的需求将不断增长。国内市场潜力巨大，人均消费量远低于发达国家，随着消费意识的提升，市场空间广阔，未来几年我国蜂蜜市场均价和整体规模还将稳步提升。同时，国际市场多元化发展，新兴市场有待开发。未来蜂蜜行业发展应通过积极开拓国内外市场、发展电子商务等新兴渠道，积极探索蜜蜂授粉、蜂疗保健、蜜蜂文化等多元化发展方向，拓宽产业链，发展多元化经营。

2. 智能化变革推动蜂蜜产业发展。尽管蜂蜜产业属于传统行业，但在智能化方面仍处于起步阶段。随着物联网和智能化技术的深入应用，蜂蜜生产正逐步向精准化方向发展，用科技化、机械化、工厂化、规模化、集约化、数字化、智能化的方式协助生产蜂蜜、蜂花粉、蜂胶等蜂产品的企业提升生产效率和产品品质。预测在蜂蜜生产智能化变革趋势下，未来蜂产品的产量和质量将大大提升，减少因环境变化带来的损失，优化生产与销售模式，使蜂蜜产业发展更加科学、有效、可持续。

（二）中长期产业发展趋势与前景展望

1. 打造蜂蜜产业链，产业质量全面提升。未来，各地将继续围绕蜂蜜产业链的全面发展，以优良品种培育、标准化生产和产业化经营为关键点，转型升级、补齐短板、巩固基础，实现蜂蜜提取和加工技术的高效与环保，推动产业向规模化、品牌化发展，支持打造绿色高质量发展的区域典范，形成集蜜蜂种业、蜜蜂养殖、蜂产品深加工、蜜蜂授粉、蜜蜂文化和蜜蜂旅游等于一体的完整产业链条。地方政府将继续探索建立提质增效、产业融合发展的长效机制，成立蜂业产业人才联盟，把产业专家和乡土能人有机结合，稳健提升中国蜂业的发展质量和水平，提高蜂农效益，助力乡村振兴。

2. 蜂蜜市场向品牌化与高端化发展。当前，中国蜂蜜市场品牌众多，但缺乏高认知度的品牌。随着市场竞争的加剧，品牌化和高端化发展将成为未来趋势。具有高品质、高附加值的产品将更受消费者欢迎。例如，一些品牌开始注重蜂蜜的产地认证、有机认证以及产品包装设计，以提升品牌形象和市场竞争力。此外，各地方政府通过深入挖掘地方蜂文化的内涵，以蜂产品为核心，结合蜂旅发展，打造经典品牌和畅销产品。重视蜜蜂旅游、文化、疗养、授粉果蔬采摘以及生态等领域的综合开发，延伸产业链，全方位提升产业效益。

目前中国农业科学院蜜蜂研究所正在制定成熟蜂蜜的行业标准，将通过制定新的蜂蜜标准来实现蜂蜜的分等分级和优质优价。以后仍需通过加大蜜蜂科普宣传力度，进一步推动我国蜂蜜产品的分等分级，打造本土蜂蜜的知名品牌，提高国产蜂蜜的品牌影响力。

3. 蜂蜜产业标准化发展。目前，我国已初步建立起由法律、法规、规章、规范性文件和技术标准等构成的蜂产品生产监管体系，对于控制蜂产品的基本质量安全起到了关键作用。随着新时代背景下蜂产业高质量发展以及产业转型升级的模式变革，未来蜂产品质量安全标准体系将更加注重对蜂产品品质及分等分级指标的控制，通过积极开展成熟蜂蜜、单花蜜、地理标志蜂产品等相关国家标准和行业标准的研发和制定工作，加强对蜂产品制品研究以及相关的检验和品质评价标准制定工作，确保蜂产品的生产、加工、储存、运输等各个环节都有明确的标准和规范可依，切实推动蜂产品的多元化和深加工，提高蜂产品的附加值和市场竞争力。

报告撰写人：

赵　霞　中国农业大学经济管理学院、国家农业市场研究中心　教授、副主任
韩一军　中国农业大学经济管理学院、国家农业市场研究中心　教授、主任
高　芸　中国农业科学院农业经济与发展研究所　研究员
田文礼　中国农业科学院蜜蜂研究所　副所长
郑雨洁　中国农业大学经济管理学院　硕士研究生

兔产业发展报告

  兔产业作为我国特种畜牧业的重要组成部分，兔肉以其高蛋白质、高矿物质、高消化率和低脂肪、低胆固醇、低能量的三高三低特性，在国内外市场上备受关注。2023年，我国兔产业发展面临诸多复杂形势。从生产角度看，市场需求虽有所恢复，但产业规模整体有所波动，2023年我国兔产业产量保持基本稳定，达到46.5万吨，出栏量与2022年相比略有增加。加工与流通领域在技术升级与冷链物流建设方面取得积极进展。消费方面，兔肉消费呈现地域性差异，总体消费量较低。国际市场方面，兔产品出口竞争力有所波动。展望未来，兔产业的发展将呈现技术驱动、产业升级和市场需求多元化的趋势。短期内，随着市场结构调整和供需趋于平衡，兔产业产量将保持基本稳定，但价格可能因成本波动而面临一定压力。从中长期看，智慧养殖技术的推广、数字化转型的加速以及加工技术的创新，将进一步提升生产效率和产品附加值。同时，良种繁育体系的完善和高端兔毛及优质兔皮的市场需求增长，将成为推动兔产业高质量发展的重要动力。为此，兔产业应充分利用政策支持，强化技术创新与市场营销，提升国际竞争力，推动产业的现代化、集约化发展，实现可持续的高质量增长。

一、兔产业发展现状

（一）生产

  1. 我国兔产业稳步发展。 2023年我国兔产业产量基本保持稳定，根据课题组测算，达到46.5万吨[①]（图1），同比略有增加。2023年全球兔产业产量为77.03万吨，我国占全球比重达60.3%，且在其他地区产量波动剧烈的同时，仍然保持稳定增长，反映出我国兔产业相对较高的抗风险能力，也体现了产业结构优化和科技进步的重要作用。

  2011—2023年，我国兔产业出栏量经历了先下降后回升的趋势。2011年我国出栏量为38 046.3万只，到2018年降至最低值31 670.0万只；新冠疫情之后逐渐回升至2023年的31 181.5万只。2011年，中国兔产业出栏量占全球比重为45.2%，而到

---

  ① 鉴于《中国畜牧兽医年鉴》2024年版尚未发布，且FAO尚未公布2023年相关数据，本文所报告的2011年至2023年的情况中，2023年的数据为课题组测算值。

2023 年已上升至 61.2％（图 2），反映了我国兔产业在全球市场的重要地位，以及国际竞争力不断增强。

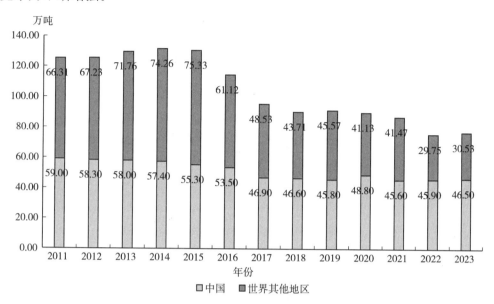

图 1 2011—2023 年中国和世界兔产业产量
资料来源：《中国畜牧兽医年鉴》、联合国粮食及农业组织（FAO）。

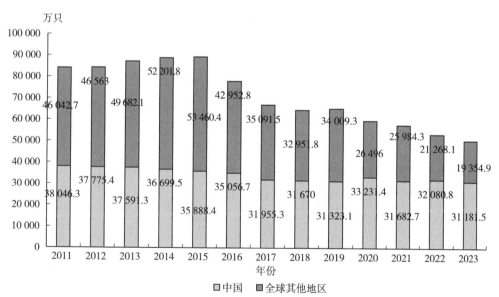

图 2 2011—2023 年中国和世界兔产业出栏数量
资料来源：《中国畜牧兽医年鉴》、联合国粮食及农业组织（FAO）。

2. 家兔产业集中在西部地区。 西部地区家兔出栏量占全国总量的 71％（兔肉产量占 52％），中部地区占比 11％，东部地区则为 18％。四川省作为全国兔产业的核心区域，表现出强大的生产能力和资源优势。2023 年四川省家兔出栏量和存栏量分别达到 17 971.7 万只和 5 424.2 万只，占全国总量的 57.41% 和 54.68%，显著高于其他省份。省内拥有 13 个种兔场，种兔资源丰富，为产业的持续发展提供了重要保障。山东省作为第二大生产省份，出栏量和存栏量分别为 2 396.4 万只和 571.6 万只，占全国比例分别为 7.66% 和 5.76%，拥有 11 个种兔场，体现出其在产业链布局上的稳健性与发展潜力。重庆、河南和福建等省份的兔产业也具有一定规模，其中重庆和河南的出栏量分别为 2 265.3 万只和 1 650.5 万只，而福建为 1 433.8 万只，显示出兔产业在全国范围内的显著区域分布特点（表1）。

表1　2023 年中国兔产业区域发展概况

省份	出栏量（万只）	存栏量（万只）	种兔场（个）
北京	0.4	0.2	0
天津	1.3	1.0	0
河北	324.7	111.4	0
山西	132.1	46.5	0
内蒙古	60.6	23.2	1
辽宁	24.2	11.0	1
吉林	81.3	16.2	1
黑龙江	155.6	53.1	1
上海	1.8	1.4	1
江苏	563.0	136.7	1
浙江	169.8	76.8	5
安徽	119.3	36.5	2
福建	1 433.8	595.0	4
江西	489.4	170.9	1
山东	2 396.4	571.6	11
河南	1 650.5	747.1	1
湖北	247.8	68.1	0
湖南	811.5	324.3	2
广东	289.5	124.6	1
广西	432.8	170.5	0
海南	1.5	1.5	1
重庆	2 265.3	670.7	3
四川	17 971.7	5 424.2	13
贵州	382.6	129.6	1
云南	96.0	61.3	0
西藏	1.0	0.6	0
陕西	329.2	118.7	5
甘肃	232.0	77.5	1
青海	2.0	1.2	0
宁夏	65.9	30.0	1
新疆	573.0	119.0	2

数据来源：《中国畜牧兽医年鉴》。

但主产区内部生产亦存在不均衡现象，据 2023 年《四川统计年鉴》，四川省的 183 个县（市、区）中，有 140 多个县从事家兔养殖，但出栏量主要集中在少数市州。2022 年，出栏量超过 1 000 万只的市州包括自贡、德阳等 7 个；500 万只以上的有绵阳、乐山等 5 个；不足 200 万只的则集中在雅安、凉山等地。自贡市以 4 400 多万只的出栏量居全省首位，同时兔肉产量超过 2 万吨的市州包括自贡、德阳和南充，低于 1 万吨的则为遂宁、广元等地。

3. 獭兔生产稳步回暖。2023 年，我国獭兔生产呈现出稳步回暖的态势，在家兔总产业中的地位日益凸显。根据相关统计，全国獭兔存栏量已超过 2 000 万只，年产獭兔皮约 1 500 万张，占全球总量的 70% 以上，稳居世界第一①。近年来，随着獭兔皮加工业的兴起，我国獭兔产业逐步实现由出口原料皮向裘皮服饰等高附加值产品的转型，进一步巩固了其在国际市场中的主导地位。从地域分布来看，我国獭兔养殖呈现广泛覆盖的特点，主要集中于华北、华东和东北地区，其中山东、四川、河北位列前三甲。近年来，中西部地区的獭兔养殖业也快速增长，特别是在甘肃、山西等地，得益于丰富的饲草资源和适宜的气候条件，当地农民逐步将獭兔养殖作为增加收入的重要手段。与此同时，獭兔皮的交易市场则主要集中在河北、广东、浙江等地，而裘皮加工则以广东惠州、河北沧州和浙江海宁为主要中心，显现出产业链环节的区域集中化特点。尽管如此，当前獭兔养殖仍面临一定的挑战，包括养殖技术水平参差不齐、自动化程度低以及种兔品种退化等问题，但其产业化发展潜力巨大。随着国内外对绿色、健康皮毛制品的需求持续增长，獭兔养殖和加工环节正逐步向规模化、专业化和高附加值方向迈进。未来，政策支持与技术推广将成为推动獭兔生产提质增效的关键动力，为我国兔产业整体高质量发展提供重要支撑。

（二）加工流通

1. 兔肉加工产品多样化发展。目前，我国兔肉加工产品主要涵盖冷鲜肉、冷冻肉和即食制品，其中冷鲜肉和冷冻肉是市场的主流产品，占据较高的市场份额，而即食制品的比例相对较小。同时，兔毛、兔皮等副产品在市场中也占有一定份额，其加工和利用对于提升兔产业整体效益具有重要意义。高附加值深加工产品，如兔肉罐头、兔肉香肠、兔肉零食等种类相对较少，表明在产品创新和技术提升方面仍有较大的发展空间。

从区域分布看，兔肉加工企业主要集中于四川、山东和河南等养殖大省，这些地区在养殖基础和产业链协同方面具有显著优势。然而，从全国范围来看，兔肉加工转化率目前为 30%～40%②，仍有较大的提升潜力。通过加强冷链物流建设、提升加工装备水平和推动精细化分割技术应用，可进一步提高加工效率和产品附加值。

2. 冷链赋能与渠道升级推动兔产业高质量发展。近年来，随着我国冷链物流体

---

① 数据来源：汪洋洲，吴孝杰. 獭兔业的发展现状及措施［J］. 中国养兔，2020（5）：20-21.

② 数据来源：华进，肖阳，胡常武，等. 四川肉兔产业技术创新及可持续发展对策研究——以四川自贡肉兔加工产业为例［J］. 中国养兔，2020（4）：17-22.

系的逐步完善和市场流通渠道的不断拓展，兔肉产品的流通效率和市场覆盖范围呈现出显著提升的态势。在冷链物流方面，四川、山东等兔产业重点省份已形成较为成熟的冷链系统，保障了兔肉产品从生产到消费全程的低温保鲜，有效提升了产品品质和市场竞争力。然而，其他地区由于冷链设施和运输能力不足，仍在一定程度上制约了兔肉产品的流通效率，限制了其市场覆盖范围和流通速度。数据显示，目前全国冷链物流覆盖率为 60％～70％[1]，但区域间差异显著，亟须在基础设施建设和冷链物流技术应用方面进一步提升。

同时，市场流通渠道也在加速向多元化发展。兔肉的市场集散地主要集中在成都市、济南市等传统消费区域，这些地区依托完善的批发市场体系和物流网络，占据了重要的市场份额。此外，随着电子商务的快速发展和消费者购买习惯的改变，线上电商平台已成为推动兔肉消费升级的重要力量。据统计，近年来我国线上兔肉销售额保持快速增长，以自贡冷吃兔为代表的兔肉深加工产品在电商平台表现尤为突出。2020 年，自贡冷吃兔销售额近 50 亿元，其中线上销售额高达 30 亿元，占据主要市场份额。2023 年，自贡市通过打造大型兔文创基地，结合"直播带货"发展网红经济，冷吃兔年销售收入已超 80 亿元。[2] 电商平台的广泛应用不仅有效扩展了兔肉产品的消费人群和区域覆盖，还推动了产品形式的多样化。以即食兔肉、预制菜等高附加值产品为例，其市场需求的快速增长反映了消费结构升级的趋势，同时也为兔肉加工企业开拓新兴市场提供了重要机遇。这种线上线下相结合的流通模式，不仅提升了兔肉产业链的运行效率，还进一步推动了兔产业的现代化和品牌化发展。

（三）消费

1. 全国消费情况与产业规模。兔肉作为一种高蛋白、低脂肪、低胆固醇的优质肉类，在全球范围内的消费逐渐受到关注。2022 年，全球兔肉产量为 75.65 万吨，其中中国消费 51.43 万吨，占比高达 68.0％，是全球最大的兔肉生产和消费国[3]。预计短期内中国兔肉消费将继续增加。与此同时，兔肉的主要消费市场集中在中国及部分欧洲国家，如法国、意大利等。在北美、南美、非洲及部分亚洲国家，兔肉的生产与消费相对较少甚至近乎空白。

近年来，我国兔肉消费需求呈现增长趋势，尤其是在传统消费区域，如四川、重庆等地，消费规模持续扩大。非洲猪瘟的暴发以及猪肉价格的波动，使兔肉作为替代性肉类的优势得以凸显，也推动了全国范围内的消费需求上升。2019—2023 年全国

---

[1] 据 2023 年《四川统计年鉴》，四川省的 183 个县（市、区）中，有 140 多个县从事家兔养殖，但出栏量主要集中在少数市州。2022 年，出栏量超过 1 000 万只的市州包括自贡、德阳等 7 个；500 万只以上的有绵阳、乐山等 5 个；不足 200 万只的则集中在雅安、凉山等地。自贡市以 4 400 多万只的出栏量居全省首位，同时兔肉产量超过 2 万吨的市州包括自贡、德阳和南充，低于 1 万吨的则为遂宁、广元等地。数据来源：https：//baijiahao. baidu. com/s? id＝1771661808743440783&wfr＝spider&for＝pc。

[2] 数据来源：自贡市人民政府网站 http：//www. zg. gov. cn。

[3] 数据来源：https：//baijiahao. baidu. com/s? id＝1783723498671409482&wfr＝spider&for＝pc。

兔肉消费量保持稳定，2023 年全国兔肉消费量 45 万吨，与上年持平[①]。消费市场的集中性为行业发展提供了稳定的需求基础，同时也表明，兔肉在部分地区尚属"小众"品类，其全国性市场潜力亟待挖掘。

2. 产品功能属性与消费者偏好。兔肉以其卓越的营养价值，被誉为"荤中之素"。其高蛋白、低脂肪的特点使其在当前健康饮食观念流行的背景下，具有广阔的市场推广前景。然而，由于兔肉"寡淡无油，缺乏风味"的特性，其烹饪方式对风味的提升至关重要。这一特性也使得兔肉的消费需求在地域上表现出明显的集中性——以川渝地区为代表的麻辣型烹饪方式，充分发挥了兔肉的美味潜力，使其在当地形成了独特的饮食文化。

3. 消费人群与消费习惯。目前，兔肉的主要消费人群集中在传统消费区域。其中，四川省兔肉消费约占全国市场的 70%[②]。以麻辣兔头、冷吃兔等为代表的多样化兔肉菜式，深受当地居民及游客青睐。此外，北京、内蒙古等北方地区近年来的消费需求也呈快速增长趋势，显示出兔肉消费的潜在市场正在向全国扩展。

4. 城镇居民兔肉消费影响因素。为深入了解我国城镇居民兔肉及其产品的消费特征和面临的问题，研究团队在我国城市地区开展了实地调查，结果显示[③]，价格、消费习惯和品牌化程度对兔肉消费影响显著：兔肉的平均支出仅 22.81 元，且使用频率偏低，整体支出居于次要地位；成都市 79.7% 的家庭食用过兔肉，且 32.0% 的家庭每月消费两次以上，而南京仅 10.6% 的家庭有消费经历，且大多数家庭每月仅一次及以下；仅约 13% 的消费者曾购买带有品牌标识的兔肉，而 20%~40% 的消费者倾向于在熟食店、兔肉特色餐厅或火锅店消费（图 3），反映了兔肉在品牌认知度与家庭烹饪接受度方面仍有较大提升空间。

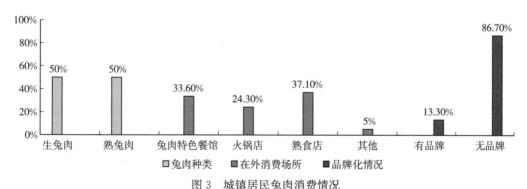

图 3 城镇居民兔肉消费情况

数据来源：国家兔产业技术体系产业经济岗位调查计算。

---

① 数据来源：《中国畜牧兽医年鉴 2024》。

② 数据来源：中国畜牧业协会兔业分会。

③ 国家兔产业技术体系于 2023 年 6 月在南京与成都开展了调查，本次调查共涉及来自南京和成都的共 222 户家庭，其中 118 户来自成都，104 户来自南京。调查以街头随机抽样的形式进行，随机向路人提出调研的请求，一次访问一个受访者，按照问卷顺序在问卷星程序上及时记录被访者信息。调查的主要内容包括受访者的基本情况、畜产品消费情况、兔肉消费认知和习惯以及兔毛产品消费情况和意愿。

（四）进出口

近年来，我国兔产品贸易在出口商品结构上以兔肉、兔毛及其制品为主，兔皮则以整张兔皮进口为主，并辅之少量未缝制整张兔皮的出口。

1. 兔肉贸易。 长期以来，我国兔肉以出口为主。2023 年我国兔肉出口量为 3 800吨，同比增长约 6.93％。然而，从长期趋势来看，我国兔肉出口量呈显著下降态势。2014 年，我国兔肉出口量为 12 800 吨。

2. 兔毛及兔毛制品。 在兔毛贸易方面，2022 年我国全年兔毛出口量为 132.37吨，而 2023 年兔毛出口量为 86.03 吨，同比下降 37.00％。兔毛制品出口 9.89 万件，包括织钩编套头衫、开襟衫、外穿背心等，相较 2022 年数量有所下降。

3. 兔皮贸易。 近年来，中国的兔皮贸易呈现出进口下降的趋势，主要以进口整张兔皮为主，同时出口少量未缝制整张兔皮。主要进口来源地包括欧盟（如西班牙、法国、意大利等）及南美（如阿根廷、巴西等），2023 年，中国整张兔皮进口量为6 957.68 吨，同比下降约 38.81％，同期未缝制整张兔皮出口 13.14 吨，同比下降约51.49％，多数出口至东欧以及部分亚洲国家。

我国兔产品贸易在出口商品结构上以兔肉、兔毛及其制品为主，但出口量呈现一定波动，特别是兔肉和兔毛的出口量近年来显著下降。与此同时，兔皮进口规模的减少也凸显了国际市场需求变化对我国兔产业的影响（图 4）。

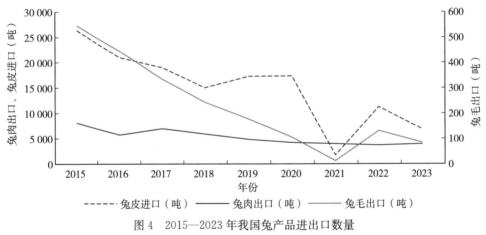

图 4　2015—2023 年我国兔产品进出口数量

数据来源：海关总署。

（五）全产业链效益

1. 兔产业产值波动回升。 兔产业整体呈现出波动增长的态势，2011 年兔业总产值为 288.46 亿元，此后产值增速波动显著，其中 2013 年同比增速达到 14.57％，产值增至 326.66 亿元，为这一时期的高点。然而，2014—2017 年，兔业总产值连续下降，2017 年降至 211.99 亿元，占畜牧业总产值的比例从 2011 年的 1.15％下滑至0.74％。2018 年起，兔业总产值逐步回升，2023 年达到 331.51 亿元，占畜牧业总产值的比例恢复至 0.82％（图 5）。

值得注意的是，2023 年兔产业在畜牧业整体增速放缓甚至出现负增长的背景下，表现尤为突出。兔业总产值同比增长 3.07%，不仅延续了近年来的增长态势，还显示出较强的市场竞争力与产业恢复能力。

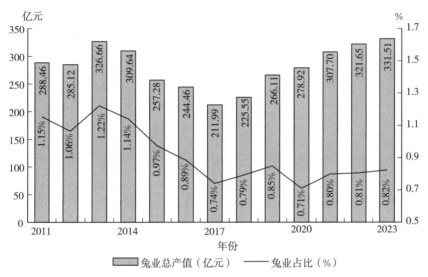

图 5 2011—2023 年我国兔产业产值及畜牧业占比

数据来源：国家兔产业技术体系产业经济岗位计算。

2. 肉兔产业稳定发展，价格呈上升趋势。 在需求拉动与智能化技术推动的双重作用下，肉兔产业近年来保持了稳定发展态势。过去五年，肉兔产业持续扩张，即便受到新冠疫情等外部冲击，兔肉价格依旧呈现上升趋势。在其他畜禽养殖利润下降甚至亏损的背景下，肉兔养殖的利润仍然较为可观。兔肉价格自 2016 年的 21.70 元/千克持续上升至 2022 年的 35.52 元/千克，到 2023 年 12 月价格升至 39.72 元/千克（图 6）。

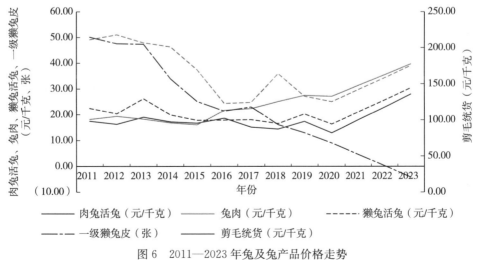

图 6 2011—2023 年兔及兔产品价格走势

数据来源：国家兔产业技术体系产业经济岗位计算。

3. 獭兔产业调整中发展，市场逐步回暖。 獭兔产业在经历了近十年的低迷后，市场逐步显现复苏迹象，活兔价格和皮张价格均有不同程度回升。长期以来，獭兔皮价格经历了近十年的持续下滑，从 2011 年历史高点的约 50 元/张，降至 2022 年仅几元一张，甚至一度出现供销两难的局面。养殖户普遍采取"以肉养皮"策略，以销售兔肉为主要收入来源，同时附带处理兔皮。得益于兔肉价格的稳定，獭兔活兔的价格在 20 元/千克左右波动。自 2020 年下半年起，獭兔价格呈现总体上升趋势，2023 年为 30 元/千克（图 7）。

图 7　2011—2023 年我国獭兔活兔及獭兔皮价格变化

数据来源：国家兔产业大数据平台 https://rabbitdb.caaa.cn。

4. 毛兔产业恢复动力，市场迎来回升。 与獭兔产业类似，毛兔产业自 2013 年下半年因"手拔毛"事件而进入长期调整期。受兔毛出口受阻、加工滞后、库存积压等多重因素影响，毛兔养殖的积极性大幅下降，部分养殖户转向肉兔养殖或退出市场。到 2016 年，兔毛价格已降至长期成本水平，即 120 元/千克（剪毛统货），此后价格呈现持续上涨趋势，2023 年为 175 元/千克。2020 年后，随着兔毛加工企业在技术创新方面的持续投入，兔毛分梳技术的改进使掉毛问题逐步得到解决，兔毛在纺织行业中的应用逐渐增加，出口市场也出现小幅回暖。粗毛需求的增长进一步推动了价格回升。同时，部分传统兔毛制品企业通过研发新产品和技术创新，在大数据和线上销售渠道的支持下，逐步拓展市场网络。受兔毛加工与销售市场扩大的带动，兔毛需求呈现回升态势。

5. 成本收益分析。 商品兔养殖的成本主要来自种兔购置、饲料投入、防疫支出以及笼舍建设等方面。以常见的 12 只种兔规模为例，种兔费约 1 200 元，摊销到每年约 480 元。饲料成本则是大头：种兔日均消耗 125 克混合饲料，全年合计约 45.6千克；商品兔从 1 月龄断奶到 90 日龄出栏，每只约需 5 千克饲料，若按每千克 0.9元测算，种兔和商品兔的年饲料总费用在 2 000 元上下。再加上疫苗、防治药物与日常消毒费，通常每只种兔每年约 2 元、每只商品兔 0.5 元，整批合计支出接近 200元。此外，笼舍可根据现有设施改造或自制，成本在核算时亦需计入一定的折旧。在市场收益方面，商品兔的销售价格易受季节与地区因素影响。以出栏体重 2.5 千克、每千克 25.56 元（养殖户销售价）为例，每只可获销售额约 63.9 元。若以一组 12 只母兔每年合计出栏 350 只商品兔推算，年销售收入约 2.2 万元。扣除前述各项成本后，利润空间可观①。对于獭兔养殖而言，"以肉养皮"的收入模式较大程度上依赖于兔肉价格的稳定支撑；未来，活兔和皮张市场价格的波动将直接影响其全产业链效益。2023 年獭兔活兔价格回升至 30 元/千克，为养殖户的收益提供了一定保障，但全面恢复至"皮肉兼用、以优质兔皮为主"的高收益模式仍需时间。

（六）产业政策

1. 政策层面高度重视。"十四五"期间，多个省市出台农业发展规划，明确将兔产业列为重点扶持对象。例如，四川省在其农业现代化规划中提出推动兔产业规模化养殖与深加工融合，山东省则通过特色畜牧业发展计划加强兔产业在区域经济中的作用。此外，国家层面也出台了一系列支持政策，主要集中在推动兔产业生产加工、延伸产业链、加强品牌建设以及促进科技创新等方面。以《全国草食畜牧业发展规划（2016—2020 年）》② 和《兔种进口技术要求》③ 为例，这些政策的实施不仅为兔产业的快速发展提供了制度保障，还强化了特种畜牧业在现代农业体系中的战略地位。

2. 财政支持多方位保障。兔产业在中央与地方层面均获得广泛支持，财政专项资金成为主要保障机制，并陆续出台了《国务院关于推进农业供给侧结构性改革的指导意见》（国发〔2017〕1 号）、《国务院办公厅关于促进畜牧业高质量发展的意见》（国办发〔2020〕31 号）等政策文件，明确推动兔养殖基地建设、良种培育及产品加工等关键环节的发展方向。以山东、四川、江苏等兔产业大省为例，地方政府通过设立专项补贴、扶持规模化养殖场、推广高效良种及提升产品高附加值等多种举措，加速产业集聚与升级；同时，农业保险覆盖范围不断扩大，为养殖户应对自然灾害与疫病风险提供了有效保障，兔产业相关企业亦享受农产品加工增值税优惠政策，显著降低运营成本。在此基础上，各级政府还通过制定产业振兴计划和推动龙头企业引领，促进全产业链协同发展，探索"公司＋农户""合作社＋农户"等模式以提升生产效率与产业规模化水平。此外，土地优惠政策与信贷支持措施为产业主体提供了稳定的要素保障，进一步夯实了兔产业在现代农业体系中实现高质量发展的基础。

二、兔产业发展存在的问题与挑战

（一）良种与育种体系不完善

目前，良种繁育体系尚不成熟，导致良种普及率仅维持在 70％ 左右。尤其是在

---

① 数据来源：https：//baijiahao. baidu. com/s ?id＝1812823998715505061&wfr＝spider&for＝pc。
② 数据来源：http：//www. moa. gov. cn/gk/ghjh _ 1/201607/t20160711 _ 5201767. htm。
③ 数据来源：http：//www. moa. gov. cn/govpublic/nybzzj1/202401/t20240105 _ 6444234. htm。

中小型兔场，对科学选育和优质种兔的重要性认识不足，换种方式落后，导致种兔生产性能退化。此外，由于优良种兔价格较高，一定程度上抑制了良种的进一步普及，降低了养殖效益。育种技术的短板不仅限制了优质种兔的推广，也直接影响了兔产品质量的提升和市场竞争力，成为制约全产业链发展的重要瓶颈。

（二）成本与效率瓶颈

随着饲料与人工等要素价格的上涨，养殖成本不断攀升，利润空间被大幅压缩。苜蓿和豆粕等核心饲料原料价格近年来持续走高，2023 年以来，豆粕市场价格整体高位运行，同比 2021 年上涨 804 元/吨，涨幅 23.69%。同时，粗饲料贮藏和利用模式不完善，腐烂变质风险大，进一步推高了饲料成本。农村劳动力不足与用工成本增加也使养殖效率下降，整体盈利能力受到挤压。特别是面对市场价格波动，许多养殖户不得不采取"以肉养皮"或其他应对策略维持收益，但这种模式难以从根本上缓解成本压力，尤其在饲料价格持续高企的情况下，养殖户的抗风险能力进一步削弱。

（三）疾病防控与技术短板

禁抗政策的实施提高了兔肉产品的质量安全，但替抗技术研发相对滞后，导致兔病发生率上升，养殖户仍然依赖传统抗生素治疗，既增加了养殖成本，也埋下了食品安全隐患。虽然中草药等替代技术在一定程度上可辅助疾病防控，但整体效果仍不理想，亟待进一步完善配套技术和疫病预防体系。

（四）产品加工与创新不足

当前兔肉加工主要集中在酱卤、腌制及休闲类等传统产品，技术含量较低，市场同质化严重，难以满足日益多元化的消费需求。兔毛和兔皮加工领域亦缺乏新产品开发和高附加值细分品类，市场潜能尚未得到有效挖掘。预制菜肴和保鲜技术的滞后，也限制了兔产品在更广泛市场中的竞争力与推广效果。在高端市场需求增长的背景下，加工技术的滞后使得产业链附加值难以提升，尤其是优质兔皮的深加工能力不足，导致产业链的高端化转型面临阻力。

（五）品牌与市场营销环节薄弱

兔产业在品牌建设和营销推广方面投入不足，全国性知名品牌稀缺，消费者对兔产品的优良特性认知度较低。缺乏系统性的宣传和市场推广，制约了消费需求的提升和产业链的延伸。区域性品牌虽有所发展，但覆盖范围有限，尚未形成规模化的市场效应。品牌和营销的短板进一步加剧了市场波动对养殖端的传导效应，尤其在高端产品市场，品牌影响力不足严重限制了附加值的释放。

（六）产业链数字化与智能化水平滞后

我国兔产业数字化与智能化水平普遍偏低，尤其在中小型养殖企业，数字化转型规划与投入不足。在生产环节，缺乏对成本收益的实时监测与分析；在加工流通环节，信息化与自动化技术尚未广泛应用，导致管理效率低下。智能化养殖模式的推广也处于初级阶段，难以形成规模效益。产业链中各环节的数字化与智能化水平参差不齐，导致对市场波动的应对能力不足，尤其在应对库存管理、供需平衡及价格变化时，缺乏有效的动态监测与决策支持。

三、兔产业发展趋势与前景展望

(一) 产业结构调整与市场新动态

短期来看，我国兔产业将继续处于结构调整与市场优化阶段，展现差异化发展趋势。肉兔产业在需求拉动和技术升级的推动下，产业链更加成熟。2023年兔肉产量为45.9万吨，未来预计增至46.5万吨，价格预计保持在27~29元/千克，供需关系趋于平衡。獭兔产业在经历了长时间的价格低迷后，随着优质皮张库存逐步消化和兔皮加工技术的改进，市场逐步显现复苏迹象。未来獭兔皮价格有望回升至30元/张以上，活兔价格保持稳定的上升趋势，为养殖户提供持续收益支撑。同时，毛兔产业表现出强劲的复苏势头，2023年粗毛价格涨至278.33元/千克，若继续保持上涨趋势，价格有望突破300元/千克，剪毛统货价格稳定在140元/千克左右，养殖规模同比增长10%以上。

消费升级成为兔产业的重要驱动力，健康化、高端化需求显著增加。兔肉预制菜市场预计短期内增长率超过15%，成为行业新的增长点。高端兔毛纺织品与优质兔皮的国际需求持续提升，兔毛出口量预计从2023年的81.19吨增长至90吨，兔皮出口量同比增幅预计达到20%。

(二) 绿色发展与高质量增长的产业未来

从长期来看，兔产业具有实现绿色与高质量增长的潜力。随着健康消费理念普及，兔肉作为优质蛋白的健康食品，其需求预计稳步提升。预计到2030年，兔肉消费量有望接近60万吨，城市消费占比持续提高。同时，毛兔与獭兔产业逐步向创新驱动型转型。高端兔毛纺织品和优质兔皮的国际竞争力将进一步加强，短期内相关产品的国际市场份额预计增长15%~20%。獭兔产业在实现"皮肉兼用、以优质兔皮为主"转型的过程中，将更加依赖技术创新的赋能与政策的持续支持，推动行业向绿色、可持续发展迈进。

数字化与智能化转型成为推动兔产业高质量发展的新动力。智慧养殖和精准饲喂技术提升生产效率，智能化设备普及率预计从2023年的20%提升至30%，单产效率提高5%~10%。此外，线上销售与直播营销为兔产业开辟了新渠道，预计兔肉与兔毛产品通过线上销售的占比将超过35%。在绿色发展与技术赋能的共同推动下，兔产业总产值预计突破340亿元，为我国农业经济高质量发展注入新的动能。

(三) 需要关注的问题与对策措施

当前，我国兔产业虽然在市场潜力和产业规模方面具备一定优势，但在规模化、现代化和可持续化发展过程中仍面临诸多挑战，主要集中在种兔繁育、成本管控、疫病防控、产品加工、数字化转型以及绿色低碳发展等几个方面。首先，优良种兔的推广力度不足，导致中小型养殖场多依赖低效种兔，难以满足产业规模化、现代化的发展需求。这一问题不仅影响了养殖效率，也在一定程度上阻碍了种质资源的有效保护与利用。因此，应通过完善良种繁育体系、加强对地方种兔繁育场的技术与资金支持以及强化科学育种技术的推广培训等方式，提高优质种兔的普及率，降低养殖户的采购成本，从而夯实产业发展的基础。

其次，饲料成本和人工成本不断攀升使得养殖环节的利润空间受到挤压，而饲草资源开发与高效利用不足更进一步加剧了成本压力。对此，应在政府和科研机构的引导下，加快高效饲草资源利用技术与农业废弃物转化为兔饲料的研究与推广，并鼓励养殖主体采用机械化、智能化设备来提升劳动效率、减少人工支出。同时，饲料禁抗政策实施后，疫病防控面临新的挑战，Ⅱ型兔瘟疫苗的审批进程和替抗技术的研发也相对滞后。为此，有必要加快疫苗的研发与普及步伐，推动以中草药为代表的绿色替代方案，加强养殖过程的生物安全管理，从源头降低疫病发生率。

在产品加工和市场推广层面，兔毛、兔皮和兔肉的深加工能力有待提高，难以充分满足日益多元化的消费需求。健康食品和休闲食品市场尚未得到充分开发，导致产业附加值偏低，品牌影响力及消费者认知度不足。建议出台针对兔产业的鼓励性政策，支持企业加大对预制菜肴、功能性食品等高附加值产品的研发投入，并完善冷链物流基础设施建设。同时，加强品牌建设与市场营销，结合多渠道宣传，扩大兔产业在健康与环保领域的优势影响，进而提升市场竞争力。

数字化转型的滞后同样制约了行业整体水平的提高，特别是中小企业普遍缺乏数字化基础，难以在养殖管理、产品追溯及营销推广等方面实现有效突破。在现有农业数字化转型的大背景下，应通过政策引导、技术支撑与平台建设，为各类养殖主体提供数字化技术培训与实用化解决方案，从而加速信息化与智能化养殖模式的普及，优化产供销全链条的效率与协同水平。除此之外，兔产业在绿色低碳发展和循环经济实践方面仍然薄弱。鉴于环保与可持续已成为农业高质量发展的重要方向，应强化清洁生产技术在兔毛、兔皮等加工环节的应用，探索并推广资源循环利用与碳排放管理技术，不断提升整个产业链的环保效益与社会责任感。

综上所述，只有从良种繁育、成本管控、疫病防控、产品加工、数字化升级与绿色低碳等多重层面协同发力，才能为我国兔产业在现代农业竞争格局中赢得更为广阔的发展空间，并在全球农业经济中发挥更具影响力的作用。通过政策扶持、技术赋能与市场培育的有机结合，兔产业不仅可实现稳定的经济收益，更能带动农户增收与农村产业升级，为促进农业供给侧结构性改革、保障国家食品安全和推进生态文明建设做出积极贡献。

报告撰写人：

赵启然　中国农业大学　教授、博士生导师

武拉平　中国农业大学　教授、博士生导师

宣智翀　中国农业大学　博士研究生

李欣荣　中国农业大学　博士研究生

梅花鹿产业发展报告

我国是世界梅花鹿养殖第一大国，已有 300 多年的养殖历史。梅花鹿是传统的名贵药用动物，养鹿主要以取鹿茸为主。鹿茸是名贵的中药材，位居动物药之首，具有很高的药用价值和养生保健功能。目前，我国已经成为世界鹿产品第一消费国和第一进口国。随着梅花鹿被列入《国家畜禽遗传资源目录》以及健康中国战略的实施，梅花鹿产业发展迎来了新的历史机遇，呈现出"小产业、大市场"态势。2023 年梅花鹿养殖量增加，存栏量已经达到 153 万只。未来，我国梅花鹿产业发展充满活力，潜力巨大，但与传统畜禽产业相比，产业化水平还不高，精深加工不足，面临着国外鹿茸的冲击。

一、梅花鹿产业发展现状

（一）生产

1. 养殖分布广泛。 梅花鹿产业在全国 30 多个省（区、市）均有分布，是我国传统优势特色产业，主要分布在吉林、黑龙江、辽宁、内蒙古、山东、浙江、江苏、湖南、湖北、广东等地。自 2020 年以来，全国梅花鹿饲养量总体呈上升趋势，截至 2023 年底存栏量已经达到 153 万只。

2. 吉林省是养殖优势区。 吉林省是我国梅花鹿养殖主产区和优势区，共有 9 市（州），54 个县（市、区）饲养梅花鹿，有备案规模养殖场 547 家，其中存栏 1 000 只以上鹿场 79 家。中小养殖户 1.6 万户（养殖量 50 只以下）存栏量约为 21 万只。2023 年全省饲养梅花鹿 78 万只，占全国饲养总量 50% 以上，鲜茸产量 1 111.5 吨，占全国 70%。长春市双阳区和辽源市东丰县是两大核心养殖区。

3. 品种资源丰富。 全国现有吉林梅花鹿、双阳梅花鹿、西丰梅花鹿、敖东梅花鹿、四平梅花鹿、东丰梅花鹿、兴凯湖梅花鹿和东大梅花鹿 8 个品种被纳入《国家畜禽遗传资源品种名录》。吉林梅花鹿因种群遗传性能稳定、抗病能力强、产茸量高、养殖效益好而享誉全国，吉林省现有国家级梅花鹿保种场 1 个，省级梅花鹿保种场 10 个，核心育种场 1 个，是全国最大的梅花鹿种源基地，人工授精和胚胎移植技术处于国际领先水平，每年向全国各地输出梅花鹿 1 万余只。

（二）加工流通

1. 加工产品。 目前市场上最常见的鹿产品是原形态与粗加工制品，以初级产品原料为主，即原形态或经过简单加工制成的产品，如二杠鹿茸、鹿茸片、鹿茸粉、鹿花盘粉等。鹿产品作为滋补产品、食用佳品进入不同规格的筵席宴会，满足了消费者对健康生活的追求。

精深加工鹿产品主要包括中成药、保健食品、化妆品等。鹿产品具有很高的药用价值，据 2020 年版《中国药典》中收录的含有鹿茸成分的中成药有 18 种，鹿茸血成分的中成药 1 种，鹿角成分的中成药 7 种，鹿角胶成分的中成药 9 种，鹿角霜成分的中成药 8 种，全鹿干成分的中成药 1 种，鹿心成分的中成药 2 种（表1）。同时，鹿产品还具有养生保健功能，在国家市场监督管理总局注册的含有鹿产品成分的保健食品有 200 多种。随着医美事业的发展和进步，鹿茸及其副产品在化妆品中的应用也越来越广泛，研究证明，鹿茸、鹿胎具有较好的抗衰老、美白功效，在国家市场监督管理总局注册的含有鹿茸、鹿胎成分的化妆品 16 种。

表 1　2020 年版《中国药典》收录的含有鹿原料的成方制剂和单味制剂（中成药）

原料	药品名称	数量
鹿茸	二十七味定坤丸、三宝胶囊、再造生血片、再造生血胶囊、龟龄集、补肾益脑丸、补肾益脑片、定坤丹、参茸保胎丸、健脑补肾丸、益气养血口服液、调经促孕丸、培元通脑胶囊、蛤蚧补肾胶囊、强肾片、参茸白凤丸、参茸固本片、健脑安神片	18
鹿茸血	参茸固本片	1
鹿角	十一味参芪片、十一味参芪胶囊、龟鹿二仙膏、乳癖消胶囊、乳癖消颗粒、滋肾健脑颗粒、参芪十一味颗粒	7
鹿角胶	健脑安神片、丹鹿通督片、右归丸、龟鹿补肾丸、养血饮口服液、添精补肾膏、乌鸡白凤丸、乌鸡白凤片、乌鸡白凤颗粒	9
鹿角霜	健脑安神片、女金丸、女金胶囊、通乳颗粒、锁阳固精丸、乌鸡白凤丸、乌鸡白凤片、乌鸡白凤颗粒	8
全鹿干	全鹿丸	1
鹿心	心脑康片、心脑康胶囊	2

2. 市场流通渠道。鹿产品市场流通渠道主要以专业集散市场、药材批发市场及电商三种形式为主。目前国内最大的两个鹿产品专业市场在吉林省长春市双阳区鹿乡镇（鲜品）和辽宁省铁岭市西丰县（干品）。双阳区拥有全国最大的鹿茸交易市场，五步一店，十步一铺，销售鹿产品的商店随处可见。每年的 5—9 月是新鹿茸上市的季节，全国各地的采购商、经营商、养殖户云集双阳，交易鲜茸，日交易量近 2 000 副，年交易额达 45 亿元。双阳鹿茸交易市场是全国鹿茸市场的"晴雨表"，这里的鹿茸收购价格直接影响全国市场的走势。辽宁省西丰县的生命健康产业园区共有鹿产品加工相关企业 28 家，西丰县的中国东北参茸中草药材市场有各类鹿产品经销户约 335 家，是干品鹿茸交易集散地。其他地区的药材批发市场是鹿产品又一主要流通渠道，如安徽亳州中药大市场、上海城隍庙中药市场、上海凯旋路中药批发市场、广州市清平药材市场、深圳老街中药市场、河北安国市场等。其中，上海城煌庙中药市场和凯旋路中药批发市场经营鹿产品业户达到 200 多家。同时，电商也逐渐兴起，销售

方式也在悄然发生改变，这一新兴产业加快了鹿产品市场的流通。据统计，2023 年双阳区鹿乡镇电商销售占比 80% 以上，快递单量突破 15 万件，总销售额突破 10 亿元。

（三）消费

《本草纲目》记载鹿茸、鹿胎等鹿产品都可入药，有极高的药用价值和保健功效，能够预防和治疗多种疾病。梅花鹿的经济效益主要来源于鹿茸，它更是被视作"宝中之宝"，与人参、貂皮被誉为"东北三宝"。鹿茸消费地区主要集中在广东、浙江等东南沿海省份，但是人均消费量与韩国等消费大国相比还有较大差距。除了传统的药品、保健品市场外，鹿鞭、鹿血、鹿尾等梅花鹿副产品也逐渐渗透到食品、化妆品等多个领域（表2）。

表 2 梅花鹿产品的营养成分和药理功效

品名	营养物质	传统功效	现代药理作用
鹿茸	本品含有蛋白质、多肽、氨基酸、雌激素、维生素等多种营养成分。	壮肾阳，益精血，强筋骨，调冲任，托疮毒《中国药典》。	提高性能力、抗疲劳、提高免疫力、抗肿瘤、抗骨质疏松等。
鹿角	本品含有矿物质元素、蛋白质、氨基酸等多种营养成分。	温肾阳、强筋骨、行血消肿《中国药典》。	抗炎镇痛、抗骨质疏松、抗癌。
鹿角脱盘	本品含有氨基酸、多肽、蛋白质、糖类、脂类、性激素及无机盐等多种营养成分。	温肾阳、强筋骨、行血消肿《中国药典》。	抗炎镇痛、抗骨质疏松、抗疲劳、抗癌。
鹿茸血	本品与鹿茸成分相似，含有蛋白质、氨基酸、脂肪酸、维生素、激素等多种营养成分。	补肾壮阳、强筋壮骨、调冲固带、托疮生肌《吉林省中药材标准》。	抗肿瘤、抗衰老、抗心肌损伤、抗氧化。
鹿血	本品含有氨基酸、蛋白质、脂类、游离脂肪酸、甾醇、磷脂、多糖、各种酶等多种营养成分。	补气益血《辽宁省中药材标准》。	抗炎、贫血、抗肿瘤。
鹿皮	本品主要有蛋白质、氨基酸、胶原蛋白、多糖等。	益气固精、强筋健骨《辽宁省中药材标准》。	提高免疫力、护肝、抗衰老、抗氧化。
鹿骨	本品含有氨基酸、蛋白质、磷脂、胶原蛋白及无机盐等多种营养成分。	补虚劳、强筋骨《卫生部颁药品标准》。	增加骨密度、抗骨质疏松、抗氧化。
鹿肉	本品含有脂肪、蛋白质、必需氨基酸、脂肪酸、微量元素等多种营养成分。	补中、盖气力、强五脏《本草纲目》。	促进细胞生长、抗氧化。
鹿心	本品富含蛋白质、多肽、氨基酸、微量元素等多种营养成分。	益气养血，宁心安神《吉林省中药材标准》。	护肝、护心、抗炎。
鹿油	本品富含脂肪酸，包括棕榈酸、硬脂酸、油酸、棕榈油酸、亚油酸等。	主痈肿死肌，温中，四肢不随，风头，通腠理《唐本草》。	修复急性胃黏膜损伤、改善溃疡性结肠炎。

（续）

品名	营养物质	传统功效	现代药理作用
鹿筋	本品富含多种活性成分，包括胶原蛋白、氨基酸、肽类、维生素和微量元素等。	补劳续绝、强筋健骨《卫生部颁药品标准》。	抗炎镇痛、抗骨质疏松。
鹿胎	本品含有蛋白质、氨基酸、胶原蛋白、多糖、矿物质元素等。	温肾壮阳、补虚生精、调经止血《山东省中药炮制规范》。	抗炎、抗氧化、抗衰老、提高免疫力。
鹿鞭	本品富含多种活性成分，包括蛋白质、氨基酸、核苷类、性激素和微量元素等。	补肾阳、益精血《卫生部颁药品标准》。	抗疲劳、抗炎镇痛、抗肾损伤、抗骨质疏松。
鹿尾	本品富含氨基酸、多肽、多糖、蛋白质、脂肪酸、磷脂、性激素等多种营养成分。	暖腰膝，壮阳生精《卫生部颁药品标准》。	改善性功能、抗衰老、抗疲劳、抗炎。

（四）进出口

近年来，随着国内市场对高品质梅花鹿产品需求的增加，特别是对鹿肉及副产品的需求更大，鹿肉几乎全部依赖进口，2023 年鹿肉及其他副产品进口 2 776 吨（图 1），同比增长 12.85%，主要为新西兰赤鹿肉。2023 年鹿茸及其粉末进口 859 吨（图 2），同比增长 9.99%，主要为新西兰赤鹿茸。从鹿茸出口来看，近 5 年基本稳定在 100 吨左右（图 3），主要出口至韩国、日本、东南亚等地区。

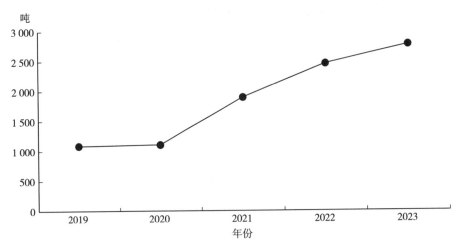

图 1　2019—2023 年中国鹿肉及其他副产品进口数据

数据来源：海关总署。

（五）全产业链效益

梅花鹿养殖收益主要来源于鹿茸以及鹿肉、鹿胎、鹿皮等副产品的销售和加工。近年来，随着健康养生观念的普及和消费者对高品质生活的追求，鹿茸等梅花鹿产品的市场需求旺盛，梅花鹿及其副产品价格均呈上升趋势。2023 年梅花鹿鲜茸价格为：

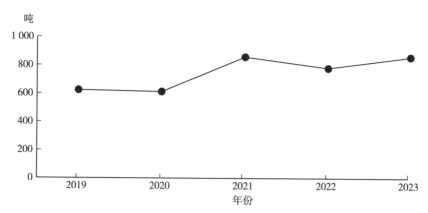

图2　2019—2023 年中国鹿茸及其粉末进口数据

数据来源：海关总署。

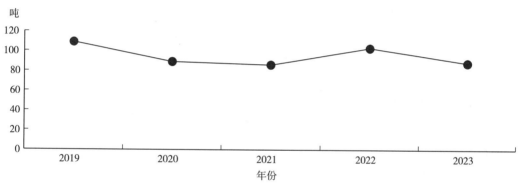

图3　2019—2023 年中国鹿茸及其粉末出口数据

数据来源：海关总署。

二杠茸 2 400～2 600 元/千克、三杈茸 1 500～1 800 元/千克（图4），二杠茸鲜干比是 3.3∶1，即 3.3 斤鲜茸加工成 1 斤干茸；三杈茸鲜干比是 3∶1。成年梅花鹿公鹿 10 000～15 000 元/只，成年梅花鹿母鹿 6 000～8 000 元/只（图5），养殖一只成年梅花鹿平均每年收益在 3 000 元左右（图6）。据中国畜牧业协会鹿业分会统计，2023 年全国梅花鹿产值全口径（含加工）670 亿元，其中，吉林省 420 亿元。

（六）产业政策

2020 年 5 月农业农村部将梅花鹿列入《国家畜禽遗传资源品种名录》，按照《中华人民共和国畜牧法》管理，结束了鹿产业只能遵循《野生动物保护法》相关规定的桎梏，我国鹿业迎来了前所未有的春天。农业农村部《"十四五"全国畜牧兽医行业发展规划》中提出在吉林、辽宁、黑龙江等省份重点推进梅花鹿养殖业发展，围绕"扩群、提质、增效"，拓展产业链，提升梅花鹿养殖水平。

梅花鹿养殖主产区吉林省和辽宁省高度重视梅花鹿产业发展，先后出台系列政策文件，如 2019 年 7 月吉林省制定的《关于推进梅花鹿产业健康发展的意见》，2021 年 12 月吉林省出台的《2021—2025 年吉林省梅花鹿产业发展规划》，2022 年 10 月吉

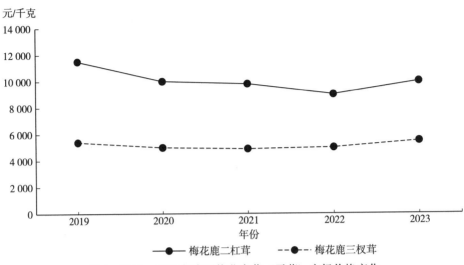

图 4　2019—2023 年中国梅花鹿茸（干茸）市场价格变化

数据来源：中国畜牧业协会。

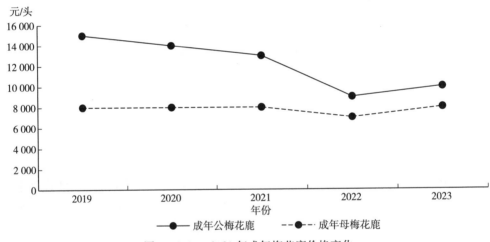

图 5　2019—2023 年成年梅花鹿价格变化

数据来源：中国畜牧业协会。

林省印发的《加快梅花鹿产业发展实施细则》。

2021 年开始，辽宁省"粮改饲"项目由 7 个市扩大到全省，达到青贮粗饲料收储条件的鹿等草食家畜养殖场、养殖合作社均可申报每吨 50 元左右的补贴，还可以申报苜蓿草种植项目，发展饲草料基地建设，鼓励创建国家级、省级梅花鹿养殖标准化示范场创建。政府扶持为梅花鹿产业发展注入了强大动力，有力地促进了产业快速发展壮大。

二、梅花鹿产业发展存在的问题与挑战

（一）主要问题

1. 科学饲养化程度低。我国梅花鹿养殖多以小规模散户养殖为主，科学饲养管

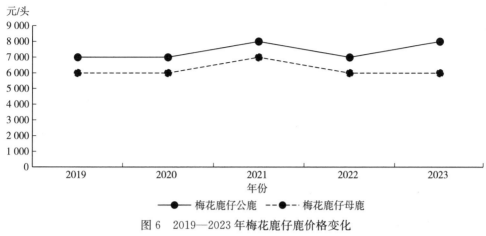

图 6　2019—2023 年梅花鹿仔鹿价格变化

数据来源：中国畜牧业协会。

理技术应用推广普及率低，梅花鹿品种退化以及和马鹿种间杂交严重，导致杂交后代出现基因不亲和现象，及繁殖能力下降、发育异常、免疫力下降等问题。

2. 产品精深加工滞后。 目前为止，鹿茸、鹿角、鹿胎、鹿骨只能用作药品、保健食品生产原料，不能作为普通食品。梅花鹿副产品入药、入食门槛较高且难度较大，加工处于低水平徘徊，产品同质化严重，影响了鹿茸市场消费。此外，鹿产品的中药新药、保健品的开发周期长，投资大等原因亦使产品精深加工进程缓慢，严重影响产业发展。

3. 市场秩序混乱。 市场产品良莠不齐，鱼龙混杂，导致产品信誉缺失，侵害消费者权益，进口走私产品的低价冲击，影响了梅花鹿茸市场份额。

4. 品牌推介乏力。 我国虽有几百年梅花鹿历史文化，但产业文化传承不够，产业故事有待进一步挖掘与讲述，鹿产品精深加工及其衍生产品开发市场还没有完全形成，宣传推介与产品科普力度不够，没有形成品牌效应，大众对产品功效认知存在"万能补品""立即见效"等误区。

（二）面临挑战

1. 国外鹿茸冲击。 近年来俄罗斯、新西兰、加拿大、澳大利亚、日本等周边国家的养鹿业走向成熟，新西兰、澳大利亚饲养的欧洲赤鹿养殖成本比我国养鹿成本低，价格上有很大的优势，大幅挤占了我国梅花鹿鹿茸在国际市场的占有量。同时，国内市场受新西兰等国外鹿产品的冒充，产业受到了进一步冲击。新西兰鹿茸出口中国始于 2000 年，当年出口中国鹿茸 3.48 吨，其后稳步增加，并制定了详细的针对中国市场开发战略，不断增加对华鹿茸出口量，目前中国已成为新西兰最大的鹿茸出口国。

2. 走私鹿茸扰乱市场秩序。 走私驯鹿茸对我国鹿茸市场冲击大，因走私驯鹿茸有高额利润，走私数量也逐年增加，并冒充中国梅花鹿茸在市场低价销售，由此造成市场混乱、产品信誉缺失，严重地冲击了国产鹿茸的市场份额，出现"劣币驱逐良币"。

3. 产品开发受限。虽然国家食药监总局于 2014 年下发通知，部分放开了"药食同源"政策，允许养殖梅花鹿及其产品作为保健食品原料使用，但鹿茸、鹿角、鹿骨、鹿胎仍不能作为普通食品原料，主要产品开发使用范围受限。

三、梅花鹿产业发展趋势与前景展望

（一）发展趋势与前景展望

1. 技术创新升级，养殖规模扩大。随着各级政策扶持力度的加大、市场需求的增长，精准育种、高效饲养等技术的研发推广将成为推动梅花鹿产业升级的重要动力，预计未来几年，梅花鹿养殖规模将呈现稳步上升趋势，存栏量和产量将继续保持增长。

2. 产品种类丰富，开发潜力巨大。经初步统计，有 30 余种以鹿为源的原料型产品可被广泛应用于药品、保健品、化妆品、食品等深度开发领域，而我国鹿产品精深加工产业还处于初级阶段，这些原料还没有被充分利用。随着鹿产品在药品、保健品、功能食品、药膳、化妆品等领域应用的不断推陈出新，我国的鹿产品市场增长潜力巨大。

3. 需求不断增长，市场空间广阔。随着国民经济的不断发展、人口老龄化的逐步加深，以及大健康产业观念的提出，人们消费价值正由传统的衣食住行向更深层次的个性化、健康化消费转变，社会对鹿产品需求量逐年增加，鹿业市场还有广阔空间。同时，鹿有望成为高等生物肢体"再生"模型，鹿茸中含有促进动物机体新陈代谢、促进伤口愈合、促进神经修复以及特异性抗炎的功能组分，并有望成为生物医药——生物反应器，鹿茸的应用正在由传统中医药向现代生物医药拓展。

（二）对策措施与政策建议

1. 建立标准体系，加速鹿产业现代化进程。建立从品种饲养、疾病防疫、生产建设、设施设备、饲料饲养、屠宰加工到产品销售的全产业链标准体系，以标准化引领产业规模化、集约化、产业化、现代化发展。

2. 加快构建产学研协同创新体系。组织力量立题研究，加大对鹿产品开发及相关技术研究投入，破解"茸、角、骨、胎药食同源"限制，推进鹿产业技术体系及国家级平台建设，提升科技对鹿产业的支撑水平。

3. 加强资源保护，尽快厘清我国鹿养殖数量。建设规模化资源保种场，开展联合育种攻关，加快茸肉兼用、观赏型梅花鹿等新品种培育，提升梅花鹿种业创新能力和产业竞争能力。

4. 加强市场整治和监管力度。加大对走私假冒伪劣产品的查处打击力度。建立鹿产品质量安全追溯体系，一品一码，明码标识，还销售者知情权，维护生产者、消费者合法权益。

5. 加大科普宣传。以科学、严谨、务实的态度宣传鹿产品功效，广泛持久地科普消费者，确立、扩大、巩固消费者群。向茶文化建设学习，组织各界力量多层次、多形式、多角度讲好鹿的故事，做好鹿文化建设。

报告撰写人：

芐群红　中国农业科学院特产研究所　研究员
路洪涛　中国农业科学院特产研究所　助理研究员
张　旭　中国农业科学院特产研究所　助理研究员
付龙霞　中国畜牧业协会鹿业分会　　秘书长
孙印石　中国农业科学院特产研究所　研究员

毛皮动物产业发展报告

毛皮动物主要指其产品（毛皮）可作为制裘原料的动物，本报告中毛皮动物是指已经列入《国家畜禽遗传资源目录》成为家畜的貉、水貂、银狐和北极狐。作为人类第一件衣服，从"茹毛饮血"的原始社会开始毛皮动物一直伴随着人类文明的发展。近年来，我国毛皮动物市场与产业经历了快速发展，成为世界上最大的毛皮生产加工和销售国。2023年，国内外市场需求不振，我国毛皮动物行业生产形势总体较为严峻，企业生产经营压力较大。2023年全年貉取皮318万张、狐取皮303万张、水貂取皮388万张，同比分别下降59.86％、63.81％、32.96％；毛皮及制品行业重点企业销售收入130亿元，同比下降35.2％。毛皮动物行业坚持稳中求进工作总基调，围绕高质量发展目标，深入推动转型升级，全年总体呈现回升向好趋势，毛皮及制品重点企业利润总额近4.5亿元，同比增长11.8％，利润率约为3.4％，比上年同期增长1.4个百分点。预计短期内毛皮服装加工企业对国内市场的消费形势仍抱谨慎态度，皮张价格基本不会大幅上涨，全球皮张供求关系向着越来越健康的方向发展。未来应加大新产品研发力度，深耕国内市场，减少出口波动潜在风险，积蓄力量迎接市场变化。

一、毛皮动物产业发展现状

（一）生产

在过去十年中，我国毛皮产业在历经辉煌后又进入调整转型阶段，养殖规模调整下行。

我国貉主产区分布在河北、山东、黑龙江、吉林等省，2023年我国貉取皮数量排名前十位的城市分别为：秦皇岛、沧州、唐山、衡水、潍坊、石家庄、临沂、威海、哈尔滨和烟台。过去十年我国貉取皮量经历了大幅震荡，2015年达到峰值1 610万张，之后取皮数量呈下降趋势，已经连续5年出现下滑，2023年貉取皮数量约318万张，与2022年相比减少59.86％（图1）。

我国水貂主产区为山东、辽宁、黑龙江、吉林等省，2023年我国水貂取皮数量排名前十位的城市分别为大连、潍坊、威海、青岛、临沂、烟台、日照、哈尔滨、伊春和丹东。2014—2023年十年间，全国取皮数量在2014年达到历史最高峰值6 000万张后呈明显下降趋势，2023年我国水貂取皮数量约388万张，与2022年相比减少了32.96％（图2）。

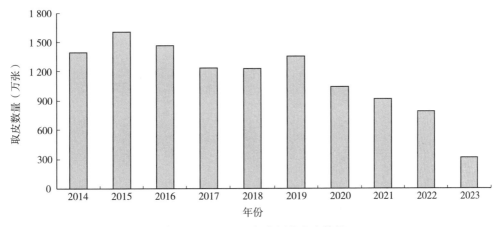

图 1　2014—2023 年中国貉取皮数量

数据来源：中国皮革协会。

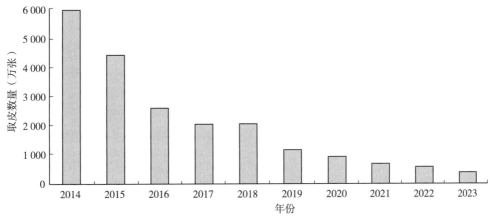

图 2　2014—2023 年中国水貂取皮数量

数据来源：中国皮革协会。

　　我国狐主产区为山东、河北、辽宁、吉林、黑龙江等省，2023 年我国狐取皮数量排名前十位的城市分别为：潍坊、秦皇岛、沧州、锦州、唐山、临沂、辽阳、鞍山、烟台和威海。近 10 年全国取皮数量，2018 年以前整体呈起伏状态，2018 年取皮数量达到顶峰，2018 年以后呈持续下滑态势。2023 年中国狐取皮数量约 303 万张，与 2022 年相比减少 63.81%（图 3）。

　　（二）加工流通

　　我国皮张交易有生皮和熟皮两种方式，由于我国没有成熟完善的皮张拍卖会，皮张交易更多通过线下进行市场流通，在昌黎、肃宁、阳原等地形成多个较大规模的不同类型皮张交易市场。如昌黎毛皮市场主要以生貉皮交易为主，肃宁主要以熟皮交易为主，阳原主要以碎片加工交易为主。

　　毛皮制品的加工也已形成多个不同特点的加工交易中心，如枣强主要以毛皮配饰

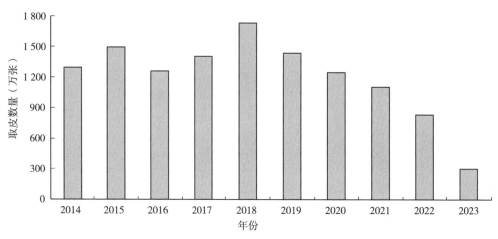

图 3 2014—2023 年中国狐取皮数量

数据来源：中国皮革协会。

加工为主，海宁以时装设计生产为主，辛集以外贸服装生产设计为主，各个中心形成各自特色，共同支撑国内外市场需求。

销售模式主要有批发和零售两种，批发主要由各个生产中心面向各地的经销商和批发商，他们以较低价格大量购买毛皮制品，然后再进行零售。零售则是面向消费者的销售模式，销售渠道多样化，消费者可以通过实体店铺、专柜和网络平台等途径购买毛皮制品。实体店铺通常位于商业中心或高档购物中心，在店铺中展示和销售毛皮制品。专柜则通常位于百货公司或大型商场，品牌毛皮制品通过专柜销售。另外，随着网络电商的发展，线上销售呈现稳步发展，毛皮制品品牌在网络平台上销售量有较大提升。

（三）消费

2023 年 1—12 月，以淘宝、天猫、京东、快手等 14 个主要网上销售平台为例，女士皮草服装销售数量为 1 258.48 万件，同比减少 19.91%；销售额为 108.45 亿元，同比减少 15.54%；每件成交均价为 861.79 元，同比增加 5.46%；价格中位数为 909.47 元/件，同比增加 7.01%。男士皮草服装销售数量为 58.24 万件，同比增加 41.44%；销售额为 36 605.64 万元，同比增加 16.82%；每件成交均价为 628.55 元，同比减少 17.14%；价格中位数 326 元/件，同比减少 20.43%。

目前，我国毛皮制品消费场景不断扩大，有几大趋势：

由中高收入群体逐步扩展到一般消费者。过去十年，由于毛皮制品结实耐用"一貂传三代"，中高收入消费群体逐渐饱和。近几年，随着原料成本下降和短款、配饰以及装饰等新产品逐渐开发，目前消费群体已逐步向一般消费者和年轻消费者扩展。

由北方向南方扩散。毛皮材质具有保暖特性，北方供暖和汽车普及减弱了毛皮消费。而云贵高原、长江流域等南方地区冬季阴冷潮湿又没有供暖，成为毛皮消费的新市场，一些轻便短款裘皮制品很受当地消费者欢迎。

由全皮服装向镶嵌配饰等方向转变，裘设计师通过将毛皮材料与真丝、绢、羊毛等面料拼接镶嵌，从而打破了裘皮材料的季节性，在款式上也不拘泥于大衣外套，扩展了毛皮服装的地域性和季节性。

由产皮到产绒转变。近年来，貂绒因其比羊绒更加轻便保暖而得到广泛关注，2023 年貂绒价格已达到 90 万～96 万元/吨，狐绒毛价格 32 万～34 万元/吨，貂狐绒混纺产品得到广泛推广。相关产品预计在未来几年将会达到一个高潮，未来狐貂养殖很可能由产皮向产绒转变。

由化纤制品到天然制品转变。目前，欧洲、北美等地主流媒体开始质疑伪"动保组织"的激进活动和仿皮草仿皮革的环保性，已经对"反皮草"等极端思潮进行反思，天然皮草逐步复苏，皮草重返时尚引发主流媒体的关注和报道。

(四)进出口

2023 年，我国生毛皮出口额降幅继续收窄，进口额增速加快，毛皮及制品（不含生毛皮）出口额降幅持续加大，进口额增速持续放缓。毛皮服装出口额降幅加大，进口额增速加快。

2023 年，全国出口生毛皮 143 吨，同比下降 48.22%。出口毛皮及制品（不含生毛皮）合计 12.9 亿美元，同比下降 35.5%，其中毛皮服装 172.5 万件，出口额 7.8 亿美元；已鞣毛皮 4 307 吨，出口额 1.39 亿美元；其他毛皮制品 3 625 吨，出口额 3.70 亿美元；毛皮帽 43.8 万顶，出口额 398 万美元。

2023 年，全国进口生毛皮 7 649 吨，数量同比下降 35.73%。毛皮及制品（不含生毛皮）合计 7.6 亿美元，同比增加 94.87%，其中，进口毛皮服装 3.0 万件，进口额 6 112.3 万美元；已鞣毛皮 4 003 吨，进口额 6.89 亿美元；其他毛皮制品 95 吨，进口额 0.14 亿美元；毛皮帽 0.84 万顶，进口额 102 万美元。

(五)全产业链效益

我国毛皮市场的价格受多种因素的影响，国内养殖量和生皮销售途径对硝染厂家和制衣厂家有很大的影响，最终影响到终端价格。国际市场养殖数量和优质皮张进口数量很大程度影响国内价格，饲料原料价格波动、下游制衣厂和硝染厂库存量都会对裘皮生产数量和价格产生明显影响。同时，国内和俄罗斯、东欧等国外市场经济景气程度和政策都对毛皮价格有巨大影响。

2023 年，全国毛皮及制品行业重点企业累计销售收入 130 亿元，同比下降 35.2%。受原料价格持续走低和产品库存不断出清影响，全国毛皮及制品重点企业利润总额近 4.5 亿元，同比增长 11.8%，利润率约为 3.4%，比上年同期增长 1.4 个百分点。

(六)产业政策

毛皮行业于 2020 年被纳入农业农村部管理，当前国家和地方出台的涉及该产业发展的有关支持政策、"十四五"发展规划或相关战略规划等较少。目前，国家层面仅有农业农村部《"十四五"全国畜牧兽医行业发展规划》，关于毛皮动物仅有一句话内容，要求在河北等省份加强貂、狐、貉等毛皮动物养殖，保障高质量毛皮原料。工业和信息化部等五部委《关于推动轻工业高质量发展的指导意见》提出推广皮革、毛皮及制品和制鞋等智能化生产，建设全流程信息一体化平台等。同时中国皮革协会《皮革行业"十四五"高质量发展指导意见》对毛皮产业发展提出要求。

二、毛皮动物产业发展存在的问题与挑战

（一）经济持续疲软，市场需求低迷

世界深处百年未有之大变局之中，逆全球化、地缘政治冲突等问题给全球经济可持续发展蒙上了多层阴影，全球经济平均增长仍低于新冠疫情前水平，我国毛皮行业复苏缓慢，低于预期。目前，我国消费者价格指数仍处在偏低范围，居民衣着消费支出占居民消费支出比重有所下降，传统毛皮消费区域接近饱和，市场新需求开发不足，导致毛皮国内外消费能力减弱。

（二）产业缺乏整体规划，各行其是一盘散沙

毛皮行业国家、行业层面产业规划缺乏，政策资金投入不足，还处于养殖场户、皮张商、硝染加工企业和服装市场自发发展的状态，产业做大、做强及快速发展缺乏系统性和前瞻性的政策引导，产业发展缺乏整体谋划设计，发展波动性较大。

（三）产业标准制度不足，伦理福利尚需加强

毛皮动物产业涉及大规模饲养和屠宰动物，目前相关规章制度还不健全，笼舍、饲养环境和屠宰方法等尚无统一标准，正确的动物保护和伦理福利理念宣传力度不够，一些国家和地区已经或正在实施禁止或限制毛皮动物贸易的法律和监管措施，毛皮动物养殖常常面临伦理、福利争议。

三、毛皮动物产业发展趋势与前景展望

（一）发展趋势与前景展望

我国经济回升向好为行业健康发展创造了良好的条件和基础，国家大力布局扩大国内需求，支持促进消费稳定增长。随着政策发力，毛皮产业的供给结构将优化，消费场景进一步创新，推动毛皮行业健康发展。

1. 基本需求仍存在，新需求逐渐成长。吃饱穿暖作为人类的最基本需求，我国庞大的人口基数足以支撑毛皮行业发展。随着我国经济形势的恢复和中产阶级群体的扩大，以及90后、00后等新生代消费潮流和观念的变化，未来毛皮产业将紧跟消费潮流变化，增加产品丰富性，扩大毛皮产品应用范围，高品质、绿色环保、天然时尚的毛皮制品的需求将迎来新的机遇。

2. 优质产品仍供应不足。近几年，低产动物仍未彻底淘汰，优质种群培育工作短期内尚未见成效。未来几年内，高质量产品供应不足、中低档产品供给充足，优质种源仍然缺乏。预计高品质服装受到市场追捧价位上涨，中低档产品滞销，优质皮张价格将会保持上涨并在相当长时间里维持在高位，其他皮张价格不涨甚至下跌。

3. 多年库存即将出清。2023年毛皮制品销售多以库存产品为主，国际市场毛皮服装需求疲软，全年出口数量出现明显下滑，毛皮行业总体运行依然承压前行。全国毛皮及制品行业重点企业累计完成销售收入虽然比2022年同比下降，但随着近几年

产品库存消纳加快，预计 2025 年左右库存将出清。

4. 价格敏感度上升。经济形势不稳定的情况下，消费者对于非必需品的消费更加谨慎，皮草作为一种相对高端的时尚消费品，受到的冲击也较为明显。消费者在购物时会更加注重性价比，对于价格的敏感度提高，需要行业重新审视产品定位和价格策略，以适应市场的变化。

（二）对策措施与政策建议

1. 发展新质生产力。对标国际领先国家、地区、企业的水平，推动自动化和智能化技术的应用，提高养殖场管理效率；研发新型饲料和技术，以提升动物健康和毛皮质量；加强环境管理和资源节约，探索毛皮以外的产品开发，例如生物制品、医药原料等；发展副产品综合利用技术，增加产业链价值，采用循环经济发展模式，利用废弃物创造附加值。

2. 加大新品种培育力度。加强优质种源的研发和供应，提高品种的遗传进展和生长性能。加大新发现的长绒貂、大体型貉狐貂及天然彩色毛皮动物资源保护利用力度，建设毛皮动物种质资源保存库和良种场，建立毛皮动物生产性能测定体系和联合育种体系，培育产绒、大体型等专用毛皮动物品种，及满足市场需求、符合时尚和环保意识的毛皮动物新品种。

3. 设立国家毛皮动物产业技术体系。聚焦毛皮动物产业现代化发展要求，整合国内优势力量，以貉狐貂为单元设立国家产业技术研发中心，并在主产区建立若干个国家产业技术综合试验站，按照全产业链配置科技力量，及时发现和解决生产中的技术难题，促进毛皮产业现代化。

4. 提供政策支持和资金扶持。制定毛皮动物产业发展规划和政策，明确发展目标、方向和政策支持措施，加大毛皮动物产业综合开发利用力度。设立毛皮动物养殖业专项基金，鼓励产业链上下游企业间的合作和联盟，促进资源共享、信息共享和技术创新。支持培育和发展毛皮动物培育、养殖、加工和销售等环节的龙头企业，提高整个产业链的效益和竞争力。建立毛皮动物养殖业保险机制，减少养殖户因疾病、自然灾害等因素带来的经济损失。

5. 加大科技投入和人才培养。增加毛皮产业科技投入，支持产业科技研发、品牌建设、市场拓展和农民培训等方面的需求。支持品种培育、健康养殖、疾病防控及产品加工关键技术的研发与应用，提高毛皮产量和质量，降低养殖成本。实施毛皮动物产业科技人才培养计划，通过校企合作、培训课程和实践基地，培养一批具有高素质的技术人才和管理人才，激发创新活力，维持产业链的稳定。

6. 加强市场拓展与品牌建设。支持企业研发毛皮与非毛皮材料相结合的新产品，满足不同的市场需求，提高产品的适用性和创新能力。鼓励毛皮企业创建自身品牌，提升产品的附加值。对获得国内外知名认证的品牌给予奖励和支持。通过政策扶持、举办展会等手段积极拓展国内外市场，特别是在欧洲、北美等主要消费市场中提升中国毛皮产品的知名度和影响力。

7. 完善法律法规与伦理建设。明确毛皮动物产业各环节的标准、条件、程序等，确保产业发展有法可依，规范市场秩序。推动伦理福利标准的制定和执行，提高养殖环境、屠宰设施和动物保护意识。通过各种渠道加强公众对合法、负责的毛皮产业发展的认识，提高毛皮动物产业的形象和合规性，培养中小学生正确的动物福利和绿色环保观念，提升消费者对天然绿色可降解的毛皮产品的认知和认可度。

报告撰写人：

徐 超	吉林农业大学	教授
王殿华	中国皮革协会毛皮专业委员会	主任
李健明	吉林农业大学	副教授
祝世雄	中国畜牧业协会毛皮动物分会	副秘书长
杜 锐	吉林农业大学	教授

06

第六篇

特色水产品

小龙虾产业发展报告

　　我国是世界上最大的小龙虾生产国，发展至今，小龙虾产业已从最初的"捕捞＋餐饮"，逐渐形成了集苗种繁育、生态养殖、加工流通、精深加工、出口贸易、休闲文旅、餐饮服务于一体的完整产业链。2023 年，全国小龙虾养殖面积为 2 950.0 万亩，产量为 316.1 万吨，养殖面积和产量均呈稳中有升趋势，湖北、安徽、湖南等主产区区域优势明显，养殖模式仍以稻虾种养为主；小龙虾消费需求及消费量持续增长，加工量有所增长，基础加工业快速发展，但精深加工技术仍需进一步提升；出口量比 2022 年有所下降；市场价格呈季节性波动趋势，同比有所下降。预计短期内小龙虾养殖面积与养殖产量稳中有升，消费需求和加工量将进一步增长。随着产业的快速发展以及消费需求日渐多样化，今后应重视小龙虾产业标准化养殖技术、多元化加工产品、区域性品牌建设以及行业规范化监督管理等。

一、小龙虾产业发展现状

（一）生产

　　1. 养殖规模逐年扩大，增速波动式下降。 近年来，我国小龙虾养殖面积呈现持续增长趋势，全国养殖总面积从 2019 年的 1 929.0 万亩增至 2023 年的 2 950.0 万亩，增长 52.9％；从养殖面积增速来看，总体呈现先快后慢的趋势，2019 年同比涨幅为 14.8％，2021 年增长 19.0％，2023 年有所放缓，增长 5.4％（图 1）。

　　2. 养殖产量逐年增长，增速渐缓。 近年来我国小龙虾养殖产量呈现稳步增长的趋势，全国小龙虾总产量从 2019 年的 209.0 万吨，增至 2023 年的 316.1 万吨，增长超过 50％；从养殖产量增速来看，总体呈现逐年下降趋势，从 2019 年的 27.5％降到了 2023 年的 9.4％（图 2），涨幅趋于平稳。

　　3. 主产区较为集中，湖北区域优势显著。 我国小龙虾养殖主要集中在湖北、安徽、湖南、江苏和江西五大省份，五大主产区小龙虾产量在全国占比超 90.0％。其中，湖北作为我国小龙虾养殖第一大省，2023 年产量为 124.3 万吨，占全国 39.3％，遥遥领先于其他主产区。从养殖产量总体变化趋势来看，近 5 年五大主产区小龙虾养殖产量均稳中有增，其中，江西 2023 年同比增长最大，达到 11.2％，其次为湖北，2023 年同比增长 9.2％（图 3）。

　　4. 养殖模式多样化，仍以稻虾种养模式为主。 目前，小龙虾养殖主要包括稻虾

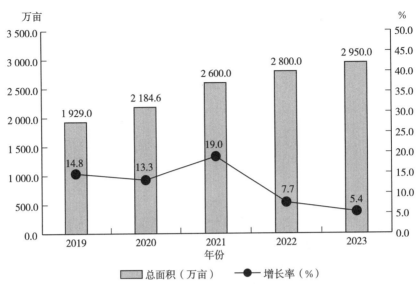

图 1　2019—2023 年全国小龙虾养殖面积变化情况

数据来源：中国小龙虾产业发展报告。

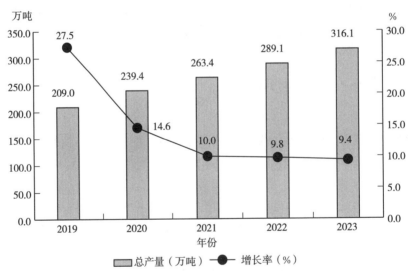

图 2　2019—2023 年全国小龙虾养殖产量变化情况

数据来源：历年《中国渔业统计年鉴》。

种养、池塘养殖、大水面增养殖、藕田和茭白田养殖等多种养殖模式。其中，仍以稻虾种养模式为主，据统计，2023 年全国稻虾种养面积为 2 530 万亩，占小龙虾养殖总面积的 85.8%；稻虾种养小龙虾产量为 275 万吨，占小龙虾养殖总产量的 87.0%。与此同时，小龙虾池塘养殖面积有所减少，2023 年仅 300 万亩，占 10.2%，同比下降 2.3%；藕田和茭白田养殖、大水面增养殖均保持稳定，分别为 70 万亩、50 万亩。

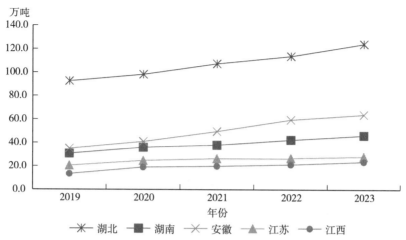

图 3　2019—2023 年全国五大主产省份小龙虾养殖产量变化情况

数据来源：历年《中国渔业统计年鉴》。

（二）加工流通

1. 加工量持续增长，占总产量的比重趋于平稳。近 5 年，全国小龙虾的加工量始终保持持续增长的趋势。2019 年我国小龙虾加工总量较低，仅 51.0 万吨；2022 年受新冠疫情影响线下消费受到抑制，小龙虾加工总量剧增，突破了 120 万吨；2023 年，小龙虾加工总量持续增长，达到了 140.2 万吨，同比增长 15.2%（图 4）。随着小龙虾产能的提高，小龙虾加工总量也持续增长。

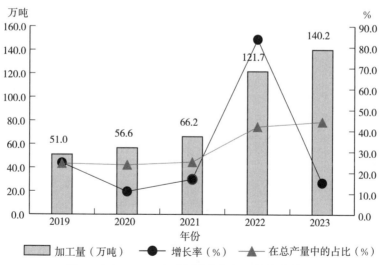

图 4　2019—2023 年全国小龙虾加工量变化情况

数据来源：历年《中国渔业统计年鉴》。

2. 加工业快速发展，产品类型丰富多样。小龙虾含蛋白质较多、含钙量较丰富，具有较高的营养价值。新冠疫情结束后的复工复产、预制菜行业的快速发展以及人们对多样化的小龙虾加工产品的消费需求进一步促进了小龙虾加工业的发展。2023 年，小龙虾加工企业主要集中在湖北、安徽、湖南、江苏和江西等主产区，5省小龙虾加工量占全国小龙虾加工量的95.4%。其中，湖北省小龙虾加工业一枝独秀，全省小龙虾加工企业162家、规模以上加工企业108家，年加工量占全国小龙虾加工量近70%。与此同时，河南、广西等地小龙虾加工业近年来也得到了飞速发展。随着预制菜市场的不断扩展，十三香、蒜蓉、麻辣、油焖、藤椒、柠檬等不同口味的小龙虾深受欢迎。此外，随着高温高压处理技术、瞬间冷冻技术的发展，将小龙虾加工成虾仁、虾尾、整肢虾等产品进行出口，也是实现小龙虾产业出口创汇的重要途径。

3. 冷链物流配套完善，线上线下联动流通。随着小龙虾养殖规模的快速扩大及稳定供应，小龙虾现代流通体系不断健全，交易市场由集散交易场所向集散交易、仓储物流、电子商务等复合功能平台发展，冷链物流配套不断完善，物流路线布局逐步优化。顺丰、京东、天猫、美团等电商巨头不仅提供高效、便捷的物流服务，还配备了先进的仓储设施与冷链配送系统，促进了小龙虾消费市场。湖北潜江虾谷快运冷链物流专线覆盖了全国500多个城市2 000多个网点，8~16小时就能送达目的地。随着互联网的普及和消费者购物习惯的改变，小龙虾流通线上线下双轨并行融合发展，从传统的餐饮、商超消费模式向京东、苏宁、抖音等线上流通渠道拓展，C端市场经济快速增长。江苏盱眙以"产地工厂＋冷链物流＋城市厨房＋同城外卖＋热链配送"等方式，打通盱眙龙虾从原产地到消费者餐桌的"最后一公里"。

（三）消费

1. 消费量持续增长，增幅趋于平稳。近五年，我国小龙虾消费量呈持续增长趋势，从2019年的208.0万吨增长到2023年的315.3万吨，涨幅达到51.6%；从消费量增速来看，2019年同比增速为27.6%，2023年同比增速则为9.4%，增速逐年下降且趋于平稳（图5）。

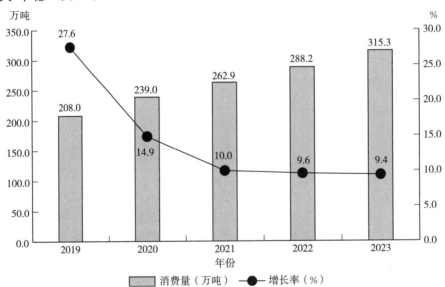

图5　2019—2023年全国小龙虾消费量变化情况

数据来源：根据历年《中国渔业统计年鉴》、海关总署数据测算所得。

2. 消费市场遍布全国，消费群体以年轻人为主。 小龙虾一直深受广大消费者喜爱，爱好者遍布全国，尤其是华东、华南、华中地区的大中城市，如上海、武汉、杭州、南京等。据《中国小龙虾产业发展报告（2024）》报道，我国小龙虾消费群体以90后年轻人为主，尤其是线上消费中年轻人消费占比近六成。小龙虾的休闲、社交属性，决定了当前仍以餐饮堂食、大排档夜宵等消费模式为主，"堂食＋外带＋外卖"模式成为众多小龙虾门店较为流行的销售模式。

（四）进出口

1. 出口量和出口额波动，仍处于缓慢回暖期。 近5年我国小龙虾出口量和出口额总体呈持续波动趋势，2020年受新冠疫情影响我国小龙虾出口量和出口额齐降，2021年有所回升，2023年，我国小龙虾出口量为8 140.1吨，出口额为10 267.2万美元，出口单价为12.61美元/千克，较2022年均有明显下降，降幅分别为11.9%、21.3%、10.8%（图6）。我国小龙虾主要出口至美国，出口量占比为46.1%，其次为丹麦、荷兰、瑞典等国家（图7）。总体来看，小龙虾出口量、出口额均处于回暖期，受国际政治与经济形势等外部因素影响，暂未能恢复到新冠疫情前的水平。

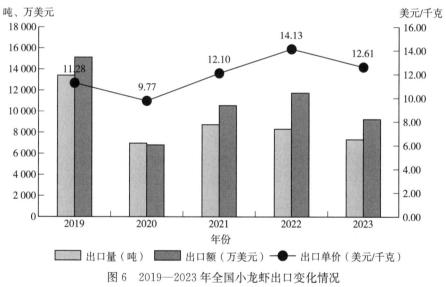

图6　2019—2023年全国小龙虾出口变化情况

数据来源：根据海关总署数据整理。

2. 进口量和进口额齐降，进口单价持续上涨。 近五年我国小龙虾进口量和进口额总体呈现减少趋势，进口单价却持续走高。2019年我国小龙虾进口量和进口额均较高，2020年受全球新冠疫情影响我国小龙虾进口量显著下降，2023年我国仅从新西兰进口小龙虾29.45吨，进口额为192.91万美元，较2022年均有显著下降，降幅分别为84.5%、51.8%，但进口单价上涨至65.50美元/千克，较2022年涨幅为210.4%（图8）。国内小龙虾产能持续提升，市场供大于求，小龙虾国外进口量明显下滑，但因进口时间主要集中在3月份，国内小龙虾尚未上市且消费需求量较大，进口价格攀升。

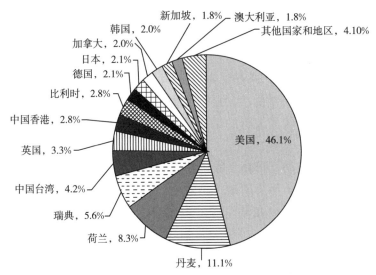

图 7　2023 年全国小龙虾出口国家和地区贸易情况

数据来源：根据海关总署数据整理。

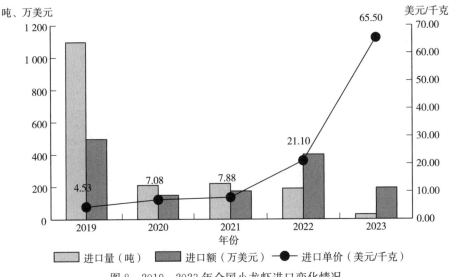

图 8　2019—2023 年全国小龙虾进口变化情况

数据来源：根据海关总署数据整理。

（五）全产业链效益

1. 市场价格季节性波动明显，2023 年价格同比有所下降。 小龙虾是季节性较强的淡水水产品之一，每年 1—3 月份价格较高，4 月份开始价格逐渐回落，5—7 月份价格下降明显，8 月份小龙虾销售逐渐接近尾声时价格有所上涨（图 9）。2023 年，小龙虾上市时间和下市时间均较往年有所提前，同期价格总体上低于 2022 年，以 9 钱①以上的小龙虾为例，6 月份其市场批发价格为 57.43 元/千克，同比下降约 14.4%（图 10）。

---

① 钱为非法定计量单位，1 钱＝5 克。——编者注

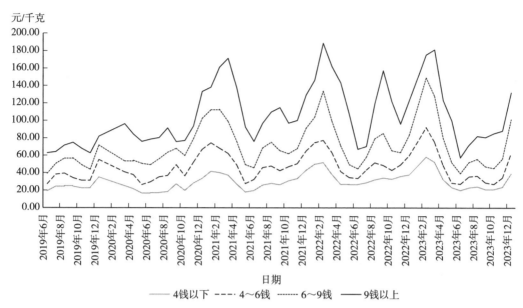

图 9　2019—2023 年小龙虾月均批发价格变化情况（四种规格）

数据来源：根据渔农在线公众号公开数据整理。

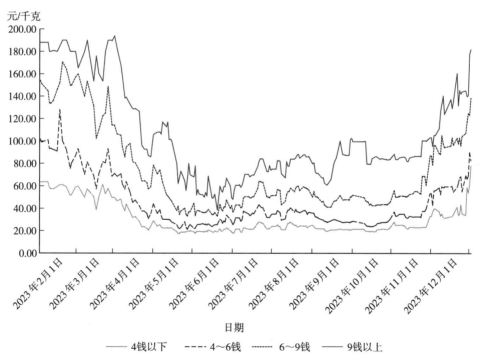

图 10　2023 年小龙虾日均批发价格变化情况（四种规格）

数据来源：根据渔农在线公众号公开数据整理。

2. 三产融合发展，产值增长显著。据《2024—2029 年中国小龙虾行业市场供需及重点企业投资评估研究分析报告》公开数据显示，2023 年我国小龙虾产业综合产值 4 580 亿元，其中，一产产值 960 亿元，占 20.96%；二产产值 498 亿元，占 10.87%；三产产值 3 122 亿元，占 68.17%。2023 年小龙虾产业综合产值同比增长 8.48%，一、二、三产产值同比分别增长 16.58%、35.14%、3.04%。我国多个主产区地理标志品牌小龙虾产业形成了集苗种繁育、生态养殖、加工出口、餐饮消费等于一体的全产业链发展格局。据《盱眙龙虾产业发展研究报告》，2023 年盱眙龙虾总产值达 306 亿元，其中第三产业占比超过一半。

3. 成本投入较高，收益不稳定。 小龙虾养殖主要成本投入包括土地租赁、池塘建设、种虾和虾苗、饲料、人工、水电等费用，亩均成本因地区、规模不同而不等；小龙虾养殖效益主要受产量、规格、市场需求及价格等方面影响。2023 年，小龙虾的市场价格与往年相比具有明显的不同，由 3 月份的高价苗，到 4 月份一路狂飙的小龙虾市场价格，再到集中上市时的"白菜价"，养殖户亩均利润达到 4 000 元以上的不多，总体来说收益不乐观。

（六）产业政策

1. 政策支持加大，国家地方联动。 近年来，国家大力支持渔业发展，出台了一系列支持政策。2022 年，农业农村部印发了《关于推进稻渔综合种养产业高质量发展的指导意见》，对包括稻虾综合种养在内的稻渔产业作了系统谋划和总体部署。在国家政策加持下，各地方也纷纷出台相关政策规划。2021 年，湖北省财政厅与湖北省农业农村厅联合制定发布了《湖北省小龙虾产业"十四五"发展规划》，助力湖北小龙虾产业的发展壮大；2022 年，江苏淮安市政府印发了《淮安区小龙虾产业高质量发展实施方案的通知》，力争实现淮安市小龙虾产业高质量发展，进一步巩固全市在全国小龙虾产业的引领、标杆地位。

2. 信贷融资发力，推动产业发展。 为了促进小龙虾养殖行业的健康发展，政府在财政补贴、税收优惠、金融保险等方面给予了大力支持。财政补贴方面，政府在小龙虾养殖企业基础设施建设、排污设施修建、养殖污水处理等方面投入了一定资金支持，部分地方通过设立小龙虾产业集群项目给予财政支持，以及提供现金奖励和补贴等。税收方面，政府为鼓励和支持小龙虾养殖业，给予了税收优惠政策，小龙虾养殖企业在前三年可以免征企业所得税，第四至六年企业所得税减半，对于符合一定条件的小龙虾养殖企业还可以享受增值税减免或退还政策。金融贷款和保险方面，地方金融管理部门指导银行机构创新推出小龙虾信贷产品，支持产业高质量发展。依托小龙虾产业，多家银行机构陆续创新一批纯信用、无抵押、可循环小龙虾贷款产品。以湖北省为例，农业银行开发"虾农贷"，邮政储蓄银行开发"小龙虾收购流水贷"，湖北银行开发"龙虾宝"，建行推出裕农快贷（龙虾贷）、龙虾经销贷等产品。农业保险的推出是增强农业生产抗险防灾能力的重要举措，监利市鼓励养殖户购买小龙虾保险，按监利市的保险条款，财政补贴保费 60%，对于建档立卡贫困户，财政还可以补贴 50%，如果因小龙虾发病死亡或者旱涝灾害损失，每亩最高可以赔付 1 500 元。有了保险等政策兜底，养殖户对小龙虾养殖更有信心。

二、小龙虾产业发展存在的问题与挑战

（一）产业发展存在的主要问题

1. 种业体系建设相对滞后。 目前，小龙虾苗种繁殖以自繁自育为主，专池繁育、温室大棚繁育等繁养分离模式占比依然较低。多年自繁自育、捕大留小、多代同田（塘）等繁养方法忽视了优质亲本的选留，导致近亲繁殖概率增大、种质逆向选择增多，造成了小龙虾规格小、虾头大尾小、生长速度慢、出肉率低、抗逆性下降等种质资源退化问题。另外，小龙虾的一雌多雄交配方式、生长发育不同步等生物学特性不利于新品种选育，导致苗种繁育规模化、工厂化程度低，良种场、保种场建设相对滞后，制约了小龙虾种业体系的建设与发展。

2. 加工流通业问题突出。 小龙虾初加工与精深加工失衡，加工技术相对落后，自动化生产水平不高，加工工艺和装备亟待升级。目前，小龙虾仍以生鲜速冻或熟食加工等初级加工为主，精深加工虽稳步发展但总体上量还比较小；虾头、虾壳等废弃物高达 70%～80%，综合利用率低；副产品大多以原料出售，产品附加值开发不充分。另外，虽然小龙虾流通体系日趋完善，但流通效率仍有待提升。部分地区的冷链物流设施不足，大部分小龙虾运输仍采用泡沫箱加冰降温的方式，流通主体存在参差不齐、大小不一等问题，这均影响了小龙虾产品的保鲜效果和流通效率。

3. 供需不匹配问题日益凸显。 小龙虾作为夏季的美食代表，存在季节性供需矛盾。在夏季消费旺季时，由于小龙虾的生长周期和自然条件限制，其产量无法在短时间内迅速增加以满足市场需求。在非夏季的消费淡季时，小龙虾的供应量往往会超过市场需求，导致大量的小龙虾滞销，造成资源浪费。另外，随着消费者对食品品质、口味及便利性的要求不断提高，市场对于小龙虾产品的需求也变得更加多样化和个性化。然而，市场上的小龙虾产品仍主要以鲜活品和初加工品为主，缺乏多样化的产品形态和创新性的口味选择，难以满足消费者多元化和个性化的需求，这限制了小龙虾市场的进一步拓展。

4. 产业链发展不平衡。 小龙虾产业链由最初的"捕捞＋餐饮"逐步发展成集"苗种繁育—生态养殖—加工流通—精深加工—出口贸易—休闲文旅—餐饮服务"于一体的完整产业链。但各环节发展极不平衡，相关的产业配套措施未跟上产业的发展速度。主要表现为：养殖业与初级加工业发展很快，良种选育、苗种繁育等基础环节十分薄弱；甲壳素、虾青素等精深加工产业刚刚起步，高附加值的产品有待进一步挖掘和开发；消费主要集中在餐饮业，但休闲旅游、科普教育、文化产品以及餐饮配套服务等方面仍需进一步探索等。另外，产业链各环节之间的整合还不够紧密，存在信息不对称、利益分配不均等问题，这影响了产业链的协同效应和整体竞争力。

（二）产业发展面临的外部挑战

1. 主产区气温波动大，影响生长周期。 小龙虾养殖极易受气候影响，当水温在 25～30℃时，生长最快，水温低于 13℃或高于 33℃时生长缓慢。持续低温、高温阴雨天气、高温酷暑等异常气候对小龙虾的上市、规格、产量、病害和应激死亡等情况

均有影响。而小龙虾的主产区处于亚热带季风气候区，气温波动频繁且极端天气频发。春季温度过低，会导致小龙虾生长缓慢，原本于3、4月出水的小龙虾不得不延期捕捞，与5月出水的稻田虾同期上市，影响市场行情，给养殖管理带来很大挑战。

2. 绿色转型大势所趋，提质增效难度大。 新时期我国对淡水养殖行业的发展提出了更高的目标和要求，引领小龙虾产业向绿色种养转型升级是大势所趋。然而，在小龙虾产业转型升级过程中却面临诸多挑战，如我国水体环境有待进一步改善，化学需氧量、氨氮、总氮、总磷、重金属含量偏高，且淡水养殖业发展出的围网养殖也致使水污染加剧。水体养殖环境污染物的增加使得小龙虾病害率上升，药物投放又会反方向影响水体质量，难以保证质量安全和生态安全。这些因素的叠加影响都会加大小龙虾产业绿色转型升级的难度。

3. 世界贸易形势不稳，市场信心低迷。 近年来，中美贸易摩擦、新冠疫情、俄乌冲突等对全球贸易造成了巨大冲击。总体而言，全球经济仍然面临风险，短期内市场信心难以提振。宏观经济环境的低迷对小龙虾产业发展带来了挑战，从市场数据来看，小龙虾产业的国际和国内市场都未如预想中强劲。

三、小龙虾产业发展趋势与前景展望

（一）小龙虾市场与产业发展趋势预测

我国小龙虾产业发展总体上呈现生产消费稳定增长、产业规模持续扩大、全产业链延伸升级的态势。短期来看，预测未来几年，稻虾种养模式因其生态环境好、经济效益高的特点，得到更为广泛的推广和应用，我国小龙虾养殖面积与养殖产量将稳中有升，预测短期内全国小龙虾养殖面积突破3 000万亩，养殖产量突破320万吨；随着养殖技术的不断进步，小龙虾养殖过程中科学投喂、水质管理、病虫害防控等方面的技术都会有所发展，有效提高小龙虾的存活率和产量，市场供给量进一步得到保障；随着消费者消费能力的提升及对不同口味小龙虾喜爱程度的提高，小龙虾消费需求和餐饮市场需求将保持持续增长态势，多元化口味小龙虾产品不断创新升级；随着互联网和电子商务的快速发展，小龙虾线上消费渠道进一步拓展，线上线下消费模式并行、融合发展；从苗种繁育、养殖到捕捞、销售、加工、物流、餐饮，形成一条完整的产业链，小龙虾全产业链产值与经济效益、生态效益将显著增长。长期来看，随着科技的飞速发展、研究力量的持续投入以及政府扶持力度的加大，小龙虾优良种质培育技术、绿色生态养殖技术将进一步受到关注；为满足市场多样化需求，小龙虾产品加工工艺呈多元化创新趋势，预制菜市场规模将会持续扩大；与此同时，小龙虾初加工和精深加工技术发展协同推进，产业附加值增值显著；小龙虾产业逐渐从传统模式向规模化、现代化、品牌化方向转型升级，一二三产业融合发展，全产业链有效延伸，社会经济效益提升显著。但与此同时，因众多不确定因素及不可控风险，小龙虾产业在生产养殖、市场交易、食品安全等方面仍然面临着许多未知的风险与挑战。

（二）对策措施与政策建议

1. 加强标准化养殖技术的创新与推广。小龙虾养殖技术的标准化创新与推广直接影响着产量和质量，是产业可持续发展的关键基石。当前小龙虾养殖业面临着技术标准化程度低、创新能力不足等问题，尤其体现在饲料配方不够科学、养殖过程管理不够规范以及生态养殖模式研究不足等方面。这些问题导致小龙虾生产成本高、经济效益和环境效益不够理想，制约了产业的长期可持续发展。未来发展方向应聚焦于利用现代营养学原理，优化饲料配方，提高饲料转化率和生长性能；构建基于物联网和大数据的智能水质监测系统，实现精准化水质管理；推进养殖全过程的标准化和规范化，制定科学的操作规程和质量控制体系；注重生态养殖模式的研究，探索稻虾共作等可持续发展模式。技术创新将推动产业向集约化、智能化和生态化方向发展，有效降低生产成本，提升经济效益和环境效益，对小龙虾养殖业的长期可持续发展具有重要意义。

2. 重视市场需求变化与产品创新。消费者需求决定了市场走向，而产品创新则是保持竞争力的核心，是小龙虾产业高质量发展的关键因素。当前小龙虾产业在产品创新和市场响应方面存在产品形态单一、深加工能力不足、对消费者需求变化反应迟缓、产业链开发不充分等问题，导致产品附加值低、市场竞争力不强、无法满足消费者日益多元化和个性化的需求。未来产业发展应密切关注消费者口味偏好的变化，根据市场需求及时调整产品策略；探索新的烹饪方式和产品形态，如即食小龙虾、小龙虾调味品等，以满足多元化消费需求；加大深加工产品开发力度，创新包装和营销策略，提高附加值；注重跨界合作，如与餐饮、旅游等行业联动，开发新的消费模式；推广"吃干榨净"的产业链理念，发展便于食用的半成品菜品，推进副产物的综合利用。通过持续的产品创新、市场拓展和产业链优化，小龙虾产业可不断满足消费者多元化、个性化需求，保持市场活力，实现长期稳定增长。

3. 推动产业链整合与品牌化发展。推动产业链整合与品牌化发展是小龙虾产业提质增效的关键途径。当前小龙虾产业存在产业链条分散、整合度低、品牌影响力弱等问题。产业链上下游协同不足、缺乏有影响力的龙头企业引领、经营主体间利益联结机制不完善、区域品牌建设滞后等问题的存在导致产业组织化程度低、市场竞争力不强，难以实现错峰上市和全年稳定供应。同时，产品缺乏特色和品牌溢价能力，制约了产业的高质量发展。未来小龙虾产业应推动产业链上下游协同发展，打造知名小龙虾品牌产品。通过扶持龙头企业、培育新型经营主体、发展"龙头企业＋各类经营主体"的经营模式，建立稳定的利益联结机制；打造区域公共品牌，布局产地初加工和精深加工，构建覆盖生产、加工、流通、科技、服务等于一体的产业集群，推进产业深度融合，延长产业链、优化供应链、提升价值链，全面提升小龙虾产业的质量效益和竞争力；打造和推广区域品牌，以增强产品辨识度和溢价能力，将小龙虾与地方特色相结合，提升品牌内涵。随着产业链整合与品牌化发展，提升小龙虾错峰上市和全年供应能力，进一步拓展消费市场。

4. 重视政策支持与行业规范。政策环境对产业发展具有决定性影响，而行业规范则是小龙虾产业健康发展的关键保障。当前小龙虾产业存在扶持政策不够完善、政策连续性和稳定性一般、质量安全监管体系不健全、行业自律机制缺失等问题，严重制约了产业的规范化发展和质量提升。未来应关注小龙虾产业相关扶持政策的制定与实施，通过各类财政补贴和税收优惠等为产业发展提供有力支撑；同时政策制定应注重连续性和稳定性，避免频繁调整对产业造成不利影响。在行业规范方面，未来要建立健全质量安全监管体系，加强全产业链监管，确保食品安全；发挥行业协会作用，强化行业自律，促进行业内部信息交流和技术推广。政策支持与行业规范的有机结合，将为小龙虾产业的长期健康发展奠定坚实基础，推动产业向高质量、可持续方向发展。

报告撰写人：

任　妮	江苏省农业科学院农业信息研究所	所长、书记、研究员
戴红君	江苏省农业科学院农业信息研究所	图书馆馆长、副研究员
郭　婷	江苏省农业科学院农业信息研究所	助理研究员
孙艺伟	江苏省农业科学院农业信息研究所	助理研究员
罗　瑞	江苏省农业科学院农业信息研究所	助理研究员

大闸蟹产业发展报告

大闸蟹产业在我国渔业经济中占据重要地位，是我国许多地区的支柱产业，为带动产业发展、促进农民增收、实现精准扶贫做出了重要贡献。2023年，我国大闸蟹养殖产量高达88.9万吨，同比增长9%，江苏主产区优势突出，仍以池塘生态养殖模式为主，良种繁育技术有了新的突破；消费群体较广且以鲜食为主；出口量有所下降，但出口价格上涨明显；国内市场受季节性因素及消费降级等因素影响，大规格大闸蟹价格下降。预计短期内产量稳中有升，消费需求相对稳定。未来，我国大闸蟹产业总体上呈现规模化健康养殖、品牌化竞争培育、产业化聚集转型的发展趋势，数字化智能化设备与技术在大闸蟹养殖中的应用需求会更加显著。随着产业规模的扩大，今后应重点关注大闸蟹养殖风险防范、市场规范管理、数字化技术设备应用以及全产业链融合发展等方面的问题。

一、大闸蟹产业发展现状

（一）生产情况

1. 养殖产量增长趋势显著。近五年我国大闸蟹养殖面积总体呈波动式增长趋势。受新冠疫情影响，2020年我国大闸蟹养殖产量有所减少；2021—2022年全国大闸蟹产业产能逐渐恢复；2023年大闸蟹总产量达到88.9万吨，同比大幅增长9%（图1）。

2. 养殖主产区趋于集中。我国大闸蟹养殖范围较广，遍及全国大部分地区。其中，江苏、湖北、安徽、辽宁、江西、山东是我国大闸蟹养殖主产区，年产量连续多年稳居全国前六位。近五年，除江西大闸蟹养殖产量有所下降外，其他5省大闸蟹产量均处于稳中有升趋势。2023年，江苏大闸蟹养殖产量为40.5万吨，全国占比为45.6%；其次为湖北，大闸蟹养殖产量为19.2万吨，全国占比为21.6%；安徽位居第三，养殖产量为10.6万吨，全国占比为12.0%；辽宁、山东、江西分别紧随其后。2023年，六省大闸蟹总产量在全国占比为91.6%，主产区优势明显（图2、图3）。

3. 良种繁育推进产业发展。良种繁育和创制是提升大闸蟹成蟹品质、促进蟹产业高质量发展的重要源头。继江苏省淡水水产研究所历经多年成功培育出"长江1号""长江2号"大闸蟹品种并大范围成功推广养殖后，辽宁盘锦光合蟹业有限公司成功选育出"光合1号"大闸蟹，该品种大闸蟹抗病力强、成活率高、生长速度快且适合稻田混养；上海海洋大学与上海市水产研究所等单位联合培育出"江海21号"，

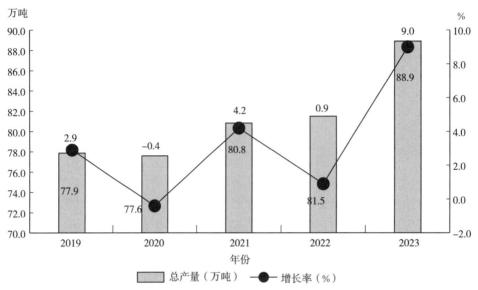

图1 2019—2023年全国大闸蟹养殖产量变化情况

数据来源：历年《中国渔业统计年鉴》。

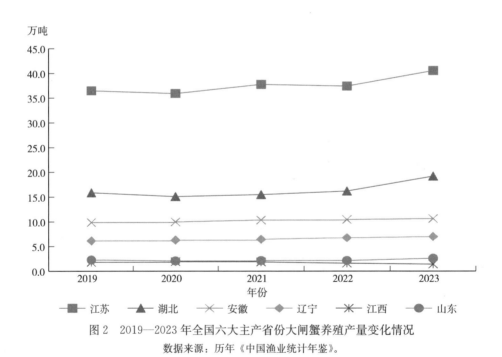

图2 2019—2023年全国六大主产省份大闸蟹养殖产量变化情况

数据来源：历年《中国渔业统计年鉴》。

该品种大闸蟹具有生长快、规格大、产量高的特点；中国水产科学研究院淡水渔业研究中心与江苏诺亚方舟农业科技有限公司等单位选育出的"诺亚1号"，生长速度快、大规格率高、存活率高；南京农业大学携手校友企业江苏海普瑞饲料有限公司联合培育出的"金农1号"，在2023年7月24日农业农村部发布的2023年水产新品种公告里榜上有名，该品种的最大特点是全程只吃人工配合饲料，生长速度快，饲料适应性

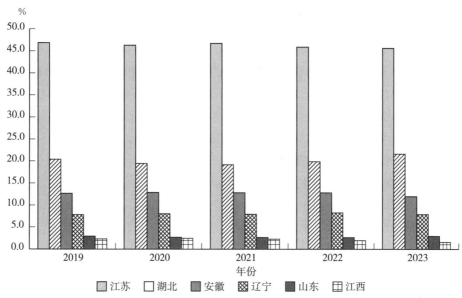

图 3　2019—2023 年全国六大主产省份大闸蟹养殖产量占比情况

数据来源：根据《中国渔业统计年鉴》数据整理。

强，成蟹风味品质好。大闸蟹优良种质的选育为产业高质量发展奠定了基石。

4. 养殖模式多元，以池塘生态养殖模式为主。我国大闸蟹养殖逐渐从传统养殖向生态养殖、从大养蟹向养大蟹转变。相较于传统的养殖方式，大闸蟹生态养殖模式更注重对生态环境的保护与利用，既能保护环境又能保证大闸蟹品质，提升经济效益。目前我国大闸蟹生态养殖模式主要包括池塘养殖、稻田种养、湖泊围养、网箱养殖、虾蟹套养等多种方式，其中以池塘生态养殖模式为主。近年来全国范围内有组织、有计划、大规模地开展了养殖池塘标准化改造工作，各地方政府积极推行，蟹塘"三池两坝"净化模式在各大养殖户中得到实施推广，即养殖尾水收集后，经过沉淀池—过滤坝—曝气池—过滤坝—涵养池逐级净化后重新进入蟹塘，实现尾水循环利用，提质增效显著。

（二）加工流通

1. 加工产品多元，规模企业激增。随着加工技术的发展和人们日益多元化的消费需求，大闸蟹种类繁多的加工产品应运而生，目前市场上比较受欢迎的有蟹黄汤包、熟醉蟹、蟹黄油、蟹黄酱以及用蟹黄制作的各类汤羹菜肴等。先进的加工设备和工艺，保证了加工产品的优良品质、食品安全及稳定生产，与此同时，从事大闸蟹精深加工的规模企业数量激增。以江苏省兴化市为例，截至 2023 年，兴化已有蟹产品生产厂家 200 多家、规模企业 30 家，年加工量达 4.5 万吨。这些工厂、企业不仅推出了蟹黄油、蟹黄粉、蟹黄酱等深加工蟹产品，还尝试创新出蟹黄豆腐、香辣蟹、花雕蟹等蟹类预制菜，有效填补了每年 2—7 月大闸蟹销售空窗期。

2. 冷链运输配套完善，物流保障能力提升。大闸蟹作为典型的生鲜水产品，保鲜保质、高效及时运送到消费者手中，需要强大的冷链物流运输保障。顺丰、京东物流、中国邮政、中通等各大物流企业均纷纷跻身大闸蟹市场。其中顺丰占据了大闸蟹物流市场 80％以上的份额。根据顺丰集团发布的信息，顺丰可实现全国 200 多个城市次日达，此外顺丰还推出了长三角经济圈高铁"专享急件"服务，最快只需 4 小时。顺丰仅 2023 年上半年新建设食品冷库 22 座，新建面积近 20 万平方米，新增冷库数量、面积均较 2022 年增长近 30％，这是物流保障能力能够有效提升的重要因素。此外，全国大规模大闸蟹交易集散地建设兴起，其中江苏兴化市是全国最大的大闸蟹交易集散地，年交易量高达 13 万吨，产业规模成熟。

3. 销售模式多元，消费渠道拓展。 线下专卖店、生鲜商超、农贸市场的批发零售模式仍是大闸蟹线下消费的重要渠道，满足了消费者亲自挑选后即可回家加工的需求。与此同时，在日益激烈的市场竞争环境中，大闸蟹销售模式与营销策略不断推陈出新，如互联网直播带货、自媒体宣传推广、微商直销代购等销售模式。江苏阳澄湖大闸蟹股份有限公司通过"公司＋直播团队＋种（养）殖基地＋农户"的模式，在抖音、天猫等主流电商平台和大型企业（集团）平台进行阳澄湖大闸蟹带货直播，助力乡村振兴和农民增收致富，店铺连续上榜抖音平台生鲜食货榜 Top10。

（三）消费情况

1. 消费群体较广，消费格局以直接消费为主。 大闸蟹含有蛋白质、矿物质、不饱和脂肪酸及维生素 B_1 等多种营养物质，男女老少皆宜，消费群体较为广泛。从消费结构来看，当前我国大闸蟹消费格局依然以直接消费为主，据华经产业研究院发布的《2023 年中国大闸蟹行业市场研究报告》公开信息，2023 年我国大闸蟹直接消费市场规模达到 325.5 亿元。消费者对于大闸蟹的选择更加多元化和个性化，不同年龄段消费者在大闸蟹的选择上呈现出不同的偏好。年轻消费者更偏向于选择尝试新口味大闸蟹产品，如醉蟹、蟹黄酱、蟹黄包等，而中老年消费者更愿意选择清蒸鲜食大闸蟹。

2. 消费需求较大，呈波动式增长。 近年来，随着人们消费水平的提高，大闸蟹全国需求量处于波动式增长趋势。近五年，全国大闸蟹年均需求量约为 79.2 万吨。受 2019 年底新冠疫情暴发影响，2020 年全国大闸蟹消费需求量有所下降，随后略有增长，至 2023 年大闸蟹消费需求量显著提升，为 83.4 万吨，比 2022 年增长 7.3％（图 4）。

（四）进出口

1. 出口目的地较为集中，出口至韩国位列第一。 大闸蟹作为我国特色水产品，是我国出口创汇、提升产业经济的重要产品之一。我国大闸蟹出口主要省份包括江苏、湖北和辽宁，这些省份的大闸蟹以其优良的品质在国际市场上享有盛名。2023 年，我国大闸蟹主要出口目的地为东亚、东南亚等，其中，韩国是我国大闸蟹出口第一大国，出口量为 3 664.6 吨，占我国总出口量 77.7％；其次为越南，出口量占我国总出口量 8.9％（图 5）。

2. 出口量呈下降趋势，出口价格上涨。 近年来，我国大闸蟹出口量呈先升后降趋势，2020 年出口量达到峰值 5 868.4 吨，随后有所回落，2023 年出口量为 4 716.1

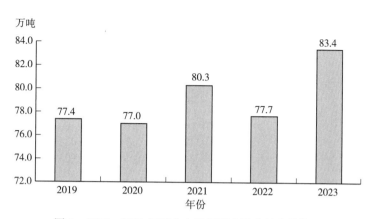

图 4 2019—2023 年国内大闸蟹消费需求量变化情况

数据来源：2019—2022 年数据来源于共研产业咨询（共研网）；2023 年数据来源于智研咨询。

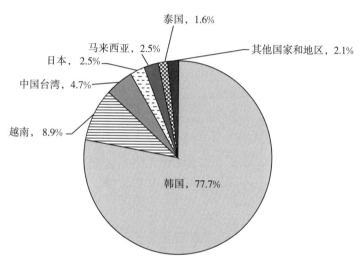

图 5 2023 年我国大闸蟹主要出口国家和地区情况

数据来源：根据海关总署数据整理。

吨，同比下降 10.9%。我国大闸蟹出口额呈逐年上涨趋势，至 2023 年出口额为 5 022.2 万美元，与 2022 年基本保持平衡。大闸蟹出口单价除 2020 年有所下跌外，随后保持逐年上涨趋势，2023 年出口单价为 10.65 美元/千克，同比上涨 12.0%（图 6）。

（五）全产业链效益

1. 价格季节性波动特征明显。 大闸蟹市场价格随季节性波动明显，每年 7、8 月份少量六月黄开始上市，供不应求导致尝鲜价格相对较高；9 月底大闸蟹生长成熟，各大主产区大闸蟹开捕集中上市，十一节庆期间价格相对坚挺，在此之后批发价格明显回调；12 月份以后至次年春节期间，因大闸蟹上市量不多，其批发价格会有所回升。同期大闸蟹规格越大价格越高，同规格母蟹价格高于公蟹（图 7、图 8）。

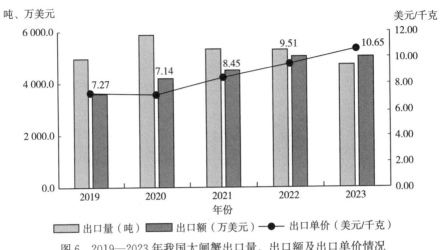

图 6　2019—2023 年我国大闸蟹出口量、出口额及出口单价情况

数据来源：根据海关总署数据整理。

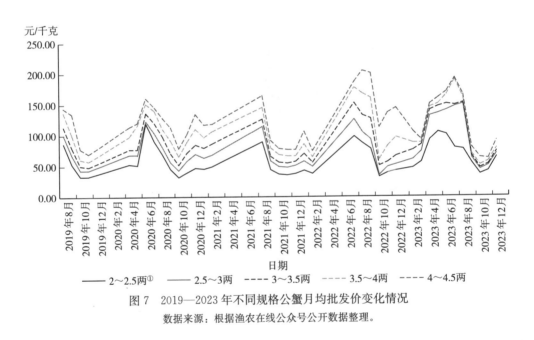

图 7　2019—2023 年不同规格公蟹月均批发价变化情况

数据来源：根据渔农在线公众号公开数据整理。

2. 市场行情总体下行。 2023 年大闸蟹行情较往年明显有下行趋势，大规格大闸蟹同期价格下降较多，而中小规格大闸蟹价格则较为坚挺。以江苏为例，2023 年大规格大闸蟹价格几乎"腰斩"，2022 年 6 两公蟹收购价格约 180 元/斤，而 2023 年却只有 80 元/斤，降幅高达 55%；相反，2023 年中小规格大闸蟹价格不降反升。究其原因，一方面是因为大闸蟹养殖产量增长显著，另一方面是因为新冠疫情后中高端消费需求急剧下降，大规格产品消费市场疲软，供大于求与消费降级双重因素导致。

---

① 两为非法定计量单位，1 两＝50 克。——编者注

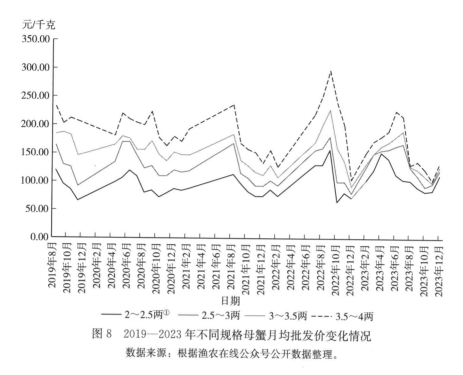

图 8　2019—2023 年不同规格母蟹月均批发价变化情况

数据来源：根据渔农在线公众号公开数据整理。

3. 三产融合增收。作为我国特色水产经济支柱产业，大闸蟹产业已逐步实现了苗种繁育、养殖、销售、加工、餐饮、物流、休闲文旅等全产业链联动发展，有力带动了乡村振兴。据《2024—2029 年中国大闸蟹行业竞争格局及投资规划深度研究分析报告》公开报道数据，2023 年我国大闸蟹批发市场规模高达 329.17 亿元。以江苏省阳澄湖大闸蟹为例，养殖面积 8.65 万亩，总产量 1.1 万吨，一产产值 45 亿元左右，带动一二三产业发展综合产值 350 亿元左右，带动从业人员超 3 万人。大闸蟹全产业链融合发展为促进劳动力就业、带动农民增收、提升产业经济提供了新动能。

4. 成本投入较高，收益不稳定。大闸蟹养殖成本较高，主要包括饲料、塘租、苗种、电费、水草、蟹药、动保等及其他杂费。大体上来看，一亩大闸蟹成本投入在 4 000～6 000 元，总收益为 10 000 元左右，扣除养殖成本后，每亩纯利润为 4 000～6 000 元不等。因受养殖技术、市场波动、突发疾病以及其他不可控因素影响，养殖户大闸蟹养殖利润差距较大，部分甚至出现亏损现象，收益不稳定。

（六）产业政策

我国高度重视大闸蟹种质资源的保护利用，农业农村部在育种联合攻关和种业创新基地建设方面，下发了《关于扶持国家种业阵型企业发展的通知》，遴选发布了包括盘锦光合蟹业有限公司等 3 家大闸蟹企业在内的 121 家国家水产种业阵型企业；科技部在"十三五"和"十四五"国家重点研发计划均设立相应项目与课题，加强对大闸蟹育种基础研究与关键技术攻关的支持；通过深入推行科技特派员制度，围绕大闸蟹生态养殖，开展科技服务和技术培训。江苏为促进大闸蟹养殖产业的发展，制定了若干支持政策，主要有：鼓励养殖户参加大闸蟹养殖示范园建设项目，并给予财政资金补贴；支持大规模大闸蟹养殖企业发展，给予税收优惠和职业技能培训等方面的支持；推进大闸蟹养殖和渔业互补发展，鼓励渔民转型发展成为大闸蟹养殖户。在泰州市、兴化市的重视和推动下，泰州市标准化院联合中国标准化研究院开展兴化大闸蟹产业标准化体系研究建设。国家和各地政府管理部门相继出台的系列扶持政策与规划，在大闸蟹产业健康发展和经济振兴中发挥了重要作用。

二、大闸蟹产业发展存在的问题与挑战

（一）产业发展存在的主要问题

1. 从业人员老龄化严重。 当前大闸蟹养殖业中存在从业人口老龄化严重、专业人才稀缺这一共性问题。据调研，大闸蟹养殖基地的负责人平均年龄约为 50 岁，这在一定程度上反映了当前水产养殖行业的年龄结构偏老龄化，对新技术的接受度较低，数字化养殖设备、监测软件等操作不熟悉，甚至抵触心理较强，更愿意通过经验而不是数字化智能化技术进行养殖管理。大闸蟹养殖产业年轻人的储备明显不足，即便是留在行业内的年轻人，也多数从事销售、线上服务等相对轻松的工作，而非直接参与到户外的养殖生产中去。

2. 市场监管难度大。 大闸蟹市场监管问题一直是个老生常谈却无法避开的话题，如今随着大闸蟹线上线下多种销售模式并行，市场监管难度更大，依然存在价格欺诈、以次充好、冒牌销售、缺斤短两、过度捆绑销售等问题，这些问题严重损害了消费者的权益，影响了市场的公平交易和诚信经营，并有损消费者对大闸蟹的消费意愿与信任度。各地方政府管理部门或监管职能部门应重视并采取大闸蟹专项整治行动，做好规范运营宣传引导，强化督促指导电商企业，依法落实实体主体责任，切实保障消费者合法权益。

3. 产业链协同发展不足。 大闸蟹产业的发展需要产业链上下游企业的协同配合。然而，目前大闸蟹产业链条的完整度相对较低，从养殖生产、加工、销售到终端消费，产业链各个环节之间的衔接、协同合作不够紧密，大多处于单打独斗状态，各产业之间存在脱节现象，无法实现一二三产深度融合，严重影响了产业发展效率以及全产业链整体效益的发挥。因此，加强产业链协同发展，推进大闸蟹产业三产深度融合，是实现产业可持续发展的关键。

（二）产业发展面临的外部挑战

1. 受极端气候影响大。 良好的池塘环境和稳定适宜的气候是大闸蟹养殖成功的关键因素之一。高温、闷热、暴雨等极端天气会严重影响大闸蟹的生长与蜕壳。尤其是长三角地区梅雨季节，连续高温高湿等极端天气频发，加之高温期大闸蟹吃食量大、排泄物多，往往会出现水质和底质恶化，产生有害物质影响水体，极易引起大闸蟹对环境适应能力和抵御病害侵袭的能力下降，导致病害高发。大闸蟹进入第四次蜕壳期恰逢梅雨极端天气频发，对于池塘水质管理要求高、难度大，对于养殖户来说具有很大的挑战性。

2. 政策扶持力度有待加强。 由于国家对于水产养殖的扶持并不像种植业那么多，

相关补贴政策要求也较高，大部分大闸蟹养殖户能够获得的政府补贴、资金或项目支持较少，尤其是中小规模养殖企业或个体户更是极少，部分养殖户仅在池塘标准化改造、水车采购等方面得到了少量的补贴支持，大多数字化设备与技术采购、应用的资金投入由养殖户或水产企业自行承担，压力、风险均较大，且水产养殖业银行贷款门槛较高，蟹塘资产无法作为有效抵押物进行融资，对于大多数养殖户来说，基础设施建设的资金周转问题是制约其产业发展的瓶颈之一。薄弱的基础设施从源头上阻碍了大闸蟹养殖数字化发展及产业转型升级。

3. 销售市场受经济环境影响较大。大闸蟹出口对我国大闸蟹产业发展的推动作用显著，不仅提高了大闸蟹市场价格，带动了相关产业，延长了产业链，还增强了市场竞争力，给企业和养殖户带来了巨大经济效益和社会效益。但近年来我国大闸蟹出口量有所下滑，海外销售不及预期。且当前国内经济形势依然复杂，中高端市场消费复苏程度尚未明朗，由于前期新冠疫情和经济下行的双重影响，人们收入明显减少，市场消费热情和消费能力普遍下降，加上行业内部生产和销售观念固化，国内销售市场出现疲软、甚至出现供大于求的现象。国内外经济双重压力之下，大闸蟹销售市场不稳定，是产业发展面临的重要挑战之一。

三、大闸蟹产业发展趋势与前景展望

（一）大闸蟹市场与产业发展趋势预测

我国大闸蟹产业总体上呈现规模化健康养殖、品牌化竞争培育、政企产学研深度融合、数智化发展转型升级的发展趋势。短期来看，预计未来几年，随着国家及地方政府在渔业养殖方面的政策支持力度进一步加大与养殖技术的快速发展，我国大闸蟹养殖规模与产量将会继续稳中有升，预计短期内产量可突破 90 万吨；大闸蟹消费群体相对稳定，市场消费需求保持相对平稳；随着互联网、电子商务快速发展，销售渠道仍以线上线下多模式并行发展，规模化交易场所继续扩建，冷链物流配套进一步提档升级；全球经济形势与贸易形势复苏，小龙虾出口创汇有所回暖，全产业链产值效益有所提升。长期来看，随着政企产学研的深度融合，以及大闸蟹苗种繁育研究与投入力度的加大，良种培育工作将会取得新的进展，有效提升大闸蟹养殖品质与经济效益；随着人们日益提升的多元化消费需求及加工技术的快速发展，大闸蟹精深加工技术和新产品研发技术会有质的飞跃；农业数智化转变正在提速，数字化智能化设备与技术研发与应用成效渐显，建设高标准养殖塘口，安装智能管控系统，实现大闸蟹养殖环境监测、设备远程控制和饵料智能化投喂将会成为大闸蟹产业转型升级的重要新质生产力；随着数字化智能化装备与技术的广泛普及与落地应用，大闸蟹养殖风险将会显著降低。

（二）对策措施与政策建议

1. 加大政府政策扶持力度，缓解养殖压力与风险。大闸蟹养殖是典型的高投入、高风险行业，饲料、苗种、用工、土地租金、动保等均是养殖过程中成本支出比较大的方面，加之数字化智能化养殖监测设备的采购、安装与运维等，也需要投入大量资金。而政府层面针对水产养殖设备采购方面的补贴政策较少，对符合补贴条件的养殖户筛选要求较高，且水产养殖设备无法作为固定资产进行贷款融资，大多数养殖户需要全额自掏腰包投入到大闸蟹养殖中。大闸蟹是季节性较强的淡水水产品，其市场价格往往受气候因素、季节性因素以及无法预料的突发性因素影响，价格波动较大，养殖户收益难以保障。应加大政府政策支持、项目扶持或资金奖励的力度，缓解日益突出的高成本投入与不稳定收益之间的矛盾。

2. 加强数字化技术研发与应用，加速产业升级转型。 大闸蟹养殖极易受水质环境因素影响，传统的养殖技术与经验养殖模式已经不能满足当前的产业发展需求。数字化、智能化技术在大闸蟹养殖上已有逐步应用，但目前仍存在数字化装备建设水平参差不齐、水质监测传感器布设情况不一、设备数据采集稳定性不足、现有投饵船和无人机等投饵施药设备功能无法贴合实际生产需求、物联网数字化管控平台功能较为单一等问题，亟须开展高效、智能、数字化新技术、新装备的研发与应用，节省人工成本的同时，提升生产效益，加速产业升级。

3. 提升产业规范管理水平，完善市场监管体系。 随着大闸蟹产业规模的扩大、养殖户的增多以及众多企业的加入，大闸蟹市场与产业监管变得更加复杂。部分大闸蟹交易市场鱼龙混杂，价格混乱无序，规格良莠不齐，甚至有"注水蟹""注胶蟹""病蟹"的出现，"洗澡蟹"问题仍然层出不穷，严重扰乱了市场交易秩序，影响了地域品牌公信力，打击了消费者的消费信心。地方政府管理与监察部门应加强对大闸蟹产业的监管，规范生产经营行为，积极开展打假行动，维护产业交易秩序，提高产品质量和安全水平，保障消费者的权益。

报告撰写人：

任　妮	江苏省农业科学院农业信息研究所	所长、书记、研究员
戴红君	江苏省农业科学院农业信息研究所	图书馆馆长、副研究员
孙艺伟	江苏省农业科学院农业信息研究所	助理研究员
郭　婷	江苏省农业科学院农业信息研究所	助理研究员
罗　瑞	江苏省农业科学院农业信息研究所	助理研究员

07 第七篇

特色饮品

红茶产业发展报告

红茶，作为中国传统的六大茶系之一，拥有深厚的文化底蕴和丰富的健康属性。其独特的加工工艺和种类多样性，使红茶在市场上占有一席之地。同时，随着健康意识的提升，红茶的消费需求也在逐年增长。2023年，我国红茶的产量产能持续突破，供给能力和需求量同步增长。此外，中国红茶的进出口数量相近，成为全球重要的红茶进出口国之一。未来，红茶行业的发展趋势更为明确。市场分布趋向更加多元化，带动销售模式创新，品牌专卖授权、电子商务和休闲茶园等新型渠道将成为红茶销售的重要模式。同时，红茶消费结构将继续优化，由出口原料茶叶为主向出口成品茶、精制茶转变。红茶行业在面临挑战的同时，也孕育着丰富的机遇。产品质量的提升和标准化是行业发展的大势所趋，这将极大地提升行业的竞争力。同时，内销市场的接近饱和也意味着红茶行业有更多的空间去开拓新的销售渠道和市场，这将进一步推动行业的创新和业务拓展。而面对国际贸易的挑战，红茶行业通过提升产品质量、与国际标准接轨，将增强其在国际市场的竞争力。红茶产业链正在加速实现融合发展与多向延伸发展。

一、红茶产业发展现状

（一）生产

1. 传统产区增速放缓，新兴产区稳步增长。 红茶主产区以云南、福建和湖北等南方省份为主，2023年，云南、福建、湖北红茶产量位居全国前三名，分别为67 000吨、65 000吨、42 000吨，产量占比分别为18.4%、17.8%和11.5%。虽然主产区绝对产量继续增加，但产量占比全国较2022年均有所下降。广东和四川展现出强劲的增长势头，广东产量从2022年的21 000吨增至2023年的24 000吨，占比从6.2%上升至6.6%；四川产量从17 000吨增至21 000吨，占比从5.0%上升至5.8%。而贵州、广西等地区虽然产量保持稳定，但占比略有下降。湖南、江西等地区产量稳定增长，占比基本持平。重庆、河南产量较低，而海南产量已连续两年为零（表1）。我国红茶产业正呈现出传统优势产区增速放缓，以广东、四川为代表的部分新兴产区快速崛起的发展格局，产区间的竞争格局正在逐步调整。

表1 2018—2023 年我国红茶种植的区域分布

省份	2018 年		2019 年		2020 年		2021 年		2022 年		2023 年	
	产量（吨）	占比（%）	产量（吨）	占比（%）	产量（吨）	占比（%）	产量（吨）	占比（%）	产量（吨）	占比（%）	产量（吨）	占比（%）
福建	49 000	21	52 500	20.3	55 433	19.2	57 033	18.7	61 000	17.9	65 000	17.8
安徽	6 400	2.7	6 900	2.7	7 208	2.5	7 696	2.5	8 000	2.3	8 000	2.2
云南	53 300	22.9	56 600	21.9	56 753	19.7	58 722	19.3	64 000	18.8	67 000	18.4
贵州	13 400	5.8	16 700	6.5	22 441	7.8	26 883	8.8	31 000	9.1	31 000	8.5
广东	6 800	2.9	9 700	3.8	12 238	4.2	12 757	4.2	21 000	6.2	24 000	6.6
广西	14 400	6.2	18 700	7.2	20 701	7.2	23 224	7.6	30 000	8.8	30 000	8.2
江西	8 100	3.5	8 500	3.3	11 474	4	12 454	4.1	13 000	3.8	14 000	3.8
江苏	3 300	1.4	3 600	1.4	2 293	0.8	2 485	0.8	3 000	0.9	3 000	0.8
浙江	1 400	0.6	1 400	0.5	7 804	2.7	7 016	2.3	7 000	2.1	8 000	2.2
湖南	22 800	9.8	23 500	9.1	24 422	8.5	25 645	8.4	29 000	8.5	30 000	8.2
湖北	33 400	14.3	37 000	14.3	42 280	14.7	41 944	13.8	42 000	12.3	42 000	11.5
四川	7 100	3	10 400	4	11 555	4	13 660	4.5	17 000	5.0	21 000	5.8
重庆	3 900	1.7	3 900	1.5	4 198	1.5	4 100	1.3	4 000	1.2	5 000	1.4
河南	5 400	2.3	4 100	1.6	3 126	1.1	4 167	1.4	4 000	1.2	4 000	1.1
海南	400	0.2	400	0.2	75	0	90	0	0	0.0	0	0.0
陕西	4 100	1.8	4 500	1.7	5 749	2	6 160	2	7 000	2.1	8 000	2.2

数据来源：《中国农村统计年鉴》。

2. 茶园面积持续增长，红茶产量稳步提升。2023 年我国年末实有茶园面积为
3 430.0 万亩，是 2022 年面积的 101.1%，茶叶种植面积稳居世界首位；采摘面积
达 2 888.1 万亩，为 2022 年的 102.9%，采摘面积占比达到 84.2%（图1）。红茶
作为我国主要的茶叶品种之一，近年来产量稳步上升，2023 年产量 49.1 万吨，同
比增加 15.07 万吨，较 2022 年增长 44.3%，占到我国茶叶生产总量的 14.73%，
比 2022 年提高了 4.55 个百分点（图2）。

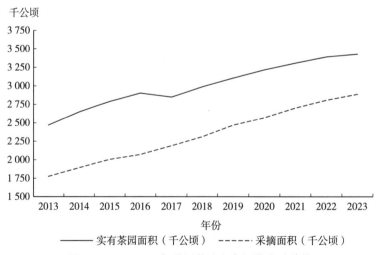

图1 2013—2023 年我国茶叶生产规模变动趋势

数据来源：《中国农村统计年鉴》。

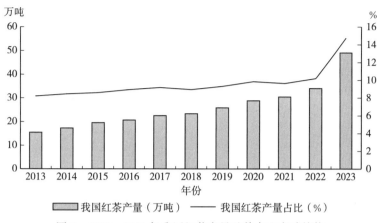

图2　2013—2023年我国红茶产量及其占比变动趋势

数据来源：国家统计局。

（二）加工流通

我国红茶根据加工工艺及产品特性主要分为工夫红茶、小种红茶、红碎茶等。其中工夫红茶是中国特有的红茶类型，通常加工占比为红茶总产量的60%～70%。知名的品种包括金骏眉、正山小种、祁门红茶、滇红及川红等。我国规模加工红茶企业分布各地，加工企业所在地多位于红茶生产产地，这些龙头企业不仅在各自的区域内具有代表性，而且在全国茶叶市场中都有一定的影响力和竞争力。比如，云南滇红集团股份有限公司是中国名茶"滇红"的诞生地，其前身是1939年创建的"顺宁实验茶厂"，集团现拥有茶园面积3.07万亩，年生产加工规模15 000吨。四川川红茶业集团由企业、投资资本和地方政府联合出资组建，拥有有机茶园基地2 000亩，现代化茶叶生产厂房27 000平方米，年产红茶7 800吨（表2）。

表2　中国红茶品牌企业

品牌	企业
滇红	云南滇红集团股份有限公司
祁红	安徽国润茶业有限公司、安徽省祁门红茶发展有限公司
闽红	福建正山堂茶业有限责任公司、福建新坦洋茶业（集团）股份有限公司
川红	四川川红茶业集团有限公司
宜红	湖北宜红茶业有限公司
宁红	江西省宁红集团有限公司
桂红	广西凌云浪伏茶业有限公司

目前我国茶叶市场流通主要由批发市场、农贸集市零售、超市商场专柜、加盟店、电商等渠道组成，约有六成要通过批发市场来交易。当前国内茶叶市场的交易正逐渐恢复，2022年成交额同比增加2.3%，其增加主要来自于批发市场，而零售市场2022年的成交额则有所下降（表3）。

表 3　2018—2023 年茶叶市场建设交易情况

年份	市场数量（个）	摊位数（个）	营业面积（万平方米）	成交额（亿元）	批发市场（亿元）	零售市场（亿元）
2018	32	12 706	132.4	296.9	269.6	27.3
2019	29	12 684	125.6	308	278.4	29.5
2020	27	11 199	121.7	291.5	251.6	39.9
2021	27	11 408	129.5	345.8	308.7	37.1
2022	27	11 369	126.6	353.9	319.1	34.7
2023	30	12 666	135.3	455.1	418.4	36.7

数据来源：《中国统计年鉴》。

2023 年，红茶市场呈现出多元化发展趋势。传统销售渠道逐步恢复，其中品牌专卖店表现最为突出，销售额较新冠疫情前有显著增长。城市茶叶专业市场、大型商超以及传统茶馆的业绩也在稳步回升，但恢复程度相对较慢。电子商务平台仍是红茶销售的重要渠道，尽管增速有所放缓，但 2023 年中国茶叶线上交易总额仍突破 350 亿元大关[①]，这说明直播带货等新兴模式虽受到一定影响，但仍占据重要地位。

（三）消费

1. 红茶内销小幅下降，市场渠道多元化助力复苏。2023 年红茶的内销量为 37.9 万吨，同比降低 0.7%，在六大茶类中的占比为 15.7%。排名第二。从 2022—2023 年的数据来看，茶叶市场建设虽保持一定稳定性，但在数量、摊位数和营业面积等方面存在小幅波动（表 4）。

表 4　2023 年中国六大茶类内销量统计

茶类	2023 年（万吨）	2022 年（万吨）	增长量（万吨）	同比增长率（%）
绿茶	128.9	131.1	−2.2	−1.6
红茶	37.9	38.1	−0.3	−0.7
黑茶	37.8	36.4	1.4	3.7
乌龙茶	25.6	24.8	0.8	3.2
白茶	8.3	8.1	0.1	1.6
黄茶	1.9	1.1	0.8	72.3
总计	240.4	239.8	0.7	0.3

数据来源：中国茶叶流通协会。

2. 消费群体趋向年轻化。红茶的消费群体正在经历一场显著的年轻化变革。越来越多的年轻人开始关注和喜爱红茶，他们不仅看重红茶带来的健康属性，还将新中式茶馆视为一种时尚的社交方式。这使得红茶的消费群体不再局限于中老年，而是在

---

① 《2023 年度中国茶叶产销形势报告》，中国茶叶流通协会，https：//mp. weixin. qq. com/s/JcL0ww7dHZ KaGexvKXoiaA。

不断扩大其年龄层次，涵盖更广泛的消费者。同时，消费者对于茶饮的健康性提出了更高要求，这促使红茶消费方式不断创新，以满足市场的需求。当前，红茶的消费方式正在变得日益多样化，不仅涵盖了传统的直接冲泡饮用方式，还广泛应用于现制茶饮和食品加工等领域中。在健康消费理念的推动下，红茶的市场潜力将进一步释放。

（四）进出口

国际市场成为红茶企业关注的新焦点。随着国内茶饮品牌纷纷布局海外，红茶作为重要原料之一，其国际流通渠道也随之扩展。这为红茶生产企业开拓了新的市场空间。

1. 进口量增加，进口来源分散化。2023 年红茶进口量、进口额均有小幅增长，进口总量为 32 220.1 吨，进口额为 11 216.4 万美元，同比分别增长 7.01% 和 4.5%。2023 年红茶平均进口单价为 3.5 美元/千克，同比下降 0.1 美元（表 5）。

表 5 2016—2023 年我国红茶进口情况统计

年份	进口量（吨）	进口额（万美元）	平均进口单价（美元/千克）
2016	19 295.8	8 176.4	4.2
2017	25 457.3	10 657.5	4.2
2018	29 525.1	11 773.1	4.0
2019	36 413.6	12 606.7	3.5
2020	35 423.7	12 902.7	3.6
2021	38 914.1	13 898.2	3.6
2022	30 109.3	10 732.5	3.6
2023	32 220.1	11 216.4	3.5

数据来源：海关总署。

2023 年，我国红茶的主要进口来源地有斯里兰卡、布隆迪、印度、马拉维和印度尼西亚，进口量分别为 11 976.2 吨、6 555.1 吨、5 619.6 吨、2 218.5 吨和 2 198.1 吨，占比分别为 37.2%、20.3%、17.4%、6.9% 和 6.8%（表 6）。斯里兰卡是我国红茶稳定的进口来源地。布隆迪自 2021 年起成为我国红茶进口占比前五的来源地之一，进口量占比逐年增加，2023 年达到 20.3%。我国持续分散红茶进口来源，增强供应替代性，以保障贸易安全。

表 6 2016—2023 年我国红茶主要进口来源地、进口量与进口额统计

年份	主要来源国	进口量（吨）	进口额（万美元）	进口量比重（%）
	斯里兰卡	8 464.0	4 129.3	43.9
	印度	5 116.5	1 849.1	26.5
2016	印度尼西亚	1 167.2	246.1	6.0
	肯尼亚	761.6	201.3	3.9
	阿根廷	552.0	55.7	2.9

（续）

年份	主要来源国	进口量（吨）	进口额（万美元）	进口量比重（%）
2017	斯里兰卡	10 053.9	5 405.0	39.5
	印度	8 279.5	2 382.2	32.5
	肯尼亚	1 299.1	335.1	5.1
	印度尼西亚	1 292.8	294.1	5.1
	马拉维	765.0	156.4	3.0
2018	斯里兰卡	10 968.4	5 910.1	37.1
	印度	9 856.3	2 579.3	33.4
	肯尼亚	1 756.5	469.8	5.9
	印度尼西亚	1 630.8	327.5	5.5
	莫桑比克	859.3	164.3	2.9
2019	印度	12 902.5	3 061.3	35.4
	斯里兰卡	12 779.2	6 227.7	35.1
	印度尼西亚	2 362.5	421.7	6.5
	肯尼亚	1 799.4	429.3	4.9
	马拉维	1 340.9	173.9	3.7
2020	斯里兰卡	13 839.6	6 643.6	39.1
	印度	9 601.0	2 768.7	27.1
	肯尼亚	2 284.6	448.4	6.4
	印度尼西亚	2 072.0	378.6	5.8
	马拉维	1 383.8	152.8	3.9
2021	斯里兰卡	15 128.1	7 477.9	38.9
	印度	7 798.6	2 116.2	20.0
	肯尼亚	4 117.3	792.5	10.6
	印度尼西亚	2 316.9	429.5	6.0
	布隆迪	1 891.1	486.4	4.9
2022	斯里兰卡	11 515.8	5 842.0	38.2
	印度	5 490.5	1 374.0	18.2
	印度尼西亚	2 733.5	435.3	9.1
	布隆迪	2 572.1	723.2	8.5
	马拉维	2 002.1	335.7	6.6
2023	斯里兰卡	11 976.2	5 758.7	37.2
	布隆迪	6 555.1	1 705.1	20.3
	印度	5 619.6	1 561.9	17.4
	马拉维	2 218.5	358.2	6.9
	印度尼西亚	2 198.1	358.4	6.8

数据来源：海关总署。

2. 红茶出口下滑，新兴市场潜力增长。 2023 年我国红茶出口量达到 29 044.2 吨，出口额为 26 705.3 万美元，平均出口价格为 9.2 美元/千克，其中出口量和出口额同比分别下降 12.6% 和 21.7%，平均出口价格下降 1.1 美元/千克（表 7、图 3）。2023 年，中国红茶主要出口目的地包含亚洲、欧洲、北美和非洲等地区。虽然对美国和中国香港地区的出口量有所下降，但向"一带一路"沿线国家的出口占比有所提高（表 8）。这表明中国红茶在这些新兴市场中具有增长潜力，可能是未来市场开拓的重点。

表 7　2016—2023 年我国红茶出口情况统计

年份	出口量（吨）	出口额（万美元）	平均出口单价（美元/千克）
2016	33 146.5	25 633.7	7.7
2017	35 563.9	27 769.1	7.8
2018	32 999.1	28 054.3	8.5
2019	35 194.7	34 925.0	9.9
2020	28 802.7	34 434.7	12.0
2021	29 585.5	41 483.8	14.0
2022	33 239.3	34 077.3	10.3
2023	29 044.2	26 705.3	9.2

数据来源：海关总署。

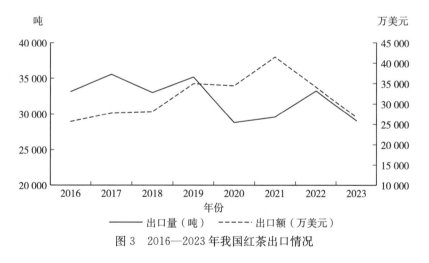

图 3　2016—2023 年我国红茶出口情况

表 8　2016—2023 年我国红茶主要出口目的地及出口量与出口额统计

年份	主要出口国家（地区）	出口量（吨）	出口额（万美元）	出口量占比（%）
2016	美国	9 010.4	3 694.3	27.2
	中国香港	3 781.3	6 802.1	11.4
	缅甸	3 702.4	2 577.1	11.2
	巴基斯坦	2 726.6	196.3	8.2

（续）

年份	主要出口 国家（地区）	出口量 （吨）	出口额 （万美元）	出口量占比 （%）
2016	德国	2 404.8	871.1	7.3
	俄罗斯	1 951.9	598.8	5.9
	澳大利亚	1 525.2	1 456.6	4.6
	蒙古国	1 288.6	131.2	3.9
	越南	905.5	3 866.6	2.7
	日本	682.9	545.8	2.1
2017	美国	8 590.0	3 369.1	24.2
	中国香港	5 533.3	9 754.0	15.6
	德国	2 956.3	913.7	8.3
	巴基斯坦	2 887.3	190.3	8.1
	缅甸	2 696.8	1 373.8	7.6
	俄罗斯	2 063.0	524.8	5.8
	澳大利亚	1 519.1	1 434.6	4.3
	蒙古国	991.3	96.7	2.8
	越南	865.6	3 899.1	2.4
	英国	860.4	350.6	2.4
2018	美国	8 050.7	3 347.6	24.4
	中国香港	5 259.8	9 989.9	15.9
	巴基斯坦	3 281.2	230.2	9.9
	德国	2 520.4	901.2	7.6
	缅甸	2 458.4	2 039.6	7.4
	俄罗斯	2 239.0	666.3	6.8
	澳大利亚	1 215.9	1 281.6	3.7
	越南	1 017.4	3 906.9	3.1
	蒙古国	910.0	94.0	2.8
	波兰	681.0	185.0	2.1
2019	美国	7 439.7	1 911.8	21.1
	中国香港	6 721.0	15 528.9	19.1
	巴基斯坦	3 771.7	275.9	10.7
	缅甸	2 560.7	3 285.9	7.3
	德国	2 539.1	866.8	7.2
	俄罗斯	2 519.5	1 474.4	7.2
	波兰	2 021.5	608.4	5.7
	越南	1 030.7	4 293.1	2.9
	泰国	923.0	234.9	2.6
	马来西亚	848.2	2 384.4	2.4

（续）

年份	主要出口 国家（地区）	出口量 （吨）	出口额 （万美元）	出口量占比 （%）
2020	中国香港	5 105.0	12 183.2	17.7
	美国	3 635.7	1 112.1	12.6
	缅甸	3 422.4	7 469.6	11.9
	波兰	2 867.2	680.3	10.0
	巴基斯坦	2 587.5	194.9	9.0
	俄罗斯	2 582.5	656.5	9.0
	德国	1 636.2	612.0	5.7
	越南	1 321.1	5 536.1	4.6
	英国	875.2	397.4	3.0
	马来西亚	633.9	1 657.8	2.2
2021	中国香港	7 377.2	22 203.7	24.9
	美国	4 633.6	1 682.9	15.7
	俄罗斯	3 091.4	893.8	10.4
	波兰	2 984.8	705.1	10.1
	巴基斯坦	1 710.2	151.7	5.8
	德国	1 628.7	696.0	5.5
	越南	1 471.5	6 807.4	5.0
	马来西亚	1 012.9	2 570.9	3.4
	缅甸	853.7	1 174.7	2.9
	英国	826.6	373.5	2.8
2022	美国	6 034.8	1 961.4	18.2
	中国香港	4 363.7	11 233.8	13.1
	巴基斯坦	4 313.5	382.5	13.0
	俄罗斯	3 897.0	1 027.6	11.7
	马来西亚	2 622.1	7 502.4	7.9
	波兰	2 324.3	531.4	7.0
	德国	1 889.6	865.9	5.7
	越南	965.5	4 267.9	2.9
	哈萨克斯坦	925.0	365.8	2.8
	泰国	762.4	394.8	2.3
2023	美国	3 783.1	1 377.0	13.0
	巴基斯坦	3 698.7	326.6	12.7
	马来西亚	3 437.6	8 841.5	11.8
	俄罗斯	3 219.6	1 957.2	11.1
	中国香港	3 183.1	7 026.0	11.0
	波兰	2 357.7	505.0	8.1
	德国	1 873.5	677.2	6.5
	泰国	1 281.2	351.2	4.4
	哈萨克斯坦	1 066.3	173.8	3.7
	越南	777.7	2 090.5	2.7

数据来源：海关总署。

（五）全产业链效益

1. 红茶需求回暖价格微涨，市场呈现多层次状态。 2023 年，中国红茶的总产值为 519.7 亿元，占全国茶叶总产值的 15.8%。除此之外，全国茶叶内销均价出现回调，红茶内销价 148.1 元/千克，微涨 0.1%；其中，截至 2023 年年底，全国 90 类红茶中，均价上涨的品种有 3 个，其中滇红金芽的价格上涨幅度最大，涨幅为 6.8%。全国 52 个主要红茶产地中，云南省产地的红茶价格以及报价涨幅最大[①]。除此之外，中国红茶市场呈现出多层次的价格结构。普通品质红茶价格在 50～150 元/斤，中高端红茶如金骏眉和祁门红茶则在 100～300 元/斤，而高端红茶如正山小种和古树红茶的价格可达 500 元以上，部分优质产品甚至超过 1 000 元/斤。以滇红工夫为例，2023 年 7 月在云南省梁河县的价格约为 111.51 元/斤，在凤庆县的批发价则为 110.72 元/斤，体现出市场需求的稳定性。同期，安徽省祁门县的祁门红茶价格为 125.46 元/斤，较前一日出现显著上涨[②]。在批发市场上，红茶价格普遍在 50～500 元，其中滇红工夫和祁门红茶等主要品类的批发价多在 120～150 元。

2. 人工成本比重大，红茶生产成本较高。 红茶产业的成本主要由种植环节的人工、肥料以及机械和土地成本，加工环节的鲜叶收购和加工费用，以及流通环节的运输和销售费用构成。即使在科技进步的背景下，人工费用仍然是种植环节中最大的支出。以广东省为例，2023 年规模化基地干茶每亩的人工成本约占种植总成本 40%，其次为肥料成本，占 21%，两者同比均保持稳定。

（六）产业政策

目前，国家和地方政府通过一系列政策，全方位支持茶叶产业的高质量发展。在国家层面，2023 年，发布了《关于加快推进农产品初加工机械化高质量发展的意见》，推动了茶叶使用自动化与智能化设备（表9）。《"十四五"全国种植业发展规划》提出，根据市场需求优化茶叶种植区布局，指导非主产区逐步减少种植规模；推动红茶品种的改良和品质提升，支持老茶园的技术改造，采用现代农业技术提升红茶产量和品质；推广节水灌溉、生物防治等绿色高效生产技术，减少化学肥料和农药的使用，提升红茶生产的环境可持续性；制定并推行涵盖种植、采摘、加工等环节的红茶生产标准，确保产品一致性和安全性。在地方政策方面，福建省致力于红茶产业集群发展，建设红茶深加工园区，形成产业链条完整的红茶产业基地，并通过提供贷款贴息、风险补偿等金融支持，降低企业发展成本。云南省支持滇红茶品牌建设，扩大国内外市场份额，同时加大科技研发投入，推动新技术、新工艺的应用。广东省则利用红茶文化资源，开发红茶文化旅游项目，提升红茶产业的附加值。在财政、保险及税收政策上，政府对认定的红茶重点企业和项目给予财政补贴，支持其技术改造和品牌建设；推广红茶产业保险产品，为茶农和茶企提供风险保障，减轻自然灾害等不可控因素的影响；对红茶出口企业给予退税优惠，对红茶产业链关键环节实施税收减免政策。

---

① 《2023 年 11 月 28 日全国红茶报价分析》，中国报告大厅，https：//m. chinabgao. com/jiage/17211668. html。

② 《2023 年 07 月 27 日全国红茶报价分析》，中国报告大厅，https：//www. chinabgao. com/jiage/9539791. html。

表 9　我国茶叶行业重点政策解读

发布时间	发布部门	文件名称	重点内容解读
2023.07		《关于加快推进农产品初加工机械化高质量发展的意见》	推进茶叶初步处理向节能型选型和烘干技术进步，鼓励自动化与智能化设备在适宜地区推广，以提高茶品品质。
2023.05		《关于开展 2023 年农业品牌精品培育工作的通知》	通过中国国际农产品交易会、茶博会及农民丰收节等活动，执行专业展览与销售，强化品牌宣传和市场推广。
2023.02	农业农村部	《关于落实党中央　国务院 2023 年全面推进乡村振兴重点工作部署的实施意见》	出台针对农业展览的管理规程，确保中国国际农产品交易及茶叶展览的顺利进行。
2022.06		《农业品牌精品培育计划（2022—2025 年）》	至 2025 年，专注于打造一系列在粮油、果蔬、茶叶、畜牧和水产品类中，品质卓越、特色突出、影响力大，并且拥有高知名度与消费者信赖的地区性农产品品牌，并推广这些精选产品。
2022.05		《关于加强农药监督检查的通知》	强化对蔬果、茶叶、中药材、食用菌等作物施药的指导，严格禁止非法及高危农药的使用，坚决打击违法用药行为，确保农药使用的安全性。

二、红茶产业发展存在的问题与挑战

（一）种植加工技术仍待完善

我国红茶产业在种植环节面临技术滞后的挑战。部分地区尤其是偏远山区和传统产区，农户依然采用传统种植方法，缺乏科学管理与技术指导。这导致茶叶品质波动和产量下降，难以满足市场对高品质红茶的需求。茶园基础设施薄弱[①]，缺少先进灌溉和排水系统，无法有效应对极端气候，进一步影响茶叶生长与品质。在加工环节，尽管有技术进步，但仍存在不足。加工工艺精细度不够，香气和营养损失，同时使用陈旧设备造成温湿度控制不准确，影响红茶口感和品质。研发环节，虽然已有部分高新加工技术投入市场，但我国创新技术的研发仍处于起步阶段，严重制约了红茶产业的高质量发展[②]。

（二）品牌建设不足

尽管我国红茶产业在品牌建设方面已经取得了一定成就，但整体上仍存在诸多不足。一方面，部分红茶品牌缺乏明确的市场定位和差异化策略，导致品牌特色不鲜明，难以在激烈的市场竞争中脱颖而出。另一方面，一些品牌在品牌宣传和推广方面投入不足，缺乏有效的市场营销手段，难以扩大品牌知名度和影响力。红茶作为一种

---

① 胡晓云，黄桑若，刘晓宇.2022 中国茶叶企业产品品牌价值评估报告［J］.中国茶叶，2022，44（6）：20-36.
② 《健康理念催生餐饮新消费，国产品牌纷纷强化供应链谋出海》，王秋霞，https://www.chyxx.com/industry/1194965.html。

具有深厚文化底蕴的饮品，其品牌文化的打造对于提升品牌价值具有重要意义。目前我国红茶品牌在文化挖掘和传播方面还存在明显不足，难以与消费者建立深厚的情感联系。

（三）消费者需求多样化，内销市场接近饱和

随着社会的发展和消费者生活水平的提高，消费者对红茶的需求也呈现出多样化的趋势。如今的消费者不仅关注红茶的品质和口感，还对其包装、文化内涵以及健康功能等方面提出了更高的要求。消费者对红茶的需求不再局限于传统的冲泡方式，而是向更多元化的方向发展。这种多样化的消费需求给红茶产业带来了新的发展机遇，但同时也带来了巨大的挑战。因此，红茶产业必须紧跟市场步伐。同时，随着消费者对茶饮品种的需求日益多元化，消费者倾向于尝试新的茶饮品种，这可能会影响传统红茶的市场份额。此外，由于缺乏强有力的品牌效应和市场推广，新推出的红茶产品可能难以获得消费者的认可和忠诚度，导致库存积压和资金流动性问题。

三、红茶产业发展趋势与前景展望

（一）短期发展趋势预测

近年来，中国红茶产量稳步增长，反映出红茶产业的不断扩展和市场需求的提升。特别是贵州、广西、陕西等新兴产区的快速发展，显现出红茶产业的地理分布变化趋势，这些新兴产区正成为推动红茶产量增长的新引擎。这些新兴地区通常拥有丰富的土地资源和充足的劳动力，以较低成本进行红茶生产，从而在国内外市场上形成价格优势。

与此同时，红茶在国内市场的平均价格小幅上涨 0.1%，这一稳定或得益于市场供需的相对平衡和红茶品质的逐渐提升。出口方面，2023 年红茶的平均出口价格为 9.2 美元/千克，尽管出口价格略低，但国际市场需求依然旺盛，预计短期内红茶价格将保持稳定。

（二）中长期发展趋势展望

在中长期内，红茶产业的区域集中度预计将进一步下降，传统产区与新兴产区之间的竞争将更加激烈，这一竞争态势将有助于推动红茶产业内部结构的优化与升级。新兴产区的崛起带来了新的生产技术和管理模式，有助于提升整个行业的整体水平。同时，随着茶园面积的稳步扩展，红茶产量预计将稳步上升。茶园现代化管理和种植技术的创新将提高红茶品质和生产效率，为行业长期稳定发展奠定基础。

伴随全球健康意识的提升和红茶消费需求的上升，红茶的市场前景也愈加广阔。供给能力和需求量同步增长，将推动红茶产业的持续扩展。中国现已成为全球重要的红茶进出口国之一，红茶在国际市场中的地位也将进一步提升。预计未来红茶的国际贸易将持续活跃，出口市场将进一步拓展，尤其是对新兴市场的出口潜力巨大。

红茶产业链的多元化发展将进一步推动销售模式的创新，品牌专卖、电子商务、休闲茶园等新型销售渠道将成为红茶销售的重要模式。这些新渠道的发展有助于提高红茶的市场渗透率和品牌知名度，进而提升整个产业链的效益。同时，红茶产业的融

合发展将促进相关产业的协同发展，例如茶文化推广、茶旅游等产业链延伸领域，从而拓宽红茶产业的整体发展空间。

报告撰写人：

赵　霞　中国农业大学经济管理学院、国家农业市场研究中心　教授、副主任
韩一军　中国农业大学经济管理学院、国家农业市场研究中心　教授、主任
王　淳　中国农业大学经济管理学院　　　　　　　　　　　　硕士研究生

普洱茶产业发展报告

普洱茶是黑茶的重要组成部分，主要产于云南省的西双版纳、临沧、普洱等地区，具有独特的降脂减肥功效和浓厚的历史文化。特殊的生产加工、自然醇化使其具有"醇化生香，保值增值"的类金融属性，是中国优秀传统茶文化的有机组成部分。2023年，我国普洱茶产业在"三茶"统筹思想的指导下，积极采取措施应对有效内需不足、外需较弱且复杂多变的市场环境。

综合数据来看，2023年我国普洱茶产业发展总体平稳上升，年产量达历史新高。市场规模持续扩大，线上市场加速开拓，但进出口量额双降，隐忧仍存。预计未来几年我国普洱茶产量稳定在17万~18万吨，普洱茶价格持续上涨，消费规模持续扩大，但短期内出口依然承压。综合分析，我国普洱茶产业正高质量发展，预计未来产业结构持续优化、生产工艺技术改进加速、茶文旅融合发展，电商销售加速将成为普洱茶产业发展的重点。

一、普洱茶产业发展现状

（一）生产

1. 茶叶产量稳定增长，增速加快。 2023年我国普洱茶产量约19.2万吨，同比增长4.85%。作为全国普洱茶产业的核心区域，云南省的普洱茶产量约占全国总产量的90%。据云南省茶叶流通协会数据，2023年云南省普洱茶产量为17.3万吨，同比增长4.85%，增长率较2022年提高2.37%（图1）。

2. 生产区域较为集中，茶产业稳步发展。 普洱茶主要分布在云南西南部的澜沧江中下游流域，生长在海拔620~2 100米，以临沧、普洱、西双版纳作为普洱茶的核心产区，2023年云南主产茶区茶园总面积为561.3万亩，占全省茶园总面积近70%；干毛茶总产量39.04万吨，占全省干毛茶总产量的70.1%；三地全部茶叶总产值共1 132.72亿元，占全省茶叶总产值的75.3%（图2）。

3. 采制生产保持稳定，范围持续扩大。 2023年，我国暖干气候特征明显。受前一年长江流域夏秋持续高温干旱、早春气温偏低影响，全国春茶开采推迟，部分普洱春茶减产，名优茶受到影响，但同年普洱茶总产量仍相比于上年增长。进入夏秋季，由于近年来各地不断提升茶叶加工技术和茶园管护水平，普洱夏茶与秋茶的采制范围持续扩大，因此产量较往年有明显提升。

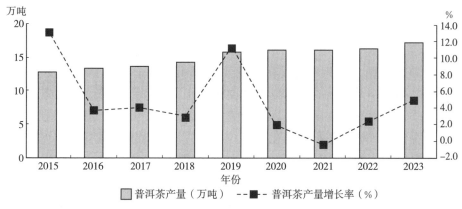

图 1 云南省普洱茶产量与增长率

数据来源：云南省茶叶流通协会。

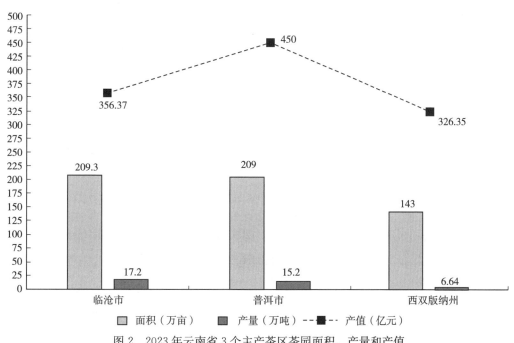

图 2 2023 年云南省 3 个主产茶区茶园面积、产量和产值

数据来源：云南省茶叶流通协会。

4. 主推品种多样。普洱茶的原料主要来自云南大叶种茶树，主要包括勐海大叶茶、易武绿芽茶、元江糯茶、景谷大白茶、云抗 10 号等品种。其中，易武绿芽茶和勐海大叶茶最受追捧，易武绿芽茶以其柔和甘甜的口感、蜜香花香的独特气质以及易武古茶山的文化底蕴和收藏价值备受青睐；而勐海大叶茶以其茶多酚含量高、发酵后滋味饱满浓郁的特点，吸引了众多消费者与大品牌的关注。按照是否经加工可以分为生普洱茶与熟普洱茶，生普洱茶是未经人工发酵的普洱茶，口感较为刺激，有苦涩味，但回甘明显，香气清新；熟普洱茶是经过人工发酵处理的普洱茶，口感较为醇

厚，苦涩味较少。按照形态分类可以分为砖茶、沱茶、饼茶，这些压制形态的普洱茶在口感和品质上也有所不同，但都具有普洱茶独特的香气和口感。

（二）加工流通

1. 加工技术创新，实际成果显著。截至 2023 年年底，我国普洱茶主要企业在加工技术方面取得了一系列新成果，创新主要集中于"杀青""揉捻""发酵"以及"干燥"方面。杀青方面，相较于传统高温快速翻炒以破坏茶叶中的酶活性的方式，当前杀青采用了现代化机械设备和自动化控制技术，更注重对生产温度与操作时间的精准把控，力图保证茶叶的优良品质；揉捻方面，现代揉捻技术依靠高效揉捻机、揉切机等实时模拟手工揉捻的动作和力度，实现茶叶的均匀揉捻，保证茶叶的均匀度和一致性；发酵方面，新技术采用更为精确的控制手段，通过控制温度、湿度和氧气浓度等条件，为茶叶发酵创造更适宜的发酵条件，进一步缩短发酵周期并提高茶叶的品质；干燥方面，现代干燥技术通过采用烘干设备，如烘干机、热风炉等，精确控制温度和湿度，实现茶叶的快速干燥和品质稳定，相较于传统技术，茶叶纯度更高，口感清香。

2. 加工与生产经营主体持续壮大，生产组织化不断提升。我国普洱茶加工与生产企业主要集中于云南省（表1）。《云南省茶叶产业高质量发展三年行动工作方案（2023—2025 年）》方案指出，未来五年我国将进一步壮大经营主体，形成一批有实力、负责任、高效益的龙头企业，提高产业组织化水平。

表1　国家重点龙头企业

序号	区域	企业名称	主要产品
1	西双版纳州	勐海茶业有限责任公司	精制普洱茶
2	临沧市	云南双江勐库茶叶有限责任公司	普洱茶
3	普洱市	普洱澜沧古茶股份有限公司	普洱茶、绿茶、红茶
4	保山市	云南昌宁红茶业集团有限公司	普洱茶、绿茶、红茶
5	保山市	腾冲市高黎贡山生态茶业有限责任公司	普洱茶、红茶、绿茶
6	昆明市	昆明七彩云南庆沣祥茶业股份有限公司	普洱茶

数据来源：农业农村部。

3. 线下渠道仍为主导，线上渠道持续扩张。普洱茶线下渠道销售比例不断下降，但仍处于主导地位。2022 年普洱茶线下渠道同比减少 2.2%，但仍占总销售比重的 86.2%；线上渠道销售的比例由 2017 年 9.6% 增长至 2022 年 13.8%，其中 2022 年同比增长 16%（图3）。2023 年抖音电商茶叶行业市场规模超 230 亿元，同比增长 61.1%，其中普洱茶市场份额为 44.92%，普洱茶"线上渠道"已逐渐成为普洱茶营销的重要模式。

（三）消费

1. 普洱茶承千年韵，健康经济添新辉。据行业研究报告显示，全国普洱茶年消费总量在 10 万~15 万吨，其中熟普洱茶占比约 60%，生普洱茶占比约 40%。特别是

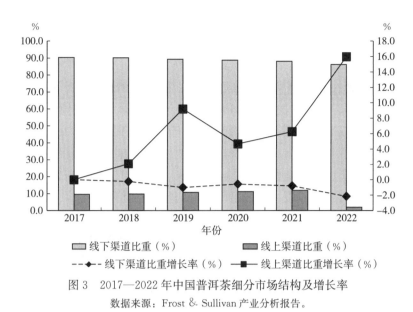

图3 2017—2022年中国普洱茶细分市场结构及增长率

数据来源：Frost & Sullivan 产业分析报告。

随着消费者对健康功能性茶叶的需求增加，普洱茶以其降脂、助消化、暖胃等功效，成为中国茶叶市场中表现最为活跃的品类之一。

普洱茶的加工产品具有多方面的功能属性，包括健康价值、文化价值和经济价值。普洱茶中富含茶多酚、咖啡碱、儿茶素和氨基酸等物质，在健康功能上表现突出。例如熟普洱茶经过发酵后形成的氧化多酚类物质可以降低血脂和胆固醇水平，对代谢综合征患者有一定的保健效果，特别适合中老年人长期饮用。同时，生普洱茶则因其高含量的茶多酚和咖啡碱而具有提神醒脑、抗疲劳的作用，受到年轻人和白领阶层的喜爱。此外，普洱茶还具有抗氧化作用，可延缓衰老，清除自由基，是追求健康生活方式消费者的热门选择。

文化属性是普洱茶产业的另一个重要特性。普洱茶历史悠久，与"茶马古道"贸易有着密切联系，被誉为"贡茶"，深受历代文人和宫廷的喜爱。普洱茶独特的"越陈越香"特性赋予其收藏价值，特别是一些名山古树茶，如易武和班章茶，因稀缺性和品质优势价格不断攀升，吸引了众多收藏爱好者。

在经济属性方面，普洱茶是云南省的重要特色农产品，成为区域经济发展的支柱产业之一。通过茶叶种植、加工和销售，普洱茶产业带动了云南多个地区脱贫致富，为农民提供了稳定的收入来源。

2. 年长群体作为消费主力，年轻市场正在快速扩张。知萌咨询机构调研数据显示，60后、70后、80后是当前普洱茶消费的主力群体，其中60后每天饮用普洱茶的比例最高，达65.2%，但随着年龄下降，比例逐渐降低，70后和80后的比例分别为55.3%和45.3%，90后和00后每天饮用的比例较低，分别为35.3%和25.0%；从饮用普洱茶频率增加的比例来看，90后和00后增长最快，分别为48.5%、50.0%。整体来看，年长群体仍是普洱茶的消费核心，但伴随年轻人对普洱茶接受程度的持续提高与饮用习惯的养成，年轻人成为未来普洱茶市场的重要争夺对象。

此外，年轻人对普洱茶茶饮的需求不再局限于传统的文化底蕴，而更多关注其健康价值和时尚属性。但普洱茶的营销模式转型仍显缓慢，仍以线下店铺、茶博会等为主，许多普洱茶品牌在互联网营销、品牌包装、社交媒体推广等新型营销手段上的投入不足，导致与年轻消费群体之间的沟通渠道相对薄弱，该问题值得关注。

消费者性别差异方面，因普洱茶具有减肥、养颜和暖胃功能，女性消费者对熟普洱茶的接受度较高。而男性消费者则因生普洱茶的浓烈口感和收藏价值而更偏爱生普洱茶。

3. 消费空间持续扩大，全国市场持续开拓。 广东省是全国普洱茶最大的消费市场，占全国总消费量的 40% 以上，特别是潮汕地区因有悠久的"工夫茶"传统，对普洱茶需求极大，广东人偏爱温和暖胃的熟普洱茶，契合当地潮湿炎热的气候。

福建作为传统茶叶消费大省，对普洱茶需求稳定，熟普洱茶在秋冬季节尤为受欢迎。北京、上海等一线城市则是普洱茶的高端消费市场，中高收入人群偏好生普洱茶的收藏价值，同时熟普洱茶因暖胃特性也受到北方消费者青睐。云南作为普洱茶发源地，消费量大且习惯长期饮用，贵州、四川等西南地区接受度逐步提高，市场潜力显著。北方市场逐渐崛起，如山东、天津、辽宁等地对熟普洱茶需求增加，成为冬季饮茶优选。

（四）进出口

1. 进口量额双减单价涨，贸易对象集中。 据海关总署数据显示，2023 年，中国普洱茶进口量和进口额呈下降趋势（图 4）。2015—2019 年五年间普洱茶进口额一直攀升，2020—2022 年受国际形势严峻复杂和新冠疫情的持续影响，普洱茶进口额呈下降趋势。2022 年我国进口普洱茶 138.1 吨，共计 84.0 万美元，同比分别增长 3 483.9%、537.2%，但受国内普洱茶需求减少、供给增加、人民币贬值、国内品牌崛起等多方面原因，2023 年普洱茶进口量 6.42 吨，进口额 17.4 万美元，同比分别下跌 95.34%、79.31%。

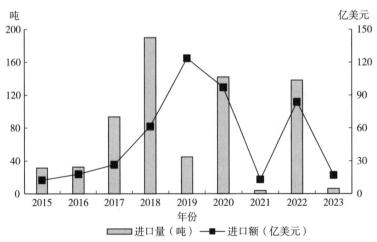

图 4　2015—2023 年中国普洱茶进口量和进口额

数据来源：中国茶叶进出口信息服务平台。

2023 年普洱茶进口平均单价为 27.04 美元/千克，同比上涨 77.51%。2016—2023 年普洱茶进口单价周期性波动趋势明显（图 5），可能与国内进口茶叶库存周期有关。

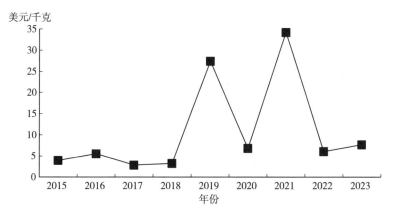

图 5　2015—2023 年普洱茶进口平均单价

数据来源：中国茶叶进出口信息服务平台。

普洱茶主要贸易国家和地区有越南、中国香港、新加坡等，贸易关系较稳定，主要集中于亚洲地区（表 2）。

表 2　2022、2023 年中国普洱茶主要进口贸易对象

进口国家 和地区	2022 年		进口国家 和地区	2023 年	
	进口额 （万美元）	占比 （%）		进口额 （万美元）	占比 （%）
越南	7.07	8.4	中国香港	9.74	56.24
中国台湾	1.98	2.4	新加坡	3.27	18.87
新加坡	1.81	2.2	中国台湾	0.66	3.78
波兰	1.28	1.29	韩国	0.12	0.70

数据来源：中国茶叶进出口信息服务平台。

2. 出口量额均减单价涨，出口结构优化。 据海关总署数据显示，2023 年我国普洱茶出口量额减少，出口普洱茶 1 719.0 吨，同比减少 10.29%，比 2015 年减少 47.66%；出口额 1 325.4 万美元，同比减少 56.47%，比 2015 年减少 61.29%（图 6）。

我国普洱茶出口国家和地区主要集中在中国港澳台地区、东南亚地区，少部分出口到欧洲、北美和大洋洲市场。2023 年中国普洱茶出口的主要贸易国家和地区有越南、中国香港、马来西亚、德国、日本，出口额共计占全年普洱茶出口贸易额的 59.72%，其中出口到越南、中国香港和马来西亚的普洱茶较多，主要贸易对象较 2022 年分散，出口结构优化（表 3）。

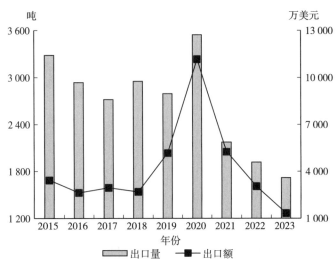

图 6　2015—2022 年中国普洱茶出口量和出口额

数据来源：中国茶叶进出口信息服务平台。

表 3　2022、2023 年中国普洱茶主要出口贸易对象

出口国家和地区	2022 年		出口国家和地区	2023 年	
	出口额（万美元）	占比（%）		出口额（万美元）	占比（%）
越南	9 064 216	29.77	越南	1 860 000	14.03
中国香港	7 644 068	25.10	中国香港	1 829 749	13.80
马来西亚	5 447 651	17.89	马来西亚	1 710 386	12.90
德国	1 826 697	6.00	德国	1 302 664	9.83
日本	1 329 166	4.36	日本	1 214 755	9.16

数据来源：中国茶叶进出口信息服务平台。

2015—2023 年中国普洱茶出口均价均处于波动状态，2018 年之后波动幅度较大，2023 年普洱茶平均进口价 7.71 美元/千克，同比上涨 26.81%（图 7）。与进口均价不同的是，出口均价并未显出周期性。

（五）全产业链效益

1. 品牌价值不断攀升，市场规模不断扩大。 2023 年"普洱茶"品牌估值达 82.21 亿元，位居全国茶品类估值第 2 位。受益于茶文化的强势崛起与普洱茶巨大的受众吸引力，普洱茶市场价值稳步提升，2017—2023 年普洱茶市场规模总量由 115 亿元稳步涨至 188 亿元，年均增长率为 7.27%。2023 年普洱茶市场规模中生茶市场规模 137 亿元，熟茶市场规模 51 亿元，同比分别增长 7.87%、8.51%（图 8）。

2. 云南茶与全国茶走势分化明显，"云茶"受热捧致市场价格上升。 毛茶为普洱

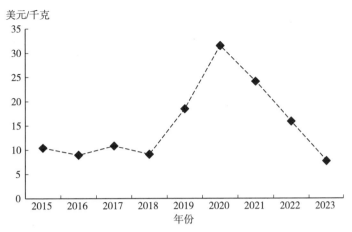

图 7 2015—2023 年普洱茶出口均价

数据来源：中国茶叶进出口信息服务平台。

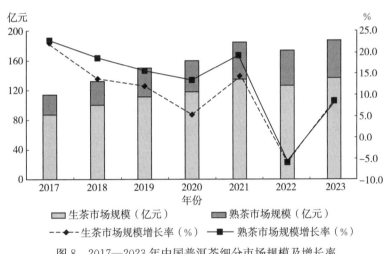

图 8 2017—2023 年中国普洱茶细分市场规模及增长率

数据来源：Frost & Sullivan 产业分析报告。

茶产品的主要原料，其价格可充分反映普洱茶叶市场价格。一般认为，云南普洱茶毛茶涨幅较大时表明高端茶叶市场需求旺盛，特别是收藏型普洱茶的价格上涨可能吸引投资者关注云南市场；而全国普洱茶毛茶涨幅相对较大时，一般说明普洱茶的需求在增加，普洱茶库存下降，表明市场结构可能向日常消费型茶叶倾斜。

当前云南毛茶价格指数与全国毛茶价格指数呈现出明显的分化趋势。全国普洱茶产品所用毛茶的价格指数于 2017—2022 年缓慢下降，由 100 元/千克降至 81 元/千克，2023 年涨至 81.3 元/千克。云南省普洱茶所用毛茶价格指数近 5 年持续增长，2023 年达 128 元/千克，同比上涨 9.40%，比全国高 57.4%（图 9）。云南普洱茶价格与全国普洱茶价格走势分化明显，云南普洱茶价格逆全国普洱茶价格持续走高，体现出消费者对云南普洱茶的追捧与认可。

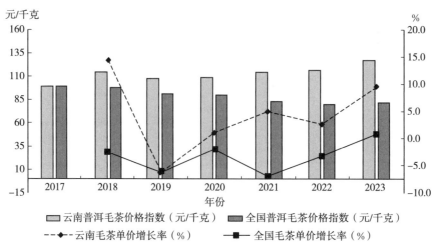

图 9　2017—2023 年云南与全国普洱茶产品所用毛茶的价格指数及其增长率

数据来源：云南省茶叶流通协会、中国茶叶流通协会。

3. 产业效益突破百亿元，带动就业能力显著。将普洱茶产业链划分为上游的种植端、中游的产品加工端，以及下游的销售与消费端（表4），以普洱茶主要产区云南省为例进行分析。

表 4　普洱茶产业链

上游	中游		下游
种植	加工	流通	消费
茶农	毛茶粗制	批发 经销商	家庭消费 团体消费
茶园基地	毛茶精制	线上	收藏消费

在上游（种植端），成本方面，一亩茶园的土地租赁、种苗和基础设施建设等初期投资成本在 3 000～6 000 元；用于茶园管理、采摘和防虫等的人工成本需要 2 000～3 000 元；农资投入（如肥料、病虫害防治）成本在 2 000～3 000 元。因此，一亩茶园的年运营成本（除人力）通常在 7 000～12 000 元，具体成本会因茶园的管理水平和市场需求有所不同；收益方面，毛茶平均售价为每千克 47 元，仅毛茶总产值大致为 80 亿元。直接从事茶叶生产的茶农超百万人，人均年收入接近 7 000 元，带动了百万人的就业，为百万茶农带来了近 70 亿元的收益。

在中游（加工与流通端），加工后的普洱茶价格平均比毛茶上涨 40%～100%。2023 年普洱茶产量为 17.3 万吨，每千克普洱茶的平均价格为 50～100 元，则加工后的产值为 85 亿～170 亿元。此外，大益、澜沧古茶等具有品牌效应的产品价值会更高，市场单价接近每千克数百元甚至更高，产值有更大拉升空间。

在下游（消费端），2023 年普洱茶的市场销售总额约为 180 亿元，普洱茶产品的零售价格从普通产品的每千克几百元到高端收藏级别产品的每千克几万元不等，整体市场的平均售价保持在较高水平；出口方面，虽然普洱茶的消费以国内为主，但近年来出口市场也逐渐扩大。2023 年普洱茶的出口总额大约为 1 亿元，主要出口至东南亚和欧洲地区，出口市场的增长也进一步推动了全产业链的收益。

综合计算，普洱茶全产业链效益为 346 亿～431 亿元。

（六）产业政策

云南省于 2023 年出台《云南省茶叶产业高质量发展三年行动工作方案（2023—2025 年）》以支持普洱茶高质量发展，《方案》致力于引导产业以绿色生产为导向，形成完整的普洱茶产业链供应链集群、实现可持续发展。相关文件政策制定的主要目标有三：一为整合现有资源，推动普洱茶产业高质量、可持续健康发展；二为推动普洱茶产业现代化建设与技艺升级；三为推动普洱茶营销推广与文化创新（表 5）。

表 5　现行主要相关产业政策文件

发布时间	文件名称	发布部门	文件相关内容
2023.07	《关于加快推进农产品初加工机械化高质量发展的意见》	农业农村部	茶叶初加工，重点发展节能型分选成型烘干技术装备，有条件的地区发展自动化、智能化成套加工技术装备。
2023.05	《关于开展 2023 年农业品牌精品培育工作的通知》	农业农村部	在中国国际农产品交易会、中国国际茶叶博览会等展会节庆活动，组织开展专题展销活动，加大品牌营销推广力度。
2023.01	《云南省茶叶产业高质量发展三年行动工作方案（2023—2025 年）》	云南省农业农村厅	围绕云茶全产业链高质量发展要求，在做好古茶树资源保护的基础上，从绿色茶园基地建设、云茶企业高质量发展、云茶产品质量安全保障、云茶品牌做大做强、茶产业与新兴业态融合发展等方面提出 8 个重点工程任务 18 条措施，打造从"茶园"到"茶杯"的高质量绿色云茶产业。
2022.09	《关于进一步加强商品过度包装治理的通知》	国务院	遏制月饼、粽子、茶叶等重点商品过度包装违法行为。
2022.06	《农业品牌精品培育计划（2022—2025 年）》	农业农村部	到 2025 年，聚焦粮油、果蔬、茶叶、畜牧、水产等品类，塑强一批品质过硬、特色鲜明、带动力强、知名度美誉度消费忠诚度高的农产品区域公用品牌，培育推介一批产品。
2022.05	《云南省"十四五"制造业高质量发展规划》	云南省农业农村厅	大力发展云茶等制造业，推动产业向高端化、品牌化、国际化发展，向特色文旅商品加工和销售领域延伸，重点发展普洱茶、稳步发展绿茶，加快发展红茶，努力提升产品精深加工、品牌推广和营销水平，推动高端茶做精、中端茶做大，鼓励延伸发展茶饮料产业。

二、普洱茶产业发展存在的问题与挑战

（一）产业发展存在的主要问题

1. 普洱茶市场逐渐饱和，茶叶产能过剩加剧。 近年来伴随普洱茶市场的逐渐饱和、消费者偏好的多样化，普洱茶的市场需求开始呈现下滑趋势，同时受经济下行影响，消费者的购买力下降，消费出现降级趋势，普洱茶内销市场进入存量竞争阶段，库存积压问题严重，许多茶叶店和茶厂都面临着库存难以消化的困境。此外，产品开发缺乏差异化，传统的饼茶、砖茶和沱茶仍是市场主流，营销手段疲软，利润下降，市场的不确定性和不稳定性增加，普洱茶市场复苏亟须加快步伐。

2. 生产组织化水平低，行业合力亟须加强。 我国大部分茶企规模较小，行业难以形成合力。以普洱茶产茶大省云南省为例，2023年，云南省大部分茶叶初制所设备陈旧、加工工艺落后，企业的生产规范化、标准化水平有待提升，仅有2 000多个茶叶初制所通过规范认定；全产业链的生产组织化水平较低，盈利能力有限，恶性竞争屡见不鲜。亟须实施有效政策与引导，推动行业整合，促进健康发展。

（二）产业发展面临的外部挑战

1. 全球经济增长缓慢，出口贸易和对外加工贸易受阻。 2023年外部环境的复杂性增加，特别是国际市场的需求未能达到预期，普洱茶市场逐渐饱和，加之普洱茶的长期存储属性，库存积压严重，进一步压低了出口市场的价格。同时黑茶和其他茶类（如乌龙茶、绿茶）在国际市场上的竞争力增加使得普洱茶的市场份额受到挤压，种种因素导致普洱茶成为2023年出口均价降幅最大的茶类，这一情况应引起足够重视，并积极采取措施恢复出口市场。

2. 极端天气频发，普洱茶生长环境发生变化。 普洱茶的生长对气候条件有较高要求，尤其需要温暖湿润的环境，而气候变化带来的影响不可忽视。全球气候变化使得极端天气事件如干旱、洪涝等频繁发生，这对普洱茶的产量和质量产生直接威胁。云南地区近年来受气候异常影响，多地经历了严重的干旱，影响了茶树的生长和采摘季节的正常运作。据云南省茶叶流通协会分析，受异常气候影响，云南省产普洱茶的毛茶产量约下降20%，同时干旱的气候通常会导致茶叶颜色更深、口感更加浓烈，但成分均衡性下降，品质不稳定。

三、普洱茶产业发展趋势与前景展望

（一）短期产业发展趋势与前景展望

1. 市场持续恢复，产业一体化持续推进。 我国以普洱市、西双版纳、临沧三地作为普洱茶核心产区的现状不会变化。产量方面，叠加气候因素与去库存因素影响，未来3年我国普洱茶产量将缓慢波动上涨，中高端普洱茶价格维持高位，而低端茶叶因品质差异与供求差异价格也将缓慢回升；贸易方面，随着新冠疫情后我国贸易通道逐渐畅通，普洱茶出口将逐渐上升，贸易伙伴进一步扩大；产业链建设与效益方面，未来普洱茶企业将逐步提高机械化和智能化水平，尤其是在生产、包装和分销方面，

持续提高普洱茶产业生产、加工、品牌推广和销售一体化水平。

2. 短期存量竞争加剧，国潮、跨界联名成新热点。2023 年，受整体消费环境与名优春茶产销形势影响，原叶茶内销情况不尽如人意，市场进入阶段性存量竞争期，大多数茶企承受了较大库存压力。面对新形势、新需求，行业骨干企业将在产品宣传、消费场景等领域努力创新，增强差异化竞争优势，为行业发展带来新方向，"颜值、混搭、解压、便捷、社交"将成为各茶企研发新品的聚焦点；品牌茶企通过提升门店服务，为消费者提供更好的体验感。国潮、非遗、联名等成为消费新热点。

3. 线上销售迅速发展，产品创新加速。企业将持续加码线上经济，扩大线上销售渠道的建设，通过天猫、京东等电商平台以及抖音、小红书等社交媒体平台实现精准化营销，提升品牌知名度。借助数字化工具实现产品溯源系统和个性化推荐，满足不同消费者的不同诉求。同时，基于大数据技术与市场分析，普洱茶企业将更好地评估消费者偏好，不断推陈出新来应对多元化的市场需求。

（二）中长期产业发展趋势与前景展望

1. 产业整合加速，龙头对产业集群发展的带动能力增强。普洱茶产业将逐步进入规模化、集约化经营的阶段，行业内的资源整合将更加频繁，形成更多的普洱茶产业集群。大企业通过并购、整合中小企业和茶农资源，逐步形成产业链一体化的模式，涵盖从种植、加工、仓储、销售到文化传播等各个环节。通过规模效应，龙头企业将进一步提升竞争力，增强市场定价权，并在国际市场上崭露头角。

2. 品牌化与文化传播深度融合，取得显著成果。在未来，具有文化底蕴和创新精神的品牌将更加受到市场青睐。普洱茶企业将不仅要注重产品本身，更会注重品牌文化建设与普洱茶历史融合，充分挖掘普洱茶的历史、文化价值，并结合当代潮流进行传播。同时"茶文旅"模式将焕发新春，普洱茶文化体验馆、茶园旅游、茶文化主题活动等形式将会更受欢迎，推动茶文化与当地旅游资源的结合，吸引国内外游客体验普洱茶的生产过程。通过这种文化体验式营销，普洱茶产业将进一步扩大品牌影响力，并带动地方经济发展。

3. 行业标准化和质量显著提升。伴随消费者对高质量产品的需求上涨与相关企业的不断投入，行业的规范发展与建设的普遍推进，行业规范性将进一步提高。普洱茶企业将更加注重从种植、采摘到加工环节的质量控制，确保产品的一致性和高品质。此外，随着国际市场的逐步开拓，符合国际标准的质量认证将成为普洱茶出口的必要条件，这也会推动企业在生产过程中应用现代化设备和技术，提高茶叶质量。

报告撰写人：

赵　霞　中国农业大学经济管理学院、国家农业市场研究中心　教授、副主任
韩一军　中国农业大学经济管理学院、国家农业市场研究中心　教授、主任
周子昂　中国农业大学经济管理学院　　　　　　　　　　　　硕士研究生

荞麦产业发展报告

荞麦原产于中国，是一种具有悠久栽培历史的药食饲多用作物，以其生长快速、生育期短、适应性强和营养功能丰富等优点成为许多地区重要的粮食作物和经济作物。2023年我国荞麦种植面积和产量均呈下降趋势，但其中云南、四川等苦荞主产省份的产量占比逐渐提高，内蒙古等甜荞主产省份产量占比下降；荞麦产业的产值效益较好，但在加工、流通、销售等方面仍具有较大发展空间；2023年荞麦进出口贸易逆差持续增大。预计未来几年我国荞麦生产规模将逐渐稳定，单产水平不断提升；荞麦加工业不断集聚，产业链进一步延伸；消费市场不断扩大，产品知名度不断提高；国际交流合作逐渐增强，出口潜力将不断提升。我国荞麦产业宏观规划较少，产业发展可持续性较差；良种研发和推广力度不足，产品品质参差不齐；深加工技术研发滞后，产品竞争力较弱；品牌建设力度不足，产品知名度有待提升。

一、荞麦产业发展现状

（一）生产

1. 我国荞麦种植面积和产量呈下降的趋势。我国是荞麦的发源地和主产国，其中甜荞和苦荞的种植比例约为 2∶1。近十年我国荞麦生产规模整体上呈波动上升的趋势，2019 年前我国荞麦种植面积稳步上升，2020 年受气候异常和新冠疫情的双重影响，荞麦种植面积同比下降 4.8%，2021 年有所回升，同比上升 2.3%，但尚未回到新冠疫情前的种植水平，2022 年种植面积持续回升，达 403.4 千公顷，同比增长 6.7%，达到最高峰，2023 年荞麦种植面积又下降至 382.3 千公顷。2019年之前产量呈波动上升的趋势，到 2021 年持续下降，2022 年随着种植面积的回升，荞麦产量达 53.6 万吨，同比增加 11.2%，2023 年随着种植面积的下降，荞麦产量下降至 49.4 万吨（图1、图2）。

2. 荞麦生产集中度较高。我国荞麦生产分布较广泛，南北方均有种植，但整体上荞麦产能分布相对集中，2023 年内蒙古、云南、四川、甘肃和陕西五省份的荞麦产量占全国总产量的 73.9%，云南、四川等南方省份主产苦荞，内蒙古、甘肃和陕西等北方省份主产甜荞。云南省荞麦生产潜力不断提升，自 2021 年起取代陕西成为全国产量排名第二的省份，2022 年产量为 9.3 万吨，与第一生产大省内蒙古的产量差距进一步缩小，2023 年跃升成荞麦产量排名第一的省份（表1）。

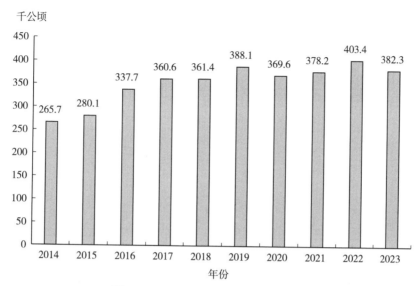

图 1　2014—2023 年全国荞麦种植面积

数据来源：历年《中国农村统计年鉴》。

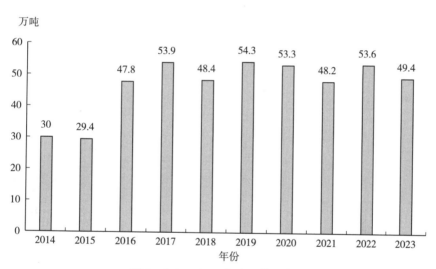

图 2　2014—2023 年全国荞麦产量

数据来源：历年《中国农村统计年鉴》。

表 1　2019—2023 年全国及产量排名前 10 的省份的荞麦产量情况

地区	2019 年		2020 年		2021 年		2022 年		2023 年	
	产量（万吨）	占比（%）	产量（万吨）	占比（%）	产量（万吨）	占比（%）	产量（万吨）	占比（%）	产量（万吨）	占比（%）
全国	54.3	—	53.3	—	48.2	—	53.6	—	49.4	—
内蒙古	11.2	20.6	11.3	21.2	10.3	21.4	9.5	17.7	6.6	13.4
云南	5.4	9.9	5.5	10.3	7.7	16	9.3	17.4	10	20.2

（续）

地区	2019 年		2020 年		2021 年		2022 年		2023 年	
	产量（万吨）	占比（%）	产量（万吨）	占比（%）	产量（万吨）	占比（%）	产量（万吨）	占比（%）	产量（万吨）	占比（%）
四川	6.1	11.2	6.2	11.6	6.8	14.1	7.2	13.4	7.5	15.2
甘肃	5.8	10.7	7.1	13.3	5.4	11.2	6.5	12.1	6.4	13.0
陕西	8.7	16	8.5	15.9	3.6	7.5	5.7	10.6	6	12.1
贵州	2.2	4.1	2.2	4.1	4.5	9.3	3.8	7.1	1.8	3.6
山西	3.4	6.3	4	7.5	3.1	6.4	3.2	6.0	2.9	5.9
重庆	0.8	1.5	0.9	1.7	0.9	1.9	1.1	2.1	1	2.0
湖南	0.8	1.5	0.7	1.3	1	2.1	0.9	1.7	0.9	1.8
广西	2.7	5	0.2	0.4	0.3	0.6	0.3	0.6	0.3	0.6

数据来源：历年《中国农村统计年鉴》。

从各地区荞麦的平均产量来看，2023 年四川、云南的单产水平仍保持较高水平，每公顷产量近 2 万吨，陕西的单产较上年有所提升，由 2022 年的 0.76 吨/公顷上涨为 2023 年的 0.85 吨/公顷，基本恢复至 2019 年前后的水平，山西和甘肃单产保持稳定，而内蒙古因受到春旱和夏季高温等气象灾害的影响，严重影响其出苗率，导致单产水平持续下降，由 2022 年的 1.16 吨/公顷下降至 0.92 吨/公顷，同比下降 20.69%（图 3）。

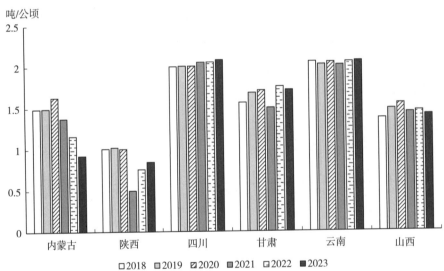

图 3　2018—2023 年产量排名前 6 省份的荞麦平均产量变化

数据来源：历年《中国农村统计年鉴》。

3. 荞麦种植规模和方式差异较大。 在北方产区，如内蒙古，由于土地资源丰富，已形成了规模化种植模式，但荞麦在许多国家被视为一种填补空闲、救灾备荒的小宗粮食作物，因此不受重视，在我国部分地区也不例外，荞麦生长周期只有 70~80 天、能适应多种土壤类型的生长特性导致其通常作为丘陵地区和山区耕作换茬的作物进行种植，因此在我国南方产区，荞麦生产主要以农户个人及家庭为主，生产规模小且分散，面临着管理粗放、产量低等问题，一定程度上限制了荞麦产业的发展。对此，部分主产区积极探索新型生产模式，如贵州省威宁市成立苦荞种植专业合作社、四川省美姑县推行"基地＋农户"经营模式、甘肃省陇南市引进龙头企业和科技公司等，积极探索荞麦规模化种植和产业化发展新模式。

4. 我国荞麦种植品种丰富多样。部分荞麦主产区积极与当地农科院合作，引进并选育当地适宜的荞麦品种。从甜荞品种来看，既有适应北方干旱环境的品种，也有适宜南方温润气候类型，例如赤甜荞系列，包括赤甜荞1号、3号、5号等，在赤峰市翁牛特旗展现出强大的适应性和产量优势，平均亩产可达80～120千克，相比以往农户自留品种，亩产增长显著，给当地农民带来了可观的收益；从苦荞品种来看，例如黔黑荞1号，经宁夏农林科学院固原分院等单位引进选育后，在宁南山区及周边主产区种植表现出色，产量较对照增产14.9%，且粗蛋白、粗脂肪、赖氨酸等营养成分含量都有所提高。丰富多样的荞麦品种为相关产业的发展提供了坚实的基础（表2）。

表2　我国主要荞麦品种

	品种
甜荞	赤甜荞1号、赤甜荞3号、赤甜荞5号、晋荞麦（甜）8号、西农9976、西农9978、品甜荞1号等
苦荞	中荞121、西农9940、西农9920、榆621、云荞2号、黔苦5号、昭苦2号、晋荞麦（苦）5号、黔黑荞1号等

数据来源：公开资料整理。

（二）加工流通

荞麦营养价值高，富含多种膳食纤维，是我国重要的杂粮作物。随着近年来产品加工技术的快速发展，荞麦产业借助现代酶工程技术、微生物发酵技术、连续熟化技术和低温高效萃取技术等，研发出了丰富多样的加工产品，现有主要产品包括荞麦食品、荞麦饮品、荞麦日用品等一系列加工品。食品加工方面，有关荞麦的主食类食品主要包括荞麦面粉、苦荞挂面等，休闲类食品包括荞麦面包、荞麦薯片、苦荞沙琪玛等；饮品加工方面，由荞麦加工得到的饮品包括荞麦酸奶、苦荞茶等；日用品加工方面，由荞麦加工得到的日用品包括有助于清热安神的荞麦壳枕头等。荞麦加工产品逐渐丰富，但由于其市场知名度不高，大多产品仍停留在粗加工阶段，产业链较短，精深加工程度不高，产品附加值较低。

荞麦流通以传统方式为主，逐渐向创新化多元化趋势发展。荞麦种植区分布广泛，山地、高原、盆地交错分布，部分地区地势复杂，交通不便，多以农户自产自销或粮商和企业收购的方式进行销售，但随着"互联网＋""电商助农"的推广，逐渐拓展了荞麦等特色农产品的流通和销售渠道。

各荞麦主产区依托当地的产业龙头企业，将其生产的产品销往其他地区，甜荞产区内蒙古通过打造"国家地理标志证明商标"，依托当地企业形成"种植—生产—仓储—加工—包装—销售"的一体化特色产业链，采用线上线下相结合的方式销售产品，打造了推动优质农产品走向全国的新样板[①]。苦荞产区贵州采取"公司＋党组

---

① 第九届敖汉·牛力皋荞麦节在黄羊洼镇盛大开幕。

织＋合作社＋科研团队＋农户"的发展模式，打造荞老者食品开发有限公司，专注于苦荞全产业链发展[①]；四川环太实业有限公司和西昌正中食品有限公司，作为凉山州知名的苦荞生产加工企业，积极与当地高校实验室合作，创新开发苦荞茶等杂粮产品50多项，累计实现新增产值超10亿元[②]，各地区荞麦生产的龙头企业借助现代加工技术和流通手段，提高农产品附加值，促进农民增收。

（三）消费

荞麦消费需求不断增加，苦荞消费仍有较大增长空间。近年来，随着国民健康意识的觉醒、粗粮文化的兴起及国家大健康战略的推进，居民对膳食健康的重视程度日益提高。作为小宗杂粮的一种，荞麦不仅营养丰富，而且其中含有大量的生物类黄酮，能有效预防和治疗高血压、冠心病等心血管疾病，具有一定的药用价值，因此中国乃至世界范围内的荞麦需求日益增加。但相比于知名度较高的普通荞麦（甜荞），国内外消费者对于苦荞的认识不足，苦荞产品的自产自用比率较大，以煮粥等直接消费为主，部分苦荞种植省份的企业生产苦荞加工品，例如苦荞茶、苦荞挂面等，受到部分保健意识较强或年龄偏大的消费群体的喜爱，加工消费也占一定比例，但整体来看，苦荞消费相对较少，因此，我国荞麦产品的市场占有率仍有较大增长空间。

（四）进出口

1. 2023年荞麦进口量额上升，进口来源单一。 2023年荞麦进口量上升至124 101.8吨，为2022年的近8倍，进口额上升至5 576.7万美元，为2022年的6倍多（图4）。贸易逆差持续拉大，主要是由于国内荞麦等粗粮的需求量增加，而国产荞麦价格高于国际市场，2023年出口均价是进口均价的2倍多（图5），进口荞麦价格优势突出，导致2023年进口量显著上升，存在明显的贸易逆差现象。

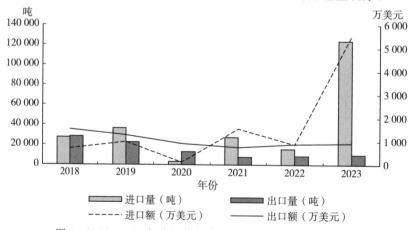

图4　2018—2023年我国荞麦进出量与进出口额变化情况

数据来源：海关总署。

---

① 贵州荞老者食品开发有限公司：苦荞酿出"甜"产业-今日头条。
② 凉山：科技助力荞麦产业振兴。

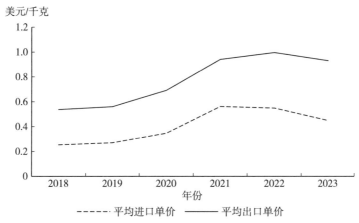

图 5　2018—2023 年我国荞麦进出口平均价格变化情况

数据来源：海关总署。

2021—2023 年我国荞麦进口全部来自俄罗斯，进口来源单一、进口集中度较高（表 3），在当前世界正经历百年未有之大变局的大背景下，一旦进口来源地的贸易政策发生变动，或建立起不利于我国的贸易壁垒，势必会引起荞麦贸易市场的剧烈波动，造成国内荞麦短期供应不足或价格大幅上升现象，无法保证荞麦的稳定供应，因此未来要积极拓展海外进口的合作伙伴，推动荞麦进口来源的多元化发展。

表 3　2019—2023 年我国荞麦主要进口国及进口情况

年份	国家	重量（千克）	价值（美元）	进口量占比（%）
2019	俄罗斯	36 505 786	9 856 277	99.999 6
	意大利	139	165	0.000 4
2020	俄罗斯	3 189 310	1 044 693	94.125 8
	日本	199 040	128 751	5.874 2
2021	俄罗斯	27 528 773	15 456 054	100
2022	俄罗斯	15 926 922	8 744 854	100
2023	俄罗斯	124 101 750	55 766 718	100

数据来源：海关总署。

2. 2023 年荞麦出口量额呈上升趋势，出口市场保持稳定。2023 年随着我国荞麦产量的回升以及国际贸易的进一步恢复，我国荞麦出口量和出口额也有不同程度的上升，2023 年出口量为 9 978.3 吨，同比增加 11.7%（表 4），出口额为 929.2 万美元，同比上涨 4.4%，但仍未恢复至新冠疫情冲击前的平均水平。从出口目的国家和地区来看，2023 年我国荞麦主要出口国家和地区与往年相同，集中于日本和韩国，对两国的出口量占比超过 85%，出口市场保持稳定；同时 2023 年荞麦出口地新增了泰国和以色列，表明我国荞麦出口市场也在不断扩展，未来可通过规模化生产打出价格优势，发挥贸易的比较优势。

表4　2019—2023年我国荞麦主要出口国家和地区及出口情况

年份	国家和地区	重量（千克）	价值（美元）	出口量占比（%）
2019	日本	19 260 392	10 601 179	85.13
	韩国	1 368 000	851 184	6.05
	法国	963 000	498 500	4.26
	朝鲜	292 195	143 117	1.29
	中国台湾	224 910	178 456	0.99
2020	日本	10 348 880	6 820 390	78.58
	韩国	1 421 000	1 194 742	10.79
	法国	851 000	570 500	6.46
	中国台湾	117 120	101 508	0.89
	马来西亚	94 650	76 727	0.72
2021	日本	5 546 510	4 965 431	69.53
	韩国	1 893 200	1 910 711	23.73
	中国台湾	122 730	126 180	1.54
	荷兰	100 545	96 265	1.26
	法国	100 000	93 000	1.25
2022	日本	7 003 978	6 599 780	78.39
	韩国	1 274 200	1 415 919	14.26
	法国	300 000	297 990	3.36
	挪威	95 000	207 100	1.06
	澳大利亚	53 580	113 412	0.6
2023	日本	8 342 600	7 677 990	76.95
	韩国	1 235 300	1 164 109	11.67
	法国	120 000	93 600	0.94
	泰国	71 050	63 549	0.64
	以色列	48 000	48 763	0.49

　　数据来源：海关总署。

（五）全产业链效益

1. 荞麦批发价格稳定，加工品价格差异较大。全国荞麦批发价格较稳定，整体来看苦荞价格高于甜荞，2023年11月底，国内苦荞价格约为4.73元/斤，而甜荞约为3.4元/斤①。但对于荞麦加工产品来说，因产地、品牌、加工工艺等方面的不同，其售价差距悬殊，以四川凉山生产的苦荞为例，该地区不同海拔生产的苦荞加工制成的苦荞茶价格差异巨大，其中低海拔地区的苦荞茶价格在30～50元/斤，中高海拔地区价格在50～60元/斤。

---

　　①　2023年11月22日全国荞麦报价分析_报告大厅。

2. 不同地区荞麦成本收益差别较大，整体来看经济效益较好。 由于我国荞麦种植分布较广，不同地区种植的荞麦品种各不相同，并且各地区荞麦质量、加工程度等也不尽相同，导致其生产成本和利润也会有较大差异。2023年陕西靖边县荞麦播种累计面积达80万亩，平均亩产110千克，总产量达8.96万吨，当地积极推广优质新品种高黄酮荞麦，其单产按1 500千克/公顷计算，每千克按2.0元计算，每公顷收入为3 000元；普通荞麦单产按1 125千克/公顷计算，每千克按1.2元计算，每公顷收入1 350元。2023年贵州省盘州市建成苦荞商品生产示范基地162.2公顷，借助示范基地推动选用地方优良品种、规范化种植、测土配方等标准化生产技术的应用，总产量达473.6吨，总产值达284.2万元，项目新增纯收益28.7万元[①]。荞麦生产不仅对当地居民健康理念的提升有一定影响，同时产生了良好的社会效益，有效带动了当地居民增收。

（六）产业政策

当前我国鼓励各地区因地制宜发展乡村特色产业，包括特色农产品种植业，荞麦作为一种小宗杂粮作物，有关其针对性政策较少（表5）。

表5　国家有关杂粮杂豆产业发展的相关政策与规划

发布时间	文件名称	发布部门	文件相关内容
2022年2月	《"十四五"推进农业农村现代化规划》	国务院	优化粮食品种结构，因地制宜发展杂粮杂豆；加强特色农产品优势区建设，发掘特色资源优势，建设特色农产品优势区。强化科技支撑、质量控制、品牌建设和产品营销，建设一批特色农产品标准化生产、加工和仓储物流基地，培育一批特色粮经作物、园艺产品、畜产品、水产品、林特产品产业带[②]。
2023年12月	《中华人民共和国粮食安全保障法》	全国人民代表大会	第七十三条规定："本法所称粮食，是指小麦、稻谷、玉米、大豆、杂粮及其成品粮。杂粮包括谷子、高粱、大麦、荞麦、燕麦、青稞、绿豆、马铃薯、甘薯等"，明确将荞麦纳入法律意义上的杂粮作物来定义，列入粮食安全保障的范畴[③]。

数据来源：公开资料整理。

2024年中央1号文件鼓励各地区因地制宜大力发展特色产业，做好"土特产"。一系列有关杂粮杂豆种植的支持政策的出台，有助于加强荞麦产业的管理和重视，促进我国荞麦产业的可持续发展以及食物供给体系的多元化。2023年有关农业农村建设及粮食安全的相关文件均提出要优化农产品种植结构，在保障主粮充分供给的基础上，根据国内居民需求适度调整种植结构，增加包括荞麦在内的杂粮杂豆作物的种

---

① 李贤宽. 盘州市普古乡优质特色粮食（苦荞）产业发展项目建设探析［J］. 南方农业，2023，17（20）：198-201.
② 国务院关于印发"十四五"推进农业农村现代化规划的通知_农业、畜牧业、渔业_中国政府网（www. gov. cn）。
③ 《中华人民共和国粮食安全保障法》——中国政府网（www. gov. cn）。

植，政策的引导可以吸引更多资源向荞麦等杂粮产业倾斜，相关的科研项目将获得更多的资金和政策支持。

部分荞麦主产区根据当地地形、土壤等特点，合理规划当地荞麦种植区域布局，避免过度集中或分散；根据当地气候特点，因地制宜推广荞麦与其他作物的轮作模式，提高土地综合利用率；并积极引进适宜的栽培新技术，提高荞麦种植效率，为当地荞麦产业的发展提供了宏观规划和政策支持（表6）。这些规划将直接推动主产区荞麦的规模化种植，促进土地流转，吸引更多农户参与，提高产量。同时，政策引导下会加大对相关种植技术的研发投入，培育优良品种，提升抗病虫害能力和产量质量；另一方面，有助于完善产业链，扶持加工企业发展，开发更多荞麦产品，提升附加值，带动脱贫地区经济发展，为乡村振兴提供有力支撑，推动我国荞麦产业向绿色、可持续方向发展，整体提升我国荞麦产品在国内外市场的竞争力。

表6　荞麦主产区相关政策规划

发布时间	文件名称	发布部门	文件相关内容
2022年2月	《甘肃省"十四五"推进农业农村现代化规划》	甘肃省人民政府	实施优势特色产业倍增行动。以庆阳市和平凉市为中心，辐射带动周边地区，建立糜谷生产基地。以通渭县、秦州区、环县、华池县、镇原县、武都区、西和县、庄浪县为中心，建立荞麦生产基地①。
2022年8月	《山西省"十四五"推进农业农村现代化规划》	山西省人民政府	提高其他重要农产品有效供给。在东西两山、晋西北地区推进谷子、高粱、马铃薯、糜子、燕麦、荞麦、藜麦、杂豆、甜糯玉米等杂粮作物的全产业链发展。加强特色农产品优势区建设。在吕梁山、太行山和晋西北建设谷子、高粱、马铃薯、荞麦、燕麦、红芸豆、绿豆、胡麻等特优区②。
2022年12月	《"十四五"内蒙古自治区种植业发展规划》	内蒙古自治区农牧厅	"十四五"期间，重点是大力提升荞麦种植水平，提高产量和种植效益，在东部产区重点推广适宜加工专用的荞麦高产优质新品种，示范推广荞麦大垄双行轻简化全程机械化栽培技术，荞麦-燕麦复种技术等。到2025年面积稳定在100万亩左右，产值保持在2亿斤以上③。

数据来源：公开资料整理。

---

① 甘肃省人民政府关于印发甘肃省"十四五"推进农业农村现代化规划的通知（gansu.gov.cn）。
② 山西省人民政府关于印发山西省"十四五"推进农业农村现代化规划的通知_高平市人民政府网（sxgp.gov.cn）。
③ 关于印发《"十四五"内蒙古自治区种植业发展规划》的通知-规划计划——内蒙古自治区农牧厅（nmg.gov.cn）。

二、荞麦产业发展存在的问题与挑战

（一）产业发展存在的主要问题

1. 生产管理粗放且良种繁育体系滞后，品质参差不齐。 部分优势产区将荞麦作为特色产业大力发展，但由于多数荞麦种植区仍以传统的耕作方式为主，生产规模较小、管理粗放、栽培种植方式单一，大多栽培管理只管种和收，生产管理粗放。另外，与小麦、水稻等大宗粮食作物相比，荞麦的知名度和影响程度有限，导致与其相关的良种繁育和推广未受到重视，荞麦研究起步较晚，科研投入较少，缺少后备优良品种，许多种植农户仍连年使用自留种，品种混杂严重，荞麦品质难以保证。

2. 产品深加工水平较低，产业体系不够健全。 荞麦加工产品逐渐丰富，但大多停留在粗加工阶段，产业链较短，规模化生产、专业化加工目标难以达到，精深加工程度不高，荞麦产品仍以"荞麦面、苦荞茶"为主，高质量产品占比过低，产品附加值不高，难以打开国内和国际市场。而随着国民健康意识的觉醒，当前正处于荞麦等杂粮产业发展的重要机遇期，市场需求规模不断扩大，亟须开发结合荞麦种植、加工、运输、仓储、包装、推广、销售等多环节的完整产业形态，但大部分荞麦主产区的产业体系不健全，上下游间的协同合作不够紧密，一定程度上限制了荞麦产业的发展。

3. 品牌建设不足，市场竞争力较弱。 产业发展离不开高质量的品牌建设，为发挥农业品牌在全面推进乡村振兴、加快农业农村现代化发展中的作用，党中央、国务院部署了《农业品牌精品培育计划（2022—2025 年）》，目前我国荞麦产品已有"库伦荞麦""凉山苦荞麦"等区域公用品牌，但荞麦产品的市场认知度仍不高，主要是由于缺乏全面、有效的宣传，导致仅有小部分保健意识较强、年龄偏大的消费者连续购买，没有使其产品真正"走出去"，荞麦产品所占市场份额较小。

4. 缺少针对性的宏观规划，荞麦产业处于低水平发展状态。 荞麦种植在全国分布较广，但荞麦产业的种植、加工、销售等环节缺乏有效的宏观协调机制与政策，导致种植环节效率低下、荞麦品种退化；加工环节产品质量参差不齐，加工企业布局缺乏科学性；销售环节荞麦市场秩序混乱，市场监管难度较大；产业协同方面各环节连接不畅，严重影响了荞麦产业的整体运营效率和经济效益，导致其长期处于低水平发展状态。

（二）产业发展面临的外部挑战

1. 世界局势不稳定，进出口贸易受到影响。 当前世界局势不稳定，俄乌冲突、巴以冲突等扰乱了全球粮食贸易格局，增加了世界秩序和全球治理的不稳定性和不确定性，世界粮食发展与安全格局发生复杂变化。由此引发的蝴蝶效应加剧了国际贸易局势的不稳定，提高了从国际市场获取各类粮食产品的成本，进出口贸易面临挑战，相应地影响我国荞麦进出口状况。我国荞麦产量不高，大部分依赖于进口，世界局势不稳定易造成国内荞麦供不应求。

2. 气候异常现象频发，荞麦生产不确定性增加。 荞麦生长的适应性较强，但在其生产过程中极端高温、降水异常等会影响其生长发育状况，进而影响荞麦产量和品质。近 10 年全球平均温度较工业化前水平高出约 1.2℃，2023 年全球平均温度是有气象观测记录以来的最高值，我国地表年平均气温较常年值偏高 0.84℃，是 100 多年来的最暖年份，受到的极端高温和极端强降水事件趋多趋强，我国农业生产气候灾害不断加重，而荞麦产量受气温、日照时数及降水量等环境因素的影响较大，生产不确定性增加。

三、荞麦产业发展趋势与前景展望

（一）短期产业发展趋势与前景展望

1. 荞麦生产能力逐渐稳定，单产水平不断提升。 随着国家鼓励发展乡村特色产业及杂粮杂豆种植政策的出台，预计未来 3 年荞麦产量将稳中有升，保持在 60 万吨左右。未来我国北方春播荞麦区、黄淮海平原夏播荞麦区、西南山地荞麦区、南方丘陵荞麦区、西北灌溉荞麦区以及青藏高原荞麦区等传统产区，仍将是甜荞的主要种植区域；苦荞种植也将逐渐形成以四川、云南等西南地区为核心，贵州、湖南、甘肃等气候和土壤条件相似的高海拔山区为补充的种植格局，种植区域呈稳中有扩的稳定发展趋势。

在当前适宜荞麦种植的优质土地资源有限且生产范围较小的条件下，有关荞麦优质种质资源的培育和推广力度会不断加大，例如，中国农业科学院作物科学研究所联合国内多家单位历时 8 年培育出荞麦新品种中荞 121，该品种具有高产、广适、易脱壳等特点，对于推动荞麦产业的发展具有重要意义[①]。未来 3 年可在荞麦主产区通过与当地农科院、高校、科技公司合作等形式，形成政府补助、市场化运作的良种繁育和推广体系，提高良种覆盖率，保障该产业的健康可持续发展。

2. 荞麦加工不断集聚，产业链进一步延伸。 随着当前大农业观、大食物观的普及，食品加工技术的进步以及消费者需求的多元化发展，未来 3 年规模化的荞麦加工企业将进一步壮大，开发出精制粉、苦荞醋、荞麦膨化食品等系列产品，将荞麦的营养特质与现代加工技术相融合，实现产品多元化的同时提高苦荞加工品的科技附加值，增加苦荞种植户的收入。在此基础上，未来应借鉴素有"乌蒙彝乡"之美誉的威宁自治县的先进经验，因地制宜促进荞麦种植与当地生态、旅游相融合，生产、加工、文化、旅游等产业链上中下游的联结，在荞麦开花期发展观光旅游业，延长产业链条，提升荞麦种植的综合效益。

3. 荞麦消费市场不断扩大，产品知名度进一步提高。 随着食品加工技术的进步、互联网的普及与电商的兴起，未来 3 年荞麦产品可以"搭乘互联网快车"，依靠数字媒体和网络电商平台针对不同类型消费者进行个性化宣传，同时与物流公司形成战略合作，通过直播带货等线上销售方式，实现荞麦产品与消费者间的有效连接，减少生产和销售中间环节的非必要成本，提高生产利润的同时解决产品销售面窄的问题，扩

---

① 中国农业科学院作物科学研究所（icscaas.com.cn）。

大荞麦消费市场。

4. 出口潜力增大，国际交流合作逐渐加强。随着国际市场对荞麦产品需求的上升，我国荞麦出口潜力将逐渐增大，荞麦加工企业也将进一步开拓国际市场，打造具有国际竞争力的苦荞品牌，以提升出口产品的数量和质量。未来我国也会加强与其他荞麦生产与消费国的合作，积极开展技术交流、贸易合作等活动，引进国外先进技术和管理经验，不断提升荞麦产业发展水平。

（二）中长期产业发展趋势与前景展望

1. 生产能力全面提升，荞麦种植格局基本稳定。未来5～10年，随着优质荞麦新品种的研发和推广，荞麦产量及品质都进一步提升；随着精准施肥、无人机植保等现代化种植技术的广泛应用，生产效率不断提高；同时通过现代信息技术实现对荞麦生长全过程的实时监测，保障荞麦生产稳定性。

2. 打造荞麦全产业链，市场占有率进一步提升。在政府政策支持的背景下，荞麦主产区将荞麦种植、加工和文化休闲相结合，积极探索"荞麦＋文旅"等产业发展新模式，推动三产融合，让种植户获取更多产业融合发展带来的收益。在保障产品生产能力的基础上，通过线上销售拓展荞麦产品销售半径，同时通过与超市合作、开设荞麦产品体验店等线下渠道，全面提高荞麦产品的市场占有率。

3. 建立高质量荞麦产业标准，形成国际知名荞麦品牌。长期来看，未来5～10年将制定统一的荞麦生产和加工标准，对于同产区的荞麦产品实行统一品牌、统一加工技术、统一对外宣传、统一销售、统一管理的"五统一"制度，保障荞麦品质。产业发展离不开高质量的品牌建设，为发挥农业品牌在全面推进乡村振兴、加快农业农村现代化发展中的作用，党中央、国务院部署了《农业品牌精品培育计划（2022—2025年）》，荞麦主产区未来应整合当地农业品牌、文化和地质等特色资源，积极开展荞麦产品国家地理标志认证等工作，同时依托新型传媒平台进行宣传，让国内优质荞麦产品"走出去"，做好"土特产"文章，提升其国内外品牌影响力和国际市场竞争力。

报告撰写人：

赵　霞　中国农业大学经济管理学院、国家农业市场研究中心　教授、副主任
韩一军　中国农业大学经济管理学院、国家农业市场研究中心　教授、主任
原欣语　中国农业大学经济管理学院　　　　　　　　　　　　硕士研究生

咖啡产业发展报告

咖啡与可可、茶叶并称为世界三大饮料，是我国重要的经济作物。近年来，我国咖啡产业快速发展，2023 年我国咖啡店数量超过美国居世界第一位，咖啡消费年均增速达15％，成为世界咖啡消费增量最快的市场之一[①]。2023 年，我国咖啡种植面积达 117.0万亩，总产量实现 15.1 万吨，占全球总产量比例为 1.4％，位列全球咖啡生产国第13 位；我国咖啡豆进口量持续攀升，已连续七年呈现逆差态势，咖啡消费量高达 30 万吨。随着我国咖啡市场的不断扩展，预计咖啡消费量将持续增长，咖啡贸易逆差亦将逐步扩大。我国咖啡产业展现出良好的发展势头，但仍面临品种结构单一、标准化程度不足、深加工能力薄弱、附加值偏低以及缺乏高端咖啡品牌等问题。未来，咖啡产业发展需要培育大型龙头企业带动产业发展，强化云南咖啡专属风味，培育本土精品咖啡品牌。

一、咖啡产业发展现状

(一) 生产

1. 咖啡生豆产量逐年上升。 根据中国农垦（热作）网数据，2023 年，我国咖啡种植面积 117.0 万亩，同比增长 0.5％，较 2021 年减少 5.6％；咖啡豆产量 15.1 万吨，同比增长 4.4％，较 2021 年增长 7.3％。从生产区域的分布情况来看，我国的咖啡种植区域主要集中在云南、海南、广西、四川以及台湾等地。云南省作为我国咖啡最大生产基地，2023 年咖啡生豆产量为 14.5 万吨，占全国咖啡总产量的 96.1％，与前两年（2021 年占比为 97.5％，2022 年占比为 97.7％）相比略有降低。

2. 主产区集中在云南的普洱、保山、德宏和临沧。 2023 年，云南省咖啡种植总面积约 114.6 万亩，占全国咖啡种植总面积约 97.9％；咖啡豆总产量达到 14.5 万吨，占全国咖啡豆总产量的比重也约为 96％。云南的咖啡产区广泛分布于该省的 9 个州市及 33 个县，但主要产区仍聚焦于普洱、保山、德宏和临沧这四个州市。2023 年，普洱市咖啡豆产量为 6.6 万吨，同比增长 4.5％；保山市为 4.3 万吨，同比增长6.9％；德宏州为 2.5 万吨，同比下降 1.9％；临沧市为 1.1 万吨，同比下降 8.2％。2021—2023 年，普洱市和保山市的咖啡豆产量均呈现稳步增长的态势，尤其是保山市的增长尤为显著，较 2021 年增长 26.5％，而临沧市和德宏州的咖啡豆产量则均有

---

① 苏捷. 内需旺盛带动江苏咖啡产业稳占国内核心"咖"位［J］. 中国海关，2024（6）.

所下降，其中临沧市的下降幅度更为明显，较2021年下降45%（图1）。

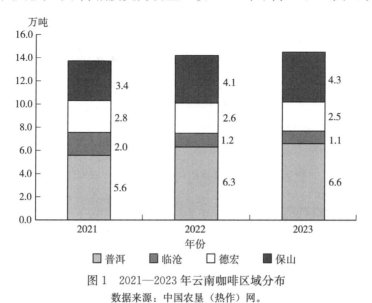

图1 2021—2023年云南咖啡区域分布

数据来源：中国农垦（热作）网。

3. 云南咖啡豆以小粒种为主。全球咖啡豆品种可分为三大原生种，即阿拉比卡（小粒种）、罗布斯塔（中粒种）和利比里卡（大粒种）。阿拉比卡还可细分为埃塞俄比亚原生种、铁皮卡、波旁、卡蒂姆、瑰夏等多个品种。云南以山地为主，起伏较大，海拔较高，日照时间长，水量充足，昼夜温差大，适宜阿拉比卡小粒咖啡豆种植，因此云南省种植最广泛的咖啡豆品种是阿拉比卡小粒种，而在阿拉比卡的细分品种中，云南省主要种植卡蒂姆、铁皮卡、波旁，其中卡蒂姆系列和T系列杂交品种种植面积占总面积的90%以上。

（二）加工流通

1. 咖啡豆加工分为初加工和深加工。初加工是指从咖啡浆果到咖啡生豆的过程，主要有日晒、水洗、蜜处理三种方式，同时也衍生出半日晒和半水洗处理。云南咖啡豆产业的初加工环节目前还有一些较新的处理方式，例如红酒处理、厌氧处理等。咖啡种植户或者企业一般会在鲜果采摘后进行简单初加工，这个环节产生的咖啡生豆仍可作为原料产品进行交易。深加工是指从咖啡生豆到咖啡制品的全过程，可再细分为原料豆的加工烘焙、针对消费市场的深加工。咖啡豆深加工涉及烘焙、研磨、萃取、干燥、再加工等流程，分别可得咖啡熟豆、咖啡粉、咖啡液等产品，再作为原料供应给食品公司或咖饮店。针对消费市场的深加工环节则是在上一个生产链条基础上，对咖啡加工豆做进一步深加工，为市场提供速溶咖啡、冻干咖啡粉、咖啡浓缩液、挂耳咖啡等终端产品。2023年，云南咖啡精品率已由2021年不足8%提升至22.7%。

2. 云南是我国咖啡初加工主要聚集地。由于咖啡采摘后需要在24小时内脱皮脱胶，否则发酵影响咖啡豆品质，适宜在种植基地发展，因此，我国咖啡豆初加工集中在种植产区云南，规模化的咖啡深加工企业主要聚集于苏、皖、浙、鲁等华东地区。

2023 年，云南鲜果加工厂（处理中心）有 448 个，年加工鲜果量达 78.9 万吨。云南咖啡豆脱壳加工厂 136 个，精深加工企业有 120 户，精深加工率达 54.3%。咖啡经营主体逾 600 家，其中，规模以上企业 31 户；省级咖啡龙头企业 20 家；国家级咖啡专业合作社示范社 2 户、省级示范社 7 户；拥有 2 户省级家庭农场。

3. 电商物流逐渐兴起。随着国内咖啡消费日益强劲，云南咖啡企业可以通过电商直接面向下游开拓业务，缩短了流通路径，促进了产品销量增长和产业升级。云南省保山市有 30 余家咖啡电商企业，扩大了企业销售量。如保山中咖公司的"中咖"旗下新品牌"辛鹿"在 2022 年淘系"618"活动中首次跻身咖啡销售榜前十；德宏州推动咖啡等特色产业与跨境电子商务融合发展，拓展产品境外营销渠道。

（三）消费

1. 咖啡豆年消费量突破 30 万吨。根据新华网的报道[①]，2023 年，我国咖啡豆年消费量近 30 万吨，占全球消费量的 2.9%，在全球咖啡消费量排名第 7 位。咖啡类企业超 22 万家，较 2022 年增长 20%。年均咖啡消费增速超 15%。虽然我国咖啡市场与美国、巴西、日本等咖啡产业已经相对成熟的市场相比体量较小，但随着现磨咖啡经营模式的多样化发展，我国咖啡消费者购买咖啡的途径正逐渐向便捷化发展，饮用咖啡的习惯也正逐渐养成。

2. 咖啡本土品牌发展迅速。根据虹桥国际咖啡港、上海交通大学文化创新与青年发展研究院、美团、饿了么联合发布的《2024 中国城市咖啡发展报告》，2023 年我国咖啡人均年饮用数为 16.7 杯，相较于 2016 年的 9 杯增长 86%。我国咖啡相关企业数量已达 384 859 家，相较 2022 年新增 60 236 家，同比增长 15.7%。国产本土咖啡品牌入场虽晚但扩张迅速，平价咖啡席卷全国各大中小城市。2023 年，瑞幸咖啡已覆盖 99% 的三四线城市和 70% 的五线城市。与外资品牌相比，本土品牌如库迪、幸运咖、沪咖等，在中小型城市发展较快。

（四）进出口

我国咖啡进出口贸易以咖啡生豆、焙炒咖啡豆、咖啡浓缩精汁、咖啡制品为主。

1. 我国咖啡进口以生豆为主。据海关总署数据显示，2023 年我国进口咖啡生豆（未焙炒未浸除咖啡碱的咖啡）14.0 万吨，同比增长 29.2%；进口额 61 399.8 万美元，同比增长 27.9%。咖啡生豆进口量占总进口量的 71.1%，进口额占总进口额的 55.5%（表 1）。

表 1　2023 年我国咖啡进口情况

产品类型	进口数量		进口金额	
	数量（吨）	占比（%）	数量（万美元）	占比（%）
咖啡生豆	139 857.0	71.1	61 399.8	55.5
除因生豆	88.9	0.05	52.6	0.05

---

① http：//www.cfgw.net.cn/xb/content/2024 - 01/16/content_25078928.html。

（续）

产品类型	进口数量		进口金额	
	数量（吨）	占比（%）	数量（万美元）	占比（%）
焙炒咖啡	13 342.9	6.8	17 730.1	16.0
除因炒豆	593.9	0.3	860.4	0.8
咖啡壳豆	0.03	0.01	0.2	0.0
浓缩精汁	10 252.7	5.2	15 610.3	14.1
咖啡制品	32 589.6	16.6	14 957.7	13.5
合计	196 725.2	100.0	110 611.1	100.0

数据来源：海关总署。

2. 巴西是我国咖啡生豆最大进口来源地。2023 年我国与巴西签署了《中巴咖啡贸易合作协议》，涵盖了咖啡的种植、加工、运输、检验、质量标准、关税优惠等方面，为从巴西进口咖啡提供了便利和保障。2023 年我国从巴西进口咖啡生豆 5.96 万吨，同比增长 200.2%，占进口总量的 42.6%。进口金额 22 112.8 万美元，同比增长 184.7%（表 2）。巴西成为我国咖啡生豆最大进口来源地。

表 2　2023 年我国咖啡生豆主要进口国情况

进口来源地	进口数量（万吨）			进口金额（万美元）		
	2023 年	2022 年	同比（%）	2023 年	2022 年	同比（%）
巴西	5.96	1.99	200.21	22 112.8	7 767.9	184.7
埃塞俄比亚	2.23	2.99	−25.42	14 409.8	18 769.5	−23.2
哥伦比亚	2.13	1.16	83.62	10 850.1	8 121.7	33.6
越南	1.41	2.31	−38.96	3 159.6	4 801.2	−34.2
印度尼西亚	0.93	0.97	−4.12	3 479.5	3 209.6	8.4
危地马拉	0.37	0.51	−27.45	2 015.6	3 102.6	−35.0
乌干达	0.34	0.35	−2.86	1 037.9	1 167.6	−11.1
巴布亚新几内亚	0.20	0.03	566.67	852.8	157.9	440.1
秘鲁	0.06	0.05	20.00	352.3	286.9	22.8
卢旺达	0.06	0.08	−25.00	349.2	562.3	−37.9

数据来源：海关总署。

3. 咖啡出口以生豆为主，俄罗斯是主要出口市场。2023 年，我国咖啡出口量 27 990.2 吨，同比下降 50.0%；出口金额 14 325.2 万美元，同比下降 51.7%。咖啡生豆出口量占总出口量的 59.3%，出口额占总出口额的 47.4%（表 3）。咖啡出口到 90 个国家和地区，其中出口俄罗斯 3 270.5 吨，出口金额 1 457.5 万美元，出口量居第 1 位。

表 3　2023 年我国咖啡出口情况

产品类型	出口数量		出口金额	
	数量（吨）	占比（%）	数量（万美元）	占比（%）
生咖啡豆	16 584.2	59.3	6 794.9	47.4
焙炒咖啡	1 231.5	4.4	961.4	6.7
除因炒豆	13.1	0.05	33.5	0.2
浓缩精汁	1 696.8	6.06	2 671.8	18.6
咖啡制品	8 464.6	30.2	3 863.5	26.9
合计	27 990.2	100.0	14 325.2	100.0

数据来源：海关总署。

4. 继续呈现贸易逆差。2023 年，我国咖啡进口量 19.7 万吨，同比增长 12.2%，占全球咖啡贸易量的 3.0%，居全球第 8 位；进口省份 26 个，上海咖啡进口居全国第 1 位。我国咖啡出口量 2.8 万吨，同比下降 50.0%，占全球咖啡贸易量的 0.3%，居全球第 19 位；出口省份 25 个，其中云南省出口量居全国第 1 位。2023 年我国咖啡贸易逆差 9.6 亿美元，较上年增加 1.6 亿美元，2017 年以来已连续 7 年处于逆差状态。

（五）全产业链效益

1. 云南咖啡生豆价格同比上涨。2014—2023 年，我国云南咖啡生豆市场综合平均价波动幅度较大，其中 2015—2018 年价格都在 18 元/千克以下，尤其是 2018 年价格为 14.8 元/千克，接近国内咖啡生豆成本价。2021 年，因全球咖啡豆减产，以及新冠疫情导致进出口受阻，我国云南咖啡生豆市场综合平均价达到 22.2 元/千克，种植业效益明显提升。2022 年，国际咖啡期货价格持续上涨，进一步带动国内云南咖啡价格，达到 28.6 元/千克。2023 年，受国际咖啡豆期货价格影响，云南咖啡生豆市场综合平均价为 30.2 元/千克，同比上涨 5.3%（图 2）。

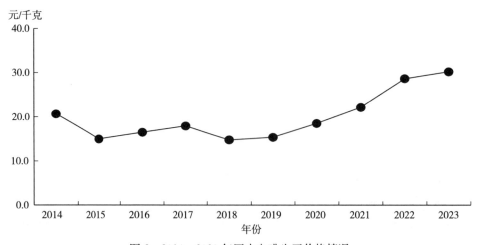

图 2　2014—2023 年国内咖啡生豆价格情况

数据来源：农业农村部热带、南亚热带作物生产统计；中国农垦（热作）网。

2. 云南咖啡生豆亩产值同比增长 15.2%。2023 年，我国咖啡生豆产量 15.1 万吨，均价 26.3 元/千克，种植业总产值约为 39.67 亿元。云南咖啡豆种植生产中，机械化率较低，种植咖啡树幼苗、咖啡树修剪、施肥、采收与初加工等需要大量劳动力。因此在咖啡豆生产成本构成中，人工成本占比较大。2023 年咖啡豆每亩总成本约为 2 800 元，其中物质与服务费用约为 900 元，人工成本 1 400 元，土地成本约为 500 元。2023 年云南咖啡亩产值约 5 200 元，同比增长 15.2%，每亩净利润约为 2 400元，同比增长 10.6%。

（六）产业政策

云南省政府出台系列政策，积极推动咖啡豆精品率提升。2022 年云南省出台了《关于推动咖啡精品率和精深加工率提升若干政策措施》，指出到 2024 年，实现全省咖啡豆精品率达到 30%。2023 年云南省编制了《云南省咖啡产业绿色发展政策支持资金申报指南》《云南省咖啡鲜果集中处理中心建设奖补资金申报指南》《云南省咖啡精深加工投资奖补资金申报指南》《云南省精品咖啡庄园咖啡品种更新奖补资金申报指南》4 份指南，全方位加大对云南咖啡豆产业的政策资金扶持力度。

二、咖啡产业发展存在的问题与挑战

（一）产业发展自身存在的主要问题

1. 品种单一，标准化低。目前，云南咖啡主要栽培品种是卡蒂姆系列品种，占比高达 90% 以上，品种单一。卡蒂姆有抗病高产的优势，但咖啡豆品质不高，制约了精品咖啡的发展。在种植生产环节，配套基础设施建设滞后，水肥一体化设施不足，中低产咖园的面积比重大，制约了咖啡基地标准化发展。在初加工环节，各产区微批次特殊处理法的鲜果加工方式仍然存在凭经验加工的问题，没有统一的加工标准，各批次之间稳定性较差，难以形成独特风味。

2. 深加工弱，附加值低。我国咖啡精深加工企业多以外资企业为主，缺乏有影响力的本土大型精深加工企业，产业带动作用不明显。云南省产值超过 1 亿元的咖啡精深加工企业仅有 4 家，不能形成聚集效应，导致国内加工企业对咖啡一产的支撑力度较低，对咖啡价值链的提升作用发挥不充分。同时，我国咖啡产品的创新能力不足，产品的设计、生产上以模仿为主，在消费市场知名度不高，市场竞争力较弱。

（二）产业发展面临的外部挑战

1. 贸易环境恶化影响全球咖啡供给。随着国际贸易环境恶化以及地缘冲突的持续，导致国际油价的上涨，增加了咖啡种植、生产、加工、运输和销售的成本。同时地缘冲突也导致国际物流受到影响，东南亚和东非咖啡生产国与欧洲咖啡消费市场不能有效连接，增加了咖啡国际物流成本。

2. 2023/2024 年咖啡豆国际价格下行压力较大。根据 2023 年世界银行发布的《大宗商品市场展望》报告显示，由于主要生产国巴西、越南和哥伦比亚的咖啡产量增加，供应问题缓解，使 2023/2024 年国际咖啡价格面临较大下行压力。我国咖啡价格与国际咖啡价格紧密挂钩，受此影响，我国咖啡价格面临较大下行压力。

3. 我国出口欧盟市场准入门槛可能提高，增加出口成本。 欧盟理事会于 2023 年 4 月 19 日批准《无森林砍伐供应链法案》，旨在减少欧盟的主要进口国存在的森林砍伐现象，要求出口至欧盟的七种产品证明不存在森林砍伐的情况，包括：牛肉、可可、咖啡、棕榈油、大豆、橡胶和木材，以及他们的衍生产品，如巧克力、家具。根据要求，出口至欧盟的企业需要查明产品来自的土地，并证明自 2020 年以来该地点没有森林被砍伐，需要提供的证据可能包括卫星图像。欧盟是我国咖啡主要的出口市场之一，该法案的颁布，使我国咖啡出口商需建立溯源体系，将增加出口成本，面临欧盟市场准入门槛提高的风险。

三、咖啡产业发展趋势与前景展望

（一）产业发展趋势展望

1. 生产继续保持稳定，精深加工率不断提升。 根据咖啡主产区云南出台的产业相关发展规划，短期内咖啡生产将保持稳定，种植面积将稳定在 150 万亩左右，咖啡生豆产量将稳定在 15 万吨左右，咖啡豆精品率将达到 30%、咖啡精深加工率将达到 80%，咖啡农业产值、农产品加工业产值、批发零售三个部分综合将达到 600 亿元以上。

2. 咖啡消费量将继续增长。 2023 年，我国咖啡生豆消费约为 30 万吨。根据《2024 中国城市咖啡发展报告》数据显示，2021—2023 年我国咖啡消费市场年均复合增长率达 17.1%。短期内我国咖啡消费市场继续扩大，以当前稳定增长估算，2024 年咖啡豆消费预计达到 34 万吨。

3. 咖啡贸易逆差有扩大趋势。 在我国咖啡需求快速增加、需求缺口进一步扩大的背景下，咖啡进口贸易增长迅速。2017 年起，我国咖啡贸易平衡格局由贸易净出口变为净进口，且逐年扩大，2023 年贸易逆差较上年增加 1.6 亿美元。随着我国咖啡消费需求不断上升，预计短期内进口咖啡豆数量将保持增长，贸易逆差有扩大趋势。

（二）未来产业发展需要引起关注的问题

1. 缺乏大型龙头企业。 我国咖啡消费市场增长迅速，国内咖啡生产规模无法满足市场需求，进口量逐年增加。缺乏大型龙头企业带动产业发展，云南目前仅 20 家省级龙头企业，无国家级龙头企业。招商引资力度仍然不够，社会资本关注多而实际落地项目少。

2. 缺乏精品咖啡品牌。 国际知名咖啡凭借独特风味占据了消费者心理，如埃塞俄比亚的耶加雪菲、花魁，牙买加的蓝山，都因为独特风味而知名全球。而云南产区一直以来没有给消费者留下有记忆点的核心风味，没有孵化出具有广泛知名度的咖啡标签。

（三）对策措施与政策建议

1. 建立咖啡全产业链追溯系统。 针对欧盟《无森林砍伐供应链法案》，以及加强对咖啡产业全产业链的监督管理，提高信息流通效率，支持咖啡产业的长远可持续发展，应建立咖啡全产业链追溯系统。帮助登记咖啡种植户，并用 GPS 绘制种植地图，建立咖啡种植信息档案，有利于提前预估产量及质量信息，提前锁定未来用户及价格，避免价格波动带来的不利影响。同时建立健全咖啡豆收储制度，稳定国内咖啡市场交易价格，规范咖啡豆加工环节标准化，让国内咖啡逐步走向可持续化发展方向，推动咖啡产业发展壮大。

2. 培育精品咖啡品牌。我国咖啡豆长期处于有产品无品牌的局面，虽然云南本土培育出了 40 多个咖啡品牌，但多处于上中游链条，下游市场专做云南咖啡的仅有四叶咖、嗨罐咖啡、花田萃等少数品牌。可借鉴星巴克、瑞幸等咖啡品牌的经营和营销经验，在咖饮和即饮咖啡领域加强品牌布局，切入国际精品咖啡市场。

3. 塑造民族咖啡豆标签，强化云南专属风味。国际知名产业凭借强风味描述占据了消费者心理，云南产区一直以来没有给消费者留下有记忆点的核心风味。提到耶加雪菲、花魁，消费者会首先联想到埃塞俄比亚；提到蓝山，首先想到牙买加；提到瑰夏，消费者会想到巴拿马；云南没有孵化出具有广泛知名度的咖啡标签。随着国潮风的兴起和民族自信心的提升，消费者对国产品牌的尝新欲望和包容度都在提高。云南咖啡豆因烘焙和处理方式的多样化本身具有较强的可塑性，后续需要在稳定风味、市场教育等方面下足功夫，加速咖啡豆的本土化进程，打造云南专属风味，引领咖啡产业走深走远。

报告撰写人：

侯媛媛　中国热带农业科学院科技信息研究所　　研究员
陈诗高　中国热带农业科学院科技信息研究所　　副研究员
陶　健　上海咖啡金融网　　　　　　　　　　　总经理
魏　艳　中国热带农业科学院科技信息研究所　　副研究员
王小芳　中国热带农业科学院科技信息研究所　　副研究员

图书在版编目（CIP）数据

全国乡村特色产业发展报告. 2024 / 农业农村部乡村产业发展司（农产品加工指导司）编. -- 北京：中国农业出版社，2025. 6. -- ISBN 978-7-109-33291-1

Ⅰ. F323

中国国家版本馆 CIP 数据核字第 2025HL1890 号

全国乡村特色产业发展报告（2024）

QUANGUO XIANGCUN TESE CHANYE FAZHAN BAOGAO（2024）

中国农业出版社出版

地址：北京市朝阳区麦子店街 18 号楼

邮编：100125

责任编辑：郑　君

版式设计：王　晨　　责任校对：张雯婷

印刷：北京通州皇家印刷厂

版次：2025 年 6 月第 1 版

印次：2025 年 6 月北京第 1 次印刷

发行：新华书店北京发行所

开本：787mm×1092mm　1/16

印张：26.5

字数：581 千字

定价：168.00 元